十三經清人注疏

公羊義疏

二

〔清〕陳立　撰

劉尚慈　點校

公羊義疏十二

桓四年盡五年

南菁書院　句容陳立卓人著

○四年，春，正月，公狩于郎。【疏】隱元年左傳：「費伯帥師城郎。」杜云：「郎，魯邑。高平方與縣東南有郁郎亭。」春秋正辭云：「狩不月，此月，決不王也。」

狩者何？田狩也。【注】田者，蒐狩之總名也。古者肉食，衣皮服，捕禽獸，故謂之田。取獸于田，故曰狩。易曰：「結繩罔以田魚。」【疏】注「田者」至「名也」。○御覽引白虎通云：「四時之田，總名爲田何？爲田除害也。」繁露深察名號云：「獵禽獸者號，一曰田。田之散名：春苗，秋蒐，冬狩，夏獮；無有不皆中天意者。」是散名有蒐、狩之别，總號則曰田也。毛本作「總」。鄂本、宋本、閩本、監本同作「摠」。董仲舒皆本公羊立說。公羊無夏田，繁露有夏獮者，後人妄加也。范云：「春而言狩，蓋用冬狩之禮。」杜云：「周之春，夏之冬也。田狩從夏時。」○注「古者」至「之田」。○禮記禮運云：「昔者，先王未有火化，食草木之實、鳥獸之肉，飲其血，茹其毛。未有麻絲，衣其羽皮。」鄭注：「此上古之時也。」舊疏云：「此古者，謂三皇之時也。」按：禮運又云：「後聖有作，然後修火之利。」疏云：「謂神農也。則當〔一〕是庖犧以前事。」又易繫辭云：「黄帝、堯、舜垂衣裳而天下治。」則神農時猶衣皮服也。故舊疏引鄭易注云：「始去羽毛。」又引鄭注易緯〔二〕云：「古者田魚而食之，因衣其皮，先知蔽前，後知蔽後。後王易之以布帛，而猶存其蔽前，重古道不忘本也。」是也。詩鄭風太叔于田云：「叔于田。」傳：「田，取禽也。」是取義於捕禽獸也，又兼爲田除害義。○注「取獸」至「曰狩」。○此獸、狩疊韻爲訓也。國語齊語云：「田狩畢弋。」韋注：「狩，圍守而取禽也。」守、狩亦疊韻爲訓。○注「易曰」至「田魚」。○鄂本、宋本同作「罔」。閩本、監本、毛本作「網」，非。約繫辭傳下文也。彼云：「作結繩而爲罔罟，以田以魚，蓋取諸離。」李氏易傳引虞翻注云：「離爲目〔三〕，巽爲繩，目之重者爲罟，故結繩爲罟。坤二五之乾成離，巽爲田，坤亦稱田〔四〕。罟取獸曰田，蓋取諸離也。」則虞本無「罔」字。繫傳敘於庖犧世，知在神農修火利以前也。易本或作「佃漁」者。吕氏音訓云：「陸氏曰佃音田，亦作田。漁音魚，本亦作魚，又言庶反。馬云：取獸曰田，取魚曰漁。」

春曰苗，【注】苗，毛也。明當見物取未懷任者。【疏】注「苗毛」至「任者」。○説苑修文云：「苗者，毛取

〔一〕「當」，原訛作「嘗」，叢書本及皇清經解續編本均不誤，據改。
〔二〕「易緯」，原誤記爲「易説」，叢書本同，以下引文實出自鄭玄注易緯乾鑿度，據改。
〔三〕「目」，原訛作「日」，叢書本同，據周易集解校改。
〔四〕「巽爲田，坤亦稱田」，原訛作「巽爲魚，坤二稱田」，叢書本同，據周易集解校改。

之。毛猶覒也。」詩關雎「左右芼之」，玉篇見部〔一〕引作「覒」，覒謂「擇也」。言春時萬物懷任，當擇而取之也。「當見」，鄂本作「當毛」，疑古本作「覒」，後人脱去毛旁，遂作「見」，鄂本又脱去見旁，只作「毛」耳。爾雅釋天以苗獵名，與左氏隱五年傳同。左疏引孫炎爾雅注及周禮鄭注並以夏田爲苗，爲擇取不孕任者，若治苗去不秀實者，與何義合。然不若以覒釋苗之較爲簡捷。御覽引白虎通亦云：「夏謂之苗何？擇去懷任者也。」惟皆謂苗爲夏田，何氏所不取。郭注爾雅云：「爲苗除害。」就夏田釋耳。然即如左傳、周禮、爾雅所記，四時田獵皆爲苗除害也，豈獨夏爲然哉？任、妊通。史記鄒陽傳注：「紂刳任者，觀其胎産。」又方書：督脈屬陽，循脊而上至鼻；任脈屬陰，循腹而上至咽。女子二十，任脈通，則有子。

秋曰蒐，【注】蒐，簡擇也。簡擇幼稚，取其大者。【疏】注「蒐簡」至「大者」。○釋文作「曰廋」，「本又作搜，亦作蒐」。國語周語：「蒐於農隙。」韋注：「蒐，擇也。禽獸懷任未著，搜而取之也。」御覽引白虎通云：「秋謂之蒐何？蒐索肥者也。」説苑云：「蒐者，搜索之。」皆與此義合。爾雅以蒐爲「春獵名」，注：「搜索取不任者。」穀梁傳釋文：「蒐，糜信作搜。搜訓求，故有簡擇之義。」幼稚，宋本同。閩本、監本、毛本稚改穉，下同。范云：「蒐，擇之，舍小取大。」

冬曰狩。【注】狩，猶獸也。冬時禽獸長大，遭獸可取。不以夏田者，春秋制也。以爲飛鳥未去於巢，走獸未離於穴，恐傷害於幼稚，故於苑囿中取之。【疏】注「狩猶」至「可取」。○詩車攻云「搏獸于敖」，水經

〔一〕「部」，原訛作「篇」，叢書本同，據宋本玉篇校改。

注及東京賦並引作「薄狩于敖」，初學記引作「搏狩」。蓋狩本古獸字。淮南覽冥訓「狡蟲死」，高注：「蟲，狩也。」漢石門頌：「惪虫蘇狩。」皆以狩作獸也。詩亦當作狩，故鄭箋云：「田獵搏獸也。」御覽引白虎通云：「冬謂之狩何？守地而取之也。」説苑云：「狩者，守留之。」惠氏棟毛詩古義云：「『搏獸于敖』，水經注引云『薄狩于敖』，東京賦同。徐堅初學記引作『搏狩』。按，狩本古獸字。故鄭箋云：『田獵搏獸也。』何休公羊注云：『狩猶獸也。』」説文犬部：「狩，火田也。」段注：「釋天曰：『冬獵爲狩。』周禮、左傳、公羊、穀梁、夏小正傳、毛詩傳皆同。又釋天曰：『火田爲狩。』許不稱『冬獵』而稱『火田』者，火田必於冬。王制曰：『昆蟲未蟄，不以火田。』故言火以該冬也。」爾雅郭注云：「得獸取之無所擇。」詩疏引李巡云：「冬圍守而取禽，無所擇也。」范云：「狩，圍狩也。冬物畢成，獲則取之，無所擇。」○注「不以」至「取之」。○舊疏云：「正以周禮四時皆田故也。」按：春蒐、夏苗、秋獮、冬狩，見周禮大司馬職。禮記王制云：「則歲三田。」鄭注云：「三田者，夏不田，蓋夏時也。」彼疏引：「何氏廢疾云：運斗樞曰：夏不田。穀梁有夏田，於義爲短。鄭釋之云：四時皆田，夏、殷之禮。詩云：『之子于苗，選徒囂囂。』夏田明矣。孔子雖有聖德，不敢顯然改先王之法，以教授於世。若其所欲改，具陰書於緯，藏之以待後王。穀梁四時田，近孔子故也。公羊正當六國之亡，讖緯見，讀而傳爲三時田。作傳有先後，雖異，不足以斷穀梁也。」又引：「釋廢疾云：『歲三田，謂以三事爲田。』即上一曰乾豆之等。」按：鄭注王制以夏不田爲夏制，而釋廢疾又以四時田爲夏、殷禮，蓋殷、周之誤。惟又以「歲三田，爲以三事爲田」，與禮注乖，當以禮注爲正。劉氏逢禄云：「鄭於王制注云：『歲三田者，夏不田，蓋夏時也。』穀梁後於公羊，徒据經文。公羊得之口授，非六國時見讖緯而作也。漢初公羊盛行，故王制据以爲三田。以爲夏時則無据，夏殷之禮當爲成周之禮〔一〕。三事田，則自亂其例矣。易述田事凡六爻，以卦氣言之：解二月，春田也；巽八月，秋田也，大畜，秋分前五日。曰〔二〕『閑輿衛』，言治兵也。師比四月，夏田也。離初九主夏至以後，無田。冬、夏至陰陽之微。易重氣始，義當安養。屯十月，戒從禽也。然則春秋夏不田，冬狩改於孟冬〔三〕，皆述殷制，與夏時、周易微有損益，若周官六國時書，固不合也。」說苑云：「夏不田何也？曰：天地陰陽盛長之時，猛獸不攫，鷙鳥不搏，蝮蠆不螫，鳥獸蟲蛇且知應天，而況人乎哉？是以古者必有豢牢。」與此義相足。孔氏通義謂：「周禮四時皆田，傳唯舉三時者，諸侯之制也。禮，天子周城，諸侯軒城。天子宮懸，諸侯軒懸。周四望，魯三望。天子備四時之祭，諸侯闕其一以下於王，故唯三田而已。何邵公以爲春秋之制，夏不田者，妄也。繁露云：『獵禽獸者號，一曰田。田之散名：春苗、秋蒐、冬狩、夏獮。』可證公羊師說有四時田矣。」按：夏不田，劉向、鄭康成俱有是說，知非何氏創造。繁露自承祠礿烝嘗四時祭祀之爲說，蓋即申明周禮，不必即爲說春秋。公羊先師以三田爲春秋制，故漢博士据以作王制，所謂春秋爲後王法也。王制明云天子諸侯，非專謂侯制可知。又考孟子梁惠王篇：「今王田獵於此，百姓聞王車馬之音，見羽旄之美，舉疾首蹙頞而相告曰：吾王之好田獵，夫何使我至於此極也？」趙注：「田獵無節，以非時取獸也。」蓋亦指夏田爲非時也。

〔一〕「夏殷之禮當爲成周之禮」句原脱，叢書本同，據劉逢禄穀梁廢疾申何校補。
〔二〕「曰」下原衍一「日」字，劉氏原文即誤，據周易校删。
〔三〕「冬」，原訛作「春」，叢書本同，據穀梁廢疾申何校改。

禮記月令季春：「田獵罝罘羅網畢翳餧獸之藥，毋出九門。」孟夏之月：「驅獸無害五穀，無大田獵。」王制：「獺祭魚，然後虞人入澤梁。豺祭獸，然後田獵。鳩化爲鷹，然後設罻羅。昆蟲未蟄，不以火田。」皆夏不田之義。國語魯語：「宣公夏濫於泗淵，里革斷其罟而棄之，曰：鳥翼鷇卵，魚禁鯤鮞，獸長麑麌。」皆即何氏恐傷幼稚意也。於苑囿中取之者，預畜於囿，以備祭祀之用，説苑所謂「必有豢牢者」是也。孔氏之説傎矣。

常事不書，此何以書？譏。何譏爾？遠也。【注】以其地遠。禮，諸侯田狩不過郊。

【疏】注「以其」至「過郊」。○舊疏云：「以其地遠。而舊云以其去大野遠，故言遠者，非。」校勘記云：「當作『以其去野太遠』。」若然，下十年「冬，齊侯、衛侯、鄭伯來戰于郎」，傳云：「郎者何？吾近邑者。」蓋郎爲遠郊之地。故禮記檀弓云：「戰于郎。」而哀十一年左傳謂郊之戰，別國來戰，深入竟内，故曰吾近邑。若尋常田狩，近郊之地皆可，必勞師罷民，去國遠遊，故示譏焉。杜云：「郎非國内之狩地，故書地。」孔疏：「隱五年『公矢魚于棠』，傳曰『言遠地也』；僖二十八年『天王狩于河陽』，傳曰[一]『言非其地也』，舉地名者，皆言其非地。故知此郎，非國内之狩地，故書地也。若國内狩地，大野是也。哀十四年傳『西狩于大野』，經不書大野，明得其常地，故不書耳。由此言之，則狩于郜，蒐于紅，及比蒲、昌閒，皆非常地，故書地也。田狩之地必有常者，古者民多地狹，唯在山澤之間乃有不殖之地，故天子、諸侯必於其封内擇隙地

〔一〕「傳曰」二字原脱，叢書本同，據左傳正義校補。

而爲之。僖三十三年傳：『鄭之有原圃，猶秦之有具圃也。』是其諸國各有常處，違其常處則犯害民物，故書地以譏之。」又云：「公羊説諸侯遊戲不得過郊。左氏無此義。要言遠者，亦是譏其失常地也。」按：孔氏左疏甚該洽。而舊疏「以郎邑在郊内，其屬地在郊外，若据邑言之則爲近，若据地言之則爲遠」，不知以狩不過郊言之，此郎則爲遠；以他國來戰言之，已入竟内，此郎又爲近也。義各有當，不必牽合二經，轉迂回不可通也。

諸侯曷爲必田狩？【注】据有囿也。【疏】注「据有囿也」。○舊疏云：「即成十八年『築鹿囿』之屬是也。」説文囗部：「囿，苑有垣也。一曰禽獸曰囿。」國語周語云：「囿有林池。」楚辭愍命云「熊羆羣而逸囿」，韋昭、王逸注皆云：「囿，苑也。」吕覽重己篇注：「畜禽獸所〔一〕，大曰苑，小曰囿。」周禮囿人職云「掌囿遊之獸禁」，鄭注：「囿遊，囿之離宮小苑觀處也。養〔二〕獸以宴樂視之。」彼疏引書傳云：「鄉之取於囿，是勇力取。」是囿亦爲蒐狩之常處也。知諸侯皆得有囿者，詩靈臺云「王在靈囿」，傳：「囿，所以域養禽獸也。天子百里，諸侯四十里。」成十八年注又云：「天子囿方百里，大國公侯十里，伯七里，子男五里。」不同者，蓋本無定制，故説有歧殊也。則傳意，諸侯自有囿，有禽獸可取，足供祭享之用。而經書田狩，因据爲難，故注云据有囿也。

〔一〕「所」，原訛作「取」，叢書本不誤，據改。

〔二〕「養」，原訛作「掌」，叢書本同，據周禮注疏校改。

一曰乾豆，【注】一者，第一之殺也。自左膘射之達於右髃，中心死疾，鮮屑，故乾而豆之，中薦於宗廟。豆，祭器名，狀如鐙。天子二十有六，諸公十有六，諸侯十有二，卿、上大夫八，下大夫六，士三。【疏】禮記王制云：「天子諸侯，無事，則歲三田，一爲乾豆，二爲賓客，三爲充君之庖。」易比云：「王用三驅。」馬融云：「一曰乾豆，二曰賓客，三曰充君之庖。」穀梁傳：「四時之田用三焉，唯其所先得，一爲乾豆，二爲賓客，三爲充君之庖。」乾，禮記釋文云：「音干。」則讀如詩中谷有蓷「暵其乾矣」之乾，謂燥也，正字亦宜作漧，見玉篇。○注「一者」至「宗廟」。○詩車攻云：「大庖不盈。」毛傳：「故自左膘而射之，達于右腢，爲上殺。」孔疏：「自左膘而射之，達於右肩腢，爲上殺。以其貫心，死疾，肉最絜美，故以爲乾豆也。」范云：「上殺中心，死速，乾之以爲豆，實可以祭祀。」十行本「髃」作「䠶」。校勘記云：「依說文當作髃。」古書有作腢者，从身，誤。」「屑」，鄂本作「絜」，毛本作「潔」，非。按：屑，猶絜也，故不絜謂之不屑。孔詩疏或即用此注，則作絜是也。膘，說文肉部：「膘，牛脅後髀前合革肉也。」釋文引三蒼云：「小腹兩邊肉。」段氏玉裁說文注云：「他處革與肉可分剥，獨此處不可分剥故也。七發所謂犓牛之腴。」其實凡獸皆然，不專牛也。廣韻云：「脅前。」蓋近脅處。今人謂馬肥爲膘肥，謂最薄處皮肉相合者也。髃，釋文云：「本又作腢。」說文骨部：「髃，肩前也。」士喪禮記「即牀而奠，當髃」，注：「腢，肩頭也。」是腢即髃字。釋文引字林云：「肩前兩乳骨也。」蓋左小腹旁邪達于右肩，必貫心，故死疾而鮮絜也。舊疏云：「時王之禮，古制無文。」按：此必有成文，故毛詩傳、何氏此注並依而用之，古籍散亡，不可考耳。王制注云：「乾豆，謂腊之以爲祭祀豆實也。」孔疏：「豆實非脯，而云乾者，謂作醢及臡，先乾其肉也。」此云乾而豆之，疑有誤字。○注「豆祭」至「如鐙」。○爾雅釋器云：「木豆謂之豆，竹豆謂之籩，瓦豆謂之登。」郭注：「豆，禮器也。登，即膏登也。」禮記祭統云：「夫人薦豆執校，執醴授之，執鐙。」注：「校，豆中央直者也。鐙，豆下跗也。」急就章：「鐙，所以盛膏，夜然燎者也。其形若杅，而中施釭。有柎者曰鐙，無柎者曰錠。柎謂下施足也。」蓋豆、籩、登形制皆同，但有竹木瓦之殊。故詩生民云：「卬盛于豆，于豆于登。」明皆祭器名。故毛傳云：「豆，薦葅醢也。登，太羹也。」按：説文：「豆，古食肉器也。」周禮梓人所云「食一豆肉，中人之食也」，禮記坊記「觴酒豆肉」即此。其祭器當作梪，説文云：「木器謂之梪，从木豆。」是也。鐙當作𤼷，説文：「𤼷，禮器也。讀若鐙同。」儀禮公食大夫禮云：「太羹湆不和，實于鐙。」即此。其祭統之鐙，自足下跗之名，豆籩登三者皆有之也。郭注爾雅又以膏鐙形狀似禮器之登，故以膏登釋之。説文：「鐙，錠也。」楚辭招魂云：「蘭膏明燭，華鐙錯些。」是也。此注云「狀如鐙」，蓋同郭義。○注「天子」至「士三」。○各本作「士二」，依鄂本正。穀梁疏亦引作「三」。自「下大夫」上，禮器文，彼無「卿」字是也。舊疏云：「其士三者，何氏差也。」鄭注禮器云：「豆之數，謂天子朔食，諸侯相食，及食大夫。公食大夫禮曰：『宰夫自東房薦豆六，設於醬東。』此食下大夫而豆六，則其餘著矣。聘禮：『致饔餼於上大夫，堂上八豆，設於户西。』則凡致饔餼，堂上之豆數可知。周禮：『公之豆四十，其東西夾各十二。侯伯之豆三十有二，其東西夾各十。子男之豆二十有四，其東西夾各六。』」孔疏：「皇氏云：『天子之豆二十有六者，天子庶羞百二十品，籩豆各六十。今云二十六者，説堂上數也。堂下東西夾各十七，兩十七合三十四，就二十六，故合六十也。』今按，禮有正羞、庶羞，故公食大夫禮設韭葅醓醢六豆，設於醬東，是正羞也。庶羞設於稻南，膷臐、膮牛炙之等。十六豆，謂之庶羞。又掌客云『公豆四十』，又云『食四十』，則豆盛正羞。食，謂庶羞也，故鄭注掌客云：『食者，其庶羞美可食者。』是庶羞與正羞別。此上大夫八豆，下大夫六豆，皆爲正羞。而天子二十六豆，亦爲正羞。故熊氏以爲正羞，醓醢百二十甕之等，但不知堂夾，若爲陳列，皇氏以爲庶羞，其義非也。鄭引公食大夫禮以證下大夫六豆之義。下大夫六豆，設於堂上，則天子之豆二十有六，諸公十有六，諸侯十有二，亦設于堂上矣。聘禮『致饔餼於上大夫，堂上八豆，西夾六豆，東方亦如之』，是堂上東西夾各設其豆，東西夾又減於堂上之數。上公堂上十六豆，故知東西夾各十二。侯伯堂上十二，故知東西夾各十。子男堂上十二，故知東西夾各六也。」按：豆數見之掌客，其陳于堂上及東西夾，則鄭氏以義言之也。經義述聞云：「由公而侯而上大夫，皆降殺以四，而由天子而公，則降殺以十，多寡不齊。天子與諸公爲君臣，猶諸侯與上大夫也。諸侯多於上大夫四豆，而天子多於諸公乃十豆。增減之例，亦不相準。疑本作『天子之豆二十』，因下文『諸公十有六』，遂衍『有六』二字。二十者，五四之合數也，故其降殺以四。四四得十六，故諸公十六。三四得十二，故諸侯十有二。二四得八，故上大夫八。下大夫再命，但卑於上大夫一命，故降殺以四之半而六也。若二十六，則既多於四六之合數，而又少於四七之合數，將何以爲降殺之本與？公羊注蓋亦後人據誤本禮記加之也。鄭注以此豆數爲〔一〕堂上之豆，說曰：『周禮，公之豆四十，其東西夾各十有二；侯伯之豆三十二，其東西夾各十；子男之豆二十四，其東西夾各六。』是鄭稽合周禮禮

〔一〕「爲」，原訛作「以」，叢書本同，據經義述聞校改。

器之豆數也。天子之豆，周禮雖不言其數，然公以下之豆，皆登降以八，則由公豆而登之。天子之豆當四十有八，而在堂上者二十，東西夾各十有四，其數正相合也。若謂堂上之豆二十有六，則東西夾各十有一。十而餘一，非鼎俎奇而籩豆偶之義矣。陸佃說以醢人四豆曰：天子朝事八豆，饋食八豆，又加豆八，羞豆二，所謂二十有六。按，醢人注，朝事爲薦血腥之祭，饋食爲薦孰之祭，此天子之豆，不云宗廟之祭，則非指祭祀言之。故鄭注謂：『天子朔食，諸侯相食，及食大夫也。』陸說似是而非。」此說乾豆爲祭事。何氏引禮器文者，特因豆廣言之，不必即以此豆數爲祭品也。宋本作「士三」，似不如作「士二」爲是，籩豆偶故也。上下大夫尊卑相近，故降殺以兩。士卑于大夫，故亦降殺四也。

二曰賓客，【注】二者，第二之殺也。自左膘射之達於右脾，遠心死難，故以爲賓客。【疏】注「二者」至「賓客」。○釋文作「左脾」，云：「方爾反，又步啓反。股外也。本又作膘。」校勘記云：「按，左右皆髀股之髀，非脾肺之脾。何注脾字二見，皆當作髀。」按：說文肉部：「脾，土臧也。」無所謂左右。骨部：「髀，股外[一]也。」肉部：「股，髀也。」又大部：「奎，兩髀之間也。」則髀爲股外骨名，故得有左右。沈氏彤釋骨云：「腰髁[二]骨旁，臨兩股者曰監[三]骨、曰大骨、曰髂。一身之屈伸司焉，故通曰機關。關之旁曰髀樞，

〔一〕說文各本無「外」字，此爲段注文。
〔二〕「髁」，原訛作「骬」，叢書本同，據果堂集釋骨校改。
〔三〕「監」，原訛作「監」，叢書本同，據果堂集释骨校改。

亦曰樞機者，髀骨之入樞者也。」「在膝以上曰髀骨，曰股骨，其直者曰楗，其斜上俠髖〔一〕者，則所謂機也。」由左膘達右髀，遠心，死稍遲，肉已不及一殺之鮮絜，故以爲賓客也。」詩車攻傳云「射右耳本，次之」，箋云：「射，當爲達。」孔疏：「次殺右耳本，當自左肩髃也。不言自左，舉下殺之射左髀，可推而知也。」與此微異。范云：「次殺射髀骼，死差遲。」與何氏合。爲賓客者，爲賓客之俎實也。

三曰充君之庖。【注】充，備也。庖，廚也。三者，第三之殺也。自左膘射之，達於右腢，中腸胃汙泡，死遲，故以充君之庖廚。已有三牲，必田狩者，孝子之意，以爲己之所養，不如天地自然之牲逸豫肥美。禽獸多則傷五穀，因習兵事，又不空設，故因以捕禽獸，所以共承宗廟，示不忘武備，又因以爲田除害。狩例時，此月者，譏不時也。周之正月，夏之十一月，陽氣始施，鳥獸懷任，草木萌牙，非所以養微。【疏】注「充，備也」。○小爾雅廣言云：「充，備也。」○注「庖，廚也」。○廣雅釋室云：「庖，廚也。」王制注：「庖，今之廚也。」説文广部：「庖，廚也。」○注「三者」至「庖廚」。○校勘記云：「腢，宋本、閩本同。毛本作膶，誤。胃，各本亦作膶，俗字。遲，各本作遟。」詩車攻傳云：「射左髀，達於右䯦，爲下殺。」校勘記云：「五經文字：『髎，羊紹反，見春秋傳。又作䯦，見詩。』見春秋傳者，即指公羊此注也。見詩者，指毛詩車攻傳也。今詩傳作『髃』，此注作『䯦』，皆『䯦』字形近之訛。作䯦从肖，故音羊紹反。毛詩音義云〔二〕：『字書

〔一〕「髖」，原訛作「髕」，叢書本同，據果堂集釋骨校改。
〔二〕「云」字原脱，叢書本同，據阮元校勘記校補。

無「髃」字，一本作「髃」。」與張參所据春秋傳正合。然則毛詩傳、公羊注皆當作『髃』。廣韻三十小云：『髃，肩[一]骨。』按，髃、髃、髃皆不見於説文，而集韻髃、髃同，以紹切。則丁度等所据作『髃』矣。集韻無髃字。五經文字注中髃乃髃之誤。詩音義髃字亦髃之誤。」按：詩釋文云：「髃，餘繞反，又胡了反[二]。謂水膁也。字書無此字，一本作髃，音羊紹反，又羊招反。吕忱于小反[三]。」此傳釋文云：「右髃，羊紹反。字林子小反。一本作肱，音賢。」髃與髃俱不得音羊紹反，當依詩釋文所引一本作膘，似爲近之。膘爲脅後肉。自左脅後達右脅後，適中腸胃汙泡，死最遲，肉故惡，故充君之庖也。范云：「下殺中腸汙泡，死最遲。先宗廟，次賓客，後庖廚，尊神敬客之義。」按：今公羊釋文作髃，亦誤。髃不得音羊紹反，故校勘記云：「髃當作髃也。」○注「已有」至「除害」。○皆書大傳文，見儀禮集傳集注引。三牲，謂牛羊豕。下八年注云：「天子、諸侯、卿、大夫牛羊豕凡三牲，曰太牢。」是也。釋文：「捕，本又作搏，音博。」按：當作「搏」。禽獸，御覽引韓詩内傳曰：「春曰畋，夏曰搜，秋曰獮，冬曰狩。天子抗大綏，諸侯小綏，羣下獻禽其下，天子親射之于[四]門。夫田獵，因以講道義，習武，簡兵也。」説苑修文云：「其謂之畋何？聖人舉

［一］「肩」，原訛作「堅」，阮元校勘記即誤。據廣韻校改。

［二］「胡了反」，原訛作「胡可反」，叢書本同，據經典釋文毛詩音義校改。

［三］「于小反」，原訛作「子小反」，據經典釋文毛詩音義校改。下引「引傳釋文」中「子小反」之誤，源自經典釋文公羊音義原文。

［四］「于」，太平御覽引韓詩内傳作「旍」，即「旌」字。漢魏遺書鈔本韓詩内傳作「于」。

事反本。五穀者，以奉宗廟，養萬民也。去禽獸害稼穡者，故以田言之。聖人作名號而事義可知也。」後漢書陳蕃傳：「臣聞人君事於苑囿，唯仲秋西郊，順時講武，殺禽助祭，以敦孝敬。」御覽引白虎通云：「王者、諸侯所以田獵何？爲田除害，上以共宗廟，下以簡集士衆也。」續漢志引蔡邕月令章句云：「寄戎事之教於田獵，武事不空設，必有以誡，故寄教于田獵，閑肄五兵焉。」又書鈔引白虎通云：「王者祭宗廟，親自取禽者何？尊重先祖，必欲自射，加功力焉。」穀梁「秋，蒐于紅」，傳云：「因蒐狩以習用武事，禮之大者也。艾蘭以爲防，置旃以爲轅門，以葛覆質以爲槷，流旁握，御轚者不得入。車軌塵，馬候蹄，揜禽旅，御者不失其馳，然後射者能中。過防弗逐，不從奔之道也。面傷不獻，不成禽不獻。禽雖多，天子取三十焉，其餘與士衆，以習射于射宮。射而中，田不得禽，則得禽；田得禽，而射不中，則不得禽。是以知古之貴仁義而賤勇力也。」○注「狩例時」。○舊疏云：「即莊四年『冬，公及齊人狩于郜』、僖二十八年『冬，天王狩于河陽』是也。」○注「此月」至「養微」。○公羊問答云：「易通卦驗曰：『十一月廣莫風至，則蘭、夜干〔一〕生。』月令仲冬曰：『日短至，陰陽争，諸生蕩。芸始生，荔挺出。』」後漢書陳寵傳云：「冬至之節，陽氣始萌，故十有一月有蘭、射干、芸、荔之應。天以爲正，周以爲春。此可見三代時月相變，而宋儒夏時冠月之説不足据。」按：冬、夏至陰陽之微，五者順時舉事，故以養微爲重也。若然，夏小正「十一月：王狩」、周禮仲冬「遂以狩田」者，彼當王之制。此春秋制也，故書月，以譏不時與？舊疏云：「在哀十四

〔一〕「夜干」，易通卦驗及載有該句的古籍，多作「射干」。射音夜，射、夜古本通作。

年，孔子欲夏之孟冬以爲田狩之月。」

○夏，天王使宰渠伯糾來聘。

宰渠伯糾者何？天子之大夫也。其稱宰渠伯糾何？【注】据劉卷卒，氏采，不名且字。

【疏】惠氏棟左傳補注云：「案，渠，周邑。昭二十六年傳『劉子以王出，次于渠』，注云：『周地。』然則伯糾蓋氏於邑者。」○注「据劉」至「且字」。○見定四年。劉，其氏；卷，其且字，不名也。据以難稱伯義也。

下大夫也。【注〔一〕】天子下大夫，繫官氏名且字。繫官者，卑不得專官事也。稱伯者，上敬老也。上敬老則民益孝，上尊齒則民益弟，是以王者以父事三老，兄事五更。食之於辟雝，天子親袒而割牲，執醬而饋，執爵而酳，冕而總干，率民之至也。先王之所以治天下者有五：貴有德，爲其近於道也；貴臣，爲〔二〕其近於君也；貴老，爲其近於父也；敬長，爲其敬於兄也；慈幼，爲其近於子弟也。禮，君於臣而不名者有五：諸父兄不名，經曰「王札子」是也，詩曰「王謂叔父」是也；上大夫不名，祭伯是也；盛德之士不名，叔肸是也；老臣不名，宰渠伯糾是也。下去二時者，桓公無王而行，天子不能誅，反下聘之，故爲貶，見其罪，

〔一〕「注」，原訛作「疏」，叢書本不誤，據改。

〔二〕「爲」，原訛作「貴」，叢書本同，據公羊注疏校改。下三「爲」字同此。

明不宜。【疏】注「天子」至「且字」。○校勘記云：「段云：且字者，謂經之糾也。經稱且字，又稱伯者，以其爲老臣也。『且字』見儀禮注、禮記注，又見公羊宣十五年注、定四年注。疏家多不解其義，如言仲山甫：山甫爲且字，合仲乃爲字，周制如此。故公羊糾、札、卷不連伯、仲，皆且字也。此雖言伯糾，而注云且字，則專釋糾也，下方釋伯耳。」則注「名」字疑衍，渠非名也。繫官氏，官謂宰，氏謂渠也。段氏玉裁經韻樓集云：「各本於『且』上衍一『名』字。疏云：『渠是名。』然則下文云『老臣不名，宰渠伯糾是也』，作何解乎？此由淺人不解『且』字之恉，因添『名』字於此，謂渠是名，糾是字，名而又字，故曰名且字，而不省。注明言『不名』也，且二百四十四年有一人名、字兼書者乎？上文注据『劉卷，氏采，不名且字』，氏采者，劉也；卷者，不名，目其且字也。此則且字上稱伯爲異。」按：説文：「且，薦也。」廣雅釋言：「且，借也。」曲禮「有天王某甫」，注：「某甫，且字也。」疏引音義隱云：「且，假借此字也。」雜記疏：「檀弓云『五十以伯仲』，是正字。二十之時曰某甫，是且字。言且爲之立字。」經韻樓集又云：「凡承藉於下曰且；凡冠而字之，祇一字耳。必五十而後以伯仲，故下一字所以承藉伯仲也。言伯某、仲某，是稱字；單言某甫，是稱其且字。若韓非於孔子單言尼，蓋五十以前事也。此注家且字之説也。鄉飲酒禮『某子受酬』，注：『某者，衆賓姓也。同姓則以伯仲别之。又同，則以且字别之。』言同姓之中有伯仲，伯仲同者則呼某甫也。又少牢饋食禮『皇祖伯某』，注：『伯某，且字也。』士喪禮『父某甫』，注：『某甫，且字也，若言山甫、孔甫。』又曲禮『有天王某甫』，注：『某甫，且字也。』又檀弓『烏乎哀哉尼父』，注：『因且字而爲之謚。』又雜記『陽童某甫』，注：『某甫，且字也。』特牲篇某子之某爲伯仲，故注稱『祖字』；少牢篇伯某之某爲某甫，故注稱『且字』，義各有當也。若士虞禮『適爾皇祖某甫』，注云：『某甫，且字也，若言尼甫。』正與士喪禮、檀弓、雜記注文一律。今各本譌爲『某甫，皇祖字也』，此淺人傳寫之誤。又公羊宣十五年注云：『札者，冠且字也。』定四年、桓四年皆言『且字』，皆置伯仲，單言某甫，與鄭注無不合。坊記『其死曰孟子卒』，注：『孟子，蓋其且字。』此蓋謂經之『孟』，猶男子之伯仲；經之『子』，猶男子之某甫。諱娶同姓，故書字也。」按：且，猶言藉也。冠後稱伯某甫，叔、仲、季，唯其所當，不當單稱伯仲，故以甫字藉之，若言承藉之義。音義隱之作此讀，孔疏言且爲之作字，皆屬誤解。○注「繫官」至「事也」。○周禮天官之屬，有大宰、小宰、宰夫、太宰卿。小宰，中大夫；宰夫，下大夫。伯糾其宰夫與？六官之屬，皆大事則從其長，宰夫視太宰、小宰卑，故知不得專官事也。左氏以糾爲名，傳曰：「父在故名。」疏引：「何氏膏肓：『以爲左氏宰渠伯糾，「父在，故名」，仍叔之子何以不名？又仍叔之子，以爲「父在，稱子」，伯糾何以父在不稱子？』鄭箴之曰：『仍叔之子，譏其幼弱，故略言子，不名之。至於伯糾，能堪聘事私覿，又不失子道，故名且字也。』」按：伯糾之能堪聘事與否，三傳無文，不足以難何氏。左傳明云「故名」，而鄭氏以爲「名且字」，亦非左氏義。劉氏逢禄評云：「左氏此條亦譌。劉歆不解天子下大夫名且字之例，妄生異説。」○注「稱伯」至「益弟」。○莊二十五年「陳侯使女叔來聘」，注：「稱字者，敬老也。禮，七十，雖庶人，主字〔一〕而禮之。」繁露爲人者篇：「雖天子必有尊也，教以孝也；必有先也，教以弟也。此威勢不足獨恃，而教化之功不大乎！」

〔一〕「字」，原作「孝」，阮元校曰：「閩、監、毛本同，誤也。鄂本、宋本『孝』作『字』，當據正。」

禮記大學云：「上老老而民興孝，上長長而民興弟。」鄭注：「老老、長長，謂尊老敬長也。」又祭義云：「立愛自親始，教民睦也。立敬自長始，教民順也。教以慈睦，而民貴有親。教以敬長，而民貴用命。」又云：「虞、夏、殷、周，天下之盛王也，未有遺年者。年之貴乎天下久矣，次乎事親也。」鄭注：「言其先老也。」是也。○注「是以」至「至也」。○各本饋作餽，依宋本正。釋文作而饋。禮記祭義云：「是故至孝近乎王，至弟近乎霸。至孝近乎王，雖天子必有父。至弟近乎霸，雖諸侯必有兄。」注：「天子有所父事，諸侯有所兄事，謂若三老五更也。」又云：「食三老五更於太學，天子袒而割牲，執醬而饋，執爵而酳，冕而總干，所以教諸侯之弟也。」注：「割牲，制俎實。冕而總干，親在舞位，以樂侑食也。教諸侯之弟，次事親。」又樂記亦云：「食三老五更于太學，天子袒而割牲，執醬而饋，執爵而酳，冕而總干，所以教諸侯之弟也。」孔疏：「袒而割牲，謂牲入之時，天子親割也。執醬而饋，謂食之時，親執醬而饋也。執爵而酳，謂食罷，親執爵而酳之也。」白虎通鄉射云：「王者父事三老、兄事五更者何？欲陳孝弟之德，以示天下也。故雖天子，必有尊也，言有父也；必有先也，言有兄也。天子臨辟雍，親袒割牲。尊三老，父象也。謁者奉几杖，授安車輭輪，供綏執授。兄事五更，寵接禮交加客謙敬順貌也。禮記祭義曰：『祀于明堂，所以教諸侯之孝也。享三老、五更于太學，所以教諸侯之弟也。』不正言父、兄，言老更者，老者壽考也，欲言所令者多也；更者更也，所更歷者衆也。即如是，不但言老言三何？欲其明於天地人之道而老也。五更者，欲其明於五行之道而更事也。三老、五更幾人乎？曰：各一人。何以知之？既以父事，父一而已，不宜有三。」又王者不臣云：「不臣三老、五更者，欲率天下，爲人子弟。禮曰：『父事三老，兄事五更。』」禮記文王世子：「遂設三老、五更、羣老之席位焉。」注：「三老、五更各一人也，皆年老更事致仕者也。天子以父兄養之，示天下之孝悌也。其禮亡，以鄉飲酒禮言之，席位之處，則三老如賓，五更如介，羣老如衆賓。」又文王世子云：「適饌省醴，養老之珍具。遂發詠焉，退修之，以孝養也。」注：「親視其所有。退修之，謂既迎而入，獻之以醴，獻畢而樂闋。」獨斷云：「天子父事三老者，適成於天地人也；兄事五更者，訓于五品也。更者，長也，更相代至五也，能以善道改更已也。又，三老，老謂久也，舊也，壽也，皆取首妻男女完具者。古者天子親袒割牲，執醬而饋，三公設几，九卿正履，使者安車輭輪，送迎而至其家，天子獨拜於屏。其明旦，三公詣闕謝，以其禮過厚故也。又五更或爲叟，叟老稱，與三老同義也。」○注「先王」至「弟也」。○禮記祭義文。注云：「言治國有家道。」彼文「貴貴、貴老、敬長、慈幼」下，「貴」字皆作「爲」，「貴臣」作「貴貴」，「近於父」作「近於親」，「子」下無「弟」字。○注「禮君」至「是也」。○校勘記云：「『王謂』，宋本、閩本同。監本、毛本『謂』改『曰』，非。禮記明堂位注亦作『王謂叔父』，當据韓、魯詩。」何所据詩，多與毛、鄭異。鄭禮記亦與箋詩本異也。舊疏云：「皆〔一〕何氏之意，故皆取經以當之。」王札子者，宣十五年傳云：「王札子者何？長庶之號也。」注：「天子之庶兄。札者，冠且字也。禮，天子庶兄冠而不名，所以尊之。」是也。所引詩見魯頌閟宮。彼云：「王〔二〕曰：叔父，建爾元子，俾侯于魯。」成王稱周公語也。祭伯者，隱

〔一〕「皆」，原訛作「有」，叢書本同，據公羊注疏校改。

〔二〕「王」，原訛作「子」，叢書本同，據毛詩正義校改。

九年傳云：「祭伯者何？天子之大夫也。」是也。叔肸者，宣十七年注云：「稱字者，賢之。宣公篡立，叔肸不仕其朝，不食其禄，終身於貧賤。故孔子曰：『篤信好學，守死善道，危邦不入，亂邦不居，天下有道則見，無道則隱。』此之謂也。」是也。白虎通王者不臣云：「王者臣有不名者五：先王老臣不名。親與先王戮力共治國同功於天下，故尊而不名也。尚書曰：『咨，爾伯。』不言名也。不名者，貴賢者而已。共成先祖功德，德加於百姓者也。春秋『單伯不言名』，傳曰：『吾大夫之命于天子者也。』盛德之士不名，尊賢也。春秋曰：『公弟叔肸。』諸父、諸兄不名。諸父、諸兄，親與己父、兄，有敵體之義也。詩云：『王曰叔父。』春秋傳曰：『王札子何？長庶之稱也。』不名盛德之士者，不可屈以爵禄也。」説苑臣術云：「湯曰：何謂臣而不臣？伊尹對曰：君之所不名臣者四：諸父臣而不名，諸兄臣而不名，先王之臣臣而不名，盛德之士臣而不名，是謂大順也。」無上大夫，按：班氏据尚書「咨，爾伯」以證老臣不名。何氏説公羊，故据宰渠伯糾言也。按：禮記月令云「聘名士」，鄭注：「名士不仕者。」疏引蔡邕章句云：「名士者，謂其德行貞純，道術通明，王者不得臣，而隱居不仕者也。」即此盛德之士也。叔肸，釋文作叔肹。閩本、監本、毛本作肸。按：説文此字正作肸，从十从佾。○注「下去」至「不宜」。○春秋正辭云：「程子曰：人理滅矣，天運乖矣，陰陽失序，歲功不具矣，故不具四時。書曰：『今其有今罔後，汝何生在上？』其不具於是年何也？其諸以朝聘之者與？」按：隱七年「天王使凡伯來聘」，注云：「書者，喜之也。古者諸侯有較德殊風異行，天子聘問之。」今桓公無王而行，王法所當誅，今反下聘，賞罰乖方，有春夏而無秋冬之象也。

○五年，春，正月，甲戌、己丑，陳侯鮑卒。曷爲以二日卒之？怴也。【注】怴者，狂也。齊人語。【疏】校勘記云：「怴，唐石經、諸本同。釋文作怴，呼述反。按，怴字當作怴，字之誤也。廣雅釋詁云：『怴，怒也。』又釋訓：『怴，怴亂也。』曹憲音呼述反，今亦誤作怴。禮運『故鳥不獝』、『故獸不狘』，注：『獝、狘，皆飛走之貌也。』釋文：『狘，況越反。怴、狘義同，皆戉聲。』玉篇心部：『怴，許律反，怒也。』廣韻六術：『狘，狂也。』皆从戉，不誤。」按：釋文亦音呼述反，則陸本亦當从戉作狘。○注「怴者」至「人語」。○白虎通考黜云：「諸侯喑聾跛躄惡疾，不免黜者何？尊人君也。春秋曰：『甲戌、己丑，陳侯鮑卒。』傳曰：『甲戌之日亡，己丑之日死而得。』有狂易之病，蜚亡而死，由不絶也。」是怴爲狂也。按：説文犬部：「狘，獸走皃。」禮運疏：「狘，驚走也。」人發狂，多驚而飛走，故曰狂易。易者，輕辭。文十二年傳：「俾君子易怠。」注：「易怠，猶輕惰。」是也。正字作傷，説文人部：「傷，輕也。」是也。惠氏士奇春秋説云：「或曰兩日之間有闕文，我未之前聞也。公、穀皆有師傳，本之子夏，必非臆説。公羊謂以甲戌之日亡，己丑之日死而得，漢儒謂有狂易之疾，蜚亡而死，故甲戌日亡，莫知所在，己丑日乃得其屍。説者謂匹夫或有之，人君必不然。愚謂病而發狂，何分[一]貴賤？古者諸侯喑聾跛躄惡疾皆不免，所以尊君，唯世子有惡疾則廢。陳侯非惡疾，乃病狂，亦謂之貞疾。病狂之人，不可以君國子民，陳之臣子當告之於王免之，而立其子，則安得有陳佗之亂乎？故春秋如其再赴

〔一〕「分」，原訛作「有」，叢書本同，據春秋説校改。

之日而書之，蓋言君死不知其日，所以罪其臣也。」史記田齊世家云：「桓公病，蔡人爲佗殺桓公鮑及太子免而立佗，是爲厲公。」與此不合。按：左傳亦無殺桓公事。陳杞世家亦但言「蔡人爲佗殺五父及桓公太子免而立佗」，亦不言桓公被殺，均與左傳違。

甲戌之日亡，己丑之日死而得，君子疑焉，故以二日卒之也。【注】君子，謂孔子也。以二日卒之者，闕疑。【疏】通義云：「惠氏說：『死而得者，言得其屍也。』古通用死爲屍字，讀若陳湯傳『求谷吉等死』。」按：死亦或屍之壞字，傳寫者脱去尸字與？○注「君子，謂孔子」。○舊疏云：「正以哀十四年傳云『君子曷爲爲春秋』故也。」○注「以二」至「闕疑」。○繁露觀德云：「『甲戌、己丑，陳侯鮑卒』，書所見也，而不言其闇者。」穀梁傳：「何爲以二日卒之？春秋之義，信以傳信，疑以傳疑。陳侯以甲戌之日出，己丑之日得，不知死之日，故舉二日以包之也。」正月書甲戌、己丑，甲戌爲月之二十一日，己丑爲二月之七日。傳云：「曷爲以二日卒之？悈也。甲戌之日亡，己丑之日死，君子疑焉，故以二日卒之。」然則經不别月者，傳疑之辭焉。按：甲戌、己丑，相距十六日，若是再赴，陳人不應謬妄若此，當以此傳爲正。范氏説穀梁，以爲「辟病潛行」，未知所据。論語爲政云：「多聞闕疑。」戴氏望注云：「多聞，謂所傳聞世、所聞世也。春秋於所傳聞、所聞世闕疑，皆據魯史舊文，如陳侯鮑卒『以二日』、『夏五』無月、『郭公』繫曹下皆是也。」

○夏，齊侯、鄭伯如紀。

外相如不書，此何以書？【注】据蔡侯東國卒于楚，不言如也。【疏】注「据蔡」至「如也」。○舊疏云：「在昭二十三年夏。按，襄二十六年『許男甯卒于楚』，在蔡侯之前而不據之者，科取一以當之，不以後見義。或者以蔡是大國，齊之類，故取之。」

離不言會也。【注】時紀不與會，故略言如也。春秋始録内小惡，書内離會；略外小惡，不書外離會。至所聞之世，著治升平，内諸夏而詳録之，乃書外離會。嫌外離會常書，故變文見意，以別嫌明疑。【疏】繁露奉本云：「大國齊、宋，離不言會。」疑當作齊、鄭。按：鄭，伯爵，得爲大國者。春秋之初，鄭莊號爲强盛，時與齊、宋諸國會盟征伐故也。鄭注曲禮「離坐離立」云：「離，兩也。」兩相麗謂之離。玉篇隹部：「離，兩也。」兩國相會，故曰離會。○注「時紀」至「如也」。○上二年「蔡侯、鄭伯會于鄧」，傳：「離不言會，此其言會何？蓋鄧與會爾。」明紀若與會，則非離會，當書「齊侯、鄭伯會于紀」矣。通義云：「紀與會，則爲參；紀不與會，則爲離。參則可曰『齊侯、鄭伯會于紀』，離則不可曰『會于紀』，故變文以明之。此即對『蔡侯、鄭伯會于鄧』發傳，唯爲就人國都而會者，須分別主人與不與，故作此例。若『齊侯、宋公會于洮』，洮既非國，自無所嫌，離亦言會矣。」左傳謂：「齊侯、鄭伯朝于紀，欲以襲之。紀人知之。」明紀人不與，唯謂朝紀則非。齊、鄭，時皆强大，無朝紀之理，則「會于紀」者爲是。○注「春秋」至「離會」。○舊疏云：「即隱二年『公會戎于潛』是也。」按：彼注云：「所傳聞之世，外離會不書，書内離會者，春秋王魯，明當先自詳正。」又隱十年注：「所謂内無大惡，乃可治諸夏大惡。」是也。○注「不書外離會」。○舊疏云：「即此文變會言如是也。」隱二年注：「躬自厚而薄責於人，故略外也。」○注「至所」至「離會」。○舊疏云：「即宣十一年『晉侯會狄于攢函』是也。」隱元年注：「於所聞之世，見治升平，内諸夏而外夷狄，書外離會，宣十一年『秋，晉侯會狄于攢函』是也。」○注「嫌外」至「明疑」。○舊疏云：「若不載此事，以略言如，則嫌所傳聞世，合書外離會，但偶無之耳，故曰嫌外離會常書也。故書而變其文，見所傳聞世，不書外離會之意，故曰變文見義。所以别其嫌而明其疑也。」按：「常書」，疑是當書之誤。

○天王使仍叔之子來聘。

仍叔之子者何？天子之大夫也。【疏】詩節南山疏云：「雲漢序云『仍叔』，箋引桓五年『仍叔之子來聘』。春秋時趙氏世稱孟，智氏世稱伯，仍氏或亦世字叔也。自桓五年，上距宣王之卒七十六歲，若當初年，則百二十歲矣。引之以證仍叔是周大夫耳，未必是一人也。」穀梁作「任」，仍、任音近。晉書地理志新補正「仍」下注云：「沅案，毛萇詩序雲漢：『仍叔美宣王也。』仍氏世爲周大夫。古仍、任通用，昭二十二年『王師軍于氾，于解，次于任人』，當即仍叔之仍也。」

其稱仍叔之子何？【注】据宰渠氏官，武氏子不稱字，又不加之，尹氏不稱子。【疏】注「据宰」至「稱子」。○監本、毛本「字」作「官」，誤。校勘記云：「此謂仍叔是字，武氏子不稱字也。宰渠氏官，見上四年。武氏子不稱字，見隱三年『武氏子來求賻』是也。尹氏不稱子，亦見隱三年書『尹氏卒』是也。」

譏。何譏爾？譏父老子代從政也。【注】禮，七十縣車致仕。不言氏者，起父在也。加之者，起子辟一人。【疏】通義云：「譏父老子代從政者，亦譏世卿之意也。七十曰老，大夫七十而致仕，故謂致仕爲老。左傳曰：『桓公立，乃老。』又曰：『范武子將老。』又曰：『祁奚老矣。』」按：下九年左傳：「曹太子來朝，賓之以上卿。」彼疏引：「何君膏肓云：『左氏以人子安處父位，尤非衰世救失之宜，於義爲短。』鄭箴之云：『必如所言，父有老耄罷病〔一〕，孰當理其政預王事也？』」知不然者，年老廢疾可以傳事子孫，故周禮典命有攝其君之制。若父仍在位，而子安然代其任，非所宜也，然此斥天子、諸侯言。若卿大夫，則世卿執政，春秋所譏，應如孔氏所云也。穀梁傳：「任叔之子者，録父以使子也。故微其君臣，而著其父子，不正父在子代仕之〔二〕辭也。」亦即譏父老子代從政之義。故范云：「君闇劣於上，臣苟進於下，蓋參譏之也。」左氏直云「弱也」，疏引：「蘇氏用公羊、穀梁之説，以爲父老來聘，非父没。」〇注「禮七」至「致仕」。〇舊疏云：「春秋説文。謂之縣輿者，淮南子云：『日至於悲谷，是謂晡時；至於淵隅，是謂高春；至於連石，是謂下春；至於悲泉，爰止其女，爰息其馬，是謂縣輿。』舊説云日在縣輿，一日之暮；人年七十，亦一世之暮，而致其政事於君，故曰縣輿也。亦有作『車』字者。」然則疏本作「縣輿」矣。釋文本作「縣

〔一〕「病」，原訛作「痛」，叢書本同，據左傳正義校改。

〔二〕「之」字原誤疊，叢書本同，據穀梁傳校删。

車」。盧氏文弨云：「淮南子作『縣車』。」初學記、類聚引同。按：白虎通致仕篇云：「臣年七十縣車致仕者，臣以執事趨走爲職，七十陽道極，耳目不聰明，跂踦之屬，是以退老去，避賢者路，所以長廉遠恥也。縣車，示不用也；致事者，致其事於君。君不使退而自去者，尊賢者也。故曲禮曰：『大夫七十而致仕。』王制曰：『七十致政。』」則縣車，自謂縣車不用。舊疏未可從也。隸釋載侯成碑「縣輿養神」，與舊疏本同。按：今曲禮作「致事」，鄭注：「致其所掌之事於君而告老。」疏：「七十曰老，在家則傳家事於子孫，在官則致所掌職事還君，退還田里也。不云置而云致者，置是廢絶，致是與人，明朝廷必有賢代己也。」按：作「仕」亦通。○注「不言」至「在也」。○舊疏云：「言仍氏子，則與武氏子文同，嫌亦無父，故曰起父在。」按：若言仍氏之子，仍氏係其世稱，仍叔乃其父字，不著仍叔，故無由見父在也。○注「加之」至「一人」。○舊疏云：「若言仍叔子，則與僖三十三年百里子、蹇叔子類是一人，故曰『加之者，起子辟一人』。」

○**葬陳桓公。**【注】不月者，責臣子也，知君父有疾，當營衛，不謹而失之也。傳曰：「葬，生者之事。」

【疏】注「不月」至「之也」。○舊疏云：「正以卒日葬月乃是大國之例，今書時，故決之。」營衛者，史記黄帝紀「以師兵爲營衛」，正義云：「環繞軍兵爲營以自衛。」守護君父之疾，若營衛然也。禮記曲禮云：「君有疾，飲藥，臣先嘗之。親有疾，飲藥，子先嘗之。」又記「父母有疾〔一〕，冠者不櫛，行不翔，言不惰，琴瑟

〔一〕「疾」字下原衍一「云」字，叢書本同，據禮記正義删。

不御」諸節。矧君父有狂疾，尤宜營衛之也。今不謹而失之，故不月，以爲無臣子也，所以深責之也。○注「傳曰」至「之事」。○隱十一年傳文。

○城祝丘。【疏】大事表云：「杜云：『魯地。』莊四年『夫人姜氏享齊侯于祝丘』，即此。是齊、魯兩境上之邑，在今沂州府東南五十里。」水經注沭水篇：「沭水又南逕東海即丘縣，故春秋之祝丘也。桓五年『城祝丘』。」齊氏召南考證云：「杜注不言祝丘所在。漢地志：『東海郡即丘。』孟康曰：『古祝丘，齊之即丘，故城在沂州東南五十里。』一統志：『即丘故城在沂州蘭山縣東南。春秋曰祝丘。』」惠氏棟左傳補注云：「司馬彪郡國志：『琅邪即丘，春秋時曰祝丘。』闞駰十三州記曰：『即，祝，魯之音。』蓋字承讀變。」

○秋，蔡人、衛人、陳人從王伐鄭。

其言從王伐鄭何？【注】据河陽舉王狩，别出朝文，文不連王，王師不道所加。【疏】注「据河」至「連王」。○僖二十八年云「天王狩于河陽」，下云：「壬申，公朝于王所。」彼言王狩，此不舉之，彼别言公朝，不連上王文，故據以難之。○注「王師不道所加」。○舊疏云：「成元年『王師敗績于貿戎』，不道伐某，今言伐鄭，故難之。」

從王，正也。【注】美其得正義也，故以從王征伐録之。蓋起時天子微弱，諸侯背叛，莫肯從王者征伐，以善三國之君獨能尊天子死節。稱人者，刺三者也。天下之君，海内之主，當秉綱撮要，而親自用兵，故見其微弱。僅能從微者，不能從諸侯，猶莒稱人，則從不疑也。不使王者首兵者，本不爲王舉也。知實諸侯者，以美得正。【疏】注「美其」至「録之」。○詩衛風伯兮序云：「刺時也。言君子行役，爲王前驅，過時而不反焉。」箋云：「衛宣公之時，蔡人、衛人、陳人從王伐鄭伯也，爲王前驅久，故家人思之。」疏引鄭志：「鄭答臨碩引公羊之文，言諸侯不得專征伐，有從天子及伯者之禮。」審是，則諸侯從王征伐，得正義也明矣。○注「蓋起」至「死節」。○詩疏引服虔云：「言人者，時陳亂無君，則三國皆大夫也，故稱人。」則左氏家以此稱人爲實録也。按：詩伯兮云「伯兮朅兮」，傳：「伯，州伯也。」即九州之伯，所謂牧也。明衛侯親行，故以過時譏宣公也。孔疏以爲「州里之伯」，非知衛得爲伯者。詩邶風旄丘序[一]「責衛伯也」，箋云：「衛康叔之封爵稱侯，今曰伯者，時爲州伯也。」時陳亂已定，亦必陳君親行。若如左氏「國人分散」，則君没正期，且不能赴，誰爲執政，而興師動衆從王乎？漢書劉向傳云：「諸侯背叛，周室卑微，正謂平、桓之世也。」左傳云：「王奪鄭伯政，鄭伯不朝。」又隱十年云：「宋公不王。」又史記：「楚熊通僭號稱王。」皆天子微弱，諸侯背叛事也。○注「稱人」至「諸侯」。○繁露王道云：「天王伐鄭，譏親也。」言天子當命方伯致討，不宜親行也。又云：「伐鄭，不能從。」亦言僅能從微者，不能從諸侯也。穀梁傳「舉從者之辭也」，疏引徐邈云：「舉從者之辭，謂王不能以威致三國，三國自以義從耳。」與公羊義相足。○注

[一]「序」字原脱，叢書本同，據毛詩注疏校補。

「猶莒」至「疑也」。○隱八年「公及莒人盟于包來」，傳云：「曷爲與微者盟？稱人則從，不疑也。」注：「從者，隨從也，實莒子也。言莒子，則嫌公行微不肖，諸侯不肯隨從公盟，而公反隨從之，故使稱人，則隨從公不疑矣。」亦如桓王微弱，僅能從微者，稱人，則不嫌不從也。穀梁傳「爲天王諱伐鄭也」，注：「諱自伐鄭。」又云：「鄭，同姓之國也，在乎冀州，於是不服，爲天子病矣。」注：「親近猶不能服，則疏遠者可知。」○注「不使」至「舉也」。○舊疏云：「若使王者首兵，宜言王以蔡人、衛人、陳人從王伐鄭，似若僖二十六年『公以楚師伐齊取穀』然。」按：能左右之曰以，蔡、衛、陳本自行從王所以，故不得使王者首兵也。○注「知實」至「得正」。○通義云：「以人從己曰以，以己從人曰從。言從王者，若諸侯畏威服義，不召而至，不令而行。有征而無戰，深爲尊者諱，以醇王義焉。不稱天者，亦所以起繻葛之敗也。天子親在行陳，矢集於肩，王師敗績于貿戎，猶可言也；王敗績于繻葛，不可言也。故貿戎質言之，以窮世變之極；從王伐鄭文言之，君子之情，猶不欲王道之見熄遽也。」按：書「從王」以美得正，知實諸侯，非大夫。大夫以陪臣而擅用兵從王，不正甚矣。公羊之義，王夷君獲不言師敗績，故此經但書伐鄭而已。祝聃射王事，公羊恐亦有是説也，惜公羊外傳諸書不可見耳。

○大雩。

大雩者何？旱祭也。【注】雩，旱請雨祭名。不解大者，祭言大雩，大旱可知也。君親之南郊，以六事謝過，自責曰：政不一與？民失職與？宮室榮與？婦謁盛與？苞苴行與？讒夫倡與？使童男女各八人，舞而呼雩，故謂之雩。不地者，常地也。【疏】注「雩旱」至「知也」。○周禮司巫云：「若國大旱，則帥巫而舞雩。」鄭注：「雩，旱祭也。」穀梁定元年傳：「雩者，爲旱求者也。求者，請也。」左傳：「龍見而雩。」後漢書注引服注：「雩者，遠也。遠爲百穀求膏雨也。」服据雩祭之常言。杜亦云：「建巳之月，蒼龍宿之體，昏見東方，萬物始盛，待雨而大，故祭天，遠爲百穀求膏雨。」此著大雩於秋，明旱祭矣。左疏引賈逵云：「言大，别山川之雩。蓋以諸侯雩山川，魯雩上帝，故稱大。」與何義别。禮記月令：「五月，大雩帝。」鄭注：「雩之正，當以四月。凡周之秋，三〔一〕月之中而旱，亦修雩祀而求雨。因著正雩於此月。失之矣。」即公羊因旱求雨之説破之也。左疏引潁氏，以爲龍見即五月，未免强改天宿，牽合月會矣。白虎通災變云：「日食、大水，則鼓用牲于社；大旱，則雩祭求雨，非苟虚也，助陽責下，求陰之道也。」繁露精華云：「大雩者何？旱祭也。」此也〔二〕漢書五行志云：「庶徵之恒陽，劉向以爲春秋大旱也。其夏旱雩祀，謂之大雩。不傷二穀，謂之不雨。」是祭言大雩，大旱可知。子政習穀梁，是公穀義合。穀梁疏引考異郵云：「三時唯有禱禮，無雩祭之事，唯四月龍星見，始有常雩耳。」然則四月行常雩之祭，此後遇大旱，則祀天以求雨，謂之大雩。言大，以别乎常也。賈以爲别乎山川言大者，失之。○注「君親」至「倡與」。○監

〔一〕「三」，原訛作「五」，叢書本同，據禮記正義校改。
〔二〕「此也」二字殆爲衍文，叢書本同。

本、毛本「榮」作「崇」，非。荀子大略篇、王伯厚詩考、韓詩引此並作「榮」。舊疏亦以爲韓詩傳文。月令疏引考異郵云：「諸侯禱封内山川。」緯書所載，魯僖禱請山川者，故無常處，其南郊猶爲雩祭也。尸子云：「湯之救旱也，素車白馬，布衣，身嬰白茅，以身代牲，禱曰：政不節與？民失職與？苞苴行與？讒夫倡與？女謁盛與？宮室崇與？」帝王世紀：「湯大旱七年，齋戒翦髮斷爪，禱于桑林，以六事自責。」說苑君道云：「政不節耶？使人疾耶？苞苴行耶？讒夫昌耶？宮室營耶？女謁盛耶？何不雨之極也！言未已而天大雨。」蓋湯因大旱，以六事自責，後代人君因放而行之焉。舊疏云：「政不一者，謂政不專一，出自權臣門也。民失職者，謂廢其農業。宮室榮者，謂若丹楹、刻桷之屬。婦謁盛者，謂阿請亂國。苞苴行者，謂受人之饋，政以賄成。讒夫倡者，謂若魯任鄭瞻。」〇注「使童」至「之雩」。〇爾雅釋訓云：「舞、號，雩也。」郭注：「雩之祭，吁嗟而請雨。」彼釋文引孫炎注云：「雩之祭，有舞有號。」周禮女巫云：「旱暵，則舞雩。」鄭注：「使女巫舞旱祭，崇陰也。」疏引：「鄭答臨碩難云：董仲舒曰：『雩，求雨之祭，吁嗟之歌。』」何休公羊注：「男女各八人，舞而呼雩，故謂之雩。」是鄭以何氏此注專釋旱祭矣。按：雩、吁、呼皆疊韻爲訓。故鄭氏祭法注：「雩之言吁嗟也。」周禮疏引考異郵云：「雩者，呼嗟求雨之祭也。」舊疏引論語云：「冠者五六人，童子六七人。」「明魯人正雩，故其數少，復不言男女。此書見於經，非正雩，皆爲旱甚作之，故其數多，又兼男女矣。是以司巫職曰：『國大旱，則率巫以舞雩。』春秋說云『冠者七八人，童子八九人』者，蓋是天子雩也。」按：論衡明雩云：「曾晳對孔子言其志曰：『暮春者，春服既成，冠者五六人，童子六七人，浴乎沂，風乎舞雩，詠而饋〔一〕。』孔子曰：『吾與點也。』魯設雩祭於沂水之上。暮者，晚也；春，謂四月也；春服既成，謂四月之服成也；冠者、童子，雩祭樂人也；浴乎沂，涉沂水也，象龍之從水中出也；風乎舞雩，風，歌也；詠而饋，詠歌饋祭也，歌詠而祭也。」按：論衡所記必是漢世論語先師舊説，亦當指常雩之儀。若因旱而雩，則男女皆有，故周禮有女巫之職也。繁露求雨篇按五行之數，春用小童八人，夏用壯者七人，季夏用丈夫五人，又老者五人，秋用鰥者九人，冬用老者六人。又云：「四時皆以庚子之日，命吏民夫婦皆偶處。凡求雨之大體，丈夫欲藏匿，女子欲和而樂。」又樂緯稽耀嘉云：「凡求雨，男女欲和而樂。」皆與此異。周禮疏引考異郵云：「雩者，呼嗟求雨之祭。」按：夏之四月是雩之正，爲純陽之月，陽氣正盛，祭五精帝，兼及山川，百辟卿士，雖不旱亦雩。其用之冬春。夏爲夏時之八月，至三月，雖旱亦不雩，以不爲災也。故鄭云：「周冬及春夏無雩也。」若自仲夏以後，至於仲秋季，秋旱則亦行雩祭，所謂呼號之祭也。仍不雨，則有禱禮焉。續漢志注引：「服虔云：『大雩，夏祭天名。龍見而雩。龍，角、亢也，謂四月昏，龍星體見，萬物始盛，待雨而大，故雩祭而求雨。』一説，大雩者，祭於帝而祈雨也。一説，郊，祀天祈〔二〕農事；雩，祭山川而祈雨也。」皆與此別。繁露求雨篇載其祝辭曰：「昊天生五穀以養

〔一〕「饋」，叢書本同，今本論語作「歸」。阮元論語注疏校勘記云：「魯讀饋爲歸，今從古。案，論衡明雩篇作『詠而饋』，與古論合。」

〔二〕「祈」，原訛作「禮」，叢書本同，據後漢書注校改。

人，今五穀病旱，恐不成實，敬進清酒腒脯，再拜請雨。雨幸大澍，即奉牲禱〔一〕。」即所謂呼雩之詞。故穀梁疏引考異郵亦有禱祠山川之辭也。月令鄭注云：「天子雩上帝，諸侯以下雩上公。」以彼經云「乃命百縣雩祀百辟卿士有益於民者」，注：「百辟卿士，古者上公，若句龍、后稷之類。」故以爲王侯異制也，其禱禮亦不同。月令疏引「考異郵云：『天子禱九州山川，諸侯禱封内，大夫禱所食邑。』又僖公三時不雨，帥羣臣禱山川以過自讓」，是也。月令疏云：「凡雩必先禱。此經乃命百縣祈祀山川百源，始大雩帝是也。禱者不雩，僖二年冬十月及三年春正月、夏四月，直爲禱祭，不爲雩，以非雩月，故不雩也。」然則諸侯以下不雩上帝，魯得雩上帝者，以成王賜魯以天子之禮樂，故明堂位有「祀帝于郊」之禮也。○注「不地」至「地也」。○水經注沂水篇：「雩門南隔水有雩壇〔二〕，曾點所謂『風乎舞雩』，即其處也。」通典注引：「阮諶云：『壇在巳地。』按，衛宏漢儀稱『魯人爲雩壇在城東南』。諸儒所説皆云壇，而今〔三〕作墠。又論語『樊遲從遊於舞雩之下』，衛宏所説魯城東南，舊壇猶存焉。」按：祭天皆於南郊，如圜丘郊雩明堂皆然，故此注云「君親之南郊」。郊特牲云：「兆于南郊，就陽位也。」然則魯之雩門，其爲南門與？鄭月令注：「雩帝，謂爲壇南郊之旁，雩五精之帝，配以先帝是也。」

〔一〕「即奉牲禱」句原脱，令其禱詞不完整，據春秋繁露補足。叢書本亦脱。
〔二〕「雩」字原脱，叢書本同，據水經注校補。
〔三〕「今」，原訛作「又」，叢書本同，據通典注校改。

然則何以不言旱？【注】据日食，鼓用牲于社。【疏】注「据日」至「于社」。○見莊二十五年。舊疏云：「彼舉日食乃言『鼓用牲于社』，此不言旱，直言大雩，故据難之。」

言雩則旱見，言旱則雩不見。【注】從可知，故省文也。日食獨不省文者，與大水同禮，若但言鼓用牲，則不知其所爲。必見雩者，善其能戒懼天災，應變求雨，憂民之急也。【疏】注「從可」至「文也」。○經言大雩，故知大旱，從省文例，不再書旱也。通義云：「大雩，必爲旱。旱時容有不雩，然則彼言大旱者，皆主譏不雩矣。」穀梁説云「雩，得雨曰雩，不得雨曰旱」，見僖十一年傳，與此殊。彼注引：「何氏廢疾云：『公羊書雩者，善人君應變求索，不雩則言旱，旱而不害物言不雨也。就如穀梁，設本不雩，何以明之？如以不雨明之，設旱而不害物，何以別乎？』鄭釋之曰：『雩者，夏祈穀實之禮也，旱亦用焉。得雨書雩，明雩有益。不得雨書旱，明旱災成。後得雨，亦無及焉。國君而遭旱，雖有不愛民事者，何乃廢禮？本不雩禱哉，顧不能致精誠也。旱而不害物，因以久不雨別之。文二年、十三年，「自十有二月」、「自正月」、「不雨，至于秋七月」是也。穀梁傳曰：「歷時而言不雨，文不閔雨也。」以文不憂雨，故不如僖時書不雨。文所以不閔雨者，素無志於民，性退弱而不明，又見時久無雨而無災耳。』」知不然者，春秋主於垂教，不主記事，人君因旱而雩，書之，所以示美，以其重民事故也。若但以得雨不得雨別書，豈聖人勸戒人君之意？且既云國君遭旱，雖有不憂民事者，何乃廢禮不禱雩矣！何又言文不憂雨，無志於民哉？月令疏云：「按春秋周七月、八月、九月[一]皆書雩，穀梁不譏；成七年『冬，大雩』，穀梁云『無爲雩』，是譏其冬雩。春秋周之春及周之四月、五月皆無雩文。春夏不雩，雖旱不爲修雩之祭，其周季夏當有正雩，則龍見而雩是也。按春秋桓五年『秋，大雩』，傳云：『書不時。』僖十一年『秋，八月，大雩』，十三年『秋，九月，大雩』，成公三年『秋，大雩』，七年『冬，大雩』，襄五年『秋，大雩』，傳曰：『旱。』八年『九月，大雩』，傳曰：『旱。』十六年『秋，大雩』，十七年『秋，九月，大雩』，二十八年『秋，八月，大雩』，傳曰：『旱。』昭三年『秋，八月，大雩』，傳曰：『旱。』六年『九月，大雩』，傳曰：『旱。』八年『秋，大雩』，十六年『秋，九月，大雩』，傳曰：『旱。』二十四年『秋，八月，大雩』，傳曰：『旱。』二十五年『秋，七月，上辛，大雩。季辛，又雩』，傳曰：『秋書再雩，旱甚。』定元年『秋，九月，大雩』，七年『秋，大雩。九月，大雩』，十二年『秋，大雩』，僖二十一年『夏，大旱』，宣七年『秋，大旱』，莊三十一年『冬，不雨』，僖二年『冬，十月，不雨』，三年『正月，不雨。夏，四月，不雨。六月，雨』，傳曰：『自十月不雨，至于五月，不曰旱，不爲災。』文二年『自十有二月不雨，至于秋七月』，十年『自正月不雨，至于秋七月』，十三年『自正月不雨，至于秋七月』。是春秋之中不雨有七，大旱有二，大雩有二十一，都并有三十。莊三十一年『冬，不雨』，以冬時旱氣已過，故不數。僖二十一年『夏，大旱』，宣七年『秋，大旱』，二旱災成，故不數。昭二十五年一月再雩，秖是一旱之事爲再雩，一雩不數。定七年『秋，大雩』，亦一時之事而爲二雩，一雩不數。成七年『冬，大雩』，穀梁云『冬無爲雩』，明亦

[一]「九月」二字原脱，叢書本同，據禮記正義校補。

不數。三十事之中，去此六事不數，惟有二十四。就二十四之中，分爲四部：桓五年『秋，大雩』，説雩禮，是一部也；僖二年『冬，十月，不雨』，僖三年『正月，不雨。夏，四月，不雨』，説禱禮，是二部也；文二年、文十年、文十三年皆云『正月，不雨，至于秋七月』，説旱而不爲災，是三部也。此三部總有七條，於二十四去七條，餘有十七條，説旱氣所由。故鄭釋廢疾云：『春秋凡書二十四旱。』考異郵説云：『分爲四部，各有義焉。』是其事也。凡正雩在周之六月，常事不書。書秋大雩，傳不云旱，皆過雩也；傳言旱者，皆爲旱修雩也。雩書月者，爲修旱之雩得禮，故定元年穀梁傳曰：『雩月，雩之正也。秋大雩，非正也。』按，玉藻云：『至于八月不雨，君不舉。』注云：『建子之月不雨，蓋建未乃始成災。』而僖二十一年『夏，大旱』，未至建未而爲災者。若霧露霑濡，壟中有苗，雖歷時不爲災，文二年、十年、十三年，自十二月、正月不雨，至秋七月是也。至八月不雨乃爲災。若無霧露霑濡，壟中無苗，雖未至八月則爲災，故僖二十一年『夏，大旱』是也。」按：孔穎達彼疏專据左傳、穀梁爲説，何氏所不取。公羊義，不雨即爲異，旱則爲災。災者後事而見，異者先事而見。故旱雩，而不雨不雩；或書雩，或書旱者，見人君之急民事否也。無非勸戒有民者遇災而懼，側身修行之意。漢書五行志：「劉向以爲，其夏旱雩祀，謂之大雩。不傷五穀，謂之不雨。」亦通。○注「日食」至「所爲」。○舊疏云：「諸言日食與大水，皆鼓用牲也，即莊二十五年『秋，大水，鼓用牲于社』是也。」蓋但言鼓用牲于社，無以知爲日食、爲大水，非如雩祭之專請雨爲也。○注「必見」至「急也」。○白虎通災變云：「天所以有災變何？所以譴告人君，覺悟其行，欲令悔過修德深思慮也。援神契曰：『行有點缺，氣逆于天，情感變出，以戒人也。』」知書雩者，即人君之能悔過修德憂民所見也。

繁露二端云：「因惡夫推災異之象於前而圖安危禍亂於後者，非春秋之所甚貴也。然而春秋舉之以爲一端者，亦欲其省天譴而畏天威，内動於心志，外見於事情，修身審己，明善心以反道者也。」是則春秋書雩之義也。

何以書？記災也。【注】旱者，政教不施之應。先是桓公無王行，比爲天子所聘，得志益驕，去國遠狩，大城祝丘，故致此旱。【疏】文二年：「自十有二月不雨，至于秋七月。」傳：「何以書？記異也。大旱以災書，此亦旱也，曷爲以異書？大旱之日短而云災，故以災書。此不雨之日長而無災，故以異書也。」此書雩則旱見，故爲災。○注「旱者」至「之應」。○漢書五行志云：「傳曰：言之不從，是謂不艾，厥咎僭，厥罰恒暘。說曰：言上號令不順，民心虛譁憒亂，則不能治海内。失在過差，故其咎僭。僭，差也。刑罰妄加，羣陰不附，則陽氣勝，故厥罰常陽也。」類聚引洪範五行傳云：「旱所謂常陽，不謂常陽而謂旱者，以爲災也。旱之爲言乾也，萬物傷於乾，而不得水也。君持亢陽之節，暴虐於下，興師旅，動衆勞民以起城邑，臣下悲怨而心不從，故陽氣盛而失度，故旱災應也。」是政教不施，即傳之號令不順，民心不從也。○注「先是」至「此旱」。○上三年春正月注云：「無王者，以見桓公無王而行也。」是桓公無王行也。齊氏召南考證云：「前後文勢，當作無王而行，各本脱『而』字耳。」比爲天子所聘者，即上四年「天王使宰渠伯糾來聘」、上「天王使仍叔之子來聘」是也。故春秋去二時以示貶，以其得志益驕故也。去國遠狩，即上四年「公狩于郎」是也。大城祝丘，即上「城祝丘」是也，正五行傳所謂「動衆勞民以起城邑」者也。類聚引五行傳又云：「魯桓公五年，大雩，旱也。先是公弒君而立，有自危之心，而下有怨懟之氣。外結大國，取于齊，以爲夫人。後比二年，王使大夫來聘。桓上得天子意，下憑大國之心，則有亢陽之應，以御臣下，興邢丘之役，以勞百姓，則臣下離心而不從，故應是而秋大旱。」按：邢丘或祝丘之誤，與何氏義大同，疑亦董仲舒、劉向等説，非伏生傳語。

○螽。【疏】唐石經、諸本同。釋文：「螽，本亦作蠡。説文：『蠡，或螽字。』」左傳、穀梁作「螽」，後同。螽、蝝字同。

何以書？記災也。【注】螽者，煩擾之所生，與上旱同説。【疏】注「螽者」至「同説」。○漢書五行志云：「介蟲孽者，謂小蟲有甲，飛揚之類，陽氣所生也。於春秋爲螽，今謂之蝗，皆其類也。」又云：「桓公五年『秋，螽』，劉歆以爲貪虐取民則螽，介蟲之孽也，與魚同占。劉向以爲介蟲之孽，屬言不從。是歲，公獲二國之聘，取鼎易邑，興役起城。」師古注：「二國，宋、鄭也。」按：宋、鄭無聘魯事，疑當作「公獲天王之聘」也。螽爲諧聲兼會意。文三年傳注「螽，猶衆也」是也。説文䖵部：「螽，蝗也。从䖵，冬聲。冬，古文終字。」又「蝝」云：「螽或从虫，衆聲。」爾雅釋蟲：「蛗螽，蠜。」詩疏引：「李巡云：『蛗螽，蝗子也。』陸璣云：『今人謂蝗子爲螽子，兖州人謂之螣。』」漢書文帝紀注：「今俗呼爲簸蝩。」則蛗、螽聲之轉也。杜預以螽爲蚣蝑之屬。按：釋蟲又云「蜇螽，蚣蝑」，與「草螽，負蠜」、「蟿螽，螇蚸」、「土螽，蠰谿」皆有螽名。故宣十五年疏引李巡云：「皆分别蝗子，異方之語也。」説文螽蝗互訓，則螽即蝗明矣。類聚引佐助期云：「螽之爲蟲，赤頭甲身，而翼飛行，陰中陽也，螽之爲言衆，暴寡也。」又引五行傳云：「甲蟲有甲能蜚，陽之類，陽氣所生。於春秋爲螽，今謂之蝗，皆其類也。旱氣動象至矣，故曰有介蟲之孽。」按：蝗與旱相因而至，旱或無蝗，蝗無不旱，故此蝝與大雩連也。詩疏引草木疏又云：「兖州人謂之螣。」螣即蟘，釋蟲云：「食葉蟘。」左疏引李巡云：「食〔一〕禾葉者，言其假貸無厭，故曰蟘也。」方言：「蟒，宋、魏謂之蚮，南楚之外謂之蟅蟒，或謂之蟒，或謂之螣。」郭注：「即蝗也，亦呼虴蛨。」按：蟅蟒即螞蟅，其形如蝗而無王字，時隱草際，亦食苗葉，而不爲害。月令云：「百螣時起，其國乃饑。」特言其甚。鄭云：「螣，蝗屬，止舉其似耳。」杜以爲蜙蝑之屬。按：釋蟲：「蜇螽，蜙蝑。」左疏引方言云：「春黍謂之蜙蝑。」陸璣毛詩疏：「幽州人謂之春箕。春箕即春黍，蝗類也。長而青，股鳴者。或謂似蝗而小，班黑，其股狀如瑇瑁。又五月中，以兩股相切作聲，聞十數步。」爾雅又有「土螽，蟿螽」。樊光云：「皆蜙蝑之屬也。」左傳言：「凡物不爲災，不書。」則亦以書者爲記災也。煩擾，如遠狩、城祝丘皆是，故何以爲與上旱同説也。

○冬，州公如曹。【疏】水經注汶水篇：「又北過淳于縣西，故夏后氏之斟灌國也。周武王以封淳于公，號曰淳于國。春秋桓六年『州公如曹』，傳曰：『淳于公如曹。』其城東北，則兩川交會也。」漢書地理志「北海郡：淳于」，應劭曰：「春秋『州公如曹』，左氏傳曰『淳于公如曹』。臣瓚曰：『州，國名也，淳于公國之

〔一〕「食」，原訛作「言」，叢書本同，據左傳正義校改。

所都。』」方輿紀要云：「淳于城在青州府安丘縣東北三十里。」公羊無説，未知此州即淳于否。

外相如不書，此何以書？過我也。【注】爲六年化我張本也。傳不言化我者，張本非再化也。稱公者，申其尊，起其慢，責無禮。【疏】穀梁傳：「外相如不書，此其書何也？過我也。」范云：「過我，六年『寔來』是也。將有其末，必先録其本。」左傳以爲「淳于公如曹，度其國危，遂不復」，非公羊義。○注「爲六」至「化也」。○下六年「寔來」，傳云：「曷爲謂之寔來？慢之也。曷爲慢之？化我也。」因明年有化我之事，故今冬書「如曹」，見其過我，以爲化我張本也。云傳不言化我者，謂此傳直言過我，蓋此年如曹時，或有假道之禮，明年回國時，過魯無禮，故春秋慢之。傳不言化我之故，是其非再化也，其非不復其國明矣。○注「稱公」至「無禮〔一〕」。○舊疏云：「天子三公稱公，王者之後稱公。州國非此二者，必非是公，但今過魯自尊若公，故如其意書之曰公，以起其無禮也。但諸文不知本爵是何。」左傳疏引：「服虔云：『春秋前，以黜陟之法進爵爲公。』劉炫難云：『周法，二王之後乃得稱公。雖周公、太公之勳，齊桓、晉文之霸，位止通侯，未升上等。州有何功，得進公爵？若其爵得稱公，土亦應廣，安得爵爲上公，地仍小國？若地被兼黜，爵亦宜減，安得地既削小，爵尚尊崇？此則理之不通者也。』」通義云：「繁露以爲『州公化我，奪爵而無號』，然則公非其爵，凡諸侯託於諸侯，不別五等，壹以公稱之，喪服經曰『寄公爲所寓』是也。時州喪國失位，已爲寄公，故不復録其本爵。州既小國，非王者之後，又不自王朝來，不嫌是三公

〔一〕「禮」，原訛作「責」，叢書本同，據【注】文改。

也。失地之君多矣，獨州公奪爵者，君子爲國以禮，鄧侯、穀伯能修禮來朝，故亦貴之；州公無禮，故亦慢之。」按：孔氏牽合左氏以説公羊。公羊注明云「州公過魯都，不朝魯」，何知爲失地之君也？穀、鄧朝惡人，猶書名以賤之，而存其本爵，州公無禮，何至尊其本爵，失輕重之旨矣？

公羊義疏十三

南菁書院　句容陳立卓人著

桓六年盡七年

〇六年，春，正月，寔來。

寔來者何？猶曰是人來也。【注】猶曰是人來，不録何等人之辭。【疏】左傳云：「書曰寔來。」詩正義云：「春秋桓六年『寔來』，左傳作『實來』。」惠氏棟云：「寔當作實。石經傳作『寔』，宋本同，誤也。」按：惠氏説誤。陳氏樹華云：「傳解經，不容立異。公、穀皆作『寔來』，『寔』訓爲『是』。杜注乃云『寔，實也』。詩正義似未足据。」公羊問答云：「左氏注『寔，實也』，其訓可從否？曰：非也。實者，指虚實而言也。詩『實墉實壑』，鄭箋云：『實當作寔，趙、魏之東，實寔同聲。寔，是也。』按，爾雅云：『寔，是也。』鄭蓋本雅訓。公羊傳曰：『寔來者何？猶曰是人來也。』以實訓寔〔一〕，不可從。」説文宀部：「寔，正也。」段氏

〔一〕「寔」，原訛作「是」，叢書本同，據公羊問答校改。

玉裁注云：「召南毛詩傳曰：『寔，是也。』韓奕箋：『寔，是也。』公羊：『寔來，猶曰是人來也。』穀梁傳：『寔來者，是來也。』按，許云正者，是也。正與是互訓，寔與是音義皆同，此云『寔，正也』，即公、穀、毛、鄭之『寔，是也』。詩『湜湜其止』，鄭箋尚以『持正』釋『湜』，而古多以『實』爲『寔』。韓詩『實命不猶』即寔命不猶也。大雅韓奕『實墉實壑』即寔墉寔壑也。周語『咨于故實』，即故寔，故韋云『故事之是者』也。實、寔音義各殊，由趙魏間實、寔同聲，故相叚借。若注春秋曰『寔，實也』，則非。」錢氏大昕養新録云：「玉篇：『寔，時弋切。』是也。『實，時質切，不空也。』兩字音義俱別。詩大雅：『實墉實壑，實畝實藉。』箋云：『實當作寔，趙魏之東，實寔同聲。』正義云：『春秋桓六年，州公寔來，左傳作實來，由聲同，故字有變異也。』今本左氏亦作寔，與詩正義所引異。蓋孔氏所据乃服虔本，非杜本也。覲禮『伯父實來』，注：『今文實作寔。』是實即寔之古文。春秋公、穀爲今文，左氏爲古文，故二傳作寔來，左氏作實來。杜元凱改從二傳，失左氏古文之舊矣。」按：書秦誓「是能容之」，禮大學作寔，則又借是作寔。秦惠王詛楚文曰：「昔我先君穆公及楚成王，是戮力同心。」是讀是爲寔。國策蘇代曰：「白起是故用兵。」高注：「是，實也。」故此以「是」解「寔」，曰「是人來也」。○注「猶曰」至「之辭」。○繁露玉杯云：「有文無質，非直不予，乃少惡之，謂『州公寔來』是也。」蓋是人來者，略之之辭，若曰是一人來耳。其何等人則不録也。春秋重詳略之旨，故詳言之者多美文，其惡者，則略辭也。

孰謂？謂州公也。【注】以上如曹書。【疏】注「以上如曹書」。○與上注爲六年化我張本義相承。

曷爲謂之寔來？慢之也。曷爲慢之？【注】据葵丘之盟日。【疏】注「据葵」至「盟日」。○

見僖九年「諸侯盟于葵丘」，傳曰：「桓之盟不日，此何以日？危之也。何危爾？桓公震而矜之，叛者九國。」是也。舊疏云：「桓公震矜慢人而書日危之，本魯慢州公，非敬逆之道，是以据而難之。」

化我也。【注】行過無禮謂之化，齊人語也。諸侯相過，至竟必假塗，入都必朝，所以崇禮讓，絶慢易，戒不虞也。今州公過魯都不朝魯，是慢之爲惡，故書寔來，見其義也。月者，危録之，無禮之人，不可備責之。【疏】注「行過」至「語也」。○穀梁傳：「其謂之是來何也？以其畫我，故簡言之也。諸侯不以過相朝也。」畫、化通。諸侯不以過相朝，即此注之「過魯不朝也」。范云「畫是相過，去朝遠」，非。莊子齊物論「化聲之相待，若其不相待」，注：「是非之辨爲化聲。」蓋無禮，故相辨也。哀六年傳：「陳乞曰：常之母有魚菽之祭，願諸大夫之化我也。諸大夫皆曰諾，於是皆之陳乞之家。」亦即慢易之意。行過，不以賓主正禮也。讀書叢録云：「化我，即上文過我。過、化同聲，因口授，其字異耳。哀六年傳『願諸大夫之化我也』，不得謂無禮。『無禮』二字是注者增成之[一]。穀梁傳作『畫我』，其音義正同。」按：何氏所云無禮者，謂無禮儀耳，謂無假道入朝諸節也。陳乞請諸大夫過我，亦以飲食燕享，亦必有揖讓酬酢之節，願諸大夫之不爲此禮，故言化也。○注「諸侯」至「虞也」。○儀禮聘禮：「若過邦，至于竟，使次介假道，束帛將命於朝，曰：『請帥。』奠幣。」鄭注：「至竟而假道，諸侯以國爲家，不敢直[二]徑也。將，猶奉也。帥，猶

[一]「之」，原訛作「云」，叢書本同，據讀書叢録校改。
[二]「直」，原訛作「質」，叢書本同，據儀禮注疏校改。

道也，請道已道路所當由。」又云：「下大夫取以入告，出許，遂受幣。」明遣大夫迎于朝爲賓主也。然則過竟假途，所以使鄰國有禮，兼爲己戒不虞也。故隱四年「遇于清」注：「當春秋時，出入無度，禍亂姦宄，多在不虞。」是也。聘禮又云：「餼之以其禮，上賓太牢，積唯芻禾〔一〕，介皆有餼。」卿大夫且然，國君可知，皆所以崇禮讓，絶慢易也。又云：「誓于其竟，賓南面，上介西面，衆介北面，東上。史讀書，司馬執筴立于其後。」注：「史於衆介之前，北面讀書，以敕告士衆，爲其犯禮暴掠也。禮，君行師從，卿行旅從。司馬，主軍法者，執策示罰。」亦所以戒不虞，并使鄰國有備也。白虎通誅伐云：「諸侯家國，人人家，宜告主人，所以相尊敬，防并兼也。春秋傳曰：『桓公假途于陳以伐楚。』禮曰：『使次介先假道，用束帛。』即如是。諸侯賣王者道，禮無往不反，非所謂賣者也。將入人國，先使大夫執幣假道，主人亦遣大夫迎于郊，爲賓主，設禮而待之，是其相尊敬也。防并兼奈何？諸侯之行，必有師旅，恐掩人不備，士卒斂取恒遲，先假途則預備之矣。」故昭六年左傳楚公子棄疾聘于晉，過鄭，「禁芻牧采樵，不入田，不樵樹，不采刈〔二〕，不抽屋，不强匄」。明當時多不如此，故傳記爲美談也。又宣十四年左傳：「楚子使申舟聘于齊，曰：『無假道于宋。』亦使公子馮聘于晉，不假道于鄭。華元曰：『過我而不假道，鄙我也。鄙我，亡也。』」是不假道之事也，當時諸侯猶以爲醜焉。○注「今州」至「義也」。○繁露觀德云：「州公化我，奪爵

〔一〕「禾」字原脱，叢書本同，據儀禮注疏校補。
〔二〕「刈」，原訛作「蓺」，叢書本同，據左傳正義校改。

而無號。」亦書寔來，見慢之爲惡義也。通義云：「上傳云『過我』，此云『化我』者，前自其國如曹，塗出于魯。今自曹還，復過魯，遂止不去，將依於我，而猶不能修禮來朝，故責其化也。」仍牽涉左氏不復其國之意。○注「月者」至「責之」。○舊疏云：「凡朝例時，此不朝，故書月以見危。不書日以見其危者，無禮之人，不可備責也。」春秋正辭云：「來不恒月，決不王也。」非何義。

○夏，四月，公會紀侯于成。【疏】穀梁、釋文「紀侯」，左氏作「杞侯」。今本左氏經、傳亦作「紀」。左傳校勘記：「陸氏穀梁音義、左氏作杞侯。」陳樹華云：「三年書『公會杞侯于郕』，此作『紀侯』，疑傳寫之誤。」按：公羊不以杞爲侯爵，故此及三年皆作「紀」。杜云：「成，魯地，在泰山鉅平縣東南。」穀梁作「郕」。差繆略云：「成，穀梁作郕，蓋郕之譌。」又與今本穀梁異。洪氏亮吉乾隆府廳州縣志云：「成城在兗州府甯陽縣東北九十里，魯成邑。」按：甯陽縣志曰：「舊曰故城社，今并太平爲一社，曰太古社。」大事表云：「在今兗州府甯陽縣東北九十里。莊三十年『次于成，備齊也』，襄十五年『齊人圍成，公救成』，於是『城成郛』。後爲孟氏邑。定十二〔一〕年仲由爲季氏宰，將墮成，公斂處父曰：『墮成，齊人必至于北門。』是魯之北境，近齊之邑。」左傳校勘記云：「山井鼎云：足利本後人記云：成作郕。」

〔一〕「十二」，原記爲「十三」，仲由爲季氏宰，墮三都事出自定十二年，據左傳正義改。

○秋，八月，壬午，大閲。【疏】据曆八月無壬午，七月之八日、九月之九日也。

大閲者何？簡車徒也。【注】大簡閲兵車，使可任用而習之。【疏】周禮大宗伯職：「大田之禮，簡衆也。」注：「古者因田〔一〕習兵，簡其車徒之數。」經義述聞云：「桓六年大閲，傳曰：『大閲者何？簡車徒也。』昭八年『秋，蒐于紅』，傳曰：『蒐者何？簡車徒也。』十一年『大蒐于比蒲』，傳曰：『大蒐者何？簡車徒也。』引之謹案：『大閲者何？簡車徒也』，當作『大閲者何？簡車也』，『徒』字涉昭十一年傳而衍也。『蒐者何？簡車徒也』，當作『蒐者何？簡徒也』，『車』字亦涉昭十一年傳而衍也。蓋蒐惟簡徒，大閲惟簡車，大蒐則合車徒而並簡之，故傳分別言之。何注『大閲者何？簡車也』，曰『大簡閲兵車，使可任用而習之』，但言車而不言徒，則車下無徒可知。注『蒐者何？簡徒也』，曰徒衆，但言徒而不言車，則徒上無車可知。桓六年、昭八年、十一年傳並曰『以罕書也』。注曰：『比年簡徒，謂之蒐；三年簡車，謂之大閲；五年大簡車徒，謂之大蒐。』言簡徒，當比年爲之；昭八年之簡徒，非比年也。簡車，當以三年；桓六年之簡車，非三年也。簡車徒，當以五年；昭十一年之簡車徒，非五年也。是以譏其罕也。据此，則蒐爲簡徒，大閲爲簡車，大蒐爲簡車徒。傳本各自爲義，故注本之，而爲此説。若蒐與大閲、大蒐，傳皆謂之簡車徒，則三者異名而同實，注何得强爲分别，而以簡徒爲蒐，簡車爲大閲乎？以此言之，何所据『大閲』傳正作簡車，『蒐于紅』傳正作簡徒，明甚。漢書刑法志所載簡徒、簡車、簡車徒年數亦與何注同。傳文有分合

〔一〕「田」字原脱，叢書本同，據周禮注疏校補。

之不同，昭八年、昭十一年疏又兩引『大閱』傳作『簡車徒也』，則所見本已誤衍，不始於唐石經矣。又按，李善注魏都賦、謝朓登孫權故城詩，並引公羊傳曰：『大閱者何？簡車馬也。』馬字蓋涉左傳而衍。何注但言車，不言馬，則本無馬字可知。李所見本衍馬字，徐所見本衍徒字，皆誤本也。穀梁傳曰『大閱者何？閱兵車也』，不言馬，亦不言徒，與公羊古本合。」○注「大簡」至「習之」。○通義云：「閱，如伐閱之閱。簡，如簡稽之簡。必取名簡閱者，明主爲簿。按之周禮，所謂校登其夫家之衆寡，及其六畜、車輦、旗鼓、兵器者是也。先王之治，安不忘危，存不忘亡。井牧其田野，而寄軍令焉。居則有户籍田結，行則有尺籍伍符，故大師曰拱稽，大役曰抱磿，大田曰讀書契。凡所以使軍實可數，卒兩可比。然後等列辨，少長順，而坐作進退之節可習。」按：周禮大司馬以大閱專屬仲冬，鄭注「至冬，大閱簡軍實」，蓋周禮也。簡有選義，禮記郊特牲云：「簡其車賦而歷其卒伍。」又王制：「簡不肖以絀惡。」皆選擇分別之義。故大司馬又云「簡稽鄉民〔一〕」，擇其兵車之善者習之，使可用，固不徒習知其數已也。

何以書？蓋以罕書也。【注】罕，希也。孔子曰：「以不教民戰，是謂棄之。」故比年簡徒謂之蒐，三年簡車謂之大閱，五年大簡車徒謂之大蒐。存不忘亡，安不忘危。不地者，常地也。蒐例時，此日者，桓既無文德，又忽忘武備，故尤危録。【疏】注「罕，希也」。○通義云：「罕者，不常舉也。魯忽略武備，故重録之。」爾雅釋詁：「希、寡、鮮，罕也。」注：「罕，亦希也。」詩鄭風：「叔發罕忌。」禮記少儀：「罕見曰『聞

〔一〕「稽」，原訛作「其」，「民」下衍「也」字，叢書本同，據周禮注疏改删。

名』。」論語子罕篇：「子罕言利。」孟子告子篇：「吾見亦罕矣。」皆謂希也。○注「孔子」至「棄之」。○見論語子路篇。棄，宋本作弃。漢書刑法志云：「魯成公作丘甲，哀公用田賦，搜、狩〔一〕、治兵、大閲之事皆失其正。春秋書而譏之，以存王道。於是師旅亟動，百姓罷弊，無伏節死難之義。孔子傷之，曰：『以不教民戰，是謂棄之。』」意謂用不教之民以戰，是棄之也。班、何之義大同。舊疏云：「何氏之意與鄭氏論語注無考。公羊問答云：「問：其異同安在？曰：穀梁傳注、何休曰，所謂教民戰者，習之也。鄭君釋之曰：『教民習戰而不用，是亦不教也。』」按：教民習戰者，安不忘危、存不忘亡之意，不能無故而用。鄭君義非。宋氏翔鳳過庭録云：「何以教爲習戰事，故舉蒐狩之期，且證上章教民七年也。疏云『與鄭別』，知鄭不同，今其文不具。鄭意蓋以教民使知禮義與信，而後可以一戰，如左傳所説者與？」穀梁僖三十三年傳：「以其不教民戰，則是棄其師也。」白虎通三教篇、劉勰新論閲武篇引論語皆無「以」字。後漢書傳變傳、鄭太傳、隋書經籍志皆引孔子曰：「不教民戰，是謂棄之。」蓋齊、魯論之異。意亦謂平日忽略武備，不教民戰，一旦用之，是棄之也。晉書庾衮傳引孔子曰：「不教而戰，是謂棄之。」○注「故比」至「忘危」。○舊疏云：「知其年數者，漢禮猶然。」經義述聞云：「漢書刑法志：『連帥比年簡徒，卒正三年簡車，羣牧五載大簡車徒。』説與何氏注同。蓋西漢以來，公羊家舊有此説，故漢志及何注皆祖述之。要皆出於

〔一〕「狩」，原訛作「括」，叢書本同，據漢書校改。

傳文之分言簡車、簡徒、簡車徒也。此又一證矣。」説文門部：「閱，具數於門中。」蓋取其一一具數之意。蒐與挍通。玉篇手部：「挍，閱也。」是挍、閱同義。小爾雅廣詁云：「閱、挍，具也。」挍，亦作庋。見郊特牲釋文。周禮庋人注云「庋之言數」，與説文訓閱爲具數義亦合。蓋蒐、閱皆具數之義。但事有小大，故名各殊耳。漢書刑法志又云：「古人有言天生五材，廢一不可，誰能去兵？鞭朴不可弛於家，刑罰不可廢於國，征伐不可偃於天下。」是亦存不忘亡、安不忘危之義也。○注「不地者，常地」。○舊疏引賈逵注云「簡車馬于廟也」，未知何意然否。按：授兵可於廟，治兵不可於廟。舊疏云「蓋在郊内」，是也。○注「蒐例時」。○舊疏云：「昭八年『秋，蒐于紅』、定十四年『夏，大蒐于比蒲』是也。」○注「此日」至「危録」。○舊云「以罕書」，又三年合大閱者，惟見此，明未循三年之制，知桓公忽忘武備也，故危之。舊疏云：「例合書時而乃書日，故以爲尤危録也。」

○蔡人殺陳佗。

陳佗者何？陳君也。【注】以躍卒不書葬也。【疏】注「以躍卒」至「葬也」。○下十二年「八月，壬辰，陳侯躍卒」，注云：「不書葬者，佗子也。佗不稱侯者，嫌貶在名例，不當絶，故復去躍葬也。」以春秋之義，誅君之子不立，陳佗不君而見絶，宜去其子葬。今躍不書葬，知佗是陳君矣。去躍葬者，不君其父，不成其子故也。史記陳杞世家云：「桓公弟佗，其母蔡女，故蔡人爲佗殺五父及桓公太子免而立佗，是爲厲公。」「厲公取蔡女，蔡女〔一〕與蔡人亂。厲公數如蔡淫。七年，厲公所殺桓公太子免之三弟，長曰躍，中曰林，少曰杵臼，共令蔡人誘厲公好女，與蔡人共殺厲公而立躍，是爲利公。利公者，桓公子也。利公立五月卒。」按：左傳以佗即五父。史記以佗殺五父爲厲公。班固亦以厲公爲桓公弟，與史記同，見索隱。此又躍爲佗子，均與左傳、史記互異。公羊既躍不書葬，亦未知何謚，爲厲、爲利均不可考；佗爲桓公何人亦不可知。

陳君則曷爲謂之陳佗？【注】据殺蔡侯般不言蔡般。【疏】注「据殺」至「蔡般」。○即昭十一年「楚子虔誘蔡侯般殺之于申」是也。

絶也。【注】絶者，國當絶。【疏】注「絶者」至「當絶」。○通義云：「絶者，諸侯有罪，當絶其世也。佗本弑立，絶之不成爲君，故還令與當國者同號。」按：國當絶者，亦謂佗不宜有國，故曰國當絶。陳佗弑君，公羊無文，其書絶者，自如本傳外淫説爲正。列女傳：「伯嬴曰：諸侯外淫者，絶。」用公羊義也。包氏慎言誅絶例目云：「春秋据二百四十二年已成之事以筆削，其所貶美，皆見末正本，將以垂戒於方來者也。譏、貶、誅、絶四者，春秋之科條也。譏貶輕而誅絶重，而譏貶之中實寓誅絶。任城何劭公注公羊，於二者分別尤審。誅有三等：曰譴讓、曰刑戮、曰磔棄。絶有四等：曰黜爵、曰奪土、曰覆嗣、曰滅宗廟社稷。禮曰：大罪有五：逆天地者，罪及五世，不畏天而怨懟，與弑父弑君者是也。誣文武者，罪及四世，變古易常

〔一〕「蔡女」二字原脱，叢書本同，據史記校補。

者是也。逆人倫者，罪及三世，不能事母、殺世子母弟、亂嫡庶者是也。誣鬼神者，罪及二世，亂昭穆、爲淫祀者是也。殺人者，罪止其身。春秋所書，罪止其身者鮮，而罪及二世三世四世者多，而皆統之於誅絶。今就傳文與何氏注隱括其目，分而録之，舉一反三，自王公以下，其能免者無幾也，故曰『孔子成春秋，而亂臣賊子懼』。此陳佗外淫，据史記，蔡爲陳佗母族，亦即逆人倫者，故奪其子葬，以示絶也。」

曷爲絶之？【注】据戕鄫子不絶。【疏】注「据戕」至「不絶」。○宣十八年「邾婁子戕鄫子于鄫」是也。彼亦見殺於外國，稱爵不絶也。

賤也。其賤奈何？外淫也。【疏】莊二十三年「祭叔來聘」，注：「不稱使者，公一陳佗，故絶，若我無君，以起其當絶。」包氏慎言云：「國君淫於外，甘爲賤辱而不羞。甘爲賤辱者，賤辱之徒也，故絶，奪其君位。」繁露王道云：「陳侯佗淫乎蔡，蔡人殺之。古者，諸侯出疆，必具左右，備一師，以備不虞。今蔡侯恣以身出入民間，至死閭里之庸，甚非人君之行也。」又云：「觀乎陳佗，知姣淫之禍〔一〕。」穀梁傳：「陳佗者，陳君也。其曰陳佗何也？匹夫行，故匹夫稱之也。」亦賤之之義也。

惡乎淫？【注】惡乎，猶於何也。【疏】注「惡乎猶於何」。○禮記檀弓云「吾惡乎用吾情」，鄭注：「惡乎，猶於何也。」言於何所淫也。莊十二年傳：「魯侯之美惡乎至？」注：「惡乎至，猶何所至。」孟子梁惠王

〔一〕「禍」，原訛作「過」，叢書本同，據春秋繁露校改。

篇：「天下惡乎定？」趙注：「問天下安所定也。」皆與「於何」義合。故檀弓又云：「吾惡乎哭諸？」言於何哭諸也。論語里仁篇：「惡乎成名？」言於何成名也。孟子公孫丑篇：「敢問夫子惡乎長？」亦於何長也。小爾雅廣訓云：「惡乎，於何也。」是也。定元年穀梁傳「惡得之」，注：「惡，於何也。」是單言惡，亦得有於何之訓也。

淫于蔡，蔡人殺之。【注】蔡稱人者，與使得討之，故從討賊辭也。賤而去其爵者，起其見卑賤，猶律文立子姦母，見乃得殺之也。不日、不書葬者，從賤文。【疏】淫于蔡，唐石經、蜀大字本同。鄂本、監本、毛本「于」作「乎」，誤。史記田齊世家云：「厲公佗者，文公少子也，其母蔡女。文公卒，厲公兄鮑立，是爲桓公。桓公病，蔡人爲佗殺桓公鮑及太子免而立佗，是爲厲公。既立，娶蔡女。蔡女淫于蔡人，數歸，厲公亦數如蔡。桓公之少子林怨厲公殺其父與兄，乃令蔡人誘厲公而殺之。厲公之殺，以淫出國，故春秋曰『蔡人殺陳佗』，罪之也。」又見陳杞世家，均與公羊義合。左傳以佗與厲公爲二，無陳佗外淫事。○注「蔡稱」至「辭也」。○隱四年：「衛人殺州吁于濮。」傳：「其稱人何？討賊之辭也。」注：「明國中人人得討之。」此書蔡人與彼同，故注以爲從討賊辭也。人者衆辭，明與使得討也。通義云：「傳不舉弒君爲重者，其爲蔡人討則以淫故，故就本事明蔡得殺佗之義也。穀梁傳曰：『其不地，於蔡也。』」○注「賤而」至「卑賤」。○解不書陳侯義也。穀梁所謂「匹夫行，故匹夫稱之」是也。○注「猶律」至「之也」。○舊疏云：「猶言對子姦母也。」○注「不日」至「賤文」。○校勘記云：「閩本、監本、毛本同，誤也。鄂本月作日，當据正。」舊疏標起訖亦作日。解云：「陳佗是君而見弒，例當書日，即隱四年『戊申，衛州吁弒其君完』之屬是也。君被外國殺者，不責臣子、不討賊，例合書葬，即桓十八年『葬我君桓公』是也。今不書日、不書葬者，從賤文故也。」

○九月，丁卯，子同生。【疏】九月無丁卯，八月之二十四日、十月之二十五日也。

子同生者孰謂？謂莊公也。【注】以夫人言，同非吾子。【疏】史記魯世家云：「夫人生子，與桓公同日，故名曰同。同長爲太子。」校勘記云：「唐石經、諸本同。釋文作嚴公，云：『音莊。本又作莊。』按，東漢改莊爲嚴。故漢書五行志莊公多作嚴公。」○注「以夫」至「吾子」。○即莊元年傳「夫人譖公於齊侯，公曰：『同非吾子，齊侯之子也』」是也。舊疏云：「正以道公疑非己子，則是其長子同，既繼體是長，故知爲莊公。」按：慶父，莊公庶兄。莊公與季友同母。桓公以三年娶，六年生同。公疑同非己子，故知是嫡長，莊公以別於慶父之庶也。

何言乎子同生？【注】据君存稱世子，子般不言生。【疏】注「据君」至「言生」。○「君存稱世子」，莊三十二年「子般卒」傳文。魯世家：「莊公見孟女，説而愛之，許立爲夫人，生子斑。」明斑生，亦在莊公即位後，不見經也。按：禮記疏引服虔云：「不稱太子者，書始生。」蓋古人立太子，亦如後世臨軒策拜，始生時未必即爲太子也。以其備用正禮，故特書子以志喜。

喜有正也。【注】喜國有正嗣。【疏】注「喜國有正嗣」。○通義云：「言魯之諸公久未有正嗣也。僖母成風、文母聖姜、襄母定弋、昭母齊歸、哀母定姒、子般母孟任、子野母敬歸，皆妾。子赤雖嫡，而母賤。宣母頃熊本嫡，又爲僖公所廢，故唯莊公得正，喜而書之耳。穀梁傳云：『疑，故志之。』如前所説諸公，本悉非正，故不志，令實正者，安知非不疑亦志？必求其難，獨成公未見妾母，或可謂宣夫人繆姜之子，而繆姜有淫行，與〔一〕文姜適同，何又不以疑志？爲此説者，鄙哉！」

未有言喜有正者，此其言喜有正何？久無正也。子公羊子曰：「其諸以病桓與？」【注】其諸，辭也。本所以書莊公生者，感隱桓之禍生於無正，故喜有正；而不以世子正稱書者，明欲以正見無正，疾惡桓公。日者，喜録之。禮，生與來日，死與往日，各取其所見日也。禮，世子生三日，卜士負之寢門外，以桑弧蓬矢射天地四方，明當有天地四方之事；三月，君名之，大夫負朝于廟，以名徧告之。【疏】趙氏坦寶甓齋札記云：「公羊疏引戴宏〔二〕序云：『子夏傳與公羊高，高傳與子平，平傳與子地，地傳與子敢，敢傳與子壽，至漢景帝時，壽乃共弟子胡毋子都〔三〕著於竹帛。與董仲舒皆見於圖讖。』此傳『子公羊子曰』、宣五年傳『子公羊子曰』，此公羊傳非高自作之明證。」又云：「莊十年、定元年傳引『子沈子』，莊三十年傳引『子司馬子』，閔元年傳引『子女子』，哀四年傳引『北宫子』，此皆傳公羊之經師，

〔一〕「與」字原脱，叢書本同，據公羊通義校補。
〔二〕「戴宏」，原訛作「衛宏」，叢書本同，據公羊注疏校改。
〔三〕「胡毋子都」，原作「胡母子都」，叢書本同，典籍中二者並存，據公羊注疏校改。

當在胡毋生[一]之前，而莫悉其名耳。」按：公羊氏五傳乃著竹帛，此公羊子或是高以後子孫所附益者，不得即定爲傳非高所自作之證也。○注「其諸，辭也」。○經傳釋詞云：「其諸，亦擬議之詞[二]也。公羊傳：『其諸以病桓與？』論語學而篇：『其諸異乎人之求之與！』」此曰「辭」也，亦謂語詞[三]也。○注「本所」至「有正」。○序疏引春秋説云：「春秋書有七缺，申之曰：惠公妃匹不正，隱、桓之禍生，是爲夫之道缺。」明隱、桓之母皆非嫡妃，尊卑也微，致啓亂階。莊公以嫡夫人長子得國，得夫婦父子之正，故喜其有正而書也。○注「而不」至「桓公」。○通義云：「春秋之法，誅君之子不立，内無絶於公之道，然奪其世，所以起賤桓公，蓋微文也。」舊疏云：「若以正稱書，宜言『世子同生』。同實世子，而不以正稱書之，是其以正見無正之義。桓由不正而篡弑，故曰疾惡桓公也。」按：此與孔説是也。不以世與莊公，即不以正與桓公，明桓公宜絶，不世，見其非正也。○注「日者，喜録之」。○春秋詳略之旨，日詳而時略，喜有正，故録從日録也。○注「禮生」至「日也」。○禮記曲禮云「生與來日，死與往日」，鄭注：「生數來日，謂成服杖以死明日數也。死數往日，謂殯斂以死日數也。」與何氏此注異。何氏亦訓與爲數，方至爲來，已過爲往，生以方至之日數，死以已過之日數。同是生死本日，第以來往分説生死耳，亦非以與來爲數生之明日，與往爲數死之前日也。○注「禮世」至「告之」。○此約内則文。禮記内則云：「國君世子生，告於君，

[一]「胡毋生」，原訛作「胡母生」，叢書本同，據公羊注疏校改。
[二]「詞」，原訛作「辭」，叢書本同，據經傳釋詞校改。
[三]「語詞」之「詞」，原訛作「辭」，徑改。

接以太牢，宰掌具。三日，卜士負之，吉者宿齋，朝服寢門外，詩負之。射人以桑弧蓬矢六，射天地四方。」注：「桑弧蓬矢，本太古也。天地四方，男子所有事也。」又云：「世子生，則君沐浴朝服，夫人亦如之，皆立於阼階，西鄉。世婦抱子升自西階，君名之，乃降。」又云：「父執子之右手，咳而名之。妻對曰：『記有成。』遂左還授師。子師辯告諸婦、諸母名。妻遂適寢。夫告宰名，宰辯告諸男名，書曰『某年某月某日某生』而藏之。」注：「宰，屬吏也。春秋桓六年『九月，丁卯，子同生』。」彼言大夫禮，故宰辯告，此記諸侯禮，知當使大夫也。説苑修文云：「弧之爲言豫也。豫者，豫吾意也。故古者兒生三日，桑弧蓬矢六，射天地四方。天地四方者，男子之所有事也。必有意其所有事，然後敢食穀，故曰『不素飧兮』。此之謂也。」白虎通姓名云：「三月名之何？天道一時，物有其變，人生三月，目煦亦能咳笑，與人相更答，故因其始有知而名之。故禮服傳曰：『子生三月，則父名之於祖廟。』於祖廟者，謂子之親廟也，明當爲宗廟主也。一説名之於燕寢。名者，幼小卑賤之稱，質略，故於燕寢。禮内則曰：『子生，君沐浴朝服，夫人亦如之，立於阼階西南，世婦抱子，升自西階，君命之士〔一〕。嫡子執其右手，庶子撫其首。君曰「欽有帥」，夫人曰「記有成」。告於四境。』四境者，所以遏絶萌芽，禁備未然。故曾子問曰：『世子生，三月以名，告於祖禰。』内則記曰：『以名告於山川、社稷、四境，天子太子使士負子於南郊。』以桑弧蓬矢六射者何也？此

〔一〕「士」字原脱，叢書本同，據白虎通校補。

男子之事也，故先表其事，然後食其禄。必桑弧者何〔一〕？桑者，相逢接之道也。保傅曰：『太子生，舉之以禮，使士負之，有司齊肅端緌，之郊見於天。』韓詩内傳曰：『太子生，以桑弧蓬矢六，射上下四方。』明當有事天地四方也。」禮内則又云：「子生，男子設弧於門左，女子設帨於門右。」又郊特牲：「士使之射，不能則辭以疾，縣弧之義也。」注：「男子生，而設弧於門左，示有射道而未能也。」禮記曾子問曰：「世子生，太宰命祝史，以名徧告於五祀山川。」注：「因負子名之，喪於禮略也。」則君薨世子生，不必俟三月，蓋見殯則名。故曾子問云：「某之子某，從執事，敢見。」謂見殯也。若已葬之後，則亦三月乃名。故曾子問云：「如已葬而世子生，如之何？孔子曰：『太宰太宗從太祝而告於禰，三月而名于禰，以名徧告及社稷、宗廟、山川。』」是也。

〇冬，紀侯來朝。【注】朝聘例時。【疏】注「朝聘例時」。〇隱十一年「春，滕侯、薛侯來朝」，又七年「夏，齊侯使其弟年來聘」，及「冬，天王使凡伯來聘」是也。

〇七年，春，二月，己亥，焚咸丘。【疏】二月無己亥，己亥爲正月之二十八日。杜云：「咸丘，魯

〔一〕「何」字原脱，叢書本同，據白虎通校補。

地。高平鉅野縣南有咸亭。」大事表云：「在今曹州府鉅野縣南。」水經注濟水篇：「黃水又東逕咸亭北，桓七年『焚咸丘』者也。」一統志：「咸丘在曹州鉅野縣南。」公羊以爲邾婁之邑，或先屬邾婁，後爲魯有也。爾雅釋地：「左高曰咸丘。」

焚之者何？樵之也。【注】樵，薪也。以樵燒之，故因謂之樵之。樵之，齊人語。【疏】莊子外物篇「乃焚大槐」，釋文引司馬注：「焚，謂霹靂時燒大〔一〕樹也。」此傳云「樵之者，以火攻也」，義皆相近。故杜注云：「焚火田也。」按：樵疑燋之叚借。說文火部：「燋，所以然持火者也。」玉篇火部：「炬火也。」禮内則：「肝膋：取狗肝一，幪之以其膋，濡炙之，舉燋其膋，不蓼。」釋文作「焦」，云：「字又作燋。」則即此樵之義。說文作「𤓉」，云：「火所傷也。」玉篇：「火燒黑也。」是也。又周禮：「菙氏掌共燋契，以待卜事。」注：「杜子春云：燋讀爲細目燋之燋，或曰如薪樵之樵，謂所爇灼龜之木也，故謂之樵。」是燋、樵通也。○注「樵薪」至「樵之」。○爾雅釋文引字林云：「樵，薪也。」廣雅釋木：「蕘，薪也。」左傳桓十二年云「請無扞采樵者以誘之」，注：「樵，薪也。」說文木部：「樵，散木也。」按：樵木、薪木，因謂取薪爲樵，詩白華云「樵彼桑薪」是也。以薪燒物因亦謂之樵，故杜子春讀燋爲樵也。○注「樵之，齊人語」。○管子七臣七主云：「火暴焚地燋草。」即謂樵草也。明當時有此語。

樵之者何？以火攻也。【疏】以火焚地謂之樵，故以火攻城亦謂之樵也。蓋凡以火者皆可謂之

〔一〕「大」，原訛作「火」，叢書本同，據經典釋文校改。

樵，亦謂之燋。故禮少儀：「主者執燭抱燋。」謂未爇之木也。用此木以燒物，亦即謂之燋，虛實互用也。

何言乎以火攻？【注】据戰伐不道所用兵。【疏】注「据戰」至「用兵」。○謂經書戰伐，不道所用何兵器也。

疾始以火攻也。【注】征伐之道，不過用兵，服則可以退，不服則可以進。火之盛炎，水之盛衝，雖欲服罪，不可復禁，故疾其暴而不仁也。傳不託始者，前此未有，無所託也。【疏】穀梁傳云：「疾其以火攻也。」解詁箋云：「以火攻，人君大惡也。目言之何？遠也，賤桓也。」○注「征伐」至「仁也」。○司馬法云：「冢宰與百官布令於軍曰：入罪人之地，無暴神祇，無行田獵，無毁土功，無燔牆屋。」淮南子兵略云：「故聞敵國之君，有加虐於民，則舉兵而臨其竟，責之以不義，刺之以過行。兵至其郊，乃令軍師曰：『毋伐樹木，毋抉墳墓，毋刈五穀，毋焚積聚，毋捕民虜，毋收六畜。』」皆所以禁暴也。○注「傳不」至「託也」。○託始，如隱二年：「無駭入極。」傳云：「始滅昉於此乎？前此矣。前此則曷爲始乎此？託始焉爾。」「紀履緰來逆女。」傳云：「始不親迎昉於此乎？前此矣。前此則曷爲始乎此？託始焉爾。」二事皆春秋前所有，託始於彼，爲春秋之始。此火攻前此無有，直始於桓公，故只云疾始，無庸託也。

咸丘者何？邾婁之邑也。【疏】穀梁傳云：「其不言邾咸丘何也？」是亦以咸丘爲邾婁邑。

曷爲不繫乎邾婁？【注】据郱、鄑、郚繫紀。【疏】注「据郱」至「繫紀」。○即莊元年「齊師遷紀郱、鄑、郚」是也。

國之也。【注】欲使如國，故無所繫。加之者，辟實國也。【疏】注「欲使」至「國也」。○校勘記云：「閩本、監本、毛本『實』作『寔』，誤。鄂本作『實』，當据正。」若第云國也，似詁咸丘爲國曰國之，明非國而國之也。既已國之，故無所繫，似實國也。

曷爲國之？【注】据邾、鄫、鄅不國。【疏】注「据邾」至「不國」。○若國邾、鄫、鄅，則不繫之紀。

君存焉爾。【注】所以起邾婁君在咸丘邑，明臣子當赴其難，與在國等也。日者，重録以火攻也。【疏】注「所以」至「等也」。○以咸丘爲君存。二傳無文，此本公羊先師所傳。君在咸丘，故通咸丘爲國，猶濫之通乎天下也。又以責邾婁臣子當赴其難，主憂臣辱，主辱臣死，君父有急，臣子宜共之也。通義云：「諸言君存焉爾者，皆謂其國都也。都不繫國者，宫廟朝市所處，故重録之。」按：孔説未當。如係邾婁國都，直書邾婁矣。國君所在，猶言王所焉耳，雖外邑亦如都也。○注「日者」至「攻也」。○舊疏云：「正以侵伐例時，即隱七年『秋，公伐邾婁』是也，故決之。」

○夏，穀伯綏來朝，鄧侯吾離來朝。【疏】漢書地理志：「南陽郡筑陽，故穀伯國。」續漢郡國志：「南陽郡筑陽，侯國。」(劉注)〔一〕。杜預曰：「穀國在縣北。」大事表云：「今襄陽府穀城縣西十里有穀城

〔一〕「劉注」二字，當指劉昭注續漢郡國志，此後置，故加括號。

山，爲穀國地。桓七年『穀伯綏來朝』，後不見經，入于楚。」水經沔水篇「又南過穀城東」，注：「沔水東逕穀城南，而不逕其東矣。城在穀城山上，春秋穀伯綏之邑也。墉闉頹毁，基塹亦存。」元和郡縣志：「襄州穀城縣，春秋穀國，今縣北十五里穀城是也。」今屬襄陽府。又水經注淯水篇：「南過鄧縣東，南入于沔縣，故鄧侯吾離國也，楚文王滅之，秦以爲縣。」

皆何以名？【注】据滕、薛不名也。【疏】注「据滕、薛不名」。○即隱十一年「春，滕侯、薛侯來朝」是也。

失地之君也。【疏】繁露滅國上云：「鄧、穀失地而朝魯桓，鄧、穀失地，不亦宜乎？」通義云：「曲禮：『諸侯失地，名。』楚滅鄧當莊公時，此云失地者，乃出奔，非國滅也。所傳聞之世，小國君奔猶未名，以其來朝于我，故名録之。穀、鄧、盛、郜皆失地之君，曷爲或言奔，或言朝？來奔者，寓於我之辭；來朝者，非寓於我之辭。」按：穀梁傳亦云：「其名何也？失國也。」

其稱侯朝何？【注】据以賤也。【疏】注「据以賤也」。○左傳云：「名，賤之也。」以其失地，故賤之。劉氏逢禄左傳考證云：「來朝何故賤之？曲禮：『諸侯失地，名。』真春秋家言也。」是也。杜以爲「辟陋小國，賤之。禮不足，故書名」。按：穀、鄧去東都不遠，不得謂之辟陋。若謂禮不足，則宜同介葛盧書來。牟人、葛人亦東方辟陋小國，亦止以朝惡人而人之，亦不書名。曲禮云「諸侯不生名」，與下「失地，名」正相成。杜注非左氏旨矣。左疏引服虔云：「穀、鄧密邇於楚，不親仁善鄰以自固，卒爲楚所滅。無同好之救，桓又有弒賢兄之惡，故賤而名之。」亦非。穀、鄧即不朝魯，亦無救於楚之滅，謂其不親仁善鄰，亦無据。衛冀隆之難，秦道静之釋，皆失左氏本義。

貴者無後，待之以初也。【注】穀、鄧本與魯同貴爲諸侯，今失爵亡土來朝，託寄也，義不可卑，故明當待之如初，所謂「故舊不遺，則民不偷」。無後者，施於所奔國也。獨妻得配夫，託衣食於公家，子孫當受田而耕，故云爾。下去二時者，桓公以火攻人君，故貶，明大惡。不月者，失地君朝惡人，輕也。名者，見不世也。【疏】白虎通王者不臣篇：「王者臣不得爲諸侯臣，以其尊，當與諸侯同。春秋傳曰：『寓公不世，待以初。』」按：此云貴者無後，語未明。白虎通所引春秋傳當是此傳文也，與何氏本異。○注「穀鄧」至「如初」。○禮郊特牲云：「諸侯不臣寓公。」注：「寓，寄也。」疏引喪服傳云：「寄公者何？失地之君也。諸侯不臣者，不敢以寄公爲臣也。」明與主國同貴，今雖失爵亡土，託寄於我，義不敢卑也。穀梁傳云：「失國〔一一〕，則其以朝言之何也？嘗以諸侯與之接矣，雖失國，弗損吾異日也。」范引此傳「待之以初」解之。禮喪大記：「君之喪，未小斂，爲寄公、國賓出。大夫之喪，未小斂，爲君命出。」是比寄公於大夫之君命也。又云：「夫人爲寄公夫人出，命婦爲夫人之命出。」亦比寄公夫人於命婦之夫人之命。故注下云：「獨妻得配夫也。」又云：「君拜寄公、國賓。」注：「皆寄公在國賓上，其尊可知。」是亦待之以初一事也。禮喪服：「寄公爲所寓。」傳云：「言與民同也。」王氏士讓云：「按，與民同，亦寄公自處然爾。其所寓之君，

〔一一〕「國」，原訛作「朝」，叢書本同，據穀梁注疏校改。

則以客禮待之。喪大記：『君之喪，未小斂，爲寄公、國賓出。』君拜寄公、國賓於位，夫人爲寄公夫人出，夫人亦拜寄公夫人於堂上是也。然則穀、鄧之君，失國來託，先行朝禮，故書來朝，與盛伯來奔異矣。白虎通又載一説云：『或曰：王者臣得復爲諸侯臣者，爲衰世主上不明，賢者非其罪而去，道不施行，百姓不得其所，復令得爲諸侯臣，施行其道。易曰「不事王侯」，此据言王之致事臣也，言不事王可知，復言侯者，明年少復得仕于諸侯也。』按，此自謂王朝卿大夫爾。禮雜記云：『違諸侯之大夫不反服。』諸侯之臣可臣大夫，知王者之臣可臣諸侯矣。」〇注「所謂」至「不偷」。〇論語泰伯篇文。釋文作「不愉」，云：「本又作偷。」校勘記云：「按，當依陸本作愉。今本从人旁，非。周禮大司徒『則民不愉』，今本亦改偷。按，愉、偷古今字。説文無偷字，鄭箋詩有之。」〇注「無後」至「云爾」。〇禮郊特牲云：「古者寓公不繼世。」注：「寓，寄也。寄公之子，非賢者，世不足尊也。」所謂不繼世於所奔之國。不繼世，即無後之義，謂不立後耳。惟妻得配夫，故喪大記待寄公夫人與寄公同，其子孫則受田而耕矣。其實寄公之待國君亦與民同，故寄公爲所寓之君齊衰三月，與庶人爲國君同服，故彼傳言「與民同也」。雷次宗云：「既來受其惠，宜敬於所託，故與衆人同，則即斥託衣食公家諸事矣。」蔡氏德晉云：「郝仲輿謂，寄公爲衰世之禮，非也。禹會諸侯于塗山，執玉帛者萬國，至周初，止千八百國而已，則其間失國而爲寄公者必多，而其服由來舊矣。」賈疏云：「失地君者，謂若禮記射義貢士不得其人數有讓〔一〕，數有讓，黜爵削地，削地盡，君則寄在

〔一〕「數有讓」三字原脱，叢書本同，據儀禮注疏校補。

他國。」孔疏云：「或天子削地，或被諸侯所逐，皆爲失地。」是必兼二義乃備也。按：失國之君，蓋如狄人逼逐黎侯，寓于衛之屬是也。方氏苞云：「失地之君不宜遽與民同，而特制此服，俾守宗社者，知一旦可降爲鄰國之庶人，而慎乃有位也。」亦足示春秋垂戒之義。戴氏望論語注云：「穀、鄧失地之君來朝稱侯，見王者當恩禮故舊，不以貴賤異也。」俞氏樾云：「何解雖本郊特牲『寓公不繼世』之義，然與下句『待之如初』義不相承，殆非也。今按，無後，謂失其國胙也。說文后部：『后，繼體君也。』后與後古通用，故繼體君謂之后，亦謂之後，尚書洛誥『王命周公後』是也。無後者，其子孫不復繼體爲君也。然以其嘗託在侯伯之位，故雖其子孫不復繼體爲君，而仍宜以侯伯之禮待之，是謂貴者無後，待之如初也。國語晉語曰：『鄢之役，親射楚王而敗楚師，以定晉國而無後。』韋注：『無後，子孫無在顯位者。』是卿大夫之子孫不能嗣守先人禄位，亦爲無後。蓋古語如此矣。」按：傳義自謂貴者雖無後而待之固如初耳，不必如俞氏所解。○注「下去」至「大惡」。○穀梁此及四年注皆云「下無〔一〕秋冬二時，甯所未詳」。按：桓公以火攻人君，内大惡。所傳聞世，於内大惡諱，故去二時以起義也。○注「不月」至「輕也」。○舊疏云：「朝例時，文十五年『夏，曹伯來朝』是也。而此責其月者，以文十二年『春，王正月，盛伯來奔』，傳云：『盛伯者何？失地之君。』彼書月見其奔重，宜厚遇之，此不月，朝惡人輕故也。僖二十年『夏，郜子來朝』，僖公非惡人

〔一〕「無」，原訛作「去」，叢書本同，據穀梁注疏校改。

而不月者，朝輕於奔故也。然則此注因朝桓惡人，故言此〔二〕。若其不然，宜直云失地之君來朝輕也。」

○注「名者」至「世也」。○舊疏云：「郜子、盛伯皆不名者，兄弟故也。」

〔二〕「言此」，原訛作「然解」，叢書本同，據公羊注疏校改。

公羊義疏十四

南菁書院　句容陳立卓人著

桓八年盡十年

○八年，春，正月，己卯，烝。【疏】包氏慎言云：「正月書己卯烝，五月書丁丑烝，傳皆云『譏亟』。蓋以十二月已烝，正月又烝，爲亟也。何注公羊〔一〕云：『祭以首時，薦以仲月。』正月爲夏正之仲冬月，當有薦。疑正月爲二月，二月之十六日爲己卯，經以其非祭月、薦月而烝，故書以示譏。五月亦無丁丑，六月十六日也。」按：於曆，己卯爲正月十四日，六月十五日爲丁丑。

烝者何？冬祭也。春曰祠，【注】薦尚韭卵。祠，猶食也，猶繼嗣也。春物始生，孝子思親繼嗣而食之，故曰祠，因以別死生。【疏】〔二〕爾雅釋天云：「春祭曰祠。」周禮大宗伯：「以祠春享先王。」繁露四

〔一〕「何注公羊」當作「鄭玄注禮記」，以下「祭以首時，薦以仲月」出自王制注。

〔二〕【疏】下原衍「注」字，叢書本同，據上下文意删。

祭云：「故春曰祠。」又深察名號云：「春曰祠。」○注「薦尚韭卵」。○穀梁注云：「春祭曰祠，薦尚韭卵。」禮王制説庶人之禮云：「庶人春薦韭。」又云：「韭以卵。」注：「庶人無常牲，取與新物相宜而已。」蓋天子、諸侯祭品不止韭卵，新物貴賤所同。繁露四祭云：「祠者，以正月始食韭也。」尚者，上也，取其新，故上之焉爾。繁露祭義云：「宗廟上四時之所成，受賜而薦之宗廟，敬之性也，於祭之而宜矣。宗廟之祭，物之厚無上也。」○注「祠猶」至「死生」。○繁露祭義云：「始生故曰祠，善其司也。」又云：「春上豆實。豆實韭也，春之所始生也，始生故曰祠，善其司也。」爾雅郭注：「祠之言食。」詩疏引孫炎注：「祠之言食。」羣經音義引孫注：「祠，食也。」孫、郭二注皆本何爲説。説文示部：「春祭曰祠。品物少，多文詞也。仲春之月，祠不用犧牲，用圭璧更[一]皮幣。」御覽引白虎通云：「物微，故祠名之。」取微義。按：説文引月令作「祠」，可爲春曰祠之證。禮記祭義云「春禘秋嘗」者，彼鄭注云：「春禘者，夏、殷禮也。周以禘爲殷祭，更名春祭曰祠。」繁露四祭云：「古者歲四祭。四祭者，因四時之所生孰而祭其先祖父母也。過時不祭，則失爲人子之道也。」又祭義鄭注云：「合於天道，因四時之變化，孝子感時念親，則以此祭之也。」是四時之祭，皆孝子思親繼嗣而食之。何氏特因祠爲首祭，故發義於此。又嗣、祠、食，皆疊韻爲訓也。

夏曰礿，【注】薦尚麥魚。麥始熟可礿，故曰礿。【疏】禮記祭統云：「春祭曰礿，夏祭曰禘，秋祭曰嘗，冬祭曰烝。」又王制云：「天子諸侯宗廟之祭，春曰礿，夏曰禘，秋曰嘗，冬曰烝。」注：「此蓋夏、殷之祭名。周

[一]「更」，説文作「及」。禮記、吕氏春秋、淮南子等多用「更」。更，更易。

則改之，春曰祠，夏曰礿，以禘爲殷祭。詩小雅曰：『礿祠烝嘗，于公先王。』此周四時祭宗廟之名。」鄭以祭名與夏不同，故定爲夏、殷禮也。說文示部：「礿，夏祭也。」釋文：「礿，本又作禴，同。」爾雅釋天：「夏祭曰礿。」周禮大宗伯：「以禴夏享先王。」繁露深察名號及四祭云：「夏曰礿。」〇注「薦尚麥魚」。〇王制云：「夏薦麥。麥以魚。」繁露四祭云：「礿者，以四月食麥也。」又祭義云：「夏上尊實。尊實，麰也，夏之所受初也。」十行本「魚」作「苗」，閩本、監本、毛本作「魚」。校勘記云：「苗字誤，當从魚。」穀梁注：「夏祭曰禴，薦尚麥魚。」〇注「麥始」至「曰礿」。〇閩本、監本、毛本脱「麥」字，依宋本補正。校勘記云：「穀梁疏引同。今本無麥字者，誤脱也。段云：『此上礿字當作汋，以汋訓礿，同音詁訓法也。汋亦作瀹。』」爾雅郭注：「新菜可汋。」禮疏引孫注：「礿者，新菜可汋。」白虎通云：「夏曰禴者，麥熟進之。」義皆同。繁露祭義云：「夏約故曰礿，貴所初受〔一〕也。」

秋曰嘗，【注】薦尚黍肫。嘗者，先辭也。秋穀成者非一，黍先熟，可得薦，故曰嘗。【疏】爾雅釋天云：「秋祭曰嘗。」周禮大宗伯云：「以嘗秋享先王。」繁露深察名號、四祭篇並云「秋曰嘗」。〇注「薦尚黍肫」。〇王制云：「秋薦黍。黍以豚。」繁露四祭云：「嘗者，以七月嘗黍稷也。」又祭義云：「秋上杭實。杭實黍也，秋之所先成也。」說文無肫字。穀梁注亦云：「秋祭曰嘗，薦尚黍肫。」釋文：「肫，本又作豚。」爾雅釋蟲注：「豯，豚也。」釋文：「本又作肫，或作豘。」詩閟宮傳：「毛炰，豚也。」釋文：「字又作豘。」晉書音義下：

〔一〕「受」，原訛作「礿」，叢書本同，據春秋繁露校改。

「㹠，亦豚字。」曹憲廣雅注〔一〕：「世人作䐁，或作㹠，或肫，或豘，並失之。」蓋皆通也。○注「嘗者」至「曰嘗」。○爾雅郭注云：「嘗新穀。」詩疏引孫炎云：「嘗，嘗新穀。」禮疏引白虎通云：「嘗者，嘗新穀，熟而嘗之。」繁露祭義云：「先成故曰嘗。嘗言甘也。」此何「先辭」所本也。一切經音義引廣雅云：「嘗，暫也。」禮檀弓注云：「嘗猶試也。」事未全行，先暫試之，故曰嘗。亦如飲食未能大歠，先口嘗之，亦曰嘗也。禮記少儀云「未嘗不食新」，鄭注：「嘗，謂薦新物於寢廟。」若月令：「凡食新者皆曰嘗。」蓋散文通也，是以說文旨部：「嘗，口味之也。」亦謂先以口試之。廣雅釋詁亦云：「嘗，試也。」皆有先義。惟月令「以雛嘗黍」，非食新，故鄭注云：「此嘗雛也。而云嘗黍，不以牲主穀也。」云黍先熟者，管子輕重篇：「以夏日至始，數四十六日，夏盡而秋始，而黍熟。天子祀于太祖，其盛以黍。黍者，穀之美者也。」蓋黍之下種在稷粱之後，其收也在稷粱之先。故黍之播種也，于小滿芒種。夏小正曰：「五月種黍，其收也在立秋白露。」月令孟秋之月：「農乃登穀，天子嘗新，先薦寢廟。」所薦黍也。熟當作孰。

冬曰烝。【注】薦尚稻雁。烝，衆也，氣盛貌。冬，萬物畢成，所薦衆多，芬芳備具，故曰烝。無牲而祭謂之薦。天子四祭四薦，諸侯三祭三薦，大夫、士再祭再薦。祭於室，求之於幽；祭於堂，求之於明；祭於祊，求之於遠，皆孝子博求之意也。大夫求諸明，士求諸幽，尊卑之差也。殷人先求諸明，周人先求諸幽，質文之義也。禮，天子、諸侯、卿大夫牛羊豕凡三牲，曰太牢；天子元士、諸侯之卿大夫羊豕凡二牲，曰少

〔一〕「曹憲廣雅注」，疑書名有誤。隋秘書學士曹憲作廣雅音，避煬帝諱，改名博雅音。

牢；諸侯之士特豕。天子之牲角握，諸侯角尺，卿大夫索牛。【疏】爾雅釋天云：「冬祭曰烝。」周禮大宗伯云：「以烝冬享先王。」繁露深察名號、四祭並云「冬曰烝」。○注「薦尚稻雁」。○王制云「冬薦稻」，又云「稻宜雁」。繁露四祭云：「烝者，以十月進初稻也。」又祭義云：「冬上敦實。敦實稻也，冬之所畢熟也。」「雁」，十行本、鄂本作「鴈」。王氏念孫曰：「此鴈謂鵝，非謂鴈也。卵、魚、豚、鴈，皆民家所常畜，故庶人薦之。」按：天子諸侯所用鴈亦宜然。穀梁注：「冬祭曰烝，薦尚稻鴈。」○注「烝衆」至「曰烝」。○御覽引白虎通云：「烝之爲言衆也，冬之所成者衆。」繁露祭義云：「畢熟故曰烝。烝言衆也。」爾雅郭注：「進品物也。」禮疏引孫炎云：「烝，進也，進品物也。」烝皆取義於進，何氏本之董生、班固也，義皆通。○注「無牲」至「之薦」。○穀梁注：「無牲而祭曰薦，薦而加牲曰祭，禮各異也。」義本此。獨斷云：「薦考妣於適寢之所祭。春薦韭卵，夏薦麥魚，秋薦黍豚，冬薦稻雁。制無常牲，取與新物相宜而已。」通典禮九云：「高堂隆亦云：按舊典，天子諸侯月有祭事，其孟，則四時之祭也，三牲、黍稷，時物咸備；其仲月、季月，皆薦新之祭也。大夫以上將之以羔，或加以犬而已，不備三物也。士以豚。庶人則唯其時宜，魚雁可也。皆有黍稷。禮器曰：『羔豚而祭，百官皆足；太牢而祭，不必有餘。』羔豚則薦新之禮也，太牢則時祭之禮也。詩云：『四之日其蚤，獻羔祭韭。』周之四月，夏之二月也。月令：仲春，天子乃獻羔開冰。季春之月，天子始乘舟薦鮪。仲夏之月，天子乃嘗魚。咸薦之寢廟。此則仲月、季月薦新之禮也。」注引譙周禮祭集志云：「天子之廟，始祖及高、曾、祖、考皆月朔加薦，以象平生之朔食也，謂之月祭。祧之廟，無月祭也。凡五穀成熟，珍物新成，天子以薦宗廟。禮，未薦不敢食新，孝敬之道也。其月朔薦及臘薦、薦新，皆奠，無尸。故羣廟皆一朝之間祭畢。」按：王制云：「大夫、士宗廟之祭，有田則祭，無田則薦。」注：「有田者既祭，又薦新。祭以首時，薦以仲月。士薦牲用特豚，大夫以上用羔，所謂『羔豚而祭，百官皆足』。詩曰：『四之日其蚤，獻羔祭韭。』」然則，鄭氏亦以「羔豚而祭」爲薦新之祭，其高堂氏所本與？所謂無牲者，亦非盡無牲，意謂不備三牲耳。故月令「以彘嘗麥」、「以犬嘗稻」，雖薦新，亦用彘犬諸品也。故舊疏引中霤禮云：「祭五祀于廟，用牲，有尸，皆薦于奧。」明亦用牲也。其宗廟之薦，以新物爲主，緣孝子感物思親，不同常祭，故繁露四祭云：「孝子、孝婦緣天之時，因地之利，地之菜茹瓜果，藝之稻麥黍稷，菜生穀熟，永思吉日，供具祭物，齊戒沐浴，潔清致敬，祀其先祖父母。孝子孝婦不使時過已，處之以愛敬，行之以恭讓，亦殆免於罪矣。」王制疏云：「此薦以仲月，謂大夫士也。既以首時祭，故薦用仲月。若天子諸侯禮尊，物熟則薦之，不限孟仲季，故月令『孟夏薦麥，孟秋薦黍，季冬薦稻』是也。大夫既薦以仲月，而服虔注昭元年左傳：『祭，人君用孟月，人臣用仲月。』不同者，非鄭義也。南師解云：『祭以首時，謂大夫、士也。若得祭天者，祭天以孟月，祭宗廟以仲月。其禘祭、祫祭、時〔一〕祭，亦用孟月。其餘諸侯不得祭天者，大祭及時祭皆用孟月。』既無明據，未知孰是，義得兩通，故並存焉。按，春秋桓八年『正月，己卯，烝。』『夏，五月，丁丑，烝』。書者，左氏見其義。桓十四年『八月，乙亥，嘗』，書以『御廩災』，左氏、公羊以爲不應嘗。僖八年『七月，禘』，鄭以『公會王人于洮』，故歸，七月乃禘。昭十五年『二月，禘于武宮』者，鄭禘祫志以十一年

〔一〕「時」，原訛作「其」，叢書本同，據禮記正義校改。

齊歸蔑，十五年喪終之禘，不擇月。定公『八年，冬，十月，順祀先公』，以陽虎作亂，求福先公，特爲此祭，故不用常月。此等〔一〕皆不用孟月者，以春秋亂世，不能如禮，故參差不一，難以禮論也。」今按：何氏下注云：「祭必於夏之孟月，取其見新之月。」似何氏以薦與祭一時行之，因時而祭，即薦新皆在孟月也。失禮，故書月、日以示譏歟？○注「天子」至「再薦」。○禮記王制云：「天子犆礿、祫禘、祫嘗、祫烝。諸侯礿則不禘，禘則不嘗，嘗則不烝，烝則不礿。」注：「天子先祫而後時祭，諸侯先時祭而後祫。凡祫之歲，春一礿而已。不祫，以物無成者不殷祭。周改夏祭爲礿，以禘爲殷祭也。」虞夏之制，諸侯歲朝，廢一時祭。然則天子時祭四，諸侯時祭三，周制，雖非羣后四朝，然諸侯自有朝天子禮，亦宜廢一時祭，故三祭也。因祭而薦，故四祭者四薦，三祭者三薦也。王制又云：「大夫、士宗廟之祭，有田則祭，無田則薦。」注：「有田者既祭又薦新。」明薦或不祭，祭無不薦，再祭再薦，降殺之差也。鄭注又云：「士薦牲用特豚，大夫以上用羔。」彼疏意儀禮特牲是有地之士，此無地之士，宜貶降，故用特豚，不用成牲也。大夫以羔者，以諸侯大夫有地者祭用少牢，則無地者，薦則用羔也。按：鄭云以上，則包天子諸侯在内，不專指無地者言。雖有地大夫亦止用羔，羔豚皆不得云牲，故何氏云「無牲而祭謂之薦」也。○注「祭於」至「意也」。○禮記郊特牲云：「詔祝于室，坐尸于堂。」鄭注：「謂朝事時也。朝事延尸於户西，南面，布主席東面，取牲膟膋，燎于爐炭，洗肝於鬱鬯而燔之，入以詔神于室，又出以墮於主前。主人親制其肝，所謂制祭也。時尸薦以

〔一〕「等」，原訛作「薦」，叢書本同，據禮記正義校改。

籩、豆，至薦熟，乃更延主于室之奥。尸來升席，自北方，坐于主北焉。」按：祭於室，謂灌時及饋食禮也。祭於堂，謂朝踐禮也。故郊特牲又云「直祭祝于主」，注：「謂薦孰時也。如特牲少牢饋食之爲也。直，正也。祭以孰爲正，則血腥之屬盡敬心耳。」室内而堂外，亦有幽明之别故也。郊特牲又云：「索祭祝于祊，不知神之所在於彼乎？於此乎？或諸遠人乎？祭于祊，尚曰求諸遠者與？祊之爲言倞也。」鄭注：「索，求神也。廟門曰祊。」彼疏云：「祊有二種，一是正祭之時，既祭設於廟，又求神於廟門之内。詩楚茨云：『祭祝于祊。』注：『祊門内平生待賓客之處，與祭同日也。』二是明日繹祭之時，設饌於廟門外西室，亦謂之祊，即上云『祊之于東方』，注云『祊之禮，宜於廟門外之西室』是也。今此云索祭于祊，當是正祭之日矣。」禮記禮器云：「設祭于堂，爲祊于外。」注：「祊，明日繹祭也。謂之祊者，於廟門之旁，因名焉。其祭之[一]禮，既設祭於室，而事尸於堂，孝子求神，非一處也。」皆博求之意也。故下又云：「故曰於彼乎？於此乎？」注云「不知神之所在」是也。尚者，庶幾之辭。尚曰求諸遠，言於遠處求也。○注「大夫」至「差也」。○舊疏云自天子四祭四薦至此，皆時王之禮。中霤禮亦然。按：大夫求諸明，士求諸幽，或亦先後之殊耳。然考禮，少牢饋食禮，大夫禮也；特牲饋食禮，士禮也。禮節相同，無求明求幽之别。且大夫、士亦無祼獻之禮，自饋孰始，故曰饋食。故鄭目録云：「祭祀自孰始，曰饋食也。」天子、諸侯宗廟之祭，始祼神，次薦腥，次薦孰。故周禮肆獻祼饋食分三節，祼爲一節，獻爲一節，肆與饋食爲一節。大夫止肆饋

〔一〕「之」後原誤迭一「之」字，叢書本同，據禮記正義校删。

食，以薦孰言曰肆，以薦黍稷言曰饋食也。祭祀用食道褻近，爲殺；用血腥法古，爲隆。大夫、士以食道事神，無薦腥以上事，爲殺於天子諸侯也。」○注「殷人」至「義也」。○禮郊特牲云：「殷人先求諸陽，周人先求諸陰。」鄭注：「此其所以先後異也。」按：彼上云：「殷人尚聲，臭味未成，滌蕩其聲，樂三闋，然後出迎牲。聲音之號，所以詔告於天地之間也。」聲是陽，是先求諸明也。又云：「周人尚臭，灌用鬯臭，鬱合鬯臭，陰達於淵泉。灌以圭璋，用玉氣也。既灌，然後迎牲，致陰氣也。」「蕭合黍稷，臭陽達於牆屋，故既奠然後焫蕭合羶、薌。」先灌以致陰，是先求諸幽也。故熊氏云：「殷人先求諸陽，謂合樂在灌前。周人先求諸陰，謂合樂在灌後。與降神之樂别。」殷質周文，知質文之義也。周禮大宗伯注云：「殷人先求諸陽，周人先求諸陰，灌是也。祭必先灌，然後薦腥。」賈疏云：「殷人先求諸陽，謂未灌先合樂；周人先求諸陰，謂未合樂先灌。」亦本郊特牲爲説。殷不尚氣而尚聲，未殺牲而先動樂以求神，以鬼神在天地間，先用樂之音聲號呼，庶神明聞之而來，是先求陽之義也。○注「禮天」至「特豕」。○禮禮器云：「是故君子太牢而祭謂之禮，匹士太牢而祭謂之攘。」鄭注：「君子，謂大夫以上。」孔疏：「大夫常祭少牢。遣奠及卒哭、祔用太牢。」檢〔一〕禮本有「匹」字作「正」字者，有通者云天子大夫常祭亦太牢，故此文云：大夫太牢而祭，謂之禮正也。諸侯大夫自常祭少牢，加〔二〕一等，乃太牢耳。少牢饋食，是諸侯大夫禮也。崔氏亦用此義。

〔一〕「檢」，原訛作「撫」，叢書本不誤，據改。
〔二〕「加」，原訛作「則」，叢書本不誤，據改。

大戴禮曾子天圓云：「諸侯之祭，牲牛，曰太牢；大夫之祭，牲羊，曰少牢；士之祭，牲特豕，曰饋食。」盧注：「天子之大夫亦太牢，天子之士亦少牢。」孔氏廣森補注云：「太牢舉牛，以該羊豕；少牢舉羊，亦該豕也。國語曰：『士食魚炙，祀以特牲；大夫舉以特牲，祀以少牢；卿舉以少牢，祀以特牛；諸侯舉以特牛，祀以太牢；天子舉以太牢，祀以會。』」是則天子之大夫祭如諸侯，天子之士祭如大夫明矣。故儀禮少牢饋食禮鄭目録云：「諸侯之卿大夫，祭其祖禰於廟之禮，羊豕曰少牢。」特牲饋食禮目録云：「謂諸侯之士，以歲時祭其祖禰之禮。」疏：「曲禮云：大夫以索牛，士以羊豕。彼天子大夫士，此儀禮特牲少牢，故知是諸侯大夫士也。」周禮宰夫注云：「三牲牛羊豕具爲一牢。」王制云：「天子社稷皆太牢，諸侯社稷皆少牢。」知太牢三牲具，少牢止羊豕也。經義述聞云：「孔説非也。天官注：『牛羊豕具爲一牢。』晉語韋注：『凡牲一爲特，二爲牢。』則凡稱牢者皆非一牲。若云諸侯之祭牲牛，大夫之祭牲羊，則是一牲矣，記當謂之特牲，何得尚謂之牢乎？尋撿文義，牛下蓋脱羊豕二字，羊下蓋脱豕字。公羊注：『天子、諸侯、卿大夫，牛羊豕，凡三牲，曰太牢；天子元士、諸侯卿大夫，羊豕，凡二牲，曰少牢；諸侯士，特豕。』此篇正文及注多與彼同，則諸侯之祭牲牛下亦當有羊豕二字，大夫之祭牲羊下亦當有豕字，寫者脱去耳。盧注不釋太牢單稱牛、少牢單稱羊之義，則所据本不脱也〔一〕。『曰饋食』，曰字亦衍，蓋因上文兩曰字衍也，特豕饋食四字連讀。」按：王説是也。王氏引此注又解「卿大夫」，曰「卿大夫」上當有「天子之」三字，盧注云「天子之

〔一〕經義述聞於「所据本」下有「牛下有羊豕二字，羊下有豕字也」十三字，此省略爲「不脱也」。

大夫亦太牢也」是也。萬氏斯大儀禮商云：「特牲禮，牲用特豕，士禮也。故士虞禮牲亦特豕。而雜記則云：『下大夫之虞也，特牲。』則大夫亦特豕矣。少牢禮，牲用羊豕，大夫禮也。而曲禮則曰：『大夫以索牛，士以羊豕。』則士亦用少牢矣。禮文所載參錯不一，由衰周之季，列國大夫恣行僭罔，記者各就所見筆以成書，故或儉或豐，斷難畫一。雖然，聖人制禮，明者述焉。彼前以三鼎，後以五鼎者，非孟子與？禮，大夫、士降殺以兩，則三鼎爲士時，五鼎爲大夫時矣。即此證之。儀禮士虞特牲俱三鼎，其爲士禮無疑。少牢五鼎，其爲大夫無疑。又士虞特牲皆九飯，而少牢十一飯，亦見降殺以兩之意。」按：萬氏不信賈疏，分别天子、諸侯之卿大夫士之説，故如此議。夫命位不同，禮亦異數。天子之大夫士，與諸侯之大夫士命數既殊，則禮亦宜異，何疑之有？胡氏培翬儀禮正義反以萬説爲是，傎矣。○注「天子」至「索牛」。○校勘記云：「『握』，監本、毛本同作『搔』，誤也。鄂本作『握』。儀禮經傳通解、穀梁疏引作『握』，當据正。閩本『搔』字剜改，蓋本作『握』，後反据誤本改。」按：如是搔字，釋文宜爲作音，知陸本亦作「握」字矣。禮王制「祭天地之牛角繭栗，宗廟之角握，賓客之角尺。」鄭注：「握，謂長不出膚。」疏：「鄭注投壺禮云：『四指曰扶。』扶即膚也。」此注止述宗廟禮，故角宜握也。諸侯降一等，故以天子待賓客者事宗廟，故角尺。索牛者，禮記曲禮云「大夫以索牛」，注：「索，求得而用之。」以祭義云：「天子諸侯必有養獸之官。」又云：「犧牷祭牲，必於是取之。」故郊特牲云：「帝牛必在滌三月，稷牛唯具也。」大夫以下卑，無滌養之儀，祭時則求諸牲，但擇其中犧者耳。九經古義云：「襄元年左氏傳『萊人使正輿子〔一〕賂夙沙衛以索馬牛』，杜氏云：『簡擇好者。』周禮牛人『祭祀，共求牛』，求牛，猶索牛也。」按：國語楚語云：「觀射父曰：大者牛羊必在滌三月，少者犬豕不過十日。」則大夫索牛，亦當如天子諸侯之犬豕，宜十日以上矣。

常事不書，此何以書？譏。何譏爾？譏亟也。【注】亟，數也。屬十二月已烝，今復烝也。不異烝祭名，而言烝者，取冬祭所薦衆多，可以包四時之物。【疏】通義云：「傳於田狩祭祀，特發『常事不書』例者，每歲舉之，不可勝書，第書其失禮者而已。至於昏姻喪紀，雖有常禮，而無常年，故隨事皆書。穀梁云：『親迎，恒事不志。』似襲常事不書之言而失其本旨，遂誤。宋、元學者，以一經所書皆爲非常，而事事鑿求其説。隱三年解詁謂，平王崩，魯隱往奔喪，其意亦以爲得禮不書。則何氏已謬解此傳矣。」按：魯隱奔喪，得常不書，係疏家之言，然亦未爲不可通也。若如孔説，其何以解文九年「叔孫得臣如京師葬襄王」之傳？且昏姻喪紀亦未必隨事皆書也。○注「亟，數也」。○禮記少儀云「亟見曰朝夕」，鄭注：「亟，數也。」爾雅釋言云：「屢、暱〔二〕，亟也。」郭注：「亟亦數也。」是也。○注「屬十」至「烝也」。○舊疏云：「烝者，冬祭之名。明去年十二月已烝，但得常不書，今正月復作烝，故言亟。」通義云：「斯似事之，不然。烝祭法用周之季冬，夏之孟冬。卜祭先近日，不吉，則仲冬之本，可以承孟冬之末，故以周正月

〔一〕「使正輿子」四字原脱，叢書本同，據左傳正義校補。
〔二〕「屢暱」，原訛作「婁曠」，叢書本同，據爾雅校改。

烝也。正月烝，五月復烝，乃所謂亟耳。主譏者，在下不言春烝，則夏烝之數不見。故傳釋經兩烝，統爲譏亟，非再譏也。」知不然者，果如孔義，則春烝正爲得禮，傳何爲譏之？正月烝，五月復烝，傳於五月發譏亟之傳，亦足以明矣，何爲預於正月得禮之祭譏？云：明十二月烝祭甫行，今正月又烝，五月復烝，皆爲亟祭，故傳兩譏之，傳自爲義也。十二月烝，常祭得禮，故不見，何必又設一卜不吉之法以遷就己說？○注「不異」至「之物」。○「所薦」，毛本作「所屬」，誤，依十行本、鄂本正。舊疏云：「烝者，冬祭名。今宜易名，而猶言烝，故説之。」按：春夏既不及冬物衆多，蓋當時第取烝名與？

亟則黷，黷則不敬。【注】黷，渫黷也。【疏】注「黷，渫黷也」。○文選注引國語賈注云：「黷，媟也。」後漢書陳蕃傳注：「黷，渫也。」太玄玄瑩「吉凶交瀆」，注：「瀆，泄也。」禮記表記云：「再三瀆。」注：「瀆之言褻也。」廣雅釋言：「黷，狎也。」禮記少儀：「毋瀆神。」注：「瀆，謂數而不敬。」皆與渫黷義近。又祭義云：「祭不欲數，數則煩，煩則不敬。」數、煩，皆渫黷之義也。繁露祭義云：「尊天，美意也，敬宗廟，大禮也，聖人之所謹也，不多而欲潔清，不貪數而欲恭敬。」

君子之祭也，敬而不黷。【注】君子生則敬養，死則敬享。故將祭，宮室既修，牆屋既繕，百物既備，序其禮樂，具其百官。散齊七日，致齊三日，夫婦齊戒沐浴，盛服，君牽牲，夫人奠酒。君親獻尸，夫人薦豆。卿大夫相君，命婦相夫人，洞洞乎，屬屬乎，如弗勝，如將失之，濟濟乎致其敬也，愉愉乎盡其忠也，勿勿乎其欲饗之也。文王之祭，事死如事生，孝子之至也。【疏】注「君子」至「敬享」。○祭義文。鄭注云：「享，猶祭也、饗也。」君子緣生以事死，故生則致其養，死則致其享也。○注「故將」至「百官」。○亦是祭義文。今祭義「繕」作「設」。鄭注云：「脩、設，謂埽除及黝堊。」亦即繕義。按：作繕是也。説文糸部：「繕，補也。」詩鄭風箋云：「繕之言善也。」左傳僖十五年注：「繕，治也。」與脩義合。彼文「宫室既脩」三語承「孝子將祭」文下，下又云：「序其禮樂，備其百官。」備亦具也，注「百官助主人進之」是也。上答子贛問，亦有此二語，注：「言祭事既備〔一〕，使百官助己祭也。」○注「散齊」至「三日」。○祭義云：「致齊於内，散齊於外。齊之日，思其居處，思其笑語，思其志意，思其所樂，思其所嗜。齊三日，乃見其所爲齊者。」鄭注：「致齊思此五者也，散齊七日不御、不樂、不吊耳。見所爲齊者，思之熟也。」即致齊也。故祭統云：「是故君子之齊也，專致其精明之德也。故散齊七日以定之，致齊三日以齊之。定之之謂齊，齊者，精明之至也，然後可以交於神明也。」注：「定者，定其志意〔二〕也。」又云：「夫人亦散齊七日，致齊三日。」明祭必夫婦親之也。舊疏云：「『致齊』者，即鄭氏云『致之言至，致謂深也、審也』之屬是也。」○注「夫婦」至「盛服」。○亦祭義文。坊本禮記脱「盛服」二字。禮記祭統云：「君致齊於外，夫人致齊於内，然後會於太廟。」又中庸云：「齊明盛服。」盛服者，祭統云「君純冕立於阼，夫人副褘立於東房」之屬是也。○注「君牽」至「夫人」。○亦祭義文。祭義「酒」作「盎」，無「親」字。鄭云：「奠盎，設盎齊之奠也。此時君牽牲，將薦毛血。君獻尸而夫人薦豆，謂繹日也。」熊氏説同。皇氏疑此「奠盎」在牽牲之時於事太早，以奠盎爲

〔一〕「祭事既備」下原衍「使百官既備」五字，據禮記正義校删。
〔二〕「意」，原訛作「義」，叢書本同，據禮記正義校改。

洗牲。經、傳無洗牲以酒之文，宜爲孔氏所駁也。按：鄭以爲繹祭者，以有司徹記上大夫儐尸禮，云：「主人獻尸，主婦自東房薦韭、菹、醢。」與此君獻尸、夫人薦豆合。大夫儐尸，即天子諸侯大夫之繹祭故也。按：正祭君牽牲時，夫人設盎尊，至君制祭獻尸後，夫人酌盎以獻尸，亦無不可。故祭統云：「及迎牲，君執紖，卿大夫從，士執芻。宗婦執盎，從夫人薦涗水。君執鸞刀羞嚌，夫人薦豆。」亦序執盎在牽牲後。祭義、祭統皆科舉君夫人之禮，不必拘九獻之次，故以爲正祭亦無妨。何氏義當然也。〇注「洞洞」至「失之」。〇亦祭義文。廣雅釋訓云：「洞洞、屬屬，敬也。」下又云「洞洞乎，屬屬乎〔一〕，如弗勝，如將失之」，皆所以狀敬慎也，即嚴威、儼恪之義也。〇注「濟濟」至「之也」。〇亦祭義文。彼云：「齊齊乎，其敬也；愉愉乎，其忠也；勿勿諸，其欲其饗之也。」是何、鄭所見本之異。鄭云：「勿勿，猶勉勉，慤愛之貌。」〇注「文王」至「至也」。〇亦祭義文。彼云：「文王之祭也，事死者如事生，思死者如不欲生。」孝子之至也，爲注者語。說苑修文云：「聖主將祭，必絜齊精思，若親之在。方興未登，偶偶憧憧。專一想親之容貌仿佛。此孝子之誠也。四方之助祭，空而來者滿而反，虛而至者實而歸。皆取法則焉。」

疏則怠，怠則忘。【注】怠，懈。【疏】祭義云：「祭不欲疏，疏則怠，怠則忘。」注：「忘與不敬，違禮莫大焉。」〇注「怠，懈」。〇鄂本作「怠懈」，釋文作「怠解」。國語晉語「喜亂必怠」，韋注：「怠，懈也。」左傳文十五年云「君弱不可以怠」，注：「怠，懈也。」

〔一〕「洞洞乎，屬屬乎」句，原脱訛作「洞洞，屬屬然」，叢書本同，據禮記正義補改。

士不及茲四者，則冬不裘，夏不葛。【注】禮本下爲士制。茲，此也。四者，四時祭也。疏數之節，靡所折中，是故君子合諸天道，感四時物而思親也。祭必於夏之孟月者，取其見新物之月也。裘葛者，御寒暑之美服。士有公事，不得及此四時祭者，則不敢美其衣服，蓋思念親之至也。故孔子曰：「吾不與祭，如不祭。」【疏】通義云：「言士者，舉下以緬上。其實士歲不過再祭，於四者科舉其二而已。」按：孟子滕文公篇：「惟士無田，則亦不祭。牲殺、器皿、衣服不備，不敢以祭，則不敢以宴。」亦猶此意。○注「禮本」至「士制」。○禮士冠記云：「無大夫冠禮，而有其昏禮。」鄭注：「周之初禮，年未五十而有賢才者，試以大夫之事，猶服士服，行士禮。」是士冠禮可以上達，故昏禮亦止有士禮也。賓禮亦有士相見禮，故儀禮、漢書儒林傳謂之士禮，知禮本皆爲士制，其大夫以上。蓋夏、殷以後，日趨於文，節文遞加，始得有天子諸侯諸等殺與？吴氏廷華儀禮疑義云：「徐以升謂下記云：天子之子猶士也，天子無生而貴者，則自天子之子以下，凡入學者皆可以士名之，見此經爲天下之通禮。」其説是也。舊疏云：「即士喪禮、士虞、士相見之屬是也。言此者欲道庶人無禮篇，即曲禮上篇『禮不下庶人』，鄭注云：『爲其遽於事，且不能備物。』義亦通於此。」○注「茲，此也」。○詩泉水云：「茲之永歎。」箋云：「茲，此也。」書大誥「卜陳惟若茲」，漢書翟義傳作「卜陳惟若此」。左傳隱十一年[一]云：「無寧[二]茲許公復奉其社稷。」杜云：「茲，此也。」

[一]「十一年」，原誤記爲「元年」，叢書本同，引文實出自隱公十一年，據校改。

[二]「寧」字原脱，叢書本同，據左傳正義校補。

〇注「四者」至「親也」。〇禮記祭義云：「是故君子合諸天道，春禘秋嘗。霜露既降，君子履之，必有悽愴之心，非其寒之謂也。春，雨露既濡，君子履之，必有怵惕之心，如將見之。」鄭云：「合於天道，因四時之變化，孝子感時念親，則以此祭之也。非其寒之謂，謂悽愴及怵惕，皆爲感時念親也。」繁露祭義云：「宗廟上四時之所成，受賜而薦之宗廟，敬之性也。」又云：「奉四時所受於天者而上之，爲上祭，貴天賜且尊宗廟也。一年之中，天賜四至，至則上之，此宗廟所以歲四祭也。」又四祭云：「古者歲四祭，故春曰祠，夏曰礿，秋曰嘗，冬曰烝。此言不失其時以奉祀先祖也。」是也。〇注「祭必」至「月也」。〇晏子春秋内篇諫上云：「天子以下至士，祭以首時。」繁露四祭篇説，祠、礿、嘗、烝，亦分屬正月、四月、七月、十月。祭必夏之孟月也。又祭義篇：「故君子未嘗不食新，新天賜至，必先薦之，乃取食之，尊天、敬宗廟之心也。」〇注「裘葛」至「美服」。〇閩本、監本、毛本「禦」作「御」，十行本、鄂本作「禦」，當据正。釋文作「御」。玉篇衣部：「裘，皮衣也。」説文艸部：「葛，絺綌草也。」詩葛覃「葛之覃兮」，傳：「葛所以爲絺綌。」是裘葛爲衣之美者也。故詩詠「熊羆是裘」，又云「狐裘黄黄」。士冠陳設冬夏屨，亦皮葛並用焉。〇注「士有」至「不祭」。〇論語八佾篇文。儀禮疏引鄭注云：「孔子或出或病，不自親祭，使攝者爲之，不致肅敬之心與不祭同。」何氏謂「士有公事，不得與祭，則不敢美其衣服」，下引論語爲證其説，不與鄭氏同。故禮特牲饋食注云：「士賤職褻，時至事暇，可以祭，則筮其日矣。」賈疏：「時至事暇可以祭者，若祭時至，有事不得暇，則不可以私廢公也。若大夫以上尊，時至，唯有喪故不祭，自餘吉事皆不廢祭。若有公事及病，使人攝祭。故論語孔子云：『吾不與祭也。』」然則士卑，因公不及祭者多，故注舉士言之。其實大夫亦有有公事不得及時祭時也。孔子之不與祭，蓋兼爲士爲大夫時矣。繁露祭義篇：「君子之祭也，躬〔一〕親之，致其中心之誠，盡敬潔之道，以接亟尊，故鬼享之。享之如此，乃可謂之能祭。祭者，察也，以善逮鬼神之謂也。善乃逮不可聞見者，故謂之察。祭之爲言際也與？祭〔二〕然後能見不見。見不見之見者，然後知天命鬼神。知天命鬼神，然後明祭之意。明祭之意，乃知重祭事。孔子曰：『吾不與祭，如不祭〔三〕。』祭神如神在，重祭事如事生。」亦思念親之至義也。

○天王使家父來聘。【注】家，采地。父，字也。天子中大夫氏采，故稱字，不稱伯仲也。【疏】注「家采」至「仲也」。○禮士冠禮注引作「家甫」，詩節南山序：「節南山，家父刺幽王也。」箋云：「家父，字，周大夫也。」以家連父稱，故知是字。孔疏：「知字是大夫者，春秋之例。天子大夫則稱字。桓十五年『天王使家父來求車』，文與此同，故知此字亦大夫也。桓十五年，上距幽王之卒七十五歲，此詩不知作之早晚。若幽王之初，則八十五歲矣。韋昭以爲平王時作。此詩不宜作在平、桓之世，而上刺幽王。但古人以父爲字，或累世同之。宋大夫有孔父，其父正考父，其子木金父。此家氏或父子同字，未必是一人也。」

〔一〕「躬」，原訛作「恭」，叢書本同，據春秋繁露校改。
〔二〕「祭」上原衍「察也」二字，叢書本同，據春秋繁露校删。
〔三〕「如不祭」三字原脱，叢書本同，據春秋繁露校補。

按春秋之例，上大夫稱伯仲之字，五十之字也，即隱元年「祭伯」、隱九年「南季」、莊元年「榮叔」是也；中大夫稱冠時字，此「家父」是也；下大夫繫官氏且字，上四年「宰渠伯糾」是也。此家父中大夫，例稱二十之字，而繫以采。其與幽王時之家父非一人明矣。通義云：「家且字父者，配字之稱，冠禮字辭，曰伯某甫是也。家父亦下大夫。」按：孔本鄭氏爲説，而以稱子者爲上大夫，稱伯仲者爲中大夫，故以此稱字者爲下大夫。而以詩文證之，則父子不應同字，其采邑則其世守，不嫌於同，故知爲采地也。穀梁范注亦以家爲氏。

○夏，五月，丁丑，烝。

何以書？譏亟也。【注】與上祀同爲亟也。【疏】穀梁傳：「烝，冬事也，春夏興之，黷祀也，志不敬也。」然則穀梁亦以正月烝爲十二月烝，春夏又再烝，故上傳云：「烝，冬事也。春興之，志不時也。」何氏謂「與上祀同爲亟」，蓋目冬至夏凡三烝也。

○秋，伐邾婁。

○冬，十月，雨雪。

何以書？記異也。何異爾？不時也。【注】周之十月，夏之八月，未當雨雪，此陰氣大盛，兵象也。是後有郎師、龍門之戰，流血尤深。【疏】漢書五行志云：「傳曰：『聽之不聰，是謂不謀，厥咎急，厥罰恒寒。』」「劉歆以爲，大雨雪，及未當雨雪而雨雪，及大雨雹、隕霜殺叔草，皆常寒之罰也。」○注「周之」至「象也」。○五行志又云：「桓公八年『十月，雨雪』。周十月，今八月也，未可以雪。劉向以爲，時夫人有淫齊之行，而桓有妬媢之心，夫人將殺，其象見也。桓不覺寤，後與夫人俱如齊而殺死。凡雨，陰也，雪又雨之陰也，出非其時，迫〔一〕近象也。董仲舒以爲，象夫人專恣，陰氣盛也。」取應皆與何殊。○注「是後」至「尤深」。○釋文：「流，古流字。」下十年「齊侯、衛侯、鄭伯來戰于郎」，傳：「近也。惡乎近？近乎圍也。」又十三年「公會紀侯、鄭伯。己巳，及齊侯、宋公、衛侯、燕人戰」。舊疏引：「春秋説云：『龍門之戰，民死傷者滿溝』，即此注之『流血尤深』也。」按：彼傳亦云：「近也。惡乎近？近乎圍。郎亦近矣，郎何以地？郎猶可以地也。」明二役皆危，而龍門之戰尤甚，故注舉爲雨雪之應，所以爲兵象也。

○祭公來，遂逆王后于紀。

祭公者何？天子之三公也。【注】天子置三公、九卿、二十七大夫、八十一元士，凡百二十官，下

〔一〕「迫」，原訛作「廸」，叢書本同，據顔注漢書校改。

應十二子。祭者，采也。天子三公，氏采稱爵。【疏】注「天子」至「二子」。○白虎通封公侯云：「三公、九卿、二十七大夫、八十一元士，凡百二十官，下應十二子。」舊疏引：「春秋説云：『立三台以爲三公，北斗九星爲九卿，二十七大夫爲内宿部衛之列，八十一紀以爲元士，凡百二十官焉。下應十二子。』宋氏云：『十二次，上爲星，下應山川也。』」後漢書注引漢含孳云：「三公在天爲三台，九卿爲北斗，故三公象五岳，九卿法河海，二十七大夫法山陵，八十一元士法谷阜，合爲帝佐，以匡綱紀。」繁露官制象天云：「王者制官，三公、九卿、二十七大夫、八十一元士，凡百二十人，而列臣備矣。」禮記昏義云：「是故王立六官、三公、九卿、二十七大夫、八十一元士。」北堂書鈔引五經異義云：「今尚書歐陽説，天子三公，一曰司徒，二曰司馬，三曰司空。九卿、二十七大夫、八十一元士，凡百二十。在天爲星辰，在地爲山川。古周禮説，天子立三公，曰太師、太傅、太保，無官屬，與王同職，故曰坐而論道，謂之三公。又立三少，以爲之副，曰少師、少傅、少保，是爲三孤。冢宰、司徒、宗伯、司馬、司寇、司空，是爲六卿之屬。大夫士庶人在官者，凡萬二千。謹案，周公爲傅，召公爲保，太公爲師，無爲司徒、司空者，知師、保、傅三公，官名也。五帝三王不同物，此周之制也。」鄭駁無考。然鄭注周禮保氏引：「書序曰：『周公爲師，召公爲保，相成王，爲左右。』聖賢兼此官也。」是用今尚書説，與公羊家同也。説苑臣術云：「湯問伊尹曰：『古者所以立三公九卿大夫列士何也？』伊尹對曰：『三公者，所以參五事也；九卿者，所以參三公也；大夫者，所以參九卿也；列士者，所以參大夫也。故參而有參，是謂事宗，事宗不失，外内若一。』」○注「采者」至「稱爵」。○舊疏云：「即祭公、周公是也。」「若然，祭公、周公官爵適等。而僖九年『公會宰周公』，特加宰者，彼傳云：『宰周公者何？天子之爲政者也。』注：『宰，猶治也。三公之職號，尊名以加宰，知其職大尊重，當與天子參聽萬機，而下爲諸侯所會。惡不勝任，故加宰。』仍非常稱也。」按：注云「天子三公，氏采稱爵」，以別於上大夫稱。五十字者，如南季之屬是也。隱元年祭伯與此是否一人不可考。彼稱伯，猶爲上大夫。此蓋居三公職也。孔氏廣森謂上大夫稱子，如劉子、單子之屬，非何義。

何以不稱使？【注】据宰周公稱使。【疏】注「据宰」至「稱使」。○僖三十年，「天王使宰周公來聘」是也。舊疏云：「稱宰者，義與九年同。」

婚禮不稱主人。【注】時王者有母也。【疏】注「時王者有母」。○隱二年傳云：「宋公使公孫壽來納幣，則其稱主人何？辭窮也。辭窮者何？無母也。」則此與「紀履繻來逆女」同，故注以爲有母也。彼注云：「爲養廉遠恥，故不稱主人。母不通，故直以來書也。」左傳莊十八年云：「虢公、晉侯、鄭伯使原莊公逆王后于陳。」亦不言王使，曰虢、晉、鄭使之逆，明不稱主人也。虢、晉、鄭皆同姓，天子與諸侯爲昏，必使同姓國爲之主也。

遂者何？生事也。【注】生猶造也，專事之辭。【疏】書康王之誥序「遂誥諸侯」，孔傳：「因事曰遂。」儀禮燕禮「遂卒爵」，注：「遂猶因也。」通義云：「生事者，因事起意，其意相緣，事則更端。穀梁傳曰：『遂，繼事之辭也。』與此傳相兼，其訓乃備。」○注「生猶」至「之辭」。○文選注引劉瓛易義云：「自無而有曰生，故有造義。」書大誥：「予造天役。」乾文言傳：「大人造也。」皆謂自無而有也。玉篇：「生，起也。」亦自無而有，故有專事之義。祭公之來，本爲成婚于紀來，後適紀似若造事，故曰遂。

大夫無遂事，此其言遂何？【注】据待君命，然後卒大夫也。【疏】注「据待」至「夫也」。○十行本「後」作「后」。成十七年「十一月，壬申，公孫嬰齊卒于貍軫」，傳：「非此〔一〕月日也，曷爲以此月日卒之？待君命，然後卒大夫。曷爲待君命然後卒大夫？前此者，嬰齊走之晉，公會晉侯，將執公。嬰齊爲公請，公許之，反爲大夫。歸，至於貍軫而卒。無君命不敢卒大夫。公至，曰：『吾固許之，反爲大夫。』然後卒之〔二〕。」是也。引之者，證大夫不敢專事。遂，有專事之義，故据以難。

成使乎我也。【注】以上來無事，知遂成使于我。【疏】通義云：「待我而後使事成。」孔疏云：「從周向紀，不由魯國。縱令因使過魯，自當假道而去，不須言來也。凡言遂者，因上事生下事之辭。」「先見魯君，然後向紀，故祭公來受魯命往迎也。凡昏姻，皆賓主敵體相對行禮。天子嫁女於諸侯，使諸侯爲主，令與夫家爲禮。天子聘后於諸侯，亦使諸侯爲主，令與后家爲禮。嫁女，則送女於魯，令魯嫁女與人，迎后，則使魯爲主，使魯遣使往逆，故祭公受魯命也。嫁王女者，王姬至魯而後至夫家。其王后昏，則王命已成，於魯無事，故即歸京師。於逆稱『王后』，舉其得王之命，后禮已成。於歸稱『季姜』，申父母之尊。言子尊不加于父母，據父母之家爲文，故於歸申父母之尊也。」○注「以上」至「于我」。○言若有事，或朝或聘，當書如莊二十三年「祭叔來聘」之屬矣。既言遂，亦非如隱元年「祭伯來」之爲來奔矣，故知爲遂成使於我。

〔一〕「非此」，原誤倒爲「此非」，叢書本同，據公羊注疏校乙。
〔二〕「之」後原衍一「者」字，叢書本同，據公羊注疏校删。

其成使乎我奈何？使我爲媒，可則因用是往逆矣。【注】婚禮成于五：先納采、問名、納吉、納徵、請期，然後親迎。時王者遣祭公來，使魯爲媒，可則因用魯往迎之，不復成禮。疾王者不重妃匹，逆天下之母若逆婢妾，將謂海内何哉？故譏之。不言如紀者，辟有外文。【疏】穀梁傳云：「其不言使何也？不正其以宗廟之大事，即謀於我，故弗與使也。」范云：「時天子命祭公就魯共卜，擇紀女可中后者便逆之，不復反命。」義亦同。○注「婚禮」至「親迎」。○禮記昏義云：「是以昏禮納采、問名、納吉、納徵、請期，皆主人筵几於廟，而拜迎於門外。」禮士昏禮歷記納采、問名、遣使者納吉、納徵、請期諸儀。次記親迎，是親迎後也。昏禮自親迎以上，皆遣人行之。故莊二十二年穀梁傳：「公之親〔一〕納幣，非禮也。」親迎則親之，故春秋有譏不親迎文。○注「時王」至「成禮」。○通義云：「用，由也。使魯爲媒，可則由魯往逆，不必返報。明遂在魯，不在祭公也。」不復成禮，蓋六禮不備之謂。○注「疾王」至「譏之」。○繁露王道云：「祭公來逆王后，譏失〔二〕禮也。」穀梁傳：「其曰遂逆王后，故略之也。」春秋正辭云：「辭不異于〔三〕祭伯來，則若非王命然也。逆王后非王命則不可，雖曰不稱主人，王命也。可以遂事乎？」按：詩召南行露詩，因六禮不備，女子守義不往，詩人善之。此逆天子之母，不能成禮，使魯爲媒，可，即往

〔一〕「親」下原衍一「迎」字，叢書本同，據穀梁注疏校删。
〔二〕「失」，原訛作「也」，叢書本同，據春秋繁露校改。
〔三〕「于」，原訛作「乎」，叢書本同，據春秋正辭校改。

迎，簡率之甚，故書以示譏。范云：「以其遂逆無禮，故不書逆女而曰王后。略謂不以禮稱之。」是也。異義：「公羊說：天子至庶人皆親迎。左氏說：王者至尊，無敵體之義，不親迎。」鄭駮從公羊。此蓋兼譏王不親迎，故謂其不重妃匹也。禮記內則云：「聘則爲妻，奔則爲妾。」江氏永云：「不以禮爲奔。聘正妻而媵從之，或買妾焉，皆謂之奔，是不以禮聘，故與逆婢妾等也。」○注「不言」至「外文」。○舊疏云：「外相如者，例所不録，言如紀則外相如矣，故曰辟有外文。」按：若曰如紀，似五年之「齊侯、鄭伯如紀」矣。

女在其國稱女，此其稱王后何？王者無外，其辭成矣。【疏】舊疏云：「女在其國稱女者，即隱二年『紀履繻來逆女』、上三年『公子翬如齊逆女』之屬是也。」通義云：「范武子曰：四海之濱莫非王臣，王命紀女爲后，則已成王后，不如諸侯入國乃稱夫人。謹案，禮，女未嫁而壻死，女當改適。唯王者妃匹，至尊無偶，雖在其國，義成爲后，設遭大故，不得更許嫁。可以此經決之。」按：穀梁傳云：「天子無外，王命之則成矣。」後漢桓懿獻梁皇后傳：「有司奏曰：春秋迎王后于紀，在塗則稱后。」亦取公、穀爲義也。春秋正辭云：「聖人之辭恭而有禮。曰王后，其辭成矣，以立諸夏之人紀也。」又云：「自父母言之，尊爲王后猶曰吾季姜。不以君臣之義，奪人父子之親。雖然，王后無出道，非若諸侯以下婦人有歸宗之義也。成之曰王后，王者無外，則王后無出也。」是也。按：曰后者，釋名釋親屬云：「天子之妃曰后。后，後也。言在後不敢以副言也。」禮記曲禮亦云：「天子之妃曰后。」

○九年，春，紀季姜歸于京師。

其辭成矣，則其稱紀季姜何？自我言，紀父母之於子，雖爲天王后，猶曰吾季姜。【注】明子尊不加於父母。【疏】上傳云「其辭成矣」，明已成王后矣。此復言紀季姜，故据以難之。季姜者，由紀言之之詞也。○注「明子」至「父母」。○白虎通王者不臣云：「不臣妻父母何？妻者與己爲一體，恭承宗廟，欲得其歡心，上承先祖，下繼萬世，傳於無窮，故不臣也。春秋曰『紀季姜歸于京師』，父母之於子，雖爲王后，尊不加於父母。知王者不臣也。」通典：「後漢獻帝皇后父伏完，朝賀公庭，完拜如衆臣。及皇后在離宮，后拜如子禮。三公大臣議：或以爲皇后天下之母也，完雖后父，不可令后獨拜於朝[一]。或以爲當交拜，令后存人子之道，完不廢人臣之義。又子尊不加於父母，『雖爲天王后，猶曰吾季姜』，欲令完猶行父法，后專奉子禮，公私之朝，后當獨拜。或以爲皇后至尊，父亦至親，交拜則父子無別，完拜則傷子道，后拜則損至尊。欲令公朝者完拜如衆臣，於私宮后拜[二]如子禮。不知四者何正？鄭玄議曰：四者不同，抑有由焉。天子所不臣者三：其一，后之父母也。天子尚不臣[三]，況於后乎！春秋魯隱公二年『紀履繻來逆女。冬，伯姬歸于紀』，又桓八[四]年『祭公來，遂逆王后于紀』，九年

[一]「獨拜於朝」，原訛作「正拜私朝」，叢書本同，據通典校改。
[二]「拜」，原訛作「於」，叢書本同，據通典校改。
[三]「尚不臣」，原訛作「尚有於臣者」，叢書本同，據通典校改。
[四]「八」，原訛作「九」，叢書本同，據通典及春秋校改。

『紀季姜歸于京師』。或言逆女，或言逆王后，蓋義有所見也。女雖嫁爲鄰國夫人，其尊無以加於父母。嫁於天子者，此雖紀女，成言王后，明當時之尊得加父母也。『紀季姜歸于京師』，更稱其字者，得行禮而戒之，其尊安可加父母耳？今不其亭侯在京師，禮事出入，宜從臣禮。若后適離宫，及歸甯父母，宜從子禮。邴原駁曰：孝經云：『父子之道，天性也。』明王之章，先陳事父之孝。女子子出嫁，降其父母，婦人外成，不能二統耳。春左氏傳曰：『紀裂繻來逆女。』列國尊同，逆者謙不敢自成，故以在父母之辭言之，禮敵必〔一〕三讓之義也。祭公逆王后于紀者，至尊無外，辭無所屈，成言曰王后。紀季姜歸于京師，尊已成，稱季姜，從紀，子尊不加於父母之明文也。如皇后於公庭官僚之中，令父獨拜，違古之道，斯義何施。漢高五日一朝太上皇，家令譏子道不盡，欲微感之，令太上皇擁篲卻行稱臣。雖去聖久遠，禮文闕然，父子之義，五品之常，不易之道，甯爲公私易節？公庭則爲臣，在家則爲父，是違禮而無常也。」又〔二〕：「殷融爲太常，穆帝即位，褚皇后臨朝稱制，時議后父褚裒進見之典。蔡謨、王彪之並以虞舜、漢高祖猶執子道，況后乎？王者父無拜禮。尚書八座議以爲，純子則王道缺，純臣則孝道虧。謂公庭如臣，私覲則嚴父爲允。融議依鄭玄。衛將軍裒在公庭則盡〔三〕臣敬太后，歸甯之日，如家人之禮。太后詔曰：

〔一〕「必」，原訛作「心」，叢書本同，據通典校改。

〔二〕「又」，繼通典徵引之下，然以下引文不見於通典，實出於册府元龜。

〔三〕「盡」，原訛作「書」，叢書本同，據册府元龜校改。

『典禮誠所未詳，如所〔一〕奏，是情所不能安也，更詳之。』征西將軍翼南仲、謝尚議：『爲父尊於一家，君敬重於天下。鄭玄議合情理之中。』太后從之〔二〕。」故穀梁家范甯亦云：「季姜，桓王后，書字者，申父母之尊。」亦取何氏爲説也。按：儀禮喪服不杖期章：「公妾以及士妾爲其父母。」傳曰：「何以期也？妾不得體君，得爲其父母遂也。」推傳之意，似正體敵君者不得爲父母遂矣，與此不合，故鄭彼注云：「然則女君有以尊降其父母者與？春秋之義，雖爲天王后，猶曰吾季姜，是言子尊不加於父母也。此傳似誤矣。」是鄭同公羊，駁禮傳也。蓋君與嫡一體，嫡既不得以尊降其父母，故君亦不得以尊臣其妻父母，故禮疏引鉤命決云：「不臣妻父母者，親與其女共事先祖，欲得其歡心。」是也。

京師者何？天子之居也。【注】以季姜言歸。【疏】注「以季姜言歸」。○隱二年傳曰：「婦人謂嫁曰歸。」季姜所歸，故知爲天子所居。

京者何？大也。師者何？衆也。天子之居必以衆大之辭言之。【注】地方千里，周城千雉，宫室官府，制度廣大。四方各以其職來貢，莫不備具，所以必自有地者。治自近始，故據土，與諸侯分職而聽其政焉，即春秋所謂内治其國也。書季姜歸者，明魯爲媒，當有送迎之禮。【疏】白虎通京師云：「京師何謂也？千里之邑號也。京，大也；師，衆也。天子所居，故以大衆言之。明什倍諸侯，

〔一〕「所」，原訛作「新」，叢書本同，據册府元龜校改。又：下「是情」，册府元龜作「事情」。

〔二〕引文原無「太后從之」四字，據册府元龜校補。

法日月之行經千里。春秋傳曰：『京師，天子之居也。』王制曰：『天子之田方千里。』」按：詩文王云：「祼將于京。」傳：「京，大也。」方言：「京，大也。燕之北鄙，齊、楚之郊或曰京。」京、景聲義通，故景亦訓大。説文帀部云：「師，从帀从自。自，四帀，衆意也。」易彖傳曰：「師，衆也。」故書堯典「師錫帝曰」，五帝本紀作「衆皆言于帝」也。獨斷：「天子所都曰京師。京，水也。地下之衆者，莫過於水；地上之衆者，莫過於人。京大師衆也，故曰京師也。」通義云：「王者天下所歸往，故以衆大之辭言之。」○注「地方千里」。○獨斷云：「京師，天子之圻内千里，象日月，日月躔次千里。」禮記王制注亦云：「象日月之大。亦取晷同也。」詩商頌玄鳥云：「邦畿千里，惟民所止。」○注「周城千雉」。○見定十二年傳。○注「宫室」至「備具」。○宫室官府，制度廣大，如周官六篇所記是也。下十五年穀梁傳曰：「古者，諸侯時獻于天子，以其國之所有。」○注「所以」至「故焉」。○繁露諸侯云：「古之聖人見天意之厚於人也，故南面而君天下，必以兼利之。爲其遠者目不能見，其隱者耳不能聞，於是千里之外，割地分民，而建國立君。使爲天子視所不見，聽所不聞，朝夕召而問之也。諸侯爲言，猶諸侯也。」隱元年注云：「王者据土與諸侯分職，俱南面而治。」是天子先治其境内，而後及外侯，所謂自近始也。○注「即春」至「國也」。○成十五年傳云：「春秋内其國而外諸夏。」注：「内其國者，假魯以爲京師也。」此以春秋内魯喻京師也。舊疏云：「春秋据魯爲王，故内魯，若周公制禮，内京師然也。」漢書宣帝紀：「甘露二年詔曰：聖王之制，施德行禮，先京師而後諸夏。」即自近始之義也。○注「書季」至「之禮」。○穀梁傳云：「爲之中者，歸之也。」注：「中，謂關與婚事。」明魯爲媒矣。王者嫁女娶后，必使同姓主之，自宜有送迎之禮。其實即不爲媒，所經之國亦宜有之。

特由紀至周，魯非其所經，書之於經，故傳以爲成使於我，使我爲媒也。

○夏，四月。

○秋，七月。

○冬，曹伯使其世子射姑來朝。【疏】穀梁釋文：「射，麋信本作亦。」

諸侯來曰朝。【疏】隱十一年「滕侯、薛侯來朝」是也。彼傳亦云：「諸侯來曰朝。」舊疏云：「隱十一年師解云爾，故此弟子執而難之。」

此世子也，其言朝何？【注】据臣、子一例，當言聘。【疏】注「据臣」至「言聘」。○僖元年傳云：「臣、子一例也。」隱十一年傳云：「大夫來曰聘。」臣、子一例，故當言聘。

春秋有譏父老子代從政者，則未知其在齊與？曹與？【注】在齊者，世子光也。時曹伯年老有疾，使世子行聘禮，恐卑，故使自代朝，雖非禮，有尊厚魯之心。傳見下卒葬詳録，故序經意依違之也。小國無大夫，所以書者，重惡世子之不孝甚。【疏】「則未知其在齊與？曹與」，唐石經、鄂本、十行本、閩本、元本同，監本、毛本「曹」上衍「在」字。○注「在齊」至「光也」。○襄九年「冬，公會晉侯以下齊世子光、滕子、薛伯、杞伯、小邾婁子伐鄭」，又十一年「公會晉侯以下齊世子光、莒子、邾婁子云云伐鄭」是也。通義云：「春秋爲其驕蹇，處于諸侯之上，抑言同圍齊是也。傳設爲微詞者，言二世子皆不免於譏耳。」○注「時曹」至「之心」。○周禮典命職：「凡諸侯之嫡子誓於天子，攝其君，則下其君之禮一等；未誓，則以皮帛繼子男。」鄭注：「春秋桓九年『曹伯使其世子射姑來朝』，行國君之禮是也。公之子如侯伯而執圭，侯伯之子如子男而執璧，子男之子與未誓者皆次小國之君，執皮幣而朝會焉，其賓之皆以上卿之禮焉。」左傳云〔一〕：「曹太子來朝，賓之以上卿。」蓋未誓於天子者，以皮幣繼子男，故賓以上卿禮焉。杜注云：「曹伯有疾，故使其子來朝。」彼傳又云：「享曹太子，初獻，樂奏而歎。施父曰：『曹太子其有憂乎？非歎所也。』」彼疏引服注云：「古之爲享食，所以觀威儀、省禍福，無喪而戚憂必讎焉。今太子臨樂而歎，是父將死而兆先見也。」是亦以曹伯年老有疾也。左疏又引：「膏肓以爲左氏以人子安處父位，尤非衰世救失之宜，於義爲短。鄭箴云：『必如所言，父有老耄罷病，孰當理其政預王事也？』」劉氏逢禄評曰：「世子行聘，可也；攝上卿行聘，亦可也；罷老避位致國天子，天子以命世子行朝，亦可也，安得曰廢王事？曹伯在位，世子行朝禮，非一國二君無王無父，而不知乎？左氏此類，亦非舊文。」是其行朝禮爲非禮也，

〔一〕「云」，原訛作「二」，叢書本同，據文意改。

惟其有疾，而猶使世子來朝，故知其有尊厚魯之心。○注「傳見」至「之也〔一〕」。○下十年，「春，王正月，庚申，曹伯終生卒」；「夏，五月，葬曹桓公」，注云：「小國始卒，當卒月葬時。而卒日葬月者，曹伯年老，使世子來朝，春秋敬老重恩，故爲魯恩録之尤深。」是卒葬詳録也。世子來朝，安居父位，當譏。世子位序諸侯之上，明亦合譏，而經文詳録曹伯卒葬，恩録尤深，似曹世子無譏詞，故傳依違之，言未知在齊、在曹也。○注「小國」至「孝甚」。○所傳聞世，小國無大夫，世子未即位，與大夫同，故決之。通義云：「禮，世子無外交。曹伯有疾，射姑當躬視藥膳，而忍去左右，偃然代行朝禮，失君在不稱貳之義，故責之，以教後世之爲人子者。」按：射姑來朝，親奉父命，原非大惡。春秋因其可責而責之，故書以惡其不孝，以立爲人子之坊也。

○十年，春，王正月，庚申，曹伯終生卒。【疏】正月無庚申，曆爲二月之七日。穀梁傳：「桓無王，其曰王何也？正終生之卒也。」注引徐乾云：「與夷見弒，恐正卒不明，故復明之。」按：春秋詳内略〔二〕外，諸夏之正卒不勝示法，何氏所不取。

〔一〕「也」，原作「焉」，據【注】文改。

〔二〕「略」，原訛作「録」，叢書本同，春秋記録史事的原則是「詳内略外」，據改。

○**夏，五月，葬曹桓公。**【注】小國始卒，當卒月葬時，而卒日葬月者，曹伯年老，使世子來朝，春秋敬老重恩，故爲魯恩録之尤深。【疏】舊疏云：「所傳聞之世，未録小國卒葬，所聞之世乃始書。卒月葬時，文九年『秋，八月，曹伯襄卒』、『冬，葬曹共公』是也。今卒日葬月者，正以敬老重恩故也。」通義云：「曹與鄭俱同姓，又同爵。桓公始見卒日葬月，明當從大國例也。射姑不子，已就其卒去日，故於此不奪臣子辭。因見本有父命攝朝，不專譏射姑與？」按：穀梁上九年傳云：「使世子伉〔一〕諸侯之禮而來朝，曹伯失正矣。諸侯相見曰朝，以待人父之道待人之子，以内爲失正矣。内失正，曹伯失正，世子可以已矣，則是故命也。」蓋周禮所記以皮帛繼子男之禮，謂是急趨王命，如會同之事，此朝聘鄰國，可無汲汲〔二〕，故春秋於曹伯父子交譏之也。春秋敬老者，上四年書「伯糾」、莊二十五年書「女叔」是也。重恩者，重其尊厚於魯之恩，故推王恩詳録其卒葬。比於大國，視他爲深也。

○**秋，公會衛侯于桃丘，弗遇。**【疏】杜云：「桃丘，衛地。濟北東阿縣東南有桃城。」大事表：「在今山東泰安府東阿縣西五十里有桃城鋪，東有一丘，高可數仞，即桃丘也。」名勝志：「桃丘在東阿縣安平鎮東十八里。」水經注濟水篇：「左合馬頰水，水首受濟，西北流，歷安民山北，又逕桃城東。春秋公會衛

〔一〕「伉」，原譌作「抗」，叢書本不誤，據改。
〔二〕「汲汲」，原譌作「汲没」，叢書本不誤，據改。

侯于桃丘，衛地也。」

會者何？期辭也。其言弗遇何？【疏】通義云：「据遇者不期也。上爲期〔一〕辭，則不當言弗遇。」舊疏云：「經既書會，作聚集之名，尋言弗遇，是未見之稱，故執不知問。」

公不見要也。【注】時實桓公欲要見衛侯，衛侯不肯見公，以非禮動，見拒有恥，故諱使若會而不相遇。弗遇則未成爲會，而言公會，故須釋之。時本期會于桃丘，衛侯背期不至，蓋已與齊、鄭同謀伐我故也。言弗遇者，起公要之也。弗者，不之深也，起公見拒深。傳言公不見要者，順經諱文。【疏】通義云：「以未會而言會者，致本意也。猶云『晉人納捷菑于邾婁，弗克納』，『丁巳，葬我君定公。雨不克葬』，皆爲成事之文於上，見不成事之實於下。」〇注「時實」至「之也」。〇廣雅釋詁云：「要，約也。」魯桓約衛侯爲會，衛侯不肯，是魯公以非禮見拒有恥，故諱爲不遇之詞。解詁箋云：「此非大惡反諱之者，正以桓，弑逆之人，諸侯將誅之，下『來戰于郎』、『盟于惡曹』是也。」穀梁傳云：「弗遇者，志不相得也。弗，内辭也。」亦以二國志不相得，而書弗者，明魯公弗遇，託言衛侯不遇，故云内辭，所以殺恥也。范云「倡會者衛」，非。穀梁亦無斯義。〇注「弗者」至「拒深」。〇周禮諸子職云：「司馬弗正」，注：「弗，不也。」廣雅釋詁云：「弗，不也。」儀禮士昏禮「又弗能及」，注：「古文弗爲不。」經、傳多以弗即不，然弗、不實有輕重深淺之別。弗有矯戾之義，不則非否之辭耳。言弗，故公見拒深起矣。〇注「傳言」至「諱文」。〇十行本「見要」作「要

〔一〕「期」，原訛作「其」，叢書本同，據公羊通義校改。

見」。校勘記云：「按，上云桓公欲要見諸侯，與此合。傳則云『公不見要也』。」按：此注申言傳義，當同傳文作「見要」。以經言「弗遇」，是衛侯不遇之詞，諱文不見。傳言「公不見要」，所以順經諱文明之也。通義云：「會，期辭也。遇，要辭也。期而後期，衛侯之過也；要之而不見要，公之恥也。蓋公已至桃丘，猶疑衛侯道滯未來，復前逆之，終不得見，乃反，故傳申之曰『公不見要也』。」

○冬，十有二月，丙午，齊侯、衛侯、鄭伯來戰于郎。【疏】於曆十二月書丙午，月之二十八日。春秋正辭云：「孰志乎爲是戰？齊志乎？鄭志乎？春秋無義戰，其不義必先者主之。齊志也，搆我於鄭者，齊也。衛與齊同志，見之於胥命矣，齊侯親暱也，鄭實定桓之位，卒於怨仇，小人哉！使百姓肝腦塗地而不恤，不仁甚矣。以爵稱之，言不可在民上也，播其惡於衆，而後人之。」

郎者何？吾近邑也。【注】以言來也。【疏】檀弓注：「郎，魯近邑也，哀十一年『齊國書帥師伐我』是也。」通義云：「魯近郊之邑也。哀十一年『齊國書帥師伐我』，左傳『師及齊師戰于郊』，而檀弓以爲戰于郎，明郎地在郊也。若然，彼經亦當言『來戰于郎』。但以所見之世諱恥尤深，寇逼國都，不可言戰，故第舉伐而已。」隱元年左傳：「費伯帥師城郎。」杜云：「高平方與縣東南〔一〕有郁郎亭。」去都已遠，恐别一

〔一〕「南」字原脱，叢書本同，據左傳正義校補。

郎邑也。○注「以言來也」。○舊疏云：「凡言來者，鄉內之詞。今經言來，故知近邑也。而僖四年『楚屈完來盟于師』，是時在召陵而言來者，据師道楚，故得言來。」按：春秋內其國而外諸夏，內諸夏而外四夷。此「來戰于郎」，言來，由內對諸夏之詞。「來盟于師」，言來，由諸夏對四夷之詞。

吾近邑，則其言來戰于郎何？【注】据齊師、宋師次于郎不言來，公敗宋師不言戰，龍門之戰不舉地也。【疏】注「据齊」至「地也」。○莊十年「齊師、宋師次于郎」，同是郎地，不言來也。隱十年「公敗宋師于菅」，同是偏戰，不言戰也。下十三年「春，公會紀侯、鄭伯。己巳，及齊侯、宋公、衛侯、燕人戰，齊師、宋師、衛師、燕師敗績」，彼疏引春秋說文，龍門之戰即此，亦近不舉地也。

近也。惡乎近？近乎圍也。【注】地而言來者，明近都城，幾與圍無異。不解戰者，從下說可知。【疏】校勘記云〔一〕：「圍，唐石經、鄂本以下同。疏本『圍』作『國』，云：『國讀如圍。』考諸古本皆作國字。而舊解以國爲圍。」按：注云「地而言來者，明近都城，幾與圍無異」，此釋傳之「近乎圍」，明雖非圍，而實圍也。通義云：「近，幾也。師迫都城，幾幾乎圍，故戰去『及』文，言『來』以起之也。」俞云：「疏所據本，蓋作國字，故云然。其實當從何邵公本作『圍』。隱五年傳：『邑不言圍，此其言圍何？彊也。』然則，近乎圍者亦言其彊甚也。若作近乎國，則上文曰『郎者何？吾近邑也』一言足以明之矣。乃又曰『吾近邑，則

〔一〕「云」，原訛作「二」，叢書本不誤，據改。

其言來戰于郎何？近也。惡乎近？近乎國也』，其辭不幾複乎？蓋『吾近邑也』之近，以地之相去而言；『近也』之近，以事之相似而言，兩近字文同而義異。學者混而一之，遂至謁圍字爲國字矣。孔氏廣森作通義，反從疏本作『國』，恐後學疑誤，故詳辨之。」按：作「國」近是，「近」宜如舊疏讀如附近之近，言郎地近乎國也。若作「圍」解，則無地不可圍。但言「近乎圍」，不見即爲都城，則必「圍」下增「都城」始明，不如作「國」，於近字尤合。注中圍字亦國之誤，後人据誤本正文改之也。○注「地而」至「可知」。○注云「明近都城」，雖非都城，與都城同，故云與國無異，所以解近義也。戰義具於下傳，此故無庸預說也。

此偏戰也，何以不言師敗績？【注】据十三年師敗績。偏，一面也。結日定地，各居一面，鳴鼓而戰，不相詐。【疏】通義云：「以丙午日，是偏戰例也。」○注「据十」至「敗績」。○即下十三年「齊師、宋師、衛師、燕師敗績」是也。○注「偏一」至「相詐」。○左傳閔二年云「衣身之偏」，杜云：「偏，半也。」呂覽士容篇「則室偏無光」，高注：「偏，半也。」國語晉語「距非聖人，必偏而後可」，韋注：「偏，偏有一也。」荀子不苟云「偏傷之也」，楊注：「偏，謂見其一隅也。」皆一面之義也。各居一面，兩不相詐，故爲偏戰。繁露竹林云：「春秋之書戰伐也，有惡有善也。惡詐擊而善偏戰。」蓋詐則不結日、不定地，出其不意〔一〕，傷害尤多，故春秋惡之也。

内不言戰，言戰，乃敗矣。【注】春秋託王于魯。戰者，敵文也。王者兵不與諸侯敵，戰乃其已敗之

〔一〕「意」字原誤倒於「傷害」之下，作「出其不傷害意」，叢書本不誤，據乙。

文，故不復言師敗績。魯不復出主名者，兵近都城，明舉國無大小，當勠力拒之。【疏】穀梁傳云：「内不言戰，言戰則敗也。」范云：「兩敵故言戰。春秋不以外敵内，書戰則敗。」與公羊義同。通義云：「内勝不言戰，則言戰者内敗明矣。穀梁傳：『内諱敗，舉其可道者也。』」○注「春秋」至「敗績」。○孟子盡心篇：「征者，上伐下也。」王者有征無戰。春秋託王於魯，故設戰文，言戰則已敗文。穀梁傳隱十年云：「内不言戰是也。」内不言師敗績，而莊九年書「我師敗績」者，彼傳云：「内不言敗，此其言敗何？伐敗也。曷爲伐敗？復讎也。」注：「復讎，以死敗爲榮，故録之。」是彼以敗爲榮，故不諱也。○注「魯不」至「拒之」。○十行本、閩本、監本、毛本「勠」作「戮」，非，依鄂本正。校勘記云：「釋文：『戮〔一〕力字多作勠。』」十二年疏引此注亦作勠。穀梁傳云：「不言其人，以吾敗也。不言及者，爲内諱也。」取義微異。然公羊亦謂諱敗爲戰，則即兼穀梁義矣。

〔一〕「戮」，原訛作「勠」，叢書本同，據經典釋文校改。

公羊義疏十五

南菁書院　句容陳立卓人著

桓十一年盡十四年

○十有一年，春，正月，齊人、衛人、鄭人盟于惡曹。【注】月者，桓公行惡，諸侯所當誅。屬上三國來戰于郎，今復使微者盟，故爲魯懼，危録之。【疏】杜云：「惡曹，地闕。」沈氏欽韓左傳補注云：「惡曹，蓋烏巢之異文。在今衛輝府延津縣東南。」○注「月者」至「録之」。○舊疏云：「正以微者盟例合時，今而書月，故須解之。」据注文，則此别爲微者。莊氏正辭以此之人，即上之齊侯等親身，春秋貶而稱人者，非公羊義。

○夏，五月，癸未，鄭伯寤生卒。【疏】五月無癸未，四月之七日爲癸未。包氏愼言云：「據下文于七月書葬不日，於傳例當時而不日正也之例合。若卒在五月，相距僅三月，在慢葬之例，宜書日；今不日，疑葬月亦在八月，非七月也。」左傳隱元年：「莊公寤生，驚姜氏，故名曰寤生。」

○**秋，七月，葬鄭莊公。**【注】莊公殺段，所以書葬者，段當國，本當從討賊辭，不得與殺大夫同例。

【疏】注「莊公」至「同例」。○成十年「丙午，晉侯獳卒」，注：「不書葬者，殺大夫趙同等。」又僖九年「晉侯佹諸卒」，注：「不書葬者，殺世子也。」春秋之例，君殺無罪大夫，去葬以起義。申生、趙同等皆以無罪見殺，故没去葬文。今段本有罪合誅，莊公殺之，不與殺無罪大夫同，故不去葬也。范云：「莊公殺段，失德不葬，而書葬者，段不弟，於王法當討，故不以殺親親貶之。」用何氏義也。通義云：「鄭莊、衛惠皆犯王命，但天子於鄭，伐之而已，與朔爲王命所廢者異，故惠公不書葬，莊公書葬。」

○**九月，宋人執鄭祭仲。**【疏】大事表云：「杜注：『陳留長垣縣東北有祭城。』高氏曰：『人但知長垣近衛，鄭不能有，因不取杜説。』而括地志遂〔一〕以管城之祭爲祭仲邑；或又疑爲周祭伯之采地，鄭并之以封祭仲，非也。祭伯、祭仲同見於隱元年至莊二十三年，尚有祭叔來聘，鄭安得取以封仲乎？列國錯壤甚多，祭仲省留取道於宋而被執，則留亦錯入宋境矣。長垣之旁有滑，鄭、衛同争之。然則，長垣固亦鄭、衛相接之地耳。今長垣縣屬北直大名府，南至開封府蘭陽縣九十里。」

祭仲者何？鄭相也。【注】不言大夫者，欲見持國重。【疏】唐石經作「鄭之相也」。鄂本以下俱無

〔一〕「遂」，原訛作「逆」，叢書本同，據春秋大事表校改。

「之」字。校勘記云：「嚴氏杰云：大司徒疏引亦無『之』字。」荀子大略云：「天子三卿，諸侯一相。」其實諸侯皆三卿，有命於天子、命於其君之異。鄭，伯爵小國，宜一卿命於天子與？○注「不言」至「國重」。○通義云：「相，助也。謂三卿之長，助君持國重者。」

何以不名？賢也。【疏】惠氏棟左傳補注云：「劉光伯以祭仲是字，鄭人嘉之。又云祭仲本非行人。棟案，五年傳云『祭仲足爲左拒』，此年傳云『祭封人仲足』，世本載姓氏皆先字後名，此與孔父嘉一例，則仲字足名，確然無疑。杜於五年傳注〔一〕云：『祭足即祭仲之字。』是專欲違舊注以就其曲說。劉氏規之是也。」又云：「左氏無貶仲之文。仲爲宋所脅，雖死無益於忽。公羊以爲行權，釋例斥其挾偪以簒其君，過矣。」按：杜云：「祭氏仲名。」古人孟仲叔季皆字。故莊二十五年左傳云：「陳侯使女叔來聘，嘉之，故不名。」亦叔爲字。杜反以足爲字，以仲爲名，傎莫甚焉。范亦爲杜説所誤。

何賢乎祭仲？【注】据身執君出，不能防難。【疏】注「据身」至「防難」。○身執君出，事在下。左氏家杜預等以爲祭仲被宋脅以逐君罪之，正即何氏所据以難之義，故於下釋之。

以爲知權也。【注】權者，稱也，所以别輕重，喻祭仲知國重君輕。君子以存國，除逐君之罪，雖不能防其難，罪不足而功有餘，故得爲賢也。不引度量者，取其平實以無私。【疏】後漢書賈逵傳云：「至如祭

〔一〕「注」字原脱，叢書本同，據惠棟左傳補注校補。

仲、紀季、伍子胥、叔術之屬，左氏義深於君父，公羊多任於權變。」謂此。○注「權者」至「輕重」。○孟子梁惠王篇：「權，然後知輕重。」注：「權，銓衡也。」楚辭惜誓云：「同權概而就衡王。」注：「權、衡，皆稱也。」考工記栗氏職：「不耗然後權之。」注：「權，謂稱分之也。」淮南時則訓：「冬爲權。權者，所以權萬物也。」荀子正名云：「故人無動而不可以不與權俱。」楊注：「權者，稱之。權所以知輕重者也。」漢書律曆志：「衡權者：衡，平也；權，重也。衡所以任權而均物平輕重也。其道如底。」又云：「權者，銖、兩、斤、鈞、石也，所以稱物平施知輕重也。本起於黄鍾之重，一龠容千二百黍，重十二銖，兩之爲兩。二十四銖爲兩。十六兩爲斤。三十斤爲鈞。四鈞爲石。忖爲十八，易十有八變之象也。」又云：「權與物鈞而生衡，衡運生規，規圜生矩，矩方生繩，繩直生準，準正則平衡而鈞權矣。是爲五則。」公羊問答云：「問：前此有言權字否？曰：易『巽以行權』。荀爽九家易解巽象號令又爲近利。人君改教進退，擇利而爲權也。春秋傳曰：『權者，反乎經，然後有善者也。』据此則權字不始於春秋。」廣雅釋器云「錘謂之權」，又云「稱謂之銓」。呂覽仲秋紀「平權衡」，高注：「秤，衡也。」稱即秤也。韋昭注國語云：「銓，稱也。」是也。○注「喻祭」至「君輕」。○孟子盡心下云：「民爲貴，社稷次之，君爲輕。」趙注：「君輕於社稷，社稷輕於民。」○注「君子」至「賢也」。○此公羊精義也。逐君罪重，存國功尤重。以存國之功除逐君之罪，所以爲別輕重也。爲有据身執君出不能防難責仲者，故決之。○注「不引」至「無私」。○考工記弓人云「角與幹權」，注：「權，平也。」禮記王制云：「必原父子之親，立君臣之義，以權之。」注：「權，平也。」説文金部：「銓，衡也。」是銓衡即稱衡。權爲錘，衡之輕重視乎錘之進退，而所以銓衡輕重，全視乎錘，故何氏以平實無私明之。漢書律曆志云：「準者，所以揆平取正也。繩者，上下端直，經緯四通也。準繩連體，衡權合德。百工繇焉，以定法式，輔弼執玉，以翼天子。」是也。度量者，律曆志又云：「度者，分、寸、尺、丈、引也，所以度長短也。本起黄鐘之長。以子穀秬黍中者，一黍之廣，度之九十分，黄鐘之長。一爲一分，十分爲寸，十寸爲尺，十尺爲丈，十丈爲引，而五度審矣。」「量者，龠、合、升、斗、斛也，所以量多少也。本起於黄鐘之龠，用度數審其容，以子穀秬黍中者千有二百實其龠，以井〔一〕水準其概。合龠爲合，十合爲升，十升爲斗，十斗爲斛，而五量嘉矣。」度量亦無私，輕重事理，於權義宜，故取諸權，其衡平錘實故也。

其爲知權奈何？古者，鄭國處于留，【疏】周禮疏引鄭發墨守云：「鄭始封君曰桓公者，周宣王之母弟。國在京兆畿内，今京兆鄭縣是也。桓公生武公，遷東周圻内，國在虢、鄶之間，今河南新鄭是也。武公生莊公，因其國焉。留乃在陳、宋之東，鄭受封至此適三世，安得古者鄭國處于留，祭仲將往省之事乎？」武氏億云：「鄭之説果信，以爲在陳留之東，而使如所引『侵宋吕、留，屬彭城』〔二〕，謂此足以實之，則其地與虢、鄶相去幾千里，固宜其有足疑者。然以余考之，殆非也。」漢地志孟注：「留，鄭邑也。後爲陳所并，故曰陳留。」左氏襄三十年「伯有死於羊肆」，「既而葬諸斗城」。桓十四年〔三〕「宋人以諸侯伐鄭，

〔一〕「井」，原訛作「升」，叢書本不誤，據改。
〔二〕杜預左傳注曰：「吕、留二縣，今屬彭城郡。」
〔三〕「十四年」，原記爲「十五年」，據左傳校改。

伐東郊，取牛首」。今牛首及斗城其地並在陳留，而是地又居鄭東鄙，故意當時之留即在此，後遷鄭，而留乃僻於遠爾。鄭語：「史伯對桓公：若克二邑，鄢、蔽、補、丹、依、𩇕、歷、莘，君之土也。」後乃東寄孥與賄，虢、鄶受之十邑，皆有寄地。蓋虢、鄶二君惛於欲而窮於利，貪鄭伯區區之餌，以奉其孥，而居之必先在十邑之內。而晉太康地志云：「陳留東北三十五里有莘城，爲古莘國。」以是推之，莘爲十邑之一，其十邑又皆有寄地，則鄭國之舊處於留，亦其孥先寄於此耶？其後通乎夫人，以取其國而遷鄭。而鄭之東偏，實與宋接壤而錯制焉。故祭仲將往省留，塗出於宋，爲宋所執，亦勢所必至也，尚何疑乎？莊述祖云：「列女傳以大車之詩爲息君夫人所作，本魯、韓詩説。鄭與息接壤，息無風，此詩及丘中有麻，三家蓋在鄭風。按，留子嗟父子，即周王官大夫治留邑者，亦古者鄭國處留之證。而毛詩序以爲周莊王時，或亦劉歆等點竄古文家言以惑學者。留在莊王時已爲宋、鄭閒地矣。」公羊古義云：「桓公寄孥與賄於虢、鄶及十邑。幽王之亂，西京不守，當有處留之事。其後滅虢、鄶十邑而居新鄭，則以留爲邊鄙，當在武公之時。故云古者鄭國。」又云：「先鄭伯，公羊之言，正與外傳合。鄭氏不考，而驟非之，過矣。」讀書叢録云：「惠棟古義云：左傳『侵宋吕、留』。後漢彭城有留縣，張良所封。按，漢書地理志『陳留郡：陳留』，孟康曰：『留，鄭邑也，後爲陳所并，故曰陳留。』鄭康成發墨守謂在陳、宋之東，非是。」阮氏元鐘鼎款識有「留君簠」二器，説云：「古者，鄭國處于留。周人有留子嗟。留子國後爲劉康公、劉文公食采。此留君是圻内諸侯，招其名也。」按：鄭伯所處之留，當是陳留近宋之地。其劉康公、文公所食之采，應在東周圻内，與詩之留爲一。留君或是指東周圻内之留，蓋大夫於其私邑亦稱君也。

先鄭伯有善于鄶公者，通乎夫人，以取其國，【疏】校勘記云：「鄶，唐石經、宋本、閩本同。監本、毛本鄶誤鄫。按，釋文：『鄶，古外反。』此『于』並上『于留』，皆當作『於』，下同。」檜詩譜云：「祝融氏名黎，其後八姓，唯妘姓鄶者處其地焉。」楚世家：「吴回生陸終，陸終生子六人，四曰會人。」詩疏引世本云：「會人即檜之祖也。」又引韋昭、服虔皆云：「檜是陸終第四子求言後。然則檜，吴回後也，吴回復居黎職。」故鄭氏詩譜本黎而言也。公羊古義云：「鄶公者，鄶仲也。夫人者，叔妘也。周語：『富辰曰：鄶之亡也，由叔妘。』注云：『鄶，妘姓之國，叔妘同姓之女，爲鄶夫人。』鄭語：『史伯曰：子男之國，虢、鄶爲大，虢叔恃勢，鄶仲恃險。』君若以周難之故，寄帑與賄焉，無不克矣。寄帑與賄，故得通乎夫人，以取其國。」又鄭氏詩譜云：「其子武公與晉文侯定平王於東都王城，卒取史伯所云十邑之地。」則善於鄶公者桓公事，取其國當武公時事也。昭十六年左傳云：「昔我先君桓公與商人皆出自周，庸次比耦，以艾殺此地，斬之蓬藋藜藿，而共處之。」當即寄帑時事。水經洧水篇：「又東過鄭縣南，鄶水從西來注之。」酈注曰：「竹書紀年：晉文侯二年，周惠王子多父伐鄶，克之，乃居鄭父之丘，名之曰鄭，是曰桓公。」以克鄶爲鄭桓公事，與鄭説異。

而遷鄭焉，【注】遷鄭都于鄶也。【疏】注「遷鄭都于鄶」。○詩檜譜云：「檜者，古高辛氏火正祝融之墟。」「檜國在禹貢豫州外方之北，滎波之南，居溱、洧之閒。」「祝融氏後八姓，唯妘姓檜者處其地焉。」「其國北鄰于虢。」釋文引王肅云：「周武王封之於濟、洛、河、潁之閒，爲鄶子。」按：漢書地理志「河南滎陽縣」，應劭曰：「故虢國也。」虢在今滎陽。杜預曰：「檜城在密縣東北，鄭居鄶城，故得有溱、洧。」鄭語所謂

「主茮騩〔一〕而食溱洧」是也。鄭亦兼有虎牢。漢地志：「河南有成皋縣，故虎牢也，一曰制。」隱元年左傳：「制，巖邑也，虢叔死焉。」是制本虢邑，後并爲鄭有。新鄭與滎陽密縣接壤，知皆虢、鄶舊封矣。故詩疏引服虔云：「鄭，東鄭，古鄶國之地。」然鄭雖處其地，不居其都，此云遷鄭都於鄶者，謂遷都於鄶地耳，非必於鄶都也。故僖三十三年左傳稱文夫人葬公子瑕於鄶城之下。詩疏引服注：「鄶城，古鄶國之墟。」杜注：「鄶在滎陽密縣東北，新鄭在滎陽宛陵縣西南，是鄭非鄶都矣。」若然，鄶譜謂在祝融之墟，而左傳昭十七年云「鄭，祝融之墟」者，蓋二都相去不遠。鄶本祝融舊墟，鄭因其境内之地而都之，故亦得爲祝融之墟也。鄭語：「桓公爲司徒，甚得周衆與東土之人，問於史伯曰：『王室多故，余懼及焉，其何所可以逃死？』史伯曰：『其濟、洛、河、潁之閒乎！　是其子男之國，虢、鄶爲大，虢叔恃勢，鄶仲恃險，皆有驕侈怠慢之心，加之以貪冒，君若以周難之故，寄帑與賄，不敢不許。是驕而貪，必將背君，君以成周之衆奉辭伐罪，無不克矣。若克二邑，鄢、蔽、補、丹、依、𥇍〔二〕、歷、莘〔三〕，君之土也。脩典刑以守之，唯是可以少固。』」詩譜云：「桓公從之，言：『然。』之後三年，幽王爲犬戎所殺，桓公死之。」其子武公「卒取史伯所云十邑之地。右洛、左濟、前華、後河，食溱洧焉。今河南新鄭是也。」而史記鄭世家云：「桓公曰：『善。』卒言於王，遷其民於洛東，而虢、鄶果獻十邑者。」蓋史記以史伯爲桓公謀，遂以桓公自取十邑，不知桓非

〔一〕「茮騩」，原訛作「若醜」，叢書本同，據國語校改。
〔二〕「𥇍」，原訛作「疇」，叢書本同，上文曾引，亦作「𥇍」，據國語校改。
〔三〕「莘」，原訛作「華」，叢書本同，上文曾引，亦作「莘」，據國語校改。

及身而得，史公附會爲此説耳。大事表云：「桓公初定虢、檜，地爲新鄭，此爲東虢，文王弟虢叔所封。杜注：『滎陽縣在今河南開封府汜水縣東十里，并滎陽、滎澤皆其地，檜即管叔鮮之故封。』左傳有檜城、管城。檜城在今許州府密縣東北五十里，管城在開封府鄭州北二里。」是也。詩疏引鄭發墨守云：「桓公國在宗周圻内，武公遷居東周圻内。然則鄭於西周，本在圻内。西都之地，盡以賜秦，武公隨而東遷，其初封當亦在東周圻内，及并十邑地及圻外，鬱成大國。故詩緇衣傳云：『諸侯入爲天子卿士也。』」詩古義云：「王符潛夫論：『會在河、伊之閒，其君驕貪嗇儉，滅爵損禄，羣臣卑讓，上下不臨，詩人憂之，故作羔裘，閔其痛悼也。匪風，冀君先教也。會仲不悟，重氏伐之，上下不能相使，禁罰不行，遂以見亡。』按，節信〔一〕此言，蓋本周書、史記。此高辛時有鄶之君，非外傳鄶仲也。是以汲郡古文云：『高辛十六年，帝使重帥師滅有鄶。』左、史、潛夫所云重氏伐之，鄶君以亡是也。世本：『陸終娶鬼方氏妹，曰女嬇，生子六人，四曰求言，是爲鄶人。鄶人者，鄭是也〔二〕。』陸終在高辛之後，或因有鄶之墟而封之，後爲鄭武公所滅也。王符之説失之。」

而野留。【注】野，鄙也。傳本上事者，解宋所以得執祭仲，因以爲戒。【疏】注「野，鄙也」。○周禮大司

〔一〕「節信」，王符字。

〔二〕「也」字原脱，叢書本同，據世本校補。

徒職「凡造都鄙」，鄭注：「鄙，所居也。」引春秋傳曰：「遷鄭焉而鄙留。」「野」作〔一〕「鄙」，與注合；「遷鄭焉」上無「而」字，與何本異。彼疏云：「野、鄙不同者，鄭所見傳異也。」武氏億經讀考異云：「此凡兩讀，何氏以『焉』字絶句，『而野留』另爲句。周禮大司徒注引『遷鄭焉而鄙留』，又以『遷鄭焉』屬下讀爲句。」太宰疏引此文與鄭氏同。」按：吕覽遇合篇「爲野音而反善之」，高注：「野，鄙也。」説文里部：「野，郊外也。」詩魯頌駉傳：「邑外曰郊，郊外曰野。」周禮縣士職「掌野」注：「地距王城二百里以外至三百里曰野。」野是廣遠之稱，鄙亦有遠義，左傳僖三十一年云「越國以鄙遠」是也。廣韻：「鄙，邊鄙也。」左傳隱元年「大叔命西鄙、北鄙貳于己」，杜云：「鄙，鄭邊邑。」淮南子詮言訓：「夫始于都者，常大于鄙。」鄙與都對言，都爲國君所居，鄙爲國之邊界也。鄭遷都于鄶地，故以留爲邊邑焉。通義云：「留，周東都圻内地名，詩云『彼留之子』是也。先鄭伯，武公也。武公之父桓公，周宣王母弟，始受封於鄭，本在西京。桓公用史伯之計，寄帑與賄於郭叔、鄶仲之國。鄶仲怠侈貪冒，取同姓女叔妘爲夫人。武公因緣寄帑，故得通焉。國語言鄶之亡，由叔妘是也。犬戎之亂，鄭失其地。平王東遷，武公爲卿士，蓋始食采于留。其後既克郭、鄶，并取鄢、蔽等八邑，乃建國焉，謂之新鄭。而鄙留，言以爲下都也，都所居曰鄙。」按：孔氏亦誤以留爲詩之留，彼留宜在圻内，此留近宋之地，當以漢書注孟康説爲是。○注「傳本」至「爲戒」。○傳意鄭不通鄶夫人，取其國而遷都，則留爲所都。祭仲不得被執，則不致成突、忽之篡亂，故著以爲戒。

〔一〕「作」，原訛作「在」，叢書本不誤，據改。

莊公死，已葬，祭仲將往省于留，塗出于宋，宋人執之，【注】宋人，宋莊公也。【疏】注「宋人，宋莊公」。○左傳：「雍氏宗有寵於宋莊公，故誘祭仲而執之。」史記宋世家：「莊公九年執鄭之祭仲，要以立突爲鄭君。祭仲許，竟立突。」又鄭世家：「宋莊公聞祭仲之立，忽乃使人誘召祭仲而執之，曰：『不立突，將死。』」是宋人，宋莊公也。

謂之曰：「爲我出忽而立突。」【注】突，宋外甥。【疏】注「突，宋外甥」。○鄭世家：「初，祭仲有寵於莊公，莊公使爲卿。公使取鄧女，生太子忽，故祭仲立之，是爲昭公。莊公又娶宋雍氏女，生厲公突。」左傳：「宋雍氏女於鄭莊公，曰雍姞，生厲公。」史記注引賈注云：「雍氏，黄帝之孫姞姓之後，爲宋大夫。」杜云：「以女妻人曰女。」是爲突，宋外甥也。左傳莊六年注：「姊妹之子曰甥。」其實宋卿外甥，非實宋外甥也。左傳、鄭世家又云「不立突將死」，是「爲我出忽立突事」焉。

祭仲不從其言，則君必死，國必亡；【注】祭仲死，而忽旋爲突所驅逐而出奔。經不書忽奔，見微弱甚。是時宋强而鄭弱，祭仲探宋莊公本弑君而立，非能爲突，將以爲賂動，守死不聽，令自入，見國無拒難者，必乘便將滅鄭，故深慮其大者也。【疏】注「祭仲」至「弱甚」。○下十五年「鄭世子忽復歸于鄭。秋，九月，鄭伯突入于櫟」，傳：「櫟者何？鄭之邑。曷爲不言入于鄭？末言爾。曷爲末言爾？祭仲亡矣。然則曷爲不言忽之出奔？言忽爲君之微也。祭仲存則存矣，祭仲亡則亡矣。」注：「言忽微弱甚於鴻毛，僅若匹夫之出耳，故不復録。」忽爲突逐在後。注此言之者，見忽之不能自立。祭仲不從其言，必爲宋殺；宋納突出忽，即可因之滅鄭，故下注云：「守死不能令自入，見國無拒難者，必乘便將滅鄭。」是君必死，國必亡也。○注「是時」至「者也」。○宋莊弑君，見十一〔一〕年左傳：「亦執厲公而求賂焉。」鄭世家：「亦執突以求賂焉。」是其將爲賂動也。慮其大者，國重君輕，以存國爲大也。

從其言，則君可以生易死，國可以存易亡。【疏】通義云：「祭仲存，則不使宋得殺忽入鄭。」

少遼緩之，【注】宋當從突求賂，鄭守正不與，則突外乖於宋，內不行於臣下，遼假緩之。【疏】通義云：「遼，遠也。」按：説文辵部：「遼，遠也。」楚辭〔二〕九歎云「山修遠其遼遼兮」，注：「遠貌。」緩之，謂寬之時日，以遠緩之也。注云「遼假緩之」者，假與遐通。揚子法言：「假言周於天地，贊於神明。」注：「李、宋、吴本〔三〕假作遐。」是也。遐亦有遠義也。○注「宋當」至「臣下」。○下十三年左傳云：「宋多責賂於鄭，鄭不堪命，故以紀、魯及齊與宋、衛、燕戰。」明宋從突求賂，鄭不與也。惟公羊以十三年之戰爲龍門之戰，與左氏異。其外乖於宋可知。內不行於臣下者，世家云：「祭仲專國政，厲公患之。」亦不行於臣下事也。

則突可故出，而忽可故反。【疏】經義述聞云：「疏解『突可故出』云：『突可以此之故出之也。』解

〔一〕「十一」，原訛作「上二」，叢書本同，據左傳校改。
〔二〕「楚辭」，原作「楚詞」，叢書本同，徑改。
〔三〕「李宋吴本」四字原脱，叢書本同，據五臣注法言校補。

『忽可故反』云：『言忽可以此之故而反之也。』孔氏巽軒公羊通義云：『故，如故也。言少遲久之，伺宋〔一〕之隙，則突依舊可出，而忽依舊可反。』引之謹案：『以此之故』不得但言『故』，疏説非也。『如故』亦不得但言『故』，且忽前此無反國之事，何依舊之有？孔説亦非也。今案，『故』讀爲『固』，固者，必也。襄二十七年『我即死，女能固納公乎』，秦策『王固不能行也』，何、高注並云『固，必也』。突可固出，而忽可固反，言突可使之必出，忽可使之必反也。古字『故』與『固』通。」按：王説是也。禮記哀公問云：「固民是盡。」鄭注：「固猶故也。」是固、故通。上五年左傳：「固將先奔。」言必將先奔也。吕氏春秋任數篇：「其説固不行。」言其説必不行也。

是不可得則病，【注】使突有賢才，是計不可得行，則己病逐君之罪。【疏】經義述聞云：「疏曰：『言己終能出突而反忽，則爲權之成；若不能如是，乃爲其病矣。』謹案，注疏所説，非傳義也。『是不可得則病』，乃假設之詞。『病，猶辱也』，見士冠禮注，恥也，是謂上文之突出忽反也，言祭仲之意，以爲突可出，忽可反，若不可得，則以爲大恥。蓋其意必欲出突而反忽也。謀國之權如是，然後能保有鄭國，故曰有鄭國。自上文祭仲不從其言，至是不可得則病，皆發明祭仲之意。病者，恥其事之不成，非病出〔二〕君之罪也。『然後有鄭國』，乃直承上文之詞。」按：王説較舊義直捷，然後言「使突有賢才，是計不可得行」，亦宜

〔一〕「宋」，原訛作「實」，叢書本同，據公羊通義校改。
〔二〕「出」，經義述聞作「逐」。

兼有此義。蓋若突賢能守國，仲亦無如何，徒受逐君惡名，故爲病也。

然後有鄭國。【注】己雖病逐君之罪，討出突，然後能保有鄭國，猶愈於國之亡。【疏】舊疏云：「言突有賢才，己計不行，雖然，仍須勉力討之。令忽有國雖費功力，猶愈於國之亡也。」按：疏非注意。此「然後有鄭國」，語對上「祭仲不從其言，則君必死，國必亡」立說。何意從其言出忽立突，先病逐君之罪，後復討出突，雖遼緩，能保有鄭國，不然則亡。故雖被惡名，猶愈於國之亡，所以爲行權，能得輕重之宜也。穀梁范序駁公羊，謂「以廢君爲行權，是神器可得而闚也」。不識輕重之義者也。○注「猶愈」至「之亡」。○「猶」，閩本、監本、毛本作「稱」，誤，依鄂本正。疏亦云「猶愈於國之亡也」。

古人之有權者，祭仲之權是也。【注】古人，謂伊尹也。湯孫大甲驕蹇亂德，諸侯有叛志，伊尹放之桐宮，令自思過，三年而復成湯之道。前雖有逐君之負，後有安天下之功，猶祭仲逐君存鄭之權是也。【疏】繁露竹林云：「夫去位而避兄弟者，君子之所甚貴；獲虜逃遁者，君子之所甚賤。祭仲措其君於人所甚貴，以生其君，故春秋以爲知權而賢之；丑父措其君於人所甚賤，以生其君，春秋以爲不知權而簡之。其俱枉正以存君，相似也。其使君榮之，與使君辱，不同理。故凡人之有爲也，前枉而後義者，謂之中權，雖不能成，春秋善之，魯隱公、鄭祭仲是也。」舊疏引：「長義云：『若令臣子得行，則閉君臣之道，啓篡弒之路。』解云：權之設，所以扶危濟溺，舍死亡無所設也。若使君父臨溺河井，甯不執其髮乎？是其義也。」按：孟子離婁篇：「男女授受不親，禮也。嫂溺，援之以手者，權也。」事有緩急，理有重輕。君臣之義，人之大紀，國之存亡，宗社所繫。去緩就急，舍輕全重，所以爲權也。○注「古人」至「是也」。○

釋文：「大，音泰。」閩本、監本、毛本改「太甲」，非。「後」，各本作「后」，依鄂本正。舊疏云：「出書序。」按：史記殷本紀：「伊尹乃立太丁之子太甲。太甲，成湯嫡長孫也，是爲帝太甲。元年，伊尹作伊訓，作肆命，作徂后。帝太甲既立三年，不明，暴虐，不遵湯法，亂德，於是伊尹放之於桐宮。三年，伊尹攝行政當國，以朝諸侯。帝太甲居桐宮三年，悔過自責，反善，於是伊尹迺迎帝太甲而授之政。帝太甲修德，諸侯咸歸殷，百姓以甯，伊尹嘉之，迺作太甲訓三篇。」孟子萬章篇：「湯崩，太丁未立，外丙二年，仲壬四年。太甲顛覆湯之典刑，伊尹放之於桐。三年，太甲悔過，自怨自艾，於桐處仁遷義，三年以聽伊尹之訓己者。」又盡心篇：「公孫丑曰：『伊尹曰：『予不狎於不順。』放太甲於桐，民大悦。太甲賢，又反之，民大悦。賢者之爲人臣也，其君不賢，則固可放與？』孟子曰：『有伊尹之志則可，無伊尹之志則篡也。』」言古人之能行祭仲之權者，伊尹。伊尹廢君，犯不韙之名，卒以存殷，與祭仲之逐君存鄭，其行權正相類也。

權者何？權者，反於經然後有善者也。【疏】孟子離婁篇趙注：「權者，反經而善者也。」即董子所謂「前枉後義，謂之中權」是也。後漢書馮衍傳注：「於正道雖違逆而事有成功者，謂之權。」論語子罕篇：「可與立，未可與權。唐棣之華，偏其反而。」注云：「賦此詩，以言權道反而後至於大順也。」按：可與立，經也；可與權，則反於經而有善也。通義云：「其始爲之，若反乎常道，鄭忽出奔衛是也。觀其後乃有善，鄭世子忽復歸于鄭是也。」毛氏奇齡論語稽求篇云：「漢儒以反經合道爲權，此正本夫子偏反喻權之義，且亦非漢儒私説，在前此已有之。公羊傳『權者何？權者，反乎經者也，反乎經然後有善者也』，反經之語，實始於此。其後相習成説，著爲師傳，如後漢周章傳云：『孔子稱：可與立，未可與權。』權者，反經者也。北周書宇文護論云：孔子云：『可與適道，未可與權。』夫道者，率禮之謂也；權者，反經之謂也。六季儒説，相仍不改。」又云：「淮南子曰：『溺則捽父，祝則名君，勢不得不然也。』此權之所設也。故孔子曰：可與立，未可與權。』夫惟以捽父、名君爲非常之事，故惟於溺與祝時一偶施之也。」按：韓詩外傳：「高子問於孟子曰：『夫嫁娶者非己所自親也，衛女何以得編於詩也？』孟子曰：『有衛女之志則可，無衛女之志則怠。夫道二，常謂之經，變謂之權。夫衛女行中孝，慮中聖，權如之何？』」正以列女傳云：「許穆夫人，衛懿公之女。初，許求之，齊亦求之。女因其傅母而言曰：『古者諸侯之有女子也，所以苞苴玩弄，繫援于大國也。許小而遠，齊大而近。今舍近而就遠，離大而附小，一旦有車馳之難，孰可與慮社稷？』衛侯不聽。」是其事也。

權之所設，舍死亡無所設。【注】設，施也。舍，置也。如置死亡之事不得施。【疏】注「設施」至「得施」。○説文言部：「設，施陳也。」禮記祭統云：「施于烝彝鼎。」注：「施，猶著也。」施設猶言施行，謂權之所施行也。昭四年左傳「使杜洩舍路」，杜云：「舍，置也。」釋文：「音捨。」如置死亡之事不得施者，如殺身成仁之屬，有死無二，不得藉權自飾，下傳云「行權有道」是也。繁露玉英云：「夫權，雖反經，亦必在可以然之域。不在可以然之域，故雖死亡，終弗爲也。」

行權有道：自貶損以行權，【注】身蒙逐君之惡，以存鄭是也。【疏】注「身蒙」至「是也」。○鹽鐵論論儒云：「祭仲自貶損以行權時也。」蒙逐君惡名，是其自貶損也。

不害人以行權。【注】己納突，不害忽是也。【疏】注「己納」至「是也」。○里克納惠公弑奚齊、卓子，甯喜納獻公弒其君剽之屬，皆害人者也。

殺人以自生，亡人以自存，君子不爲也。【注】祭仲死則忽死，忽死則鄭亡。生者，乃所以生忽存鄭，非苟殺忽以自生，亡鄭以自存。反覆道此者，皆所以解上死亡不施於己。宋不稱公者，脅鄭立簒，首惡當誅，非伯執也。祭仲不稱行人者，時不銜君命出，使但往省留耳。執例時，此月者，爲突歸鄭奪正，鄭伯出奔。【疏】注「祭仲」至「於己」。○漢書鄒陽傳云：「昔者，鄭祭仲許宋人立公子突以活其君，非義也，春秋記之，爲其以生易死、以存易亡也。」後漢書馮衍傳：「順而成者，道之所大也；逆而功者，權之所貴也。是故期於有成，不問所由；論於大體，不守小節。昔逢丑父伏軾而使其君取飲，稱於諸侯；鄭祭仲立突而出忽，終得復位，美於春秋。蓋以死易生，以存易亡，君子之道也。詭於衆意，保國存身，賢智之慮也。」蓋祭仲死則徒死，無救於忽與鄭；苟免求生，乃能生忽存鄭，非徒殺人自生、亡人自存者比也。包氏慎言云：「祭仲之事，公羊言之矣，曰：『權之所設，舍死亡無所設。行權有道，自貶損以行權。殺人以自生，亡人以自存，君子不爲也。』祭仲省留，爲宋人所執，非有辱國之罪，仲不宜死。宋執仲而脅仲以廢立，仲宜效死。然宋大於鄭，忽又弱主，内無所倚，仲死而無解於鄭之亡，無救於忽之死，故甯蒙不韙之名，順宋而挈突以歸。突歸忽出，而忽猶可以生。突挈於仲，仲能立之，亦能廢之，則忽可以故反。忽之得歸而反正，仲之智爲之也。子捽父髮當誅，父溺而子捽其髮，俄頃之變存亡繫焉，避誅而陷父於死，非子也。仲之出忽，子捽父髮之説也，君子無誅焉。仲無足取，而其機變之深能使天日再明，足以爲凡世處危急者法。後世遇祭仲之變者，能如祭仲之所爲則生，不能如祭仲之所爲則死，聖人豈輕以許人哉。身之存亡不足繫，君國之存亡，而偷生以從逆者，祭仲之罪人也。蜀漢姜維有祭仲之志，事幾成而敗，君子悲焉！」通義云：「權之所設，良以事有歧趨，道或兩窒，利害資於審處，輕重貴其稱量。是故身與義權，則義重；義與君權，則君重；君與國權，則國重。古之人，謀其君，不私其身，況私其名乎？昔周公負扆踐阼，蹈偪上之嫌，殺管叔、蔡叔，近滅親之過，卒使沖人成德，王室底定。詩人美之曰：『公孫碩膚，德音不瑕。』孫之言巽也，易所謂『巽以行權』也。然而嫂不溺不援，君不危社稷則不變置，是以反覆申明行權之匪易，均之事也。施於君死國亡則爲權，施於生已存己則爲私，亦視其心而已。後世有藉權之名濟其變詐者，俗儒欲以此傳執其咎，可乎？夫君子之行權，雖若反經，然要其後必有善存焉。若仲者，未能善其後者也，詩曰：『采葑采菲，無以下體。』春秋之於祭仲，取其詭詞從宋，以出〔一〕忽存鄭，爲近於知權耳。仲後逡巡畏難，不終其志，經於忽之弒，子亹、子儀之立，一切沒而不書，所以醇順其文，成仲之權，使可爲後法。故假祭仲以見行權之道，猶齊襄公未必非利紀也，而假以立復讎之準，所謂春秋非記事之書，明義之書也。苟明其義，其事可略也。俗儒責仲當守死不聽，仲既被執，終無能爲，仲死而突故入、忽故亡，匹夫之諒，何所取之？外大夫例恒書名，獨祭仲書字，灼然見賢，必不信傳，將不信經乎？仲唯得於本事不名，季友沒仍稱字，又可以明仲一時之權，固未若季子之盡善矣。『伯莒之戰』，傳曰：『吴何以稱子？夷狄也，而憂中國。』其下『吴入楚』傳曰：『吴何以不稱子？反夷狄也。』由是言之，一簡之中，隨宜褒貶。

〔一〕「出」，原訛作「生」，叢書本同，據傳義改。

仲時所行，暫得合權，校其後事，仍自無取。正猶不保其往，不與其退。苟達於此，了無闕義。」按：孔、包所論，申明剴切。傳之所以反覆道此者，益見其義，死亡不施於己，非徒然也。○注「宋不」至「執也」。○十行本「立」作「之」，閩本、監本、毛本同，誤也，依鄂本正。僖四年傳云：「稱侯而執者，伯討也；稱人而執者，非伯討也。」此不稱爵，故知非伯討，脅立篡當誅故也。舊疏云：「決成十五年『晉侯執曹伯歸于京師』稱爵是也。」穀梁傳曰：「宋人者，宋公也。其曰人何也？貶之也。」注：「惡其執人權臣，廢嫡立庶。」○注「祭仲」至「留耳」。○舊疏云：「決定六年『秋，晉人執宋行人樂祁犂』之屬稱行人也。」○注「執例」至「出奔」。○即祁犂書秋是也。此書月，故解之。

㊂突歸于鄭。

突何以名？【注】据忽復歸于鄭，俱祭仲所納，繫國稱世子，不但名也。【疏】注「据忽」至「名也」。○下十五年，「鄭世子忽復歸于鄭」是也。

挈乎祭仲也。【注】挈，猶提挈也。突當國，本當言鄭突，欲明祭仲從宋人命，提挈而納之，故上繫於祭仲。不繫國者，使與外納同也。時祭仲勢可殺突，以除忽害，而立之者，忽内未能懷保其民，外未能結款諸侯，如殺之，則宋軍强乘其弱，滅鄭不可救，故少遼緩之。【疏】注「挈猶提挈也」。○墨子經説云：「挈，有力也；引，無力也。」釋名釋姿容云：「掔，結也，結束也〔一〕，速持之也。」「持，跱也，跱之於手中也。」禮記王制云：「班白者不提掔。」漢書張耳陳餘傳：「以兩賢王左提右掔。」説文手部：「掔，縣持也。」廣韻：「掔，提掔也。」提掔多連文爲訓，突之入不入，惟祭仲所提掔也。○注「突當」至「祭仲」。○「當」，閩本、監本、毛本作「常」，依鄂本正。通義云：「蒙上鄭祭仲文〔二〕，不復繫鄭，以見突爲仲所掔引得歸也。」突當國，當如衛州吁、齊無知稱鄭突。○注「不繫」至「同也」。○舊疏云：「言與外納同者，即繫祭仲言于鄭是也。言似僖二十五年『楚人圍陳，納頓子于頓』、文十四年『晉人納捷菑于邾』之屬是也。」○注「時祭」至「緩之」。○毛本「突」誤奪。「款」，鄂本作「助」。「少遼緩之」，猶上祭仲從宋人出忽立突意也。

其言歸何？【注】据小白言入。【疏】注「据小白言入」。○即莊九年「齊小白入于齊」是也。

順祭仲也。【注】順其計策，與使行權，故使無惡。【疏】注「順其」至「無惡」。○下十五年傳例云：「歸者，出入無惡。」突以庶篡適，宜書入，經言歸，與無惡同，故解之。繁露王道云：「魯隱之代桓立，祭仲之出忽立突，仇牧、孔父、荀息之死節，公子目夷不與楚國，此皆執權存國，行正世之義，守惓惓之心。春秋嘉氣義焉，故皆見之，復正之謂也。」穀梁傳曰：「『歸』，易詞也。祭仲易其事，權在祭仲也。」亦即公羊「掔乎祭仲」之義。

〔一〕「也」，原訛作「之」，叢書本同，據釋名校改。

〔二〕「文」，原訛作「義」，叢書本同，據公羊通義校改。

○鄭忽出奔衛。

忽何以名？【注】据宋子既葬稱子。【疏】注「据宋」至「稱子」。○僖九年，「三月，宋公禦説卒。夏，公會宰周公、齊侯、宋子已下于葵丘」，是宋公稱子在未葬前。此云既葬，誤也。彼注云：「宋未葬不稱子某者，非居尸柩之前，故不名也。」然則未葬稱子某，既葬稱子。宋公出會諸侯，非尸柩前，故從既葬之稱稱子。此鄭忽正既葬後，宜稱子，故据難之。

春秋伯子男一也，辭無所貶。【注】春秋改周之文從殷之質，合伯子男爲一，一辭無所貶，皆從子，夷狄進爵稱子是也。忽稱子，則與春秋改伯從子辭同，於成君無所貶損，故名也。名者，緣君薨有降既葬名義也，此非罪貶也。君子不奪人之親，故使不離子行也。王者起所以必改質文者，爲承衰亂救人之失也。天道本下，親親而質省；地道敬上，尊尊而文煩。故王者始起，先本天道以治天下，質而親親，及其衰敝，其失也親親而不尊；故后王起，法地道以治天下，文而尊尊，及其衰敝，其失也尊尊而不親，故復反之於質也。質家爵三等者，法天之有三光也。文家爵五等者，法地之有五行也。合三從子者，制由中也。【疏】注「春秋」至「從子」。○此道春秋制也。繁露三代改制云：「春秋鄭忽何以名？春秋曰『伯子男一也，辭無所貶』，何以爲一？曰：周爵五等，春秋三等。春秋何三等？曰：王者以制，一商一夏，一質一文。商質者主天，夏文者主地，春秋者主人，故三等也。」又云：「故天子命無常，唯命是德慶。故春秋應天作新王之事。制宜商，合伯子男爲一等。」史記三王世家云：「昔五帝異制，周爵五等，春秋三等，皆因時而序尊卑〔一〕。」説苑修文云：「商者，常也；常者，質。質主天。夏者，大也；大者，文也。文主地。故王者一商一夏，再而復者也。」然則春秋當新王，故以殷變周也。又君道云：「孔子曰：「夏道不亡，商德不作；商德不亡，周德不作；周德不亡，春秋不作。春秋作而後〔二〕君子知周亡也。」按：春秋繼周，一質一文，故改周文從殷質，論語爲政篇所謂「其或繼周」者是也。春秋三等：公一等，侯一等，伯子男爲一等。鄭本伯爵，稱子與伯無異，辭無所貶，故稱名示異。宋衛公侯，故稱子示降也。○注「夷狄」至「是也」。○文十三年「楚子使椒來聘」、襄二十九年「吴子使札來聘」是也。春秋從殷改周，殷夷狄之君亦稱伯。書序云「巢伯來朝」，傳：「伯，爵也。南方遠國。」知殷之稱伯與春秋書子一也。禮記曲禮云「其在東夷、北狄、西戎、南蠻，雖大曰子」，注：「謂九州之外長也。雖有侯伯之地，本爵亦無過子。」春秋備七等以進退，至字不若子而止。所見之世，夷狄始進爵稱子故也。○注「忽稱」至「名也」。○閩本、監本、毛本「春秋」作「諸侯」，依鄂本正。緣鄭爵本伯，忽降稱子，與稱爵無異，故降而稱名，貶於成君，所以別嫌也。通義云：「本所以公侯在喪稱子者，緣孝子之心不忍當君位，示自貶損，從小國辭也。鄭伯爵，乃與子男爲一等，若亦改稱子，未見貶損之義。且今滕、莒、邾婁等國亦在喪稱子，反嫌是爵，故更降之，同於附庸君稱名。此爲未踰年之達號，所以知與陳佗、莒展殊者，陳桓公之卒、莒子密州之弑，皆已隔年，自不嫌爲在喪稱名云

〔一〕「卑」字原脱，叢書本同，據史記校補。
〔二〕「後」字原脱，叢書本同，據説苑校補。

爾。」按：公侯稱子，子者人君在喪之稱。稱名亦然，未必於從小國辭。王在喪稱小童可證。○注「名者」至「義也」。○白虎通爵篇云：「父在稱世子何？繫於君也。父没稱子某何？屈於尸柩也。既葬稱子者，即尊之漸也。踰年稱公者，緣民臣之心不可一日無君也。」莊三十二年傳：「君存稱世子，君薨稱子某，既葬稱子。」注：「名者，尸柩尚存，猶以君前臣名也。」此注云「既葬名」者，順鄭忽稱名在葬鄭莊公後爲説，謂君薨有降稱之義，故既葬仍稱名，與上注引「宋子既葬稱子」同，彼宋公實未葬也。曲禮疏：「凡諸侯在喪之稱，公羊未葬稱子某者，莊三十二年『子般卒』，襄三十一年『子野卒』，皆是君薨稱子某也。既葬稱子，則文十八年『子惡卒』，經書『子卒』是也。踰年稱君，則僖十年『里克弒其君卓』，文公元年『公即位』，是踰年稱君也。若其君自稱猶曰子，故文九年傳『諸侯於其封内三年稱子』是也。按，昭十一年『楚滅蔡，執蔡世子有』，其時蔡君已死，其子仍稱世子者何？云：稱世子者，不與楚之滅蔡也。猶若君存然，故猶稱世子。文十四年『九月，齊商人弒其君舍』，舍爲君，成商人之弒也。襄二十九年『吴子使札來聘』，先君未踰年，吴稱子者，賢季子，故録之。桓十一年『鄭忽出奔衛』，先君既葬而尚稱名者，公羊云：『何以名？伯子男一也，辭無所貶。』何云：『直以喪降稱名，無餘罪致貶。凡以王事相會，未踰年皆稱子。』僖九年會于葵丘，宋襄公稱子；僖二十八年會于踐土，陳共公稱子；定四年會召陵，陳懷公稱子，皆未踰年會王事稱子也。若未踰年，非王事而稱爵，皆譏耳，成四年『鄭伯伐許』是也。」此皆公羊之義也。

○注「此非」至「行也」。○「君子不奪人之親」，禮記曾子問文。春秋書名多在貶絶科，上六年傳：「陳君則曷爲謂之陳佗？絶也。曷爲絶之？外淫也。」下十六年傳：「衛侯朔何以名？絶。曷爲絶之？得罪于天子也。」彼皆以罪貶，此與彼異，故解之。君薨有降稱名之義，故使不離子行也。○注「王者」至「質也」。○舊疏云：「『天道本下，親親而質省』者已下至『反之於質』，皆出於樂説文。」禮記表記云：「夏道尊命，事鬼敬神而遠之，近人而忠焉，先禄而後威，先賞而後罰，親而不尊；其民之敝，惷而愚，喬而野，樸而不文。殷人尊神，率民以事神，先鬼而後禮，先罰而後賞，尊而不親；其民之敝，蕩而不静，勝而無恥。周人尊禮尚施，事鬼神而遠之，近人而忠焉，其賞罰用爵禄，親而不尊；其民之敝，利而巧，文而不慙，賊而蔽。」鄭注：「敝，謂政教衰失之時也。」政教有衰失，故改質文以救之。惟夏文殷質周文，殷當親親，周與夏當尊尊也。白虎通三教云：「王者設三教者何？承衰救蔽，欲民反正道也。」又三正篇云：「王者必一質一文者何？所以承天地，順陰陽。陽之道極則陰道受，陰之道極則陽道受，明二陰二陽不能相繼也。質法天，文法地而已。故天爲質，地受而化之，養而成之，故爲文。」文選注引元命包云：「王者一質一文，據天地之道，天質而地文。」又禮記疏引元命包云：「三王有失，故立三教以相變。夏人之立教以忠，其失野，故救野莫若敬。殷人之立教以敬，其失鬼，救鬼莫若文。周人之立教以文，其失蕩，救蕩莫若忠。如此循環，周則復始，窮則相承。」史記高祖本紀：「太史公曰：夏之政忠，忠之敝，小人以野，故殷人承之以敬。敬之敝，小人以鬼，故周人承之以文。文之敝，小人以僿，故救僿莫若以忠。三王之道若循環，周則復始。」漢書董仲舒傳：「三王之道所祖不同，非其相反，將以捄溢扶衰，所遭之變然也。」白虎通又云：「三王〔一〕之

〔一〕「王」，原訛作「正」，叢書本同，據白虎通校改。

有失，故立三教，以相指受。夏人之王教以忠，其失野，救野之失莫若敬。殷人之王教以敬〔一〕，其失鬼，救鬼之失莫如文。周人之王教以文，其失薄，救薄之失莫如忠。繼周尚黑，制與夏同。三者如順連環，周而復始，窮則反本。」鹽鐵論錯幣云：「三王之時，迭盛迭衰。衰則扶之，傾則定之。是以夏忠、殷敬、周文，庠序之教〔二〕，恭讓之禮，粲然可觀也。」説苑修文云：「夏后氏教以忠，而君子忠矣。小人之失野，救野之失莫如敬，故殷人之教以敬，而君子敬矣。小人之失鬼，救鬼莫如文，故周人教以文，而君子文矣。小人之失薄，故救薄莫如忠。故聖人之與聖也，如矩之三雜，規之三雜，周則又始，窮則反本也。」是皆爲承衰救亂、救人之失也。三代所尚，忠敬文爲三教，皆不外乎質文。質文之道，本乎天地；施之於人，不外尊親而已。繁露三代改制云：「主天法商而王，其道佚陽，親親而多仁樸。主地法夏而王，其道進陰，尊尊而多義節。」又云：「主天法質而王，其道佚陽，親親而多質愛。主地法文而王，其道進陰，尊尊而多禮文。」是則天道親親而質省，地道尊尊而文煩義也。禮記表記又云：「厚於仁者薄於義，親而不尊；厚於義者薄於仁，尊而不親。」故多仁樸其失親，親而不尊；多義節其失尊，尊而不親也。亦即周而復始，窮則反本義也。○注「質家」至「行也」。○舊疏云：「皆春秋説文。」白虎通爵篇云：「爵有五等，以法五行也；或三等者，法三光也。或法三光、或法五行何？質家者据天，故法三光；文家者据地，故法五行。故含

〔一〕「敬」，原訛作「政」，叢書本同，據白虎通校改。

〔二〕「教」，原訛作「敬」，叢書本同，據鹽鐵論校改。

文嘉曰：『殷爵三等，周爵五等，各有宜也。』」禮記疏引元命包云：「周爵五等法五精，春秋三等法三光。」宋注：「五精，是其總法五行，分之則法五剛，甲、丙、戊、庚、壬。其諸侯之臣法五柔，乙、丁、己、辛、癸。」漢書王莽傳：「周爵五等，地四等，有明文；殷爵三等，有其説，無其文。」又袁盎傳：「殷道質，質者法天；周道文，文者法地。春秋變周之文從殷之質，故三等定爵也。」莽傳謂無其文者，春秋爲後世制法，故第有其説也。○注「合三」至「中也」。○禮記王制云：「公侯田方百里，伯七十里，子男五十里。」鄭注：「此地，殷所因夏爵三等之制也。殷有鬼侯、梅伯，春秋變周之文，從殷之質，合伯子男以爲一。」皆稱伯也，與何休不同，故鄭云：「殷爵三等者，公、侯、伯也。」則公百里，侯七十里，伯子男五十里也。按：鄭意以諸侯合伯子男爲一，皆稱伯，異圻内之君謂之子。白虎通爵篇云：「殷爵三等，公、侯、伯也。所以合子、男從伯者何？王者受命，改文從質，無虛退人之義，故上就伯也。尚書曰『侯甸、任衛作國伯』，謂殷也。春秋傳曰：『合伯子男以爲一爵。』或曰：從子，貴中也。以春秋名鄭忽，忽者鄭伯也，此未踰年之君，嫌爲改伯從子，故名之也。」白虎通前一説鄭氏所本，後一説何氏所本也。圻内諸侯雖稱子，以王制校之，若爲三公，當受百里之封；若爲卿，當受七十里之封；若爲大夫，當受五十里之封，與夏之圻内諸侯皆五十里者不同也。

○柔會宋公、陳侯、蔡叔盟于折。【疏】杜云：「折，地闕。」釋文：「折，一本作析。」唐石經作「折」。

柔者何？吾大夫之未命者也。【注】以俠卒也。輒發傳者，無氏嫌貶也。所以不卒柔者，深薄桓公，不與有恩禮於大夫也。盟不日者，未命大夫盟會用兵，上不及大夫，下重於士，罰疑從輕，故責之略。蔡稱叔者，不能防正其姑姊妹，使淫於陳佗，故貶在字例。【疏】注「以俠卒也」。○隱九年「春，俠卒」，傳：「俠者何？吾大夫之未命者也。」注：「以無氏而卒之也。」與此書柔同。穀梁傳亦云：「柔者何？吾大夫之未命者也。」○注「輒發」至「貶也」。○隱二年傳：「無駭者何？展無駭也。何以不氏？貶也。曷爲貶？疾始滅也。」又四年傳：「公子翬也。何以不稱公子？貶。曷爲貶？與弒公也。」此柔不書氏，嫌與無駭、翬同貶，故復發傳也。然則內大夫不書氏有二：一則未命大夫，此及俠是也；一則貶不書氏，無駭、公子翬是也。其僑如、遂、豹等之不書氏，當文各自有解也。○注「所以」至「夫也」。○隱九年「俠卒」，注：「未命所以卒之者，賞疑從重。」明隱公有恩禮於大夫也。此不書柔卒，故爲薄桓公不與恩禮也。柔卒不見，何以責桓公者？蓋何氏別有所見，柔卒桓世，故云然。○注「盟不」至「之略」。○隱元年注：「君大夫盟例日，惡不信也。」小信月，大信時。明年伐宋，是不信而不日，故解之。通義云：「明年背盟伐宋，而此盟不日者，爲下公親爲穀丘之盟，責不信在公，不在柔也。」意柔非命大夫，故責之略也。舊疏云：「春秋之例，不信者日。下十二年『及鄭師伐宋。丁未，戰于宋』，是其違信矣。不日者，正以未命大夫，故責之略也。」罰疑從輕者，新書[一]連語云：「故獄疑則從去，賞疑則從予。」又大政云：「是以一罪疑則弗遂誅也，故不肖得改也。」僞古文大禹謨云：「罪疑惟輕。」柔非執政大夫，背盟與否，恐未能主，罰

[一]「新書」，原訛作「新語」，叢書本同，此下引文見於漢賈誼新書卷五連語、卷九大政，據改。

之應否，亦在可疑，故從輕以略其責也。○注「蔡稱」至「字例」。○監本、閩本、毛本作〔一〕「蔡」下有「侯」字，鄂本無。舊疏標起訖亦作「蔡稱至字例」，無「侯」字是也。包氏慎言云：「失爵稱字，謂絶奪其爵也。」陳佗事見上六年傳，所謂「淫於蔡」是也。不能防正，貶爵爲字，莊十年云「字不若子」，即字不若爵意也。

○公會宋公于夫童。【疏】左氏作「夫鍾」，穀梁同。杜云：「夫鍾，郕地。」穀梁麋氏本作「夫童」，音鐘。水經淇水篇：「無棣溝：又東南逕高成縣南，與枝瀆合。瀆上承無棣溝，南逕樂陵郡西，又東南逕千童縣故城東。」史記建元以來王子侯者年表「千鍾」，徐廣曰：「一作重。」索隱曰：「漢表作『重侯』，在平原。地理志有重丘。」釋文：「夫童，下音鍾。」沈氏欽韓云：「今兖州府汶上縣有夫鍾里。」

○冬，十有二月，公會宋公于闞。【疏】杜云：「闞，魯地，在東平須昌縣東南。」一統志：「闞城在兖州府汶上縣南旺湖中。」大事表云：「魯先公墓所在，自隱、桓以下皆葬此。今兖州府汶上縣西南三十五里有南旺湖，湖中有闞亭，其地高阜六七，即魯先公葬處。定元年季孫使役如闞，即此。」水經注濟水

〔一〕此「作」字疑衍。

篇：「濟水故瀆又北，右合洪水，上承鉅野薛訓渚，歷澤西北渚〔一〕，又北逕闞鄉城西，春秋『公會宋公于闞』。郡國志曰：『東平陸有闞亭。』」

○十有二年，春，正月。

○夏，六月，壬寅，公會紀侯、莒子盟于毆蛇。【疏】左氏「紀侯」作「杞侯」，「毆蛇」作「曲池」。杜云：「曲池，魯地。魯國汶陽縣北有曲水亭。」大事表：「在今曲阜縣東北四十里。」水經注汶水篇：「汶水又西南，逕魯國汶陽縣北。縣有曲水池亭。春秋『公會杞侯、莒子於曲池』。」續漢志注：「地道記：『臨淄縣西南門曰曲門，其側有池。』」非也。一統志：「嶮河在兖州府曲阜縣東北五十里，源出九龍山，東南流入洙水，其豁澗險隘。」即此曲池也。今其水常流不絕。顧氏炎武唐韻正云：「燭：曲，平聲則音區。春秋桓十二年『公會杞侯、莒子盟于曲池』，公羊作『毆蛇』，汲冢書作『區蛇』。上聲則丘羽反，去聲則丘具反。五臣注文選陸機漢高祖功臣頌云：『曲，音區句反。』」按：毆从區聲，古區、曲同部，字得相叚借。蛇从它聲，池从也聲，亦同部相叚借也。故周禮職方氏職「其川虖池」，釋文：「池，徒多反。」禮記禮器云「必先有

〔一〕「渚」，叢書本同，四部叢刊本水經注「歷澤西北」下校曰：「案此下近刻衍渚字。」

事于惡池」，釋文：「池，大河反。」皆讀如它。說文它部：「它，虫也，从虫而長，象宛曲垂尾形。上古艸居，患它，故相問無它乎。」又出蛇字云：「或从虫。」是蛇即它也，故音託何反。六月書壬寅，七月書丁亥，據曆，壬寅爲五月之二日，丁亥爲八月之十八日。

○**秋，七月，丁亥，公會宋公、燕人盟于穀丘。**【疏】杜云：「燕人，南燕大夫。」隱五年左傳「衛人以燕師伐鄭」，杜云：「南燕國，今東郡燕縣。」彼疏引：「世本云：燕國，姞姓。地理志：東郡燕縣，南燕國，姞姓，黄帝之後也。小國無世家，不知其君號謚，唯莊二十年燕仲父見傳耳。」按：燕有二：一爲北燕，召公奭後，姬姓；一爲南燕，地理志有南燕，在今衛輝府延津縣地。莊十六年，燕與衛伐周出惠王，史記燕世家記爲北燕事。燕仲父爲北燕君。索隱曰：「譙周云：據左氏，燕與衛伐周惠王乃是南燕姞姓，而系家〔一〕以爲北燕伯，故著史考云『北燕是姞姓』。今檢左氏，莊十九年『衛師、燕師伐周』；二十年『齊伐山戎』，傳云：『執燕仲父。』三十年『齊伐山戎』，傳曰：『謀山戎，以其病燕故也。』據傳文及此記，元是北燕不疑。杜君妄説仲父爲南燕伯，爲伐周故，且燕、衛俱是姬姓，故有伐周納王之事。若是，姞燕與衛伐周，則鄭何以獨伐燕而不伐衛乎？」按：左傳亦未明稱南燕，以爲南燕者，杜氏之説。此燕人亦未詳爲何燕，考昭十二年云「北燕伯款出奔齊」，彼既明云北燕，則此單言燕者，或南燕與？穀丘，杜云：「宋地。」大事表

〔一〕系家，即世家，唐人注史記，避唐太宗李世民名諱，改世爲系。中華書局點校本二十四史均恢復本字。

云：「左傳云『句瀆之丘』，杜注：『即穀丘也。』方輿紀要：『在今山東曹州府曹縣北三十〔一〕里。』」按：穀，即句瀆之合聲也。漢書地理志濟陰郡句陽下注〔二〕云：「應劭曰：左氏傳句瀆之丘也。」紀要又云：「穀丘在歸德府商丘縣南四十里，桓十二盟于穀丘是也。」寰宇記：「穀丘在宋州穀熟縣南二十里。」按：商丘之穀丘與在曹縣者自爲二地，魯、宋、燕所盟，似在曹州府界爲宜。

○八月，壬辰，陳侯躍卒。【注】不書葬者，佗子也。佗不稱侯者，嫌貶在名例，不當絶，故復去躍葬也。【疏】八月書壬辰，月之二十三日。○注「不書」至「子也」。○史記陳杞世家云：「厲公所殺桓公太子免之三弟，長曰躍，中曰林，少曰杵臼。與蔡人共殺厲公而立躍，是爲利公。利公者，桓公子也。利公立五年卒。」與此不合。左傳以厲公即躍，與史記乖。田完世家又云：「桓公之少子林怨厲公，殺其父與兄，乃令蔡人誘厲公而殺之。林自立，是爲莊公。」均以厲公即佗，而田完世家又無躍一代。此注以躍即佗子，又與左傳、二世家不合。今以何氏爲主，正若係桓公子，春秋何爲不書葬也？○注「佗不」至「葬也」。○通義云：「凡外卒、葬，皆由春秋録之；其或不卒、不葬，亦由春秋削之。俗儒但云『魯往會葬則書，不會則不書』，是魯史也，非聖經也。春秋有臨天下之言焉，諸侯之葬，當請謚於王，故不曰某國葬某

〔一〕「三十」，原誤記爲「三十五」，叢書本同，據春秋大事表校删。
〔二〕「注」字原脱，「應劭曰」者爲注文，據補。

公，而曰葬某國某公，以王命葬之之詞也。王道熄矣，春秋乃以文王之法臨之，而託其義。」通義又云：「躍，陳厲公也。蓋以誅佗立躍，本與殺州吁立晉同義，緣從託始省文。躍篡未明，故不書葬，以晉侯黑臀例之可見也。」知不然者，以躍爲陳厲公，本左氏説，非公羊義。陳佗見殺于蔡，與衛人殺州吁不同。晉夷獋見弑於趙盾，黑臀立不討賊，與聞於弑可知，故削其葬以見義。躍爲佗子，亦不得責之以篡陳；力不能討蔡，在春秋原情之列，亦不得責躍以不討賊。蓋陳佗外淫當絶，躍當從誅君之子不立之義，故去其葬，以明佗之當在誅絶科也。

○公會宋公于郯。【疏】二傳「郯」作「虚」。杜云：「虚，宋地。」趙氏坦春秋異文箋云：「虚，古多訓空，以其有空音也。郯與空，音之通轉，猶垂隴之作垂斂也。」按：「郯」與「空」古音通是也。虚有空音，未詳。大事表云：「疑在睢州境。」一統志：「衛輝府延津縣東南有故虚城。」按，蘇代云：『決宿胥之口。』則魏無虚頓丘，頓丘爲今大名清豐縣地，宿胥爲今濬縣地，則謂在睢州境者亦通。魯會宋公在宋境爲宜。」穀梁注：「虚，鄭地。」未知所据。

○冬，十有一月，公會宋公于龜。【疏】杜云：「龜，宋地。」大事表云：「疑在睢州境。」宋本作「龜」，毛本作「龜」，皆誤，當作「龜」。按：魯有龜山，在泰山郡蒙陰縣境，所謂龜陰之田是也。或宋公來會魯地與？

○丙戌，公會鄭伯盟于武父。【疏】十一月兩書丙戌，十一月無丙戌，十月之十八日也。杜云：「武父，鄭地。陳留濟陽縣東北有武父城。」大事表云：「水經注：『濟陽縣故城，武父城也。』今在直隸大名府東明縣西南，與河南開封府蘭陽縣接界。」一統志：「武父城在大名府東明縣西南。」

○丙戌，衛侯晉卒。【注】不蒙上日者，春秋獨晉書立記卒耳。當蒙上日，與不嫌異於篡例，故復出日明同。【疏】注「不蒙」至「明同」。○通義云：「穀梁傳：『再稱日，決日義也。』蓋同日兩事，先盟後卒，既嫌日不相蒙，先卒後盟，盟例本有不日，又無以決丙戌爲盟日。必欲著丙戌爲盟日者，著明桓盟皆日，以重疾其無信；必欲決丙戌爲卒日者，春秋獨晉書立，嫌爲大惡，不當日也。邾子貜且卒不再日者，接菑有弗克納文，則貜且正當立已明，故無嫌。」按：春秋篡不明者，卒去日，僖二十四年「冬，晉侯夷吾卒」、襄十八年「冬，十月，曹伯負芻卒于師」是也。若其篡已明，則不去日。此衛侯晉於隱四年書「衛人立晉」，其篡已明，若不重書丙戌，則嫌在不日之例，是異於篡矣，故復書日以明之。僖十七年「冬，十二月，乙亥，齊侯小白卒」，莊二十一年「夏，五月，辛酉，鄭伯突卒」，皆書日，以齊小白、鄭突皆有入文，其篡亦明故也。言獨者，舊疏云「鄭突、齊小白皆上有入文，不言立，故言獨」是也。篡君所以去日者，示略也。其貜且之卒，范答薄氏云：「異於日食之下，可知日是也。」見楊疏。

○十有二月，及鄭師伐宋。丁未，戰于宋。

戰不言伐，此其言伐何？辟嫌也。惡乎嫌？嫌與鄭人戰也。【注】時宋主名不出，不言伐，則嫌内微者與鄭人戰于宋地，故舉伐以明之。宋不出主名者，兵攻都城，與郎同義。【疏】穀梁傳曰：「非與所與伐戰也。」注：「非，責。」彼疏引麋信云：「此傳解經書下日之意也。非，責魯，言魯反與其所與伐者戰也。謂還與鄭戰。」彼傳又云：「不言與鄭戰，恥不和也。於伐與戰，敗也。内諱敗，舉其可道者也。」注：「於伐宋而與鄭戰，内敗也。戰輕於敗，戰可道而敗不可道。」然則穀梁即以戰于宋爲魯與鄭人戰。内不言戰，言戰乃〔一〕敗，故以戰于宋爲敗也。明公羊作傳時，説春秋者已有以戰于宋爲魯與鄭戰之説，故傳決之也。通義云：「此經詭例，戰伐兩舉，特恐學者疑惑〔二〕爲與鄭戰，而穀梁乃正以爲與所伐者戰，亦可謂不善讀春秋矣。左傳：『公欲平宋、鄭。秋，公及宋公盟于句瀆之丘。宋成未可知也，故又會于虚。冬，又會于龜。宋公辭平，故與鄭伯盟于武父。遂帥師而伐宋〔三〕，戰焉。』與此傳合。」十二

〔一〕「乃」，原訛作「及」，叢書本同，據公羊傳、穀梁傳「内不言戰，言戰乃敗也」或「内不言戰，言戰則敗」校改。
〔二〕「惑」，原訛作「貳」，叢書本同，據公羊通義校改。
〔三〕「宋」字原脱，叢書本同，據左傳校補。

月無丁未，据曆爲十一月之十日。○注「時宋」至「同義」。○言若但言及鄭師戰于宋，則嫌及爲内之微者，與隱元年「及宋人盟于宿」之「及」同，且嫌與鄭人戰，故先書伐宋，以明與宋戰也。與郎同義者，上十年「齊侯、衛侯、鄭伯來戰于郎」，注云：「魯不復出主名者，兵近都城，明舉國無大小，當勠力拒之也。」此戰于宋，明攻宋都，故宋不出主名也。

此偏戰也，何以不言師敗績？內不言戰，言戰乃敗矣。【疏】舊疏云：「上十年郎戰之下已有此傳，今復發之者，上經來戰于魯，此則往戰于宋，嫌其異，故明之。」

○十有三年，春，二月，公會紀侯、鄭伯。己巳，及齊侯、宋公、衛侯、燕人戰。齊師、宋師、衛師、燕師敗績。【疏】二月書己巳，月之三日。包氏慎言云：「此年二月有己巳，則前年所書日均有誤可知。杜氏長曆於十一年閏正月，而此年又閏正月，三年二閏，以曲赴經誤，皆於曆不合。」禮記疏引服虔云：「時衛先君未葬而稱侯者，譏其不稱子也。」曲禮疏云：「此與成十三年經書宋公、衛侯，並先君未葬而稱爵者。賈服注：『譏其不稱子。』杜預云：『非禮也。』」穀梁注：「徐邈曰：僖九年傳曰：『禮，柩在堂上，孤無外事。』今衛宣未葬，而嗣子稱侯以出，其失禮明矣。宋、陳稱子而衛稱侯，隨其所以自稱者而書之，得失自見矣。」

曷爲後日？【注】据鞌之戰先書日。【疏】注「据鞌」至「書日」。○成二年「六月，癸酉，季孫行父云云及齊侯戰于奚」是也。

恃外也。其恃外柰何？得紀侯、鄭伯，然後能爲日也。【注】得紀侯、鄭伯之助，然後乃能結戰日以勝。君子不掩人之功，不蔽人之善，故後日以明之。【疏】「柰」，閩本、監本、毛本作「奈」，非。春秋例，戰伐會盟書日，皆在主名前。此在下，故特解之，明得紀侯、鄭伯之助，乃能結戰日也。古者，戰必卜日，周禮太史云「大師〔一〕，抱天時，與太師同車」，先鄭云：「大出師，則太史主抱式，以知天時。」是也。○注「君子」至「明之」。○説苑政〔二〕理云：「取人之善以自爲己，是謂盜也。」又云：「匿人之善者，是謂蔽賢也。」明魯得紀、鄭然後勝，故後日以明其功。

内不言戰，此其言戰何？【注】据公敗宋師于菅。【疏】注「据公」至「于菅」。○隱十年：「公敗宋師于菅。」春秋尊魯，凡内勝皆曰敗某師于某，但以不日别偏詐耳。此書日爲偏戰，宜但書敗某師，今言戰，嫌與「言戰乃敗矣」同，故難之。

從外也。【注】從外諸侯相與戰例。【疏】注「從外」至「戰例」。○春秋之例，凡外戰，偏戰曰某及某戰于某，某師敗績；詐戰曰某敗某師于某。此書公會紀侯、鄭伯及齊侯已下戰，齊師已下敗績，是從外諸侯相與戰例也。穀梁傳曰：「其言及者，由内及之也。其曰戰者，由外言之也。」范云：「内不言戰，言戰則敗。」

〔一〕「大師」，「大出師」，即「大起軍師」之謂也，原訛作「太史」，叢書本同，據周禮校改。

〔二〕「政」，原訛作「酌」，叢書本同，據説苑校改。

今魯與紀、鄭同討，以有紀、鄭，故可得言戰。」是及由内稱，戰從外稱也。

曷爲從外？【注】据戰于宋，不從外言敗績。【疏】注「据戰」至「敗績」。○舊疏云：「即上十二年也。」上經云：「及鄭師伐宋。丁未，戰于宋。」於時有鄭人，宜書敗績，經仍從内不言戰，言戰則敗之例，不別書敗，故据以爲難。

恃外，故從外也。【注】明當歸功于紀、鄭，故從紀、鄭言戰。【疏】注「明當」至「言戰」。○上戰于宋，不專恃鄭勝敗，魯亦蒙之，故仍從内録。此專恃紀、鄭取勝，歸功於外，故從外曰戰。繁露觀德云：「魯桓即位十三年，齊、宋、衛、燕舉師而東，紀、鄭與魯勠力而報之。後其日，以魯不得遍〔一〕，避紀侯與鄭厲公也。」按：遍字疑誤。避紀、鄭與歸功紀、鄭之義合也。

何以不地？【注】据在下句。【疏】注「据在下句」。○舊疏云：「即下『郎亦近矣，郎何以地』。」按：因下傳据郎爲難，故云「据在下句」，不然，宜云「据郎之戰書地」。

近也。惡乎近？近乎圍。【疏】通義云：「董仲舒説，四國共伐魯，大破之于龍門，謂是戰也。龍門，魯之郭門，故言近乎圍。戰不變及言來者，不地則近已見，可順從外文。」穀梁傳：「其不地，于紀也。」何氏廢疾難云：「在紀，無爲不地。」范注引：「鄭釋之曰：『紀』當爲『己』，謂在魯也，字之誤耳。得在龍門，

〔一〕「遍」殆「偏」之訛。偏，偏戰之謂。

城下之戰迫近，故不地。」劉氏逢禄云：「鄭以公羊義改『紀』爲『己』，不知傳義如此，當云『于内』，不云『于己』，『于己』爲不辭也。」經義述聞云：「傳凡自魯言，皆曰我，或曰内，無言己者。六年『蔡人殺陳佗』，傳曰：『其不地，于蔡也。』文義正與此同。蔡也、紀也，皆國名也，不得破紀爲己。魯戰龍門者，公羊之説，非穀梁説也。」李氏惇羣經識小云：「穀梁曰：『其不地，於紀也。』范注：『春秋戰無不地，於紀戰無爲不地。鄭康成謂于紀之紀，當爲己字之誤，謂在魯龍門城下之戰，故不地。』楊疏引考異郵及何注公羊亦同。然則非在紀國。」按：龍門之戰亦見春秋緯，非專公羊家説。穀梁、公羊皆釋不地義，公羊「近」，穀梁云「於己」，二義正同。若是作紀，則即書于紀可也，無爲不地，誠如何氏所難矣。傳文不必皆同，作内、作己似俱無不可。

郎亦近矣，郎何以地？郎猶可以地也。【注】郎雖近，猶尚可言其處。今親戰龍門，兵攻城池，尤危，故恥之。績，功也。非義不戰，故以功言之。不言功者，取其積聚師衆，有尊卑上下次第行伍，必出萬死而不奔北，故以自敗爲文，明當坐也。燕戰稱人、敗績稱師者，重敗也，戰少而敗多。言及者，明見我爲主，故得汲汲敗勝之文。【疏】郎之戰，見上十年「齊侯、衛侯、鄭伯來戰于郎」是也。彼傳云：「郎者何？吾近邑也。吾近邑則其言來戰于郎何？近也。惡乎近？近乎圍也。」○注「郎雖」至「其處」。○舊疏云：「謂郎雖在郊内，仍非攻城，猶可以舉其地。」○注「今親」至「恥之」。○舊疏引：「春秋説云：『龍門之戰，民死傷者，滿溝也』者，主説此經，故知之。」又文選注引感精符云：「强桀並侵，戰兵雷合，龍門溺驂。」宋注：「龍門，魯地名也。時齊與宋、鄭戰敗相殺，血溺驂馬。」又引合誠圖云：「戰龍門之下，涉血相創。」涉血，喋血也。漢書五行志：「桓十四年『御廩災』，董仲舒以爲先是四國共伐魯，大破之於龍門。」注引韋昭曰：「魯郭門也。」易林坤之離：「齊、魯争言，戰於龍門，搆怨連禍，三世不安。」○注「績功」至「坐也」。○閩本、監本、毛本「北」作「此」，依鄂本正。宣十二年穀梁傳：「績，功也。」爾雅釋詁：「績，功也。」詩文王有聲「維禹之績」，箋云：「績，功也。」書堯典「庶績咸熙」，史記五帝紀作「衆功皆興」。通義云：「敗績者，猶周禮『言師不功』也。績，取其積也，戰功曰多，以數獲積多爲上。」爾雅釋詁：「績，宜事也。」經義述聞云：「下文曰，績，業也；功，績成也。功、績、業皆事之宜成者，故績、業、公又爲事也。公、功古字通。皋陶謨『庶事康哉』，堯典『庶績咸熙』，庶績猶庶事也。又曰『績用弗成』，即事弗成也。莊十一年左傳『大崩曰敗績』，謂敗其事也。穀梁傳『績，功也。功，事也。曰其事敗矣。』晉語『國無敗績，軍無敗政』，謂國無敗事也。齊語〔一〕『昔吾先王昭王、穆王，世法文、武遠績以成名』，謂以文、武之事爲法也。邢引商頌〔二〕『設都于禹之績』，失之。」按：功、事通用。春秋非義不戰，故以功言也。積聚師衆，以積説績，疊韻爲訓也。當坐者，繁露竹林云：「戰攻侵伐雖數百起，必一二書，傷其害所重也。」故也。○注「燕戰」至「敗多」。○舊疏云：「蓋師不盡戰，故言戰少；敗時悉走，故言〔三〕敗多。而莊二十八年『齊人伐衛，衛人及齊人戰，衛人敗績』，傳即据此經云『敗者稱師，衛何以不稱師？未得乎師也』，彼注云『未得成列

〔一〕「齊語」，原訛作「周語」，叢書本同，據經義述聞校改。
〔二〕「商頌」二字原脱，叢書本同，據經義述聞校補。
〔三〕「言」上原衍一「不」字，叢書本同，據公羊傳注疏校删。

爲師也』。」穀梁傳云：「戰稱人，敗稱師，重衆也。」繁露竹林云：「春秋愛人，而戰者殺人，君子奚説善殺其所愛哉！」○注「言及」至「之文」。○「明見我者爲主」，鄂本同。宋本、閩本、監本、毛本「我」誤「伐」。校勘記云：「者字當衍，蓋我誤爲伐，始衍者字矣。」隱元年傳：「及，猶汲汲也。及，我欲之。」注：「欲之者，善重惡深。」我爲主，明敗勝皆當坐魯重也。

○三月，葬衛宣公。【注】背殯用兵而月，不危之者，衛弱於齊、宋，不從亦有危，故量力不責也。

【疏】注「背殯」至「責也」。○隱三年傳：「當時而不日，正也；當時而日，危不得葬也。」衛惠背殯用兵，有危，宜書日。此不日，故解之。量力不責，猶下十八年之「君子辭也」。繁露玉英云：「苟能行善得衆，春秋弗危，衛侯晉以正書葬是也。俱不宜立，而宋繆公受之先君而危，衛宣弗受先君而不危，以此見得衆心之爲大安也。」解衛宣之書葬得正爲得衆，與何義異。左氏家杜預、穀梁家徐邈皆責衛惠公稱侯於先君未葬，自惡其不稱子，以侯禮接鄰國也。禮記疏引服虔説亦同。

○夏，大水。【注】爲龍門之戰死傷者衆，民悲哀之所致。【疏】注「爲龍」至「所致」。○龍門戰見上。漢書五行志：「桓公七年秋大水，董仲舒、劉向以爲，桓弒兄隱，民臣痛隱而賤桓。後宋督弒其君，諸侯會，將討之，桓受賂而歸，又背宋。諸侯由是伐魯，仍交兵結仇，伏尸流血，百姓愈怨。故十三年夏復大水。一曰，夫人驕淫[一]，將弑君，陰盛，桓不寤，卒弑死。劉歆以爲，桓易許田，不祀周公，廢祭祀之罰也。」按：歆説取徵太遠。

○**秋，七月。**

○**冬，十月。**

○**十有四年，春，正月，公會鄭伯于曹。**【疏】通義云：「以曹地者，參會也。左傳曰：『曹人致餼。』」按：此與「及宋人盟于宿」同。

○**無冰。**【疏】鄂本「冰」誤「水」。

何以書？記異也。【注】周之正月，夏之十一月，法當堅冰。無冰者，温也。此夫人淫泆，陰而陽行

[一]「淫」，原訛作「盈」，叢書本同，據漢書校改。

之所致。【疏】注「周之」至「所致」。○漢書五行志：「庶徵之恒奧，劉向以爲春秋亡冰也。小奧不書，無冰然後書，舉其大者也。京房易傳曰：『禄不遂行兹謂欺，厥咎奧，雨雪四至而温。臣安禄樂逸兹謂亂，奧而生蟲。知罪不誅兹謂舒，其奧，夏則暑殺人，冬則物華實。重過不誅，兹謂亡徵，其咎當寒而奧六日也〔一〕。』桓公十四年，『春，無冰』。劉向以爲周春，今冬也。先是連兵鄰國，三戰而再敗也，内失百姓，外失諸侯，不敢行誅罰。鄭伯突篡兄而立，公與相親，長養同類，不明善惡之罰也。董仲舒以爲象夫人不正，陰失節也。」彼又云：「一曰，水旱之災，寒暑之變，天下皆同，故曰『無冰』，天下異也。」「周失之舒，秦失之急，故周衰無寒歲，秦滅無奧年。」按：如傳文，自爲魯記異。異者，先事而至者。董、何説同。通義云：「五行傳曰：『視之不明，是謂不悊〔二〕，厥咎舒，厥罰恒燠。』其不曰水不爲冰，而曰無冰，何也？春秋本天道以正人事，詩曰：『二之日鑿冰冲冲，三之日納于凌陰。』藏冰之禮，先王所重，天道當寒不寒，水澤不腹堅，於是無以取冰；無以取冰，則春無以薦，夏無以頒，故以無言之，自〔三〕人事目之之辭也。」穀梁傳注引徐邈云：「無冰者，常陽之異。此夫人淫泆，陰爲陽行之所致。」與何説合。

〔一〕「兹謂」至「日也」，原於「亡」下衍「乞」字，「而」下衍「日」字，叢書本同，據漢書校删。
〔二〕「悊」，原訛作「慙」，叢書本同，據漢書及公羊通義校改。
〔三〕「自」，原訛作「見」，叢書本同，據公羊通義校改。

○夏，五，鄭伯使其弟語來盟。

夏五者何？無聞焉耳。【注】來盟者，聘而盟也。不言聘者，舉重也。内不出主名者，主國也，莅盟可知。莅盟、來盟例皆時。時者，從内爲王義，明王者當以至信先天下。【疏】通義云：「本當言『夏五月幹枝，鄭伯使其弟語來盟』。簡札爛滅，不知盟日。春秋方令桓盟皆日，以重著其無信，故進不可就五增月，退不可去五存夏，即用舊文，無所增損，亦因以示史闕疑之法。子曰：『聽遠音者，聞其疾而不聞其舒；望遠者，察其貌而不察其形。』立乎定、哀，以指隱、桓，隱、桓之月遠矣，夏五，傳疑也。」按：何云「時者，從内爲王義」；孔云當言幹枝，則書日矣，與何義不合。惟既有五，則不僅書時已見，似何義亦尚未協。穀梁釋文：「夏五，本或有月者，非。」杜云：「闕文。」范云：「孔子在於定、哀之世，而録隱、桓〔一〕之事，故承闕文之疑不書月，明皆實録。」「語」，穀梁作「御」，釋文云：「本亦作禦。」楊疏：「本即作禦。」史記東越列傳：「樓船將軍率錢唐轅終古斬徇北將軍，爲禦兒侯。」正義：「禦字今作語。」漢書閩粤傳即作「語兒侯」，即今之嘉興語兒鄉也。是語、禦古通用。○注「來盟」至「重也」。○盟重於聘，故書盟以舉重。然則春秋凡書來盟，皆聘而盟矣。成三年「晉侯使荀庚來聘。衛侯使孫良夫來聘。丙午，及荀庚盟。丁未，及孫良父盟」，彼亦因聘而盟，聘盟兩書者，彼傳云：「尋舊盟也。」注：「尋繹舊故約誓也。書者，惡之。」明其不止結盟而已也。○注「内不」至「可知」。○内不出與盟者名氏，既曰來盟。凡内曰來盟，内大夫莅盟

〔一〕「桓」下原衍一「文」字，叢書本同，據穀梁傳注疏校删。

矣。○注「莅盟」至「皆時」。○僖三年「冬，公子友如齊莅盟」，定十一年「冬，叔還如鄭莅盟」，是莅盟時也。宣七年「春，衛侯使孫良父來盟」，是來盟時也。外而來内曰來盟，内而往外曰莅盟。文十五年「春，三月，宋司馬華孫來盟」，書月者，彼注云：「文公微弱，大夫秉政，宋亦蔽於三世之黨，二亂結盟，故不與信詞也。」蓋來盟、莅盟與離參者異，故皆與信辭。○注「時者」至「大下」。○「王」，校勘記云：「鄂本、元本、閩本同。監本、毛本王誤主。下云『明王者當以至信先天下』，可證此本作王。」此「夏五」，應是「夏五月」之奪文，何氏以爲時者。舊疏云：「來盟之例，例不言月。而此『夏〔一〕五』，師所不說。何氏以『五』字或衍文，故如此。」義或然也。盟例不信時。

○秋，八月，壬申，御廩災。【疏】包氏慎言云：「八月書壬申、乙亥，八月無壬申、乙亥，九月之十六日與十九日。八月爲夏正六月，非嘗之時。傳曰：『常事不書，此何以書？譏嘗也。曰：猶嘗乎？御廩災，不如弗嘗而已。』是書嘗非責其不時，責其不知廢時祭以應天變也。則公羊經文本作『九月』，與祭以首時之例合。」

御廩者何？粢盛委之所藏也。【注】黍稷曰粢，在器曰盛。委，積也。御者，謂御用于宗廟。廩

〔一〕「夏」，原訛作「有」，叢書本同，據公羊注疏校改。

者，釋治穀名。禮，天子親耕東田千畝，諸侯百畝。后夫人親西郊采桑，以共粢盛祭服，躬行孝道以先天下。【疏】禮記明堂位云「米廩，有虞氏之庠也」，鄭注：「魯謂之米廩，虞帝上孝，令藏粢盛之委焉。」疏：「委謂委積，言魯家於此學中，藏此粢盛委積。」又月令云「藏帝籍之收於神倉，祗敬必飭」，注：「重粢盛之委也。帝籍，所耕千畝也。藏祭祀之穀爲神倉。」疏：「委謂委積之物，重此粢盛委積之物，故内於神倉。引公羊傳云『粢盛委之所藏』。皇氏云：『委謂輸也。』其義非〔一〕。」蓋秦名神倉，魯名御廩，均爲藏積粢盛之所，不必有定名也。周禮〔二〕廩人職云「大祭祀，則共其接盛」，注：「接讀曰扱。扱以授舂人舂之〔三〕。大祭祀之穀，籍田之收藏於神倉者，不以給小用。」亦以月令説周制也。晉書天文志：「天廩四星，主蓄黍稷以供享祀，即春秋之御廩也。」○注「黍稷」至「曰盛」。○周禮天官甸師職「以共齍盛」，鄭注：「齍盛，祭祀所用穀也。粢，稷也。穀者，稷爲長，是以名云。在器曰盛。」上六年左傳云「粢盛豐備」，杜注：「黍稷曰粢，在器曰盛。」穀梁范注云：「天子親耕，其禮三推。黍稷曰粢，在器曰盛。」説文皿部：「齍，黍稷器所以祀者。」盛黍稷在器中以祀者也。又地官舂人云「共其齍盛之米」，注：「齍盛，謂黍稷稻粱之屬，可盛以爲簠簋實。」然則，以器内所實言之，謂之粢。爾雅云：「粢，稷也。」稷爲穀長，以統衆穀而言也。以諸穀

〔一〕「非」，原訛作「禮」，叢書本不誤，據改。

〔二〕「禮」，原訛作「非」，叢書本不誤，據改。

〔三〕「舂之」二字原脱，叢書本同，據周禮注疏校補。

在器言之謂之盛，黍稷稻粱皆是也。段氏玉裁説文注云：「周禮一書，或兼言齍盛，若舂人、肆師、小祝是也。單言齍，若大宗伯、小宗伯、大祝是也。單言盛，若饎人、廩人是也。小宗伯『逆齍』，注：『受饎人之盛以入。』然則齍、盛可互稱也。甸師注云：『粢，稷也。穀者稷爲長，是以名。』齍、粢，古今字也。毛詩甫田作『齊』，亦作『齍』，用古文。禮記作『粢盛』，用今文。左傳作『粢盛』，則用今字之始。左傳曰『潔粢豐盛』，毛傳曰『器實曰齍，在器曰盛』。鄭注周禮，齍或專訓稷，或訓黍稷稻粱〔一〕。盛則皆訓在器。是則粢之與盛別者，齍謂穀也，盛謂在器也。許則云『器曰齍，實之則曰盛』，似與毛、鄭異。蓋許主説字，其字从皿，故謂其器可盛黍稷曰齍。要之，齍可盛黍稷，而因謂其所盛黍稷曰齍。凡文字故訓引伸，每多如此。」○注「委，積也」。○廣雅釋詁：「委，積也。」莊子知北遊云「是天地之委形也」，釋文引司馬注云：「委，積也。」管子國蓄云「彼人君守其本委謹」，房注：「委，所委積之物也。」周禮大司徒職「令野脩道委積」，鄭注：「少曰委，多曰積。」是其義通也。周禮宰夫職「掌其牢禮、委積、膳獻、飲食、賓賜之飧牽」，注：「委積，謂牢米薪芻給賓客道用也。」蓋凡積聚之物皆可曰委，故供賓客者亦曰委積，不必宗廟用也。此云粢盛委之所藏，謂粢盛委積之所藏。委即粢盛，非必粢盛外別有委也。○注「御者」至「宗廟」。○獨斷云：「天子所進曰御。」又云：「御者，進也。凡衣服加於身，飲食適於口，妃妾接於寢，皆曰御。」荀子大略云「天子御珽，諸侯御荼」，注：「御者，言臣下所進御也。」禮記王制云「千里之内以爲御」，注：「御謂衣食，

〔一〕「粱」，原訛作「粱」，據義徑改。

亦謂進御所須者也。」按：詩六月傳：「御，進也。」廣韻：「御，侍也，進也。」進於尊者。故凡進於尊者服食所須皆謂御。因之，君上所止曰御前，書曰御書，服曰御服，皆取統御之義。此爲君上祭宗廟所用，故亦曰御廩也。或御用作進用解，亦通。○注「廩者」至「穀名」。○舊疏云：「謂廩之言藻之義故也。」按：藻與澡通，詩采蘋箋云「藻之言澡。婦人之行尚柔順，自潔清」，是也。或藻即澡之誤。澡有治義，禮喪服「澡麻帶」，鄭注：「澡者，治去莩垢。」故廣雅釋詁：「澡，治也。」又釋言云：「廩，治也。」展轉爲訓，得相通。漢書昭帝紀「朕虚倉廩」，注：「穀所振入也。」荀子富國云「垣窌倉廩者，財之末」，注：「米藏曰廩。」文選注引蔡邕月令章句云：「米藏曰廩。」蓋穀必治，乃成米可用，故廩又爲米藏之名也。爾雅釋言：「廩，廯也。」孫炎注：「廯，藏穀絜也。」亦此義也。通義云：「藏穀曰倉，藏米曰廩。謂之御廩者，給宗廟所用，故以米之最精者名也。九章粟米術曰：『粟率五十，糲米三十，粺米二十七，糳米二十四，御米二十一。』」按：御廩藏粢盛之委，甸師入之，廩人共之，舂人舂之，小宗伯辨之，世婦爲之，饎人炊之。爲之即擇之，或謂三夫人擇以授饎人，誤也。○注「禮天子」至「天下」。○穀梁傳云：「天子親耕以共粢盛，王后親蠶以共祭服。國非無良農工女也，以爲人之所盡事其祖禰，不若以己所自親者也。」舊疏云：「『禮天』至『天下』，皆出祭義之文。」按：祭義無此文。禮記祭統云「天子親耕於南郊，王后蠶於北郊」，與此異。又祭義云：「昔者，天子爲籍千畝，冕而朱紘，躬秉耒；諸侯爲籍百畝，冕而青紘，躬秉耒，以事天地山川社稷先古，以爲醴酪粢盛，於是乎取之，敬之至也。」注：「籍之田也。」千畝百畝之説與此合。御覽引雷次宗五經要義云：「天子籍田，以供上帝之粢盛，所以先百姓而致孝敬也。」籍，蹈也，言親自蹈履於田而耕之。白虎通耕桑云：「王者所以親耕，后親桑何〔一〕？以率天下農桑也。天子親耕以供郊廟之祭〔二〕，后親桑以供祭服。」又云：「耕於東郊何？東方少陽，農事始起。桑於西郊何？西方少陰，女功所成。故曾子問曰：『天子耕東田而三反之。』」漢書文帝紀：「詔曰：其開籍田，朕親率耕，以給宗廟粢盛。」應劭曰：「古者天子耕籍田千畝，爲天下先。籍者，帝王典籍之常也。」韋昭曰：「籍，借也。借民力以治之，以奉宗廟，且以勸率天下，使務農也。」臣瓚曰：「景帝詔曰：『朕親耕，后親蠶桑，爲天下先。』本以躬親爲義，不得以假借爲喻也。籍謂蹈藉也。」按：此所引禮，及白虎通所引曾子問，蓋皆逸禮文。祭統所記，蓋周制；逸禮所記，或異代禮也。周禮天子諸侯不同制，南郊太陽，北郊太陰，諸侯夫人，故降爲東西郊。東郊少陽，西郊少陰也。祭統記夫人亦蠶於北郊，與后同。疏云：「夫人少陰，故合西郊。然亦北者，婦人質少變，故與后同也。」禮記月令孟春之月云：「乃擇元辰，天子親載耒耜，措之于參保介之御間，帥三公、九卿、諸侯、大夫躬耕帝籍。」注：「元辰，蓋郊後吉辰〔三〕也。帝籍，爲天神借民力所治之田也。」國語周語：「宣王不籍千畝，虢文公諫曰：『夫民之大事在農，上帝之粢盛於是乎出。』」是籍田亦以共上帝。此因嘗祭而災，故言躬行孝道也。又季春之月云：「后妃齊戒，親東鄉躬桑，禁婦女毋觀，省婦事，以勸蠶事。」注：「后妃親采桑，示帥先天下也。東鄉者，鄉時義也。是明其不常留養蠶也。」留養者，祭義所云「卜三，夫人世婦之吉者，使浴

〔一〕「何」，原訛作「行」，叢書本同，據白虎通校改。
〔二〕「祭」，原訛作「服」，叢書本同，據白虎通校改。
〔三〕「辰」，原訛作「亥」，叢書本同，據禮記注疏校改。

蠶於蠶室」者也。月令又云：「蠶事既登，分繭稱絲〔一〕效功，以共郊廟之服。」明天地宗廟祭服皆親蠶所共也。周禮内宰職云：「中春，詔后帥外内命婦始蠶于北郊，以爲祭服。」是周制蠶于北郊也。鄭云：「蠶于北郊，婦人以純陰爲尊。郊必有公桑蠶室焉。」

御廩災何以書？記災也。

【注】火自出燒之曰災。先是龍門之戰，死傷者衆，桓無惻痛於民之心，不重宗廟之尊，逆天危先祖，鬼神不饗，故天應以災御廩。【疏】舊疏云：「御廩災何以書者？嫌覆問上粢盛委之所藏，故不但言何以書。」○注「火自」至「曰災」。○説文火部：「災，天火也。」左傳宣十六年云：「人火曰火，天火曰災。」火自出燒之，明與人火異也。舊疏云：「公羊之例，内悉言災，而復言火自出燒之者，入春秋始有此災，欲通人火不書之義也。」○注「先是」至「御廩」。○漢書五行志云：「傳曰：『棄法律，逐功臣，殺太子，以妾爲妻，則火不炎上。』」又云：「春秋桓公十四年，『八月，壬申，御廩災』。董仲舒以爲，先是四國共伐魯，大破之於龍門，百姓傷痍未瘳，怨咎未復，而君臣俱惰，内怠政事，外侮四鄰，非能保守社稷終其天年者也，故天災御廩以戒之。劉向以爲，御廩，夫人、八妾所舂米之臧以奉宗廟者也。時夫人有淫行，挾逆心，天戒若曰：『夫人不可以奉宗廟。』桓不寤，與夫人俱會齊，夫人譖桓公於齊侯，齊侯殺桓公。劉歆以爲，御廩，公所親耕耤田以奉粢盛者也，棄法度亡禮之應也。」按：董説與何注合，以災爲後事而至者故也。向説較切，蓋穀梁家先師説。

〔一〕「稱絲」二字原脱，叢書本同，據禮記正義校補。

○乙亥，嘗。

常事不書，此何以書？譏。何譏爾？譏嘗也。【注】譏新有御廩災而嘗之。【疏】注「譏新」至「嘗之」。○左傳疏引服虔云：「魯以壬申被災，至乙亥而嘗，不以災害爲恐。」按：致齊三日，乙亥嘗，壬申爲致齊之初日。御廩即災而猶嘗，故書示譏也。

曰：猶嘗乎？【注】難曰四時之祭不可廢，則無猶嘗乎？亦可以示變矣。」按：禮記檀弓注云：「猶，尚也。」如孔義，則猶作尚解，亦通。○注「難曰」至「嘗乎」。○何以此爲設難語，下爲答語也。猶即無猶，若詩無念爲念之例。若曰四時之祭不可廢，則將無猶嘗乎？言廢嘗也。

御廩災，不如勿嘗而已矣。【注】當廢一時祭，自責以奉天災也。知不以不時書者，本不當嘗也。【疏】注「當廢」至「災也」。○傳云「不如勿嘗」，故注云「當廢一時祭」，以答猶嘗之難。左疏引服云：「魯以壬申被災，至乙亥而嘗，不以災害爲恐。」惠氏士奇春秋説云：「八月嘗以災書，人君遇災而懼，當廢一時祭，何休之論篤矣。左氏謂書不害也，豈其然乎？」「穀梁傳曰『夫嘗，必有兼甸之事』者，言夫人始其事，餘人次第終其事。御廩災，明夫人不可以奉粢盛，故天災之。桓公恬然不懼，卒與夫人如齊，而有彭生之禍。其災先見於此，可不懼哉！」晉書禮志：「蔡謨議：魯桓公壬申有災，而以乙亥嘗祭，春秋譏之。災事既退，尤追懼而已，故廢宗廟之祭。」穀梁傳：「御廩之災不志，此其志何也？以爲唯未易災之餘而嘗可也，志不敬也。」按：穀梁傳又云：「何用見其未易災之餘而嘗也？曰：甸粟而内之三宫，三宫米而藏之御廪。夫嘗，必有兼甸之事焉。壬申御廪災，乙亥嘗，以爲未易災之餘而嘗也。」范注引鄭嗣曰：「用火焚之餘以祭宗廟，非人子所以盡其心力，不敬之大也。」彼傳「兼甸」，當依釋文，一本作「兼旬」，十日爲旬。蓋宗廟之祭，君夫人皆散齊七日，致齊三日，故有兼旬之事，非數日所能備，故鄭嗣曰：「壬申、乙亥相去四日。」言用日至少而功多，明未足及易而嘗是也。范云「夫人親舂，是兼甸之事」，兼甸義難通，自不如作兼旬爲得也，或係涉上甸粟譌。蓋甸師供所入之粟，夫人舂之，三宫擇之，故有兼旬之事焉。經義雜記云：「左氏當從服解。杜注謂『書以示法』，最謬。夫遇災而懼，所以敬天也。夙夜小心，潔其祭祀，所以敬祖也。御廪災而嘗，遂書以示法，是聖人之勸災也，故不論嘉穀之害與不害，而御廪必不可災。公羊曰『御廪災，不如勿嘗』，甚言其不當災也。穀梁曰『未易災之餘而嘗，志不敬也』，言災之不可復嘗也。可也者，不可也。魯人不能於未災之前謹守御廪，復不能於既災之後敬卜遠日，是皆不以災爲恐也。依服解，而三傳並通。歆謂棄法度亡禮之應〔一〕，亦得之。董生推所以致災之由，可謂遠識矣，何氏本之是也。然言廢一時祭以奉天災，則猶未得公羊之旨。穀梁但言甸粟納之三宫，三宫米而藏之御廪。而子政復推其本，以爲夫人文姜不可奉宗廟祭祀，可謂深切著明矣。」按：何氏謂廢一時〔二〕祭，正傳「不如勿嘗」義，

〔一〕「亡禮之應」，原訛作「無禮」，叢書本同，據經義雜記校改。
〔二〕「時」字原錯置於「何氏」之上，皇清經解續編本及叢書本不誤，據校改。

亦未爲不得公羊旨也。杜氏謬解，已爲衛冀隆所難，見左氏疏。○注「知不」至「嘗也」。○宋本、閩本、監本、毛本「書」在「者」下，誤，今正。舊疏云：「周之八月，非夏之孟秋，而反爲嘗，故以不時言之。」按：如包氏推曆，定在九月，則非不時矣。通義云：「君子之祭也，散齊七日，致齊三日，是故先期旬有一日，帥執事而誓戒，隸人掃除，雍人濯溉，職人省閑，廩人共接盛，百官莫敢廢其職，以服大刑。今乙亥去壬申四日耳，宜亦既肅既戒，而猶弗謹於火，致粢盛不潔，然則所當譏者，豈唯未易災之餘云乎？」按：何氏以爲本不當嘗，則不僅如穀梁所譏矣。

○冬，十有二月，丁巳，齊侯禄父卒。【疏】包氏慎言云：「十二月書丁巳，据曆爲十一月之二日。葬在十五年四月，書丁巳，所謂過時而日也。若卒在十二月，則適當五月之時，經不應書日矣。」

○宋人以齊人、衛人、蔡人、陳人伐鄭。以者何？行其意也。【注】以已從人曰行，言四國行宋意也。宋前納突求賂，突背恩伐宋，故宋結四國伐之。四國本不起兵，當分別之，故加「以」也。宋恃四國乃伐鄭，四國當與宋同罪，非爲四國見輕重。【疏】左氏、穀梁「蔡」在「衛」上。趙氏坦春秋異文箋云：「謹案，左氏定四年傳，晉文爲踐土之盟，衛成公不在。夷叔，其母弟也，猶先蔡。杜注：『踐土、召陵二會，經書蔡在衛上，伯主以國大小序之也。

子魚所言，盟歃之次。』此經，左氏、穀梁蔡在衛上，似亦以大小爲次，公羊或傳寫之譌。」以者，詩載芟云「侯疆侯以」，箋云：「春秋之義，能東西之曰以。」僖二十六年左傳「凡師能左右之曰以」。以，有用義。論語微子篇「不使大臣怨乎不以」，即怨乎不用也。宋能用四國師，故曰行其意也。春秋説云：「以者，借人之力，有能行其意者，有能左右之者。四國伐鄭，而宋以之，可謂能行其意矣，未能左右之也。四國惟均，齊爲大國，又皆諸侯，焉能左之右之，惟宋馬首是瞻哉？」○注「以己」至「意也」。○説文行部：「行，人之步趨也。」步趨爲行，從人步趨亦爲行，引申之，從人行事亦曰行。四國從乎宋，是行宋意也。○注「宋〔一〕前」至「伐之」。○舊疏云：「宋前納突求賂，上十一年宋人執鄭祭仲，『突歸于鄭』是。突背恩伐宋，上十二年『及鄭師伐宋。丁未，戰于宋』是也。」按：十一年左傳云：「亦執厲公而求賂焉。」十三年云：「宋多責賂于鄭，鄭不堪命，故以紀、魯及齊與宋、衛、燕戰。」公羊以十三年之戰爲戰于魯，故舊疏以十二年伐宋事當之。○注「四國」至「以也」。○毛本「分」誤「法」。春秋説云：「春秋不書宋會四國，而曰宋以四國伐鄭，且諸侯也而稱人，罪宋也。何罪乎宋？鄭之亂，實宋人釀成之，又以賂立突，而責賂無厭。魯再三平之而不克，遂與鄭合而與宋戰。則曲在宋，而鄭未爲直也。至是〔二〕，宋復以四國伐鄭，則曲在宋。惟宋獨行其意爾，獨行其意，言非四國欲伐鄭也。宋實以之，所以罪宋云爾。」按：

〔一〕「宋」，原訛作「突」，據【注】文校改。
〔二〕「至是」，原訛作「互是」，不辭，叢書本作「至是」，據改。

穀梁傳云「以者，不以者也」，范注：「不以者，謂本非所得制，今得以之也。」亦罪宋之意。○注「宋恃」至「輕重」。○穀梁又云：「民者，君之本也。使人以其死，非正也。」范云：「刺四國使宋專用其師，輕民命也。」春秋說云：「四國不恤其民，助宋伐鄭，則四國亦不得從末減焉。」按：宋、齊、衛、蔡、陳，皆君也，春秋皆人之，是與宋同罪，非有輕重。而宋爲首惡，故加「以」以罪之。

公羊義疏十六

南菁書院　句容陳立卓人著

桓十五年盡十八年

○十有五年，春，二月，天王使家父來求車。

何以書？譏。何譏爾？王者無求，求車非禮也。【注】王者千里，畿内租税，足以共費；四方各以其職來貢，足以尊榮，當以至廉無爲率先天下，不當求。求則諸侯貪，大夫鄙，士庶盜竊。求例時，此月者，桓行惡不能誅，反從求之，故獨月。【疏】繁露王道云：「刺家父求車，武氏、毛伯求賻金。」隱三年「求賻」，傳云：「何以書？譏。何譏爾？喪事無求，求賻，非禮也。」與此同。按：周禮土訓職：「原其生，以詔地求。」易繫辭傳：「定其交而後求，無交而求，則民弗與也。」似王者有求之道，蓋諸侯當貢其國之所有，故楚貢不入，齊桓致責，鄭輸晉幣，壞垣納車。盟主猶然，何況王者？魯不輸貢，致周來求，蓋兩譏之矣。故周禮大宰職「九貢：三曰器貢」，注：「内府受良器，以待邦國之用。」疏：「良器，謂車乘及禮器之善者。」則器貢中有車矣。○注「王者」至「尊榮」。○周禮「九畿」，注：「先鄭云：天子一圻，列國一同。」引詩「邦畿千里」，是王者圻内千里也。鹽鐵論園池云：「古者，制地足以養民，民足以承其上。千乘之國，百里之地，公侯伯子男，各充其求澹〔一〕其欲。」明天子圻内亦然，知足以共費也。四方各以其職來貢者，國語周語云：「甸服者祭，侯服者祀，賓服者享，要服者貢，荒服者王。」「有不祭則修意，有不祀則修言，有不享則修文，有不貢則修名，有不王則修德，序成而有不至則修刑。於是有刑不祭，伐不祀，征不享，讓不貢，告不王。於是有刑罰之辟，有攻伐之兵，有征討之備，有威讓之令，有文告之辭。」春秋之時，諸侯皆不祭、不祀、不享、不貢、不王，天子不能修意、修言、修文、修名、修德、修刑，又不能刑之、罰之、征之、讓之、告之，而致令臣子下求，所以罪桓公並罪天王也。左傳僖七年云「諸侯官受方物」，朱氏彬經傳考證云：「當是齊侯使官司受諸侯所貢之方物，以獻于天子。不當重諸侯二字。」即四方各以其職來貢也。蓋齊侯行霸，令諸侯行之與？◯注「當以」至「盜竊」。◯説苑貴德云：「周天子使家父、毛伯求金於諸侯，春秋譏之。故天子好利，則諸侯貪；諸侯貪，則大夫鄙；大夫鄙，則庶人盜。上之變下，猶風之靡草也。」按：「毛伯」上宜脱「求車」二字。鹽鐵論本議云：「傳曰：『諸侯好利，則大夫鄙；大夫鄙，則士貪；士貪，則庶人盜。』」申鑒政體云：「問：人主有公賦無私求，有公用無私費，有公役無私使，有公賜無私惠，有公怒無私怨。私求則下煩而無度，是謂傷清；私費則官耗而無限，是謂傷制；私使則民撓擾而無節，是謂傷義；私惠則下虛望而無準，是謂傷正；私怨則下疑懼而不安，是謂傷德。」是王者無私求也。通義云：

〔一〕「澹」，四部叢刊本、紛欣閣叢書本等作「贍」，四庫全書本作「澹」。澹、贍古今字。

「諸侯當以時貢於天子所，奉國地所出〔一〕重物而獻之。桓公不率臣職。而傳釋經意，主譏天子者，魯不貢，其罪易〔二〕見。世俗之儒，皆能言之，下雖不貢，上不可求。此春秋以文王之法待王者，其意微而難知也。」○注「求例」至「獨月」。○隱三年「秋，武氏子來求賻」，文九年「秋，毛伯來求金」，是求例時也，此獨月，故解之。

○三月，乙未，天王崩。【注】桓王也。【疏】三月書乙未，据曆爲二月之十一日、四月之十二日也。○注「桓王也」。○史記周本紀：「平王崩，太子洩父蚤死，立其子林，是爲桓王。桓王，平王孫也。」「二十三年，桓王崩，子莊王佗立。」通義云：「是後周曆莊、僖二王，經未記崩者，蓋平、桓之際，猶有征伐告命，至于莊王，王風遂終，陵夷始極，則雖告終嗣德虚文，有不備者矣。故莊十一年『王姬歸于齊』，其明年莊王即崩。春秋特削其文，而自是二十餘年，王事遂絶於簡策。雖以子頽之變有所不書，使後之考者知王迹之熄甚也。及齊霸功成，匡翼天子，惠王之喪，翕然復尊，然後知撥亂序績，實不得已焉耳。」

○夏，四月，己巳，葬齊僖公。【注】當時而日者，背殯伐鄭，危之。【疏】包氏慎言云：「四月無己

〔一〕「奉國地所出」，原訛作「出所」，叢書本同，據公羊通義校改。
〔二〕「易」，原訛作「曷」，叢書本不誤，據改。

巳，曆爲三月之十六日、五月之十七日也。」己巳爲葬僖公之日，何注不以爲月誤。然所謂背殯用兵者，即指上年「十二月，宋人以齊人伐鄭」之事。按：曆爲三月之十五日，五月之十六日。○注「當時」至「危之」。○隱三年傳：「當時而日，爲危不得葬。」此齊侯卒於去年十二月，至四月當五月之時。以十二月有背殯伐鄭事，故危之也。按：如包氏所推，齊侯卒在十一月，此己巳在三月，亦爲當時而日也。

○五月，鄭伯突出奔蔡。

突何以名？【注】据衛侯出奔楚不名。不連爵問之者，并問。上已名，今復名，故使文相顧。【疏】注「据衛」至「不名」。○見僖二十八年夏。○注「不連」至「相顧」。○下十六年傳云：「衛侯朔何以名？」又哀八年傳：「曹伯陽何以名？」皆連爵問之也。突於十一年得國，書名；此失國復書名，故但問何以名，使文相顧。

奪正也。【注】明祭仲得出之，故復於此名，著其奪正，不以失衆録也。月者，大國奔例月，重乖離之禍，小國例時也。【疏】注「明祭」至「録也」。○「名」，鄂本、宋本、閩本、監本同。毛本「名」誤「明」。明祭仲得出[一]之者，上十一年傳：「挈乎祭仲也。」見祭仲之權，能使之歸、使之出也。鄭世家及左傳，並有祭仲

[一]「出」，原訛作「書」，叢書本不誤，據改。

專政，厲公使雍糾殺之不克出奔事，是爲祭仲所出也。通義云：「絶之，與衛侯朔同義。」是也。不以失衆録者，舊疏云：「決襄十四年『夏，四月，己未，衛侯衎出奔齊』之屬，書其名，爲失衆録之故也。」○注「月者」至「例時」。○下十六年「十一月，衛侯朔出奔齊」及此書五月之屬是也。小國書時，昭三年「冬，北燕伯款出奔齊」之屬是也。大國出奔，重乖離之禍，小國則從其略也。鄭與北燕同伯爵，而鄭從大國例者，蓋春秋時以國之强弱廣狹分大小，不必以爵論也。而通義云「凡諸侯出奔有罪者月，無罪者時」。然則衛侯衎出奔書日，又將何説乎？

○鄭世子忽復歸于鄭。【疏】説文曰部〔一〕：「曶，出气詞也。从曰〔二〕，象气出形。春秋傳曰〔三〕鄭太子曶。」則左氏經當作「曶」。論語微子篇「仲忽」，古今人表作「曶」。揚雄甘泉賦「翕赫曶霍」，河東賦「蠁曶如神」，師古曰：「曶讀與忽同。」按：曶即笏，臣所執以見君者。説文無笏字也。士喪禮注：「今文笏作忽。」知曶、忽古今字。

其稱世子何？【注】据上出奔不稱世子。【疏】注「据上」至「世子」。○上十一年「鄭忽出奔衛」是也。

〔一〕「曰部」，原訛作「日部」，叢書本同，據説文校改。
〔二〕「曰」，原訛作「日」，叢書本同，據説文校改。
〔三〕「曰」，原訛作「有」，叢書本同，據説文校改。

復正也。【注】欲言鄭忽，則嫌其出奔還入，與當國同文，反更成上鄭忽爲當國，故使稱世子明復正，以效祭仲之權，亦所以解上非當國也。【疏】穀梁傳於此云：「反正也。」於「突出奔」傳云：「譏奪正也。」皆與公羊合。按：鄭莊娶鄧女爲夫人，生忽。上六年左傳「齊使乞師于鄭，鄭太子忽帥師救齊」，是忽爲莊公太子救齊之時，名位已定矣。○注「欲言」至「復正」。○莊九年「齊小白入于齊」，傳云：「曷爲以國氏？當國也。」忽如不稱世子，書鄭忽，嫌與齊小白同文。並十一年鄭忽出奔衛亦爲當國辭，非以喪降稱矣。通義云：「欲言鄭伯，則出奔時尚未成君；順上言鄭忽，則既非在喪，反嫌當國。故繫世子以見其正也。」○注「以效」至「國也」。○上十一年傳：「何賢乎祭仲？以爲知權也。」又云：「少遼緩之，則突可故出，而忽可故反。」此忽復正，是祭仲之權效也。廣韻效部：「效，驗也。」漢書藝文志儒者「以試之效」，謂以試之驗也。此以言驗祭仲之權也。

曷爲或言歸，【疏】僖三十年「衛侯鄭歸于衛」是也。

或言復歸？【疏】此經是也。

復歸者，出惡，歸無惡；復入者，出無惡，入有惡。【疏】成十八年「宋魚石復入于彭城」、襄二十三年「晉欒盈復入于晉」是也。

入者，出入惡。【疏】下文「許叔入于許」、「鄭伯突入于櫟」皆是也。

歸者，出入無惡。【注】皆於還入乃別之者，入國犯命，禍重也。忽未成君出奔，不應絶。出惡者，不如死之榮也。入無惡者，出不應絶，則還入不應盜國。【疏】僖三十年傳云：「此殺其大夫，其言歸何？歸惡乎元咺也。曷爲歸惡乎元咺？元咺之事君也，君出則己入，君入則己出，以爲不臣也。」注：「從出入無惡言歸，以見元咺有出入罪，衛侯得殺之，所以專臣事君之義。」是衛侯書歸，爲出入無惡也。○注「皆於」至「重也」。○通義云：「已下並道通例。」「入者，内弗受也，故言惡；歸者，與使有其國家也，故言無惡。」諸侯不能保有社稷而出奔，皆當絶。絶者，王命所絶也。復入國犯命，其禍尤重，故於此分别之。○注「忽未」至「盜國」。○通義云：「忽正而又言出惡者，微弱不能自存，亦有責也。毛詩序云：『蘀兮，刺忽也，君弱臣强，不倡而和也。』」忽雖未成君，可從末減不絶。然亦挈乎祭仲，生而惡不如死而榮，出既不在絶科，故入國不與盜國同文也。

○許叔入于許。【注】稱叔者，春秋前失爵，在字例也。入者，出入惡，明當誅也。不書出時者，略小國。【疏】注「稱叔」至「例也」。○舊疏云：「正以莊十六年『同盟于幽』，經書許男故也。」莊十年傳：「字不若爵。」此與上十一年蔡叔稱字同。蔡叔，春秋所貶，此春秋前天王所貶，皆爲絶奪其爵也。○注「入者」至「誅也」。○包氏慎言云：「諸侯出奔，已絶于宗廟社稷，出而復入以盜國論。所傳聞世，出奔者不誅，而盜國則誅，與北燕伯款異。」穀梁傳曰：「其曰入何也？其歸之道，非所以歸也。」注：「泰曰：叔進無王命，退非父授，故不書曰歸，同之惡入。」彼傳例以惡曰入，與公羊同，惟無出惡之義，故以爲「許叔，許之貴者也，莫宜乎許叔」也。公羊則以許叔爲出奔復入者。○注「不書」至「小國」。○舊疏云：「正以上文忽與突出入並書故。」

○**公會齊侯于鄗。**【疏】左氏作「艾」，穀梁作「蒿」。春秋異文箋云：「謹案，篆文艾字與芟字相類，穀梁因譌爲『蒿』，公羊又轉爲『鄗』，皆文字殘蝕而譌也。」校勘記云：「按，艾、蒿同物也；蒿、鄗同音也。」方輿紀要：「艾山在青州府蒙陰縣西北百二十里，與沂水縣接界。」一統志：「艾山在徐州府邳縣東一百里，接徐州府界。」

○**邾婁人、牟人、葛人來朝。**【疏】大事表云：「牟國自後不見於經，蓋入於齊也。」通典：「登州（治蓬萊縣）爲春秋牟子國。」亦曰東牟郡。今爲登州府治蓬萊縣。水經注汶水篇：「汶出牟縣故城西南阜下。牟縣故城在東北，古牟國也。春秋時牟人朝魯，應劭曰：『魯附庸也。』俗謂是水爲牟汶矣。」地理志：「泰山郡牟下云『故國』，應劭曰：『附庸也。』師古曰：『桓十五年牟人來朝，即此也。』」無魯附庸之説。方輿紀要：「牟在泰安州萊蕪縣東二十里。」又云：「葛城在歸德府甯陵縣北十五里，古葛伯國。」按：漢書地理志「陳留郡甯陵」，應劭曰：「故葛伯國。」杜云：「在梁國甯陵縣東北。」蓋於晉屬梁國也。

皆何以稱人？【注】据言朝也。【疏】注「据言朝也」。○舊疏云：「正以隱十一年傳云：『諸侯來曰朝。』」則非微者可知。

夷狄之也。【注】桓公行惡，而三人俱朝事之。三人爲衆，衆足責，故夷狄之。【疏】注「桓公」至「狄之」。○繁露王道云：「夷狄邾婁人、牟人、葛人，爲其天王崩而相朝聘也。」與何氏説異。按：襄元年簡王崩，於是邾婁來朝，衞、剽交聘，不夷狄之也。稱人爲夷狄之者，禮記曲禮云「庶方小侯，入天子之國，曰某人」，鄭注：「謂戎狄子男君也。」春秋王魯，故貶邾婁、牟、葛以張義。三人爲衆，國語周語：「文數成於三也。」故禮記月令「淫雨蚤降」，注：「雨三日以上爲霖，今月令曰『衆雨』。」是也。説文目部：「衆，多也。」多足責也。范氏説穀梁，亦取公羊注爲説。

○秋，九月，鄭伯突入于櫟。

櫟者何？鄭之邑。【疏】杜云：「櫟，鄭別都也。今河南陽翟縣。」大事表云：「今爲許州府禹州，後入楚。」水經注潁水篇：「潁水自堨東逕陽翟故城北，夏禹始封於此，爲夏國故城。故武王至周曰：『吾其有夏之居乎？』遂營洛邑。徐廣曰：『河南陽城陽翟，則夏地也。春秋時，鄭伯突入于櫟是也。』櫟，鄭之大都。宋衷曰：『今陽翟也。』周末，韓景侯自新鄭徙居之。王隱曰：『陽翟本櫟也。』故潁川郡治也。」左傳：「鄭伯因櫟人殺檀伯，而遂居櫟。」水經注引服虔云：「櫟，鄭大都也。」一統志：「陽翟故城，今許州府禹州治。禹州今屬開封府。」

曷爲不言入于鄭？【注】据齊陽生立陳乞家，言入于齊。【疏】注「据齊」至「于齊」。○見哀六年。彼傳云：「景公死而舍立，陳乞使人迎陽生于諸其家。諸大夫皆之陳乞家。陳乞曰：『吾有所爲甲，請以示焉。』於是使力士舉巨囊而至于中霤，開之，則公子陽生。陳乞曰：『此君也已！』諸大夫不得已，皆逡巡北面再拜稽首而君之爾。」是立陳乞家，經書「入于齊」也。

末言爾。【注】末者，淺也。解不言入國意。【疏】注「末者〔一〕，淺也」。○説文木部：「木上曰末。」凡物在首者曰淺，故易象下傳「志末也」，疏：「末，猶淺也。」本此。禮記檀弓云「末之卜也」，注：「末之猶微哉。」昭十四年左傳「不爲末減」，杜云：「末，薄也。」微、薄俱與淺義近。朱氏彬經傳考證云：「末，微也。末言者，猶言不足言耳。」鹽鐵論非鞅篇引春秋曰：「末言介。」介，爾之誤。古爾作尒，與介混也。通義云：「末，無也。後突自櫟入鄭，時仲已死，故無用言爾。」

曷爲末言爾？【注】据俱簒也。【疏】注「据俱簒也」。○謂陽生與突也。

祭仲亡矣。【注】亡，死亡也。祭仲亡則鄭國易得，故明入邑則忽危矣，不須乃入國也，所以效君必死、國必亡矣。【疏】注「亡，死亡也」。○周禮大宗伯職：「以喪禮哀死亡。」禮記中庸篇：「事亡如事存。」皆

〔一〕「者」字原脱，叢書本同，據【注】文校補。

謂死亡也。説文：「从入从乚」。」○注「祭仲」至「國也」。○鄭世家敘〔一〕：「渠彌射殺昭公於野。祭仲與渠彌不敢入厲公。」又：「齊襄公會諸侯於首止，子亹往會，高渠彌相，祭仲稱疾不行。齊侯殺子亹，高渠彌歸，與祭仲謀，召公子嬰於陳而立之。」則是祭仲未亡，本左傳。按：左傳記祭仲事，至爲厲公懼，昭公仲所立，渠彌焉敢弑之？明時祭仲已亡也。公羊以突入櫟即入鄭，無子亹、子儀矣，亦無忽被弑事。○注「所以」至「亡矣」。○即上十一年傳云：「祭仲不從其言，則君必死，國必亡也。」彼時祭仲不從，則仲即死，忽即不能自存，甚至國亡也。效亦驗也。

然則曷爲不言忽之出奔？【注】据上言出奔也。【疏】注「据上」至「奔也」。○即上十一年書「鄭忽出奔衛」也。通義云：「忽實爲高渠彌所弑，弟子不知，疑其出奔。」牽涉左氏，公羊無此義也。

言忽爲君之微也，祭仲存則存矣，【疏】校勘記云：「鄂本、閩本、監本、毛本同。唐石經無矣字，非。十一年疏引此亦有矣字。」

祭仲亡則亡矣。【注】言忽微弱甚於鴻毛，僅若匹夫之出耳，故不復録，皆所以終祭仲之言，解不虛設危險之嫌。【疏】注「言忽」至「復録」。○通義云：「仲之存亡爲忽重輕故，忽微弱甚不足録也。言『則亡矣』者，亦就答忽實死亡，非出奔意。」按：死亡曰亡，出奔亦曰亡，禮記大學云「亡人無以爲寶」是也。不

〔一〕「敘」，殆「云」之訛。

必忽亡即與仲亡之亡同，故注言「僅若匹夫之出」也。○注「皆所」至「之嫌」。○十一年傳：「祭仲不從其言，則君必死，國必亡。祭仲從其言，則君可以生易死，國可以存易亡。」今祭仲死而忽果出。傳明忽爲君微云云，皆所以終十一年傳文也。舊疏云：「十一年傳文，雖不出祭仲之口，但傳家爲祭仲而爲此辭，故得云祭仲之言也。」公羊謂祭仲知權，有危險之嫌，序所謂非常意義可怪之論是也。反覆道此，亦所以解不虚設危險之嫌。

○冬，十有一月，公會齊侯、宋公、衛侯、陳侯于侈，伐鄭。【注】月者，善諸侯征突，善録義兵也。不舉伐爲重者，用兵重於會，嫌月爲桓伐有危舉，不爲義兵録，故復録會。【疏】校勘記云：「唐石經、諸本同。二傳作『袲』，無『齊侯』。侈、袲皆多聲，故文異。說文衣部引春秋傳『公會齊侯于袳』。說文所謂春秋傳，皆左氏傳也。而有齊侯字，袳亦與今體不同。」按：「袳」即「袲」之變。陳氏樹華亦云：「袲乃袳之變體。而『宋公』上當有『齊侯』也。」杜云：「袲，宋地，在沛國相縣西南有袲亭。」大事表云：「在今江南鳳陽府宿州。」一統志：「袲亭，在鳳陽府宿州西。」按：鄭在宋、陳西，鳳陽在宋、陳東南，不知何會此伐鄭也。○注「月者」至「録會」。○正以隱七年「秋，公伐邾婁」之屬書時，而此書月，故決之。伐重會輕，不舉伐爲重，而先書會于侈，嫌月爲危桓之伐，故録會。然桓元年「春，三月，公會鄭伯于垂」，注：「桓公會皆月，危之。」不嫌爲桓危。會者，明爲伐會，故知書月爲伐也。

○十有六年，春，正月，公會宋公、蔡侯、衛侯于曹。【疏】與僖十九年「公會陳人、蔡人、楚人、鄭人盟于齊」同。彼齊與盟，此亦曹與會也。

○夏，四月，公會宋公、衛侯、陳侯、蔡侯伐鄭。【疏】書月，與上年十一月伐鄭同爲録義兵也，故書致也。

○秋，七月，公至自伐鄭。【注】致者，善桓公能疾惡同類，比與諸侯行義兵伐鄭。致例時，此月者，善其比與善行義，故以致，復加月也。【疏】注「致者」至「伐鄭」。○正以桓之出皆不致，爲奪臣子辭，此書致，故決之。舊疏云：「桓是篡賊，動作有危，今能疾篡，故致之。」○注「致例時」。○上二年「冬，公至自唐」之屬是也。桓盟不致彼致者，明隱與戎盟雖不信，猶可安；桓與戎盟雖信，猶可危，書致之變例也。○注「此月」至「月也」。○毛本「義」字空缺。致例時，此月，故決之。

○冬，城向。【疏】沈氏欽韓云：「按，此冬城向，實是十月。唐曆志大衍日度議〔一〕曰：以歲差推之，周

〔一〕「大衍日度議」當爲「大衍曆議日度議」之訛。

初霜降日在心五度，角、亢晨見。立冬，火見營室中。後七日，水星昏正，可以興板榦。故祖沖之以爲定之方中，值營室八度。是歲九月六日霜降，二十一日立冬。十月之時，水星昏正，故傳以爲得時。」則當周之十二月，在「衛侯朔出奔齊」下。按：殷曆亦十一月二十一日立冬。城例時，故書月上。

○十有一月，衛侯朔出奔齊。

衛侯朔何以名？【注】据衛侯出奔楚不名。【疏】注「据衛」至「不名」。○在僖廿八年。

絶。【疏】繁露順命云：「公侯不能奉天子之命，則名絶而不得就位，衛侯朔是也。」禮記曲禮云：「天子不言出，諸侯不生名，君子不親惡。」鄭注：「天子之言出，諸侯之生名，皆有大惡，君子所遠，書名以絶之，春秋傳曰『天王出居于鄭』、『衛侯朔入于衛』是也。」彼君子即謂孔子；書，經也。

曷爲絶之？【注】据俱奔也。【疏】注「据俱奔也」。○据衛侯出奔楚，亦奔也。

得罪于天子也。其得罪于天子奈何？見使守衛朔，【注】朔，十二月朔政事也，月所以朝廟告朔是也。【疏】注「朔十」至「是也」。○周禮太史職「頒國朔于邦國」，注：「天子頒朔於諸侯，諸侯藏之祖廟。至朔，朝於廟而受行之。鄭司農云：『以十二月朔，布告天下諸侯。』」禮記玉藻云：「諸侯皮弁聽朔於太廟。」諸侯每月以天子所頒朔於太廟，用羊以告，謂之告朔，論語季氏篇「子貢欲去告朔之餼羊」是也。於時聽治此月朔之事，謂之「聽朔」，玉藻所云是也。亦謂之「視朔」，文十六年「公四不視朔」是也。

「告朔」，亦謂之「告月」，文六年「閏月不告月」是也。天子行諸明堂，諸侯行之太廟，謂之「朝廟」，文六年「猶朝于廟」是也。太史注云：「定四時，以次序授民時之事。文六年左傳云：『時以作事，事以厚生，生民之道，於是乎在。』」天子使守衛朔，謂使守每月所頒之政令。太史職所謂「正歲年以序事，頒之於官府及都鄙」者，非謂僅守告朔朝廟之禮也。

而不能使衛小衆，【注】時天子使發小衆，不能使行。【疏】注「時天」至「使行」。○通義云：「天子小有徵發於衛，而朔不用命，其事未聞。左傳以爲衛宣公之世，子急本爲朔所搆殺，左公子洩、右公子職不平，共逐朔而立黔牟，豈洩、職之徒訴朔于周，而以不能使衆之罪逐之與？公羊師説云王立公子留，廣森以爲黔讀若苓，苓牟急言之曰留。」按：穀梁傳云：「朔之名惡也，天子召而不往也。」繁露王道云：「觀乎衛侯朔，知不即召之罪。」似天子召衛侯發衆，不往也。

越在岱陰齊，【注】越，猶走也。岱，岱宗，泰山也。山北曰陰。先言岱陰，後言齊者，明名山大澤不以封諸侯，以爲天地自然之利，非人力所能加，故當與百姓共之。傳著朔在岱陰者，明天子當及是時未能交連五國之兵早誅之。【疏】注「越，猶走也」。○楚辭逢紛云「精越裂而衰耄」，王注：「越，去也。」廣雅釋詁：「越，遠也。」襄十四年左傳「而越在他竟」，注：「越，遠也。」説文走部：「越，度也。」越从走，故有走義，引申之爲去、爲遠也。經義述聞云：「越之言播越也，昭二十六年左傳云『茲不穀震蕩播越，竄在荆蠻』是也。昭二十年『越在草莽』，定四年『越在草莽』，公羊『越在岱陰齊』，皆謂播越也。晉語：『延及寡君之紹續昆裔，隱悼播越，託在草莽。』亦與『越在草莽』同義。」〔一〕○注「岱岱」至「山也」。○漢書地理志：「岱山在泰山郡博縣西北。」國策齊策：「蘇秦説齊王曰：南曰泰山。」史記貨殖傳：「泰山之陽則魯，其陰則齊。」書堯典「至于岱宗」，僞孔傳：「泰山爲四岳所宗。」周禮職方氏職：「兗州，其山鎮曰岱山。」爾雅釋地：「河東，岱。」書疏引李巡云：「東岳，泰山也。」史記五帝紀：「黄帝東至于海及岱宗。」漢書五行志：「泰山，岱宗，五岳之長，王者易姓告代〔二〕處也。」○注「山北曰陰」。○説文阜部：「陰，闇也，水之南，山之北也。」吕覽古樂云「乃之阮隃之陰」，又國策齊策「及之睪黍梁父之陰」，高注並云：「山北曰陰。」○注「先言」至「共之」。○漢書吴王濞傳：「贊曰：古者諸侯不過百里，山海不以封。」禮記王制云「名山大澤不以封」，注：「與民同財，不得障管，亦賦税之而已。」故周禮山虞職云：「令萬民時斬材，有期日。」澤虞職云：「使其地之人守其財物，以時入之于玉府。」其圻内亦不得頒賜。王制云天子之縣内「名山大澤不以朌」是也。鹽鐵論錯幣云：「故王者外不障海澤，以便民用；内不禁刀幣，以通民施。」又禁耕云：「民人藏於家，諸侯藏於國，天子藏於海内。故民人以垣牆爲藏閉，天子以海内爲匣匱。」「故權利深者，不在山海，在朝廷。」皆謂與百姓共之義也。傳不曰齊岱陰，而言岱陰齊，謂岱陰之齊耳。○注「傳著」至「誅之」。○舊疏云：「其五國者，莊五年『公會齊人、宋人、陳人、蔡人伐衛』是。」傳著岱陰，有衛朔恃負險阻意，故責天子不及

〔一〕經義述聞該段引文爲删繁就簡而成。
〔二〕「代」，原訛作「伐」，叢書本同，據漢書校改。

時早誅也。

屬負茲舍，不即罪爾。【注】屬，託也。天子有疾稱不豫，諸侯稱負茲，大夫稱犬馬，士稱負薪。舍，止也。託疾止不就罪。【疏】注「屬，託也」。○荀子榮辱篇：「我欲屬之狂惑疾病耶？」楊注：「屬，託也。」又禮論云「屬諸侯」，注：「屬，謂付託之。」○注「天子」至「負薪」。○舊疏云：「皆漢禮之名。」此與漢禮無涉，舊説非。御覽引白虎通云：「天子疾稱不豫，諸侯稱負子，大夫稱負薪，士稱犬馬。」按：不豫者，白虎通云：「不豫者，不復豫政也。」書金縢「王有疾弗豫」，史記作「不豫」，釋文引馬本作「不豫」。論衡死僞篇、續漢禮儀志皆同。説文作「不悆」。又顧命云「王不懌」，漢書律曆志作「不豫」。蓋今文尚書也。懌、豫一聲之轉，悆、豫同部叚借。舊疏云「豫，詁爲樂」，亦通。諸侯稱「負茲」者，白虎通諸侯云「負子」者，諸侯子民，今不復子之也。書金縢云「是有丕子之責于天」，史記注引鄭注云：「丕，讀曰負。」九經古義：「鄭注尚書『丕，讀曰不愛，子孫曰子』。史記作『負子』。棟案，白虎通『諸侯曰負子』。子，民也。言不復子之也。公羊曰『屬負茲』，則負茲即不茲也。負與丕音相近，故亦讀曰陪。禹貢『陪尾』，史記作『負尾』，子又與茲同。諸説不一，鄭説爲長。益稷曰『予不子』，故鄭讀從之。」按：爾雅釋器「蓐，謂之茲」，郭引公羊傳曰：「屬負茲，茲者，蓐席也。」史記周本紀「衛康叔封布茲」，注：「徐廣曰：茲者，藉席〔一〕之名。諸侯病曰負茲。」索隱：「茲，公明草。」素問五藏生成

〔一〕「席」，原訛作「草」，叢書本同，據史記三家注校改。

篇：「色見青如草茲者死。」亦以茲爲藉席〔一〕之名。其以龍鬚草爲席者，謂之龍茲。荀子正論注云：「龍茲，即今之龍鬚席。」其以草薦馬者，謂之馬茲。周禮圉師注：「薦，馬茲也。」蓋人有疾則著席，如負之然。故公羊問答云：「蓋取此草以織席，當指臥病不起，展轉牀笫，惟與席相枕藉而已。雅訓較爲親切，子與茲雖通而義不同，不必取白虎通之説。若徐疏云『負事繁多』，又以『皆漢禮之名』，則俱失之左矣。」通義云：「荀子有『龍茲』，楊倞注以爲『即今之龍鬚席』。茲，編草爲之，其字从艸，與茲異〔二〕。而本疏云『負茲者，謂〔三〕負事繁多故致疾』，近强説也。禮記隱義作『不茲』，白虎通作『負子』。子與茲、不與負，皆聲之轉。魯世家述金縢曰『是有負子之責于天』，言武王見責於天而有疾也。告神謙，從諸侯辭也。」犬馬者，白虎通云：「負薪、犬馬，皆謙稱也。」舊疏云：「代人勞苦，行役遠方，故致疾。」負薪者，禮記曲禮云：「君使士射，不能，則辭以疾，言曰：『某有負薪之憂。』」注：「憂或爲疾。」疏：「言己有擔樵之餘勞，不堪射也。」「然士禄可代耕，且下文問庶人子云能負薪未能負薪，而今云士負薪者，亦謙辭也。」孟子公孫丑篇「昔者有王命，有采薪之憂」，趙注亦引曲禮爲證，知「士曰負薪」也。○注「舍，止也」。○昭九年「舍藥物

〔一〕「席」，原訛作「序」，叢書本不誤，據改。
〔二〕「其字从艸，與茲異」句，原脱掉五個字，作「字从艸」，叢書本同，據公羊通義校補。校者注：茲是艸部字，茲是玄部字。
〔三〕「負茲者謂」四字原脱，叢書本同，據公羊通義校補。

可也」，杜預引服注云：「舍，止也。」禮記月令「耕者少舍」，注：「舍，止也。」荀子成相云「各以宜舍巧拙」，注：「舍，止也。」○注「託疾」至「就罪」。○繁露王道云：「無以先天下，召衛侯，不能致。」釋文：「諸侯有疾稱負茲，言朔託有疾。」謂託疾，止不就罪也。通義云：「舍，釋也，古訓通爲赦。故漢書朱博傳曰：『春秋之義，姦以事君，常刑不舍。』」按：如孔說亦通，意謂衛朔託疾，天子即止而不罪，與上注責天子當及時誅之義相足，見天子之始終不能召衛侯也。

○**十有七年，春，正月，丙辰，公會齊侯、紀侯盟于黄。**【疏】包氏慎言云：「春，正月，經有丙辰，曆正月有丙子，無丙辰。二月經書『丙午，公及邾婁儀父盟于趡』，月之六日。二月有丙午，則正月不得有丙辰矣。」按：丙午爲二月之四日。黄，杜云：「齊地。」方輿紀要：「黄城在東昌府冠縣南。」括地志：「冠氏南有黄城，亦以黄溝爲名。」或是。登州府黄縣東南有故黄城，是其處。左傳云「平齊、紀」，則似在登州者爲是。

○**二月，丙午，公及邾婁儀父盟于趡。**【注】本失爵，在名例中，朝桓公稱人。今此不名者，蓋以爲儀父最先與隱公盟，明元功之臣，有誅而無絕。【疏】僖十六年疏引春秋說：「以此丙午爲二月晦，下五月丙午爲五月之朔。」經義述聞云：「何氏本此發注，於僖十六年傳曰：『事當日者日〔一〕，平居無他卓佹，無所求取，言晦朔也，趙盟、奚戰是也。』蓋以趙之盟在晦而不言晦，奚之戰在朔而不言朔。按，此説非也。杜預春秋長曆，桓十七年二月甲戌朔。是月無丙午，丙午，三月四日也。五月壬寅朔，丙午是月五日也。上推至三年壬辰朔，正合。若謂十七年二月丙午是晦，五月丙午是朔，則上推三年七月朔當爲丙申，不得爲壬辰矣，經何云七月壬辰朔乎？春秋緯之説顯與經文不合。更以公羊之例求之，僖十六年傳論春秋不書晦，雖有事不書。是朔日有事則書，今『五月丙午及齊師戰于奚』，可謂有事矣，如丙午是朔日，則例當書朔，今不書，則其非朔可知。又僖十六年經之是月，傳以爲晦日不言晦，春秋不書晦矣。此經之二月事在彼前，如丙午是晦日而不言晦，則春秋不書晦之例當先於此發之，何以傳無一語，直至僖十六年之是月始云晦日不書晦乎？然則此經之二月，傳不以爲晦也。春秋緯之説亦非傳意，邵公乃深信而不疑，何耶？」「公及」，左氏「及」作「會」。隱元年左疏云：「史書魯事以公爲主，言公及，及者言自此及彼，据魯爲文也。桓十七年『公會邾儀父盟于趡』，彼言『會』此言『及』者，彼行會禮，此不行會禮故也。故劉炫曰『策書之例，先會後盟』者，上言會，下言盟。唯盟不會者，直言及。此爲不行會禮，故言及也。」春秋異文箋云：「會與及，三傳各有義例。此經，左氏作『會』，公、穀作『及』，或由聲誤。」趡者，杜云：「魯地。」春秋大事表云：「在今兖州府泗水、鄒縣之間。」○注「本失」至「無絶」。○本失爵在名例者，舊疏云「正以隱元

〔一〕「日」字原脱，叢書本同，據公羊注疏校補。

年得褒乃書字故也。」朝桓公稱人者，上十五年「邾人、牟人、葛人來朝」，傳曰：「夷狄之。」注：「桓公行惡，而三人俱朝事之，故夷狄之。」是也。儀父先與隱公盟，即隱元年「公及邾婁儀父盟于眛」是也。傳云：「此其爲可褒奈何？漸進也。」注：「譬若隱公受命而王，諸侯有倡始先歸之者，當進而封之，以率其後者。」宿與滕、薛猶先，故爲元功之臣也。有誅無絶者，舊疏云「有誅，十五年稱人」是也。「無絶，今還其字，無絶其功」是也。通義云：「復稱字者，尋眛之盟，終隱之志，明君子與人爲善，當始終之也。于眛不日，于趡日者，下與宋、衛共伐之，惡桓公不信。」

○**五月，丙午，及齊師戰于奚。**【注】夏者，陽也。月者，陰也。去夏者，明夫人不繫於公也。此戰蓋由桓公曰「同非吾子」云爾。【疏】唐石經、閩本、監本、毛本、宋本同。石經、宋本左傳亦無「夏」字，與彼序疏合。按：此與左氏應無「夏」字。石經考文提要云：「春秋左傳桓公十七年『五月，丙午，及齊師戰于奚』，監本五月上有「夏」字。按，正義云『桓十七年無夏』，以此起例，足徵本無。今從唐石經。」春秋集解、春秋集注：「五月經書『丙午，及齊師戰于奚』，歷推五月無丙午，六月之六日，四月之五日也。」通義云：「『得與二月俱有丙午者，師説以爲上丙午二月晦，此丙午五月朔也。晦不言晦，朔不言朔，詞無所美，殺而不繫。」按：春秋書朔不書晦，公羊之例也。王氏言之詳矣。杜云：「奚，魯地。」大事表：「在今兖州府滕縣南奚公山下有奚邑。」水經注：「夏車正奚仲之國也。」沈氏欽韓云：「水經只云漷水西逕薛縣故城北，地理志曰『夏車正奚仲之國』，無奚邑之目。」穀梁傳作「郎」，春秋異文箋曰：「韻補以七之韻頤宧二字入陽韻，以其有養音也。支脂之微齊佳皆灰咍，古音同爲一部。七之韻字既得轉入陽韻，則齊韻之通唐亦其類也。穀梁奚作郎，亦方音之轉。」按：齊、微部内字，古不與陽、唐韻通，趙説非是。此或傳寫之譌，或一地二名，不必强爲附合也。○注「夏者」至「公也」。○繁露十指云：「木生火，火爲夏，天之端，一指也。」蓋夏者陽，故爲天端。夫者妻之天，妻不繫於夫，故去夏爲戒也。彼又云：「木生火，火爲夏，則陰陽四時之理相受而次矣。」不然，則四時皆可去時，何獨取諸夏以張義哉？○注「此戰」至「云爾」。○見莊元年傳。此何氏以意言之，故云「蓋爲疑辭也」。舊疏云：「姜氏三年至魯，六年莊公生桓公，何云『同非吾子』？蓋夫人譖之也。」

○**六月，丁丑，蔡侯封人卒。**【疏】六月無丁丑，曆爲七月之七日、五月之六日。

○**秋，八月，蔡季自陳歸于蔡。**【注】稱字者，蔡侯封人無子，季次當立。封人欲立獻舞而疾害季，季辟之陳。封人死，歸反奔喪，思慕三年，卒無怨心，故賢而字之。出奔不書者，方以起季奔喪歸，故使若非出奔歸。不稱弟者，見季不受父兄之尊，起宜爲天子大夫。天子大夫不得與諸侯親通，故魯季子、紀季皆去其氏。唯卒以恩録親，季友、叔肸卒是也。【疏】注「稱字」至「字之」。○史記管蔡世家云：「桓侯二十年卒，弟哀侯獻舞立。」知封人無子也。季事，何氏或别有所見。左傳云：「蔡桓侯卒，蔡人召蔡季于陳。」杜云：「桓侯無子，故召季而立之。季内得國人之望，外有諸侯之助，故書字以善得衆，稱歸以明外納。」則以季即獻舞。故莊十年杜注云：「獻舞，蔡季也。」按：如左傳所記，獻舞始則弗賓息嬀，致師喪身虜，復嗾楚滅息，國又被圍，昏庸甚矣，何嘉之有？明蔡季與獻舞非一人也。○注「出奔」至「奔歸」。○蔡季不容於封人而出，故知出奔。書出奔嫌季子以罪出，故但書自陳歸。若非出奔歸，起其以奔喪歸也。閔二年「季子來歸」，亦不書其出，彼自以内大夫出與歸不兩書也。○注「不稱」至「是也」。○校勘記云：「鄂本無下『天子大夫』四字，非也。」天子上大夫例稱五十字，次大夫例稱二十字，下大夫繫官氏名且字。此稱季，五十字也，故云「起宜爲天子大夫」。王朝之臣，不與諸侯親屬通，故不稱弟也。魯季子、紀季去氏者，閔元年「季子來歸」、莊三年「紀季以酅入于齊」是也。唯卒以恩録親，季友、叔肸卒者，僖十六年「公子季友卒」、宣十七年「公弟叔肸卒」是也。若然，禮記大傳云：「族人不得以其戚戚君。」故穀梁隱七年、桓十四年傳並云：「諸侯之尊，弟兄不得以屬通。」如此注，則非天子大夫得稱弟者矣。公羊以春秋變文從質，質家親親，故母弟稱弟，母兄稱兄，係道春秋制，不必與周制同也。

○癸巳，葬蔡桓侯。【注】稱侯者，亦奪臣子辭也。有賢弟而不能任用，反疾害之而立獻舞，國幾并於蠻荆，故賢季抑桓稱侯，所以起其事。【疏】注「稱侯」至「辭也」。○左疏引劉、賈、許云：「桓卒而季歸，無臣子之辭也。」故不稱公。通義云：「葬不稱公者，桓公生不能防正其姑姊妹，使淫於陳佗；外内亂有滅道，故不與臣子辭也。五等諸侯皆得以公配謚，本周之舊制，若魯考公、煬公、齊丁公是也。然書有文侯之命篇，則亦有謚配爵者。据史記，蔡之諸君始終稱侯。前此考父亦稱宣侯，後此申亦稱文侯，固亦稱景侯，春秋則斷以葬從主人之例，悉更之曰公。唯此存其故稱，我無加損焉，而義固已貶矣，亦所謂因其可貶而貶之。蓋春秋雖假文王之法，顧視諸侯不可以屢黜陟也，故褒之進爵者，自隱而後無聞焉；貶之降號者，自蔡、杞而外無見焉，猶託始之意耳。是其治諸夏也，同姓先蔡，異姓先杞。二王者之後最先封，姬姓之在列者莫長於文王之子，文王之子莫長於蔡，是以獨於此先見法也。」○注「有賢」至「其事」。○莊十年，「荆敗蔡師于莘，以蔡侯獻舞歸」是也。

○及宋人、衛人伐邾婁。

○冬，十月，朔，日有食之。【注】是後，夫人譖公，爲齊侯所誘殺。去日者，著桓行惡，故深爲内懼其將見殺無日。【疏】包氏慎言云：「冬十月書『朔，日有食之』，無日。穀梁例，言朔不言日，食二日也。小餘七百三十六。」通義云：「趙子常以爲言朔不言日者，穀梁夜食之例，當移施於此。」沈氏欽韓云：「元史曆志大衍曆推得在十一月交分入食限，失閏也。」○注「是後」至「誘殺」。○見下十八年。○注「去日」至「無日」。○舊疏云：「若以隱三年傳言之，即某月某日朔日有食之者，食正朔。若言某月某日日有食之者，謂二日食也。若言某月日有食之者，謂食在晦也。今此言朔而不書日，故此解之。」漢書五行志云：「董仲舒以爲，言朔不言日，惡桓且有夫人之禍，將不終爲君也。」繁露玉英所云「魯桓忘其憂，而禍逮其身」是也。

〇十有八年，春，王正月，公會齊侯于濼。【疏】通義云：「桓公之會，皆危月之，卒以會齊殞其身。春秋所危，於此驗矣。可以見日月之例，非徒施也，將使後之覽者，知篡弒得位則動作皆危，有萌篡弒之心者，必且懼而自沮，此即垂教之大者。」濼者，説文水部：「濼，齊魯閒水。」杜云：「濼水在濟南歷城縣西北，入于濟。」水經注濟水篇：「濟水又東北，濼水入〔一〕焉。水出歷城縣故城西南，泉源上奮，水涌若輪，春秋『公會齊侯于濼』是也。俗謂之爲娥姜水，以泉源有舜妃娥英廟故也。其水北爲大明湖。」方輿紀要：「小清河在濟南府城北，即濼水也。」大事表云：「濼，即今之小清河。」志云：「濟之南源也。」源發趵突泉，在濟南府城西南，濟水伏流重發處，逕城北而東，大明湖自城北水門流入焉。又東北逕華不注山陽，合華泉，又東北入大清河，即濟瀆焉。

〇公夫人姜氏遂如齊。【疏】鄂本「公」下有「與」字，涉左、穀二傳而衍也。按：此傳云：「公何以不言及？」又繁露順命云：「妻不奉夫之命，則絶夫不言及。」是公羊本作「公夫人姜氏遂如齊」也。若有

〔一〕「入」，原訛作「出」，叢書本同，據水經注校改。

「與」字，「與」與「及」義同，不得特發夫人外公之傳矣。通義云：「檢前後經例，但有暨、及，更無與文，知此直言公夫人是也。不言及，不言暨，兩之之詞。」

公何以不言及夫人？【注】据公及夫人姜氏會齊侯于陽穀。【疏】注「据公」至「陽穀」。○見僖十一年。

夫人外也。【注】若言夫人，已爲公所絶外也。【疏】注「若言」至「外也」。○下傳云「其實夫人外公」，此言「夫人外」，故「若言夫人爲公所絶外也」。

夫人外者何？内辭也。【注】内爲公諱辭。【疏】注「内爲公諱辭」。○實夫人外公，而經作公外夫人辭，故知内爲公諱也。

其實夫人外公也。【注】時夫人淫於齊侯而譖公，故云爾。言遂者，起夫人本與公出會齊侯于濼，故得并言遂如齊。不書夫人會，書夫人遂者，明遂在夫人。齊侯誘公使遂如齊，以夫人譖公故。【疏】注「時夫」至「云爾」。○見莊元年傳。○注「言遂」至「如齊」。○杜云：「公本與夫人俱行至濼，公與齊侯行會禮，故先書會濼；既會而相隨至齊，故曰遂。」范云：「遂者，繼事之辭。」○注「不書」至「公故」。○史記魯世家云：「十八年，公將有行，遂與夫人如齊，申繻諫止，公不聽，遂如齊。齊襄公通桓公夫人，公怒。夫人以告齊侯。」据彼文，齊侯至此始通夫人譖公，則無爲先誘，與公羊異。上十七年舊疏云「或云蓋在齊之日已共私通」是也。穀梁傳云：「濼之會，不言及夫人，何也？以夫人之伉，弗稱數也。」明濼之會夫人實在，書遂如齊，不書會濼，明遂在夫人，桓不能制也。

○夏，四月，丙子，公薨于齊。【注】不書齊誘殺公者，深諱恥也。地者，在外爲大國所殺，於國尤危。國重，故不暇隱也。【疏】包氏慎言云：「夏四月有丙子，曆四月有丙午，無丙子。」史記魯世家：「夏四月丙子，齊襄公饗公，公醉，使公子彭生抱魯桓公，因命彭生摺其脅，公死於車。」繁露玉英云：「魯桓公忘其憂，而禍逮其身。」○注「不書」至「恥也」。○舊疏云：「如此注者，正決昭十一年『楚子虔誘蔡侯般，殺之于申』之文也。」杜云：「不言戕，諱之也。」范云：「夫人與齊謀殺之，不書，諱也。」○注「地者」至「隱也」。○各本「尤」作「此」，依鄂本正。舊疏云：「魯侯被殺，例不舉地，故隱公、閔公直言薨而已。今此言齊，故如此解。」按：穀梁傳云：「其地，於外也。」君戕於外，於國危甚，國重君輕，故以國危爲重，以諱君恥爲輕也。隱、閔不地，自緣不忍言地，臣子辭也。

○丁酉，公之喪至自齊。【注】凡公薨外致日者，危痛之。外多窮厄伐喪，內多乘便而起，不可不戒慎。加之者，喪者死之通辭也，本以別死生，不以明貴賤，非配公之稱，故加之以絕。【疏】包氏慎言云：「四月又有丁酉，曆四月之朔日爲丁酉。丙子爲桓公卒于齊之日，丁酉爲喪至之日。喪至在四月朔，則公以三月卒矣。三月之十日，丙子也。」○注「凡公」至「戒慎」。○舊疏云：「定元年『夏，六月，癸亥，公之喪至自乾侯』之屬是也。」彼書曰，亦危痛之義也。○注「加之」至「以絶」。○校勘記云：「『生死』，宋本同，蓋誤。鄂本、閩、監本、毛本皆作『死生』，是也。」禮喪服鄭目録云：「不忍言死而言喪。喪者，棄亡之辭，若全存於彼焉，己棄亡之耳。」白虎通崩薨〔一〕云：「天子下至庶人，俱言喪何？欲言身體髮膚，俱受之父母，其痛一也。」是喪爲死之通稱，上下同之，不以明貴賤也。若言公喪至自乾侯，嫌喪爲諸侯專稱，故加之以絶，明非配公之稱也。

○秋，七月。

○冬，十有二月，己丑，葬我君桓公。

賊未討，何以書葬？【注】据隱公也。【疏】包氏慎言云：「十二月，書己丑葬桓公，曆閏月之二十七日也。」按：閏當明年閏正月，此己丑於曆爲十一月之二十七日也。○注「据隱公也」。○隱十一年傳云：「何以不書葬？隱之也。」隱、閔皆不書葬，隱在前，故專据隱也。

〔一〕「崩薨」，原誤記爲「喪服」，以下引文實出於崩薨篇，據校改。

讎在外也。讎在外，則何以書葬？【注】据俱讎也。【疏】注「据俱讎也」。○隱十一年〔一〕傳云：「君弒，賊不討不書葬，以爲無臣子也。」明亂臣賊子人人得讎，所謂君父之讎不共戴天是也。不能討，則不與臣子葬辭，意舉國皆當絶也。

君子辭也。【注】時齊强魯弱，不可立得報，故君子量力，且假使書葬。於可復讎而不復，乃責之，諱與齊狩是也。桓者，謚。禮，生有爵，死有謚，所以勸善懲惡也。禮，諸侯薨，天子謚之。卿大夫受謚於君，唯天子稱天以誄之。蓋以爲祖祭乃謚，「丁酉，公之喪至自齊」、「丁巳，葬我君定公。雨，不克葬。戊午日下昃，乃克葬」是也。以公配謚者，終有臣子之辭。上葬日者，起生者之事也，且明王者當遣使者與諸侯共會之。加我君者，録内也，猶君薨地也。【疏】繁露俞序云：「春秋緣人情，赦小過，而傳明之曰『君子辭也』。孔子明得失，見成敗，疾時世之不仁，失王道之體，故因行事赦小過，傳又明之曰『君子辭也』。」按：君子即作春秋者，謂孔子也。哀十四年傳：「君子曷爲爲春秋？」又云：「其諸君子樂道堯舜之道與？末不亦樂乎堯舜之知君子也？」又云：「以君子之爲，亦有樂乎此也。」凡傳文稱君子，皆是也。○注「時齊」至「書葬」。○穀梁傳曰：「君弒賊不討不書葬，此其言葬，何也？不責踰國而討于是也。」范云：「時齊强大，非己所討，君子即而恕之，以申臣子之恩。」用公羊義也。通義云：「親弒君者，彭生也。時魯人請於齊而誅彭生，臣子之心亦少紓矣，故以恕辭葬之。」知不然者，彭生雖手弒魯桓，係受其君使，抑勒不

〔一〕「十一年」，原誤記爲「元年」，叢書本同，據公羊傳校改。

足罪。主使者，齊襄也，當以齊襄坐首。齊襄之讎不報，雖殺彭生何益焉？何氏以爲量力，且假使書葬，得君子辭之義矣。孔説非是。○注「於可」至「是也」。○莊四年「冬，公及齊人狩于郜」，傳：「公曷爲與微者狩？齊侯也。齊侯則其稱人何？諱與讎狩。」是也。○注「桓者，謚」。○周書謚法解：「辟土開疆曰桓。」○注「禮生」至「惡也」。○御覽引大戴禮云：「周公旦、太師望相嗣王，作謚法。謚者，行之迹也；號者，功之狀也；服者，位之章也。是以大行受大名，細行受小名。行出於己，名出於人。謚，慎也。以人行之始終悉慎録之，以爲名也。」白虎通謚篇：「謚者何也？謚之爲言引也，引列行之迹也。所以進勸成德，使上務節也。故禮郊特牲曰：『古者生無爵，死無謚。』此言生有爵，死當有謚也。」藝文類聚〔一〕引古史考云：「禮，待葬而謚，所以尊名也。其行善惡爲謚，所以勉爲善也。」穀梁傳曰：「桓公葬而後舉謚。謚所以成德也，於卒事乎加之矣。」注：「謚者，行之迹，所以表德人之終卒，事畢於葬，故於葬定稱號也。昔武王崩，周公制謚法，大行受大名，小行受小名，所以勸善而懲惡。」禮記表記云：「先王謚以尊名，節以壹惠，恥名之浮於行也。」注：「謚者行之迹〔二〕也，名者謂聲譽也，言先王論行以爲謚。以尊名者，使聲譽可得而尊信也。壹讀爲一。惠猶善也。言聲譽雖有衆多者，即以其行一大善者爲謚耳。在上曰浮。君子勤行成功，聲譽踰行是所恥。」按：禮士冠禮〔三〕注云：「古，謂殷。殷士生不爲爵，死不爲謚。周制以士

〔一〕「藝文類聚」，原誤記爲「御覽」，叢書本同，以下引文實出自藝文類聚，據改。
〔二〕「迹」，原訛作「節」，叢書本同，據禮記正義校改。
〔三〕「禮」，原訛作「記」，叢書本同，據禮記正義校改。

爲爵，死猶不爲謚耳。」周禮小宗伯云：「賜卿大夫士爵，則儐。」是則周時以士爲爵而不爲謚，則生有爵者死即有謚。殷以前制，殷時大夫乃爲爵也。春秋變周從殷，故曰生有爵，死有謚。郊特牲注亦云：「古，謂殷。大夫以上乃謂之爵，死有謚也。」○注「禮諸」至「謚之」。○白虎通謚篇云：「諸侯薨，世子赴告于天子。天子遣大夫會其葬而謚之何？幼不誄長，賤不誄貴，諸侯相誄，非禮也。臣當受謚于君也。」曾子問注云：「禮，當謚於天子也。天子乃使大夫賜之謚。」釋名釋典藝云：「古者諸侯薨時，天子論行以謚之。當春秋時，周室卑微，臣謚其君，子謚其父，故諸侯之謚多不以實也。」禮記曲禮云：「既葬，見天子曰『類見』，言謚曰『類』。」疏引王肅説云：「請謚於天子，必以其實爲謚，類於平生之行也。」穀梁注：「諸侯薨，天子謚之。」隱三年傳：「天子記崩不記葬，必其時也。諸侯記卒記葬，有天子存，不得必其時也。」亦以諸侯須請謚乃葬也。其禮，則曲禮注云：「使大夫行象聘問之禮也。」言謚者，序其行及謚所宜。其禮亡，疏引：「何胤〔一〕云：類其德而稱之，如經天緯地謂之文也。今案，鄭旨謂吉時遣大夫行則曰聘，今請謚使大夫不得曰聘，而名曰類，言類象聘而行此禮也。」若然，襄十三年左傳楚子囊爲共王作謚者，春秋亂世，不能如禮，且楚僭王已久，尤非天子所得命謚矣。○注「卿大」至「於君」。○周禮大史職「小喪賜謚」，鄭注：「小喪，卿大夫也。」又小史云：「卿大夫之喪賜謚讀誄。」彼謂天子卿大夫亦受謚於其君矣。白虎通謚

〔一〕「胤」，原作「允」。阮元校十三經注疏爲避雍正皇帝胤禛名諱，改「胤」爲「允」。今恢復本字。以下徑改，不出校。

篇云：「卿大夫老歸死有謚何？謚者，所以別尊卑、彰有德也。卿大夫歸，無過，猶有禄位，故有謚也。」則在位者有謚明矣。故禮記檀弓云：「公叔文子卒，其子戍請謚于君，曰：『日月有時，將葬矣。請所以易其名者。』」隱八年，無駭卒，左傳：「羽父請謚與族。」穀梁注：「卿大夫卒，受謚於其君。」是也。○注「唯天」至「誄之」。○白虎通謚篇云：「天子崩，大臣至南郊謚之者何？以爲人臣之義，莫不欲褒稱其君、掩惡揚善者也。故之〔一〕南郊，明不得欺天也。故曾子問：『孔子曰：天子崩，臣下之南郊，告謚之。』」按：曾子問曰：「賤不誄貴，幼不誄長，禮也。唯天子稱天以誄之。」注：「以其無尊焉。春秋公羊説以爲讀誄制謚於南郊，若云受之於天然。」通典〔二〕引五經通義云：「大臣吉服之南郊告天，還，素服，稱天而謚之。」穀梁注云：「禮，天子崩，大臣稱天命以謚之。」彼疏亦引公羊説證之。曾子問注又云：「誄，累也。累列生時行迹，讀之以作謚，謚當由尊者成故也。」○注「蓋以」至「是也」。○「昃」，宋本同。閩本、監本、毛本「昃」作「昃」。白虎通謚篇云：「士冠經曰：『死而謚之。今也所以臨葬而謚之何？因衆會，欲顯揚之也。故春秋曰：『公之喪至自乾侯。』昭公死於晉乾侯之地，數月歸，至急，當未有謚也。春秋曰：『丁巳葬，戊午日下昃，乃克葬。』明祖載而有謚也。」按：上經云「公之喪至自齊」，與定元年「公之喪至自乾侯」同一書法，皆未有謚之稱。此云「葬我君桓公」，與彼「葬我君昭公」亦同書，明葬時乃有謚。而定十五年「丁巳，

〔一〕「之」，原訛作「云」，叢書本同，據白虎通校改。
〔二〕「通典」，原誤記爲「御覽」，叢書本同，以下引文實出自通典，御覽無，據改。

葬我君定公。雨，不克葬。戊午日下昃，乃克葬」，是未即墓時已有謚，明祖載時已謚也。白虎通崩薨篇：「祖於庭何？盡孝子之恩也。祖者，始也，始載于庭也。乘軸車辭祖禰，故名爲祖載也。禮曰：『祖於庭，葬於墓。』又曰：『適祖，升自西階。』」禮記檀弓疏：「按，既夕禮啓殯之後，柩遷于祖，重先，奠從，柩從，升自西階，正柩于兩楹間，用夷牀。」鄭注：「是時，柩北首，設奠于柩西，此奠謂啓殯之奠也。質明徹去啓奠，乃設遷祖之奠于柩西。至日側乃卻下柩，載於階間。乘蜃車，載訖，降下，遷祖之奠，設於柩車西，當前束。時柩猶北首，前束近北。前束者，謂棺於車束有前後，故云前束。乃飾柩、設〔一〕披、屬引，徹去遷祖之奠，遷柩向外，而爲行始，謂之祖也。婦人降，即位于階間，乃設祖奠於柩西。至厥明，徹祖奠，又設遣奠於柩車之西，然後徹之，苞牲取下體載之，遂行。此是啓殯之後至柩車出之節也。」所以謂之祖者，禮既夕禮注云：「束棺於柩車。賓出，遂匠納車於階間。」柩從兩楹卻下，載於車，乃迴車南出，是爲祖也。祖，始也，謂將行之始也。檀弓注亦云：「祖謂移柩車去載處，爲行始也。」按：既夕禮設祖奠後，有公賵、賓賵諸儀，賜謚宜在此時，所謂因衆會欲顯揚之也。士無謚，故禮經不及述也。○注「以公」至「之辭」。○穀梁傳：「薨稱公，舉上也。」是公爲臣子尊其君父之稱，故稱公爲有臣子辭也。決隱十一年「不書葬，以〔二〕爲無臣子也。」既書葬，又稱公，是爲終有臣子辭也。○注「上葬」至「事也」。○舊疏云：「考

〔一〕「設」，原訛作「謂」，叢書本同，據禮記正義校改。
〔二〕「以」字原脱，叢書本同，據公羊注疏校補。

諸古本，皆無『上』字，衍文。或者『上葬』爲此上文之葬，若昭三年『葬滕成公』下注云『月者，襄公上葬，諸侯莫肯加禮，獨滕子來會葬，故恩録之』之類也。」按：彼發注於「葬滕成公」之下，故曰上葬。此即在「葬我君桓公」經下，不須言上。蓋上葬日者，謂書日於葬上，明葬爲生者事也。隱十一年傳云：「葬，生者之事也。」此既不責臣子討賊，故以生者之事予之。隱三年傳「過時而日，隱之」，注：「隱痛賢君不得以時葬。」「丁亥，葬齊桓公」是也。桓非賢君，隱之者，明臣子當痛其君父死不以正，不得以時葬也。故注云：「起生者之事。」○注「且明」至「會之」。○白虎通崩薨篇：「臣死亦赴告於君何？此君哀痛於臣子也，欲聞之加賻贈之禮。」故隱三年注云：「記諸侯卒葬者，當加之以恩禮，故爲恩録。」按：隱元年左傳「衛侯來會葬」，杜云：「諸侯會葬，非禮也。」昭三十年〔一〕左傳：「先王之制，諸侯之喪，士吊，大夫送葬。」昭三年左傳稱文襄之霸，「君薨，大夫吊，卿共葬事」，皆無諸侯會葬之文，則左氏家不謂諸侯共會也。既夕禮有「公賵玄纁束，馬兩」事，此諸侯薨，明王者亦當遣使也。○注「加我」至「地也」。○莊三十二年「公薨于路寢」，注：「在寢地，加録内也。」是也。穀梁傳「葬我君，接上下也」，注：「言我君，舉國上下之辭。」按：各國稱葬某某公，魯不得但書葬某公，嫌與葬某王同，故加「我君」以録内也。春秋内魯，故言我。

〔一〕「三十年」，原誤記爲「十三年」，叢書本同，引文出自昭三十年，據左傳校改。

公羊義疏十七

南菁書院　句容陳立卓人著

莊元年盡二年

○春秋公羊經傳解詁莊公第三【疏】釋文但題「莊公第三」，餘卷準此。史記魯世家：「桓公六年，夫人生子，與桓公同日，故名曰同。同長，爲太子。十八年，魯立太子同，是爲莊公。」釋文：「謚法，勝敵克亂曰莊。」左疏引作「勝敵克壯曰莊」。

○元年，春，王正月。

公何以不言即位？春秋君弒子不言即位。【疏】唐石經、諸本同。釋文作「君殺，申志反。下皆同」。通義云：「目春秋者，時君自行即位之禮，特春秋不言耳。君弒賊不討不書葬，以義治也；君弒子不言即位，以仁治也。二者並是春秋新義，俗儒猥云不行即位之禮，故不書，是猶以春秋爲魯之史，非君子之經矣。」舊疏亦云：「言春秋者，欲道孔子意，春秋之內皆爾，非止此處，故舉其大號言之，是以僖元年傳云：『公何以不言即位？繼弑君，子不言即位。此非子也，其稱子何？臣子一例也。』然則宣公之傳不言子，直以其無臣子之道，不念其君父，亦不由宣公非子赤之子，故不言子也。」

君弑則子何以不言即位？【注】据繼君不絶也。【疏】注「据繼君不絶」。○説文糸部：「繼，續也。」玉篇：「紹，繼也。」大夫不世，諸侯世，父死子繼曰世，故不絶也。

隱之也。孰隱？隱子也。【注】隱痛是子之禍，不忍言即位。【疏】注「隱痛」至「即位」。○隱三年注：「隱，痛也。」親父被戕，禍莫大焉，故爲子痛，不忍書其即位。穀梁傳：「繼弑君不言即位，正也。繼弑君不言即位之爲正何也？曰：先君不以其道終，則子不忍即位也。」是也。舊疏云：「莊公踰年之後，合稱成君，而言子者，凡諸侯於其封内三年稱子故也。若〔一〕表臣子之心，不可曠年無君，故乃稱公耳。」然則莊公之行即位禮與否，固不可知，聖人以春秋治之，則不忍即位也，故不書。

○三月，夫人孫于齊。

孫者何？孫猶孫也。【注】孫，猶遁也。【疏】通義云：「猶孫也者，猶遜讓之遜也。諱若自讓其位而去。」舊疏云：「凡言孫者，孫遁自去之辭。今此言孫，與尚書序云『將孫于位，讓於虞舜』義同，故言孫

〔一〕「若」，原訛作「其」，叢書本同，據公羊注疏校改。

猶孫也，猶彼文也。」○注「孫，猶遁也」。○説文辵部：「遜，遁也。」段氏玉裁注云：「六經有『孫』無『遜』。大雅『孫謀』，聘禮『孫而説』，學記『不淩節而施之謂孫』，論語『孫以出之』，皆『愻』之叚借也。春秋『夫人孫于齊』，詩『公孫碩膚』，尚書序『將孫于位』，皆逡遁遷延之意。故穀梁云：『孫之爲言猶孫也。』公羊云：『孫猶孫也。』何云：『孫猶遁也。』鄭箋云：『孫之爲言孫遁也。』釋言曰：『遜，遁也。』釋名：『孫，遜也。遜遁在後生也。古就孫義引申。卑下如兒孫。非別有遜字也。』至部臸字下云：『从至，至而復孫[一]』。孫，遁也。』此亦有孫無遜之證。」何義蓋以上「孫」爲謙遜，下「孫」爲遁孫，故云猶也。舊疏謂「欲解彼此之孫[二]，皆爲孫遁自[三]去之義」，恐非。

内諱奔，謂之孫。【注】言于齊者，盈諱文。【疏】通義云：「諱奔謂孫，乃公與夫人通例。此承上文兼説之也。」舊疏云：「据百二十國寶書以爲春秋，非獨魯也。而言内者，託王於魯，故言内，猶言内其國、外諸夏之義也。然則内魯爲王，王者無出奔之義，故謂之孫。而僖二十四年『冬，天王出居于鄭』言出者，彼傳云：『王者無外，此其言出何？不能乎母也。』注：『不能事母，罪莫大于不孝，故絶之言出也。』」然則彼天王合絶，故書出，不天子之也。穀梁亦曰：「諱奔也。」○注「言于」至「諱文」。○舊疏云：「凡言于某者，

〔一〕「从至，至而孫」句，原訛作「从玉，玉至復孫」，叢書本同，據説文校改。
〔二〕「復孫」二字原脱，據説文校補。
〔三〕「自」，原訛作「月」，叢書本不誤，據改。

從此往彼之辭，今此夫人實非始往而言于齊，與『公孫于齊』文同者，盈滿其諱文，若今始然也。」

夫人固在齊矣，其言孫于齊何？【注】据公、夫人遂如齊，未有來文。【疏】注「据公」至「來文」。○公、夫人遂如齊，在桓十八年。若有來文，當如文九年「夫人姜氏如齊」下言「夫人姜氏至自齊矣」。下二年注云：「不致者，本無出道，有出道乃致，奔喪致是也。」彼注即据文九年爲説，似此可不致。而云未有來文者，舊疏云：「夫人如齊之時，得公之命，非無出道，故如此解也。」按：詩齊風南山序箋云：「夫人久留于齊，莊公即位後乃來。」左傳云：「不書即位，文姜出故也。」是夫人固在齊也。詩疏云：「其來年月，三傳無文。」「何氏及賈逵、服虔皆以爲，公憂思少殺，念及於母，以其罪重，不可以反之，故書『孫于齊』。其實本未歸也。至二年『夫人會齊侯于禚』，是從魯往之，則於會之前已反魯矣。服虔云：『蓋魯桓之喪從齊來。』以文姜爲二年始來也。惟杜預以爲莊公元年歲首即位之時，文姜來〔一〕，公以母出之故，不忍即位，文姜於時感公意而來。既至，爲魯人所尤，故三月又孫于齊。謂文姜來而復出，非先在齊。」與前儒説異，不可從也。按：左傳明云「文姜出」，杜氏必欲故違三傳及先儒之説，因謂其二月反。孔穎達依回其解，似若留此二月餘時爲杜、孔藉口者，而又增餙姜氏感公意而反，魯人尤之而孫諸節，殊不可解。

念母也。【注】固在齊而書孫者，所以起念母也。【疏】注「固在」至「母也」。○通義云：「將以來月練祭，

〔一〕「來」上原衍一「未」字，叢書本同，毛詩正義無，據删。

莊公感母[一]在齊，念而迎之。左傳曰：『元年春，不稱即位，文姜出故也。』雖失經意，然彼据魯史，可見夫人實非三月始孫矣。至是始書者，前與桓公如齊，公弑，懼爲國討，留齊未返。本非出奔，孫文無所施，今將迎而反之，乃著之曰，是時固孫于齊也。不言其迎者，義不當迎，君子削之也。然自孫後更無復文，而下書會，書饗，書如齊師，其見迎而復也明矣。所謂没其文而不没其實。詩疏引服虔云：「桓公之喪至。是年三月期而小祥，公念及於母，不可以反，故書孫于齊。其實先在齊，本未歸也。」亦用何義。魏書竇瑗傳引服云：「文姜通於兄齊襄，與殺公而不反。父殺母出，隱痛深諱，期而中練，思慕少殺，念至於母，故經書『三月，夫人孫于齊』。」「瑗又曰：尋注義，隱痛深諱者，以父爲齊所殺，而母與之，隱痛父死，深諱母出。」

正月以存君，念母以首事。【注】禮，練祭取法存君。夫人當首祭事。時莊公練祭，念母而迎之，當書迎，反書孫者，明不宜也。【疏】通義云：「公孫，則正月書其所在，以存君也。夫人孫，則接練時録母之變，以念母也。自卒哭而祔，比至于練，間無他祭。莊公即位，首舉此祀事，故曰首事。」案：正月以存君，即謂此年書「元年，春，王正月」也。莊公不書即位，故書「正月以存君」，明已即位，與定元年之不書正月異，彼即位後也。孔説正月存君，非是存君者。襄二十九年注云：「正月，歲終而復始，臣子喜其君父與歲終而復始，執贄存之。」莊公於去年桓公薨後，即已定位，正月君雖不忍即位，臣子不能不執贄存之

[一]「母」字原脱，叢書本同，據公羊通義校補。

也。夫人當首事者，公時尚未婚娶，故君母首祭事也。○注「禮練」至「宜也」。○存，如禮記祭義「致〔一〕愛則存」之存，彼疏〔二〕云：「孝子致極愛親之心，則若親之存也。」禮記喪服小記云：「故期而祭，禮也。」注：「此謂練祭也。禮，正月存親，親亡至今而期，期則宜祭。」疏：「孝子之喪親，應感時之氣，歲序改易，隨時傷感，故一期而爲練祭，是孝子存親之心，故云禮。」詩疏引服虔、賈逵云：「桓公之喪至，是年三月期而小祥，公憂思少殺，念及於母。」鄭氏小記注引此「正月存親」事，則與何、賈、服並同矣。襄二十九年傳「正月以存君也」，彼爲襄公在楚，故特發此傳。此練祭亦是臣子痛君父没已踰年，禮而存之，與正月存君同也。穀梁傳：「接練時，録母之變，始人之也。」注：「於練時，感夫人不與祭，故始以人道録之。」經義述聞：「傳言録者，閔録之也。人之者，仁之也。謂於練時，閔夫人之不與祭，於是始仁之也。公羊言念母，此言仁之，其義一也。」左疏駁之，謂：「期月而練，桓公以往年四月薨，至今年三月未得一期，何故已得爲練？」不知練應四月，時已三月，宜先宿戒，故下注云「月者，起練祭左右」，孔疏所云未足以難穀梁也。傳云念母，必行練時乃許念乎？俞云：「何氏此解，甚爲違失傳言正月以存君。不言練祭以存君，乃曰練祭取法存君，一失也。練祭，莊公主之，非夫人主之，乃曰『夫人當首祭事』，二失也。經明書『孫于齊』，傳但言念母，不言迎母，乃曰念母而迎之，三失也。然則此傳當作何解？曰：『接練時，録母之變』，此穀梁傳之

〔一〕「致」，原譌作「敬」，叢書本同，據禮記校改。

〔二〕「疏」，原誤記爲「注」，叢書本同，以下引文實出自疏，據校改。

說，公羊無此説也。莊公一篇先書『元年，春，王正月』，繼書『三月，夫人孫于齊』，其書元年春王正月者，明國有君也，所謂正月以存君也。其書三月夫人孫于齊者，明君有母也。春秋記載莊公三十二年之事，以此爲首，蓋推莊公之心，無有更先于此者也，所謂念母以首事也。是時夫人固在齊，而曰孫于齊者，猶曰夫人在齊云爾，亦猶公在乾侯之比，紀其實也。春秋雖託文見義，然先世事實，豈容以意變亂？若使夫人實於此時迎歸，而反書曰孫于齊，是則記載之失實甚矣，何以爲春秋乎？必於三月書之者，是年三月以前無事，其下始書『夏，單伯逆王姬』，故欲書單伯逆王姬而先書夫人孫于齊，正所謂念母以首事矣。」

夫人何以不稱姜氏？【注】据夫人姜氏孫于邾婁。【疏】注「据夫」至「邾婁」。○見閔二年。

貶。【疏】通義云：「貶去姓者，惡其黷姓。」穀梁傳：「不言氏姓，貶之也。」左傳云「絶，不爲親，禮也」，疏引左氏先儒謂：「莊公絶〔一〕母，不復以之爲親。爲父絶母，得禮，尊父之義，故曰『禮也』。」自是正解。唯杜以爲「宜與齊絶，而復奔齊，故去姜氏以示義」。夫文姜與兄殺君，何止於責？即與齊絶，文姜遂無罪乎？春秋爲臣子明義，故二傳皆責莊公也。而釋例〔二〕又以「莊公當以母淫于齊，而絶其齊親，内全母

〔一〕「絶」，原訛作「繼」，叢書本同，據左傳正義校改。
〔二〕「釋例」，原訛作「辭例」，叢書本同，以下引文實出自杜預春秋釋例，據校改。

子之道，故經不稱姜氏〔一〕。夫責莊公絶其〔二〕，何爲貶去夫人之氏？進退皆失據也。

曷爲貶？【注】据俱以孫爲文。

與弑公也。【疏】唐石經、諸本同。釋文作「與殺」。通義云：「等與弑公，而貶異處者，分别實孫否也。本所以貶夫人者，著其罪，又以惡臣子也。夫人姜氏孫于邾婁，是内絶之之詞，絶之則無惡矣。於其喪歸，乃復以小〔二〕君事之，故惡之於彼。夫人孫于齊，内逆之之詞也。自後遂終以小君事之，故惡之於此，後不待貶矣。」按：詩疏引服虔云：「夫人有與殺桓之罪，絶不爲親，得尊父之義，善莊公思大義，絶有罪，故曰禮也。」賈義同。是皆以弑公罪文姜。而杜氏釋例乃謂「弑公之謀，姜所不與」，又謂「夫子以爲姜氏罪不與弑夫」。即以今律論，姦夫弑死本夫，姦婦雖不知情，尚應繯首。文姜果不知情乎？杜氏直是爲司馬昭、賈充寬解，若曰高貴鄉公之死，成濟弑之耳，而司馬昭即以撫尸一哭，掩其弑君之罪矣。

其與弑公奈何？夫人譖公于齊侯：【注】如其事曰訴，加誣曰譖。【疏】注「如其事曰訴」。○後漢書齊武王縯傳注：「如其事曰訴。」説文言部：「訴，告也。或从言作訴，或从心作愬。」論語顏淵篇「膚受之愬」，注：「愬己之寃也。」漢書五行志引作訴。○注「加誣曰譖」。○後漢書齊武王縯傳注：「加誣言曰譖。」説文言部：「譖，愬也。」論語憲問篇「愬子路於季」，孫集解引：「馬曰：愬，譖也。」左傳成十六年云

〔一〕「其」，殆「齊」之訛。
〔二〕「小」，原訛作「少」，叢書本同，據公羊通義校改。

「郤犨訴公于晉侯」，注：「訴，譖也。」是對文異，散則通也。而譖重於訴。玉篇言部：「譖，讒也。」廣雅釋詁：「譖，諿也。」詩小雅雨無正〔一〕云「譖言則退」，箋云：「有譖毀之言，則共爲排退之。」漢書孫寶傳：「蒙受冤譖。」並有加誣之意。

「公曰：同非吾子，齊侯之子也。」【注】以淫於齊侯所生。【疏】舊疏云：「夫人加誣此言，非謂桓公實有此言。何者？正以夫人之至在桓三年秋，子同之生乃在六年九月故也。」桓十七年舊疏引：「或云，蓋在齊之日，已共私通，魯侯知之，悼恨之言耳。」按：史記齊世家：「齊襄公故嘗私通魯夫人。魯夫人者，襄公女弟也，自釐公時嫁爲魯桓公婦。及桓公來，襄公復通焉。魯桓公知之，怒，夫人以告襄公。」詩南山序云「鳥獸之行，淫於其妹」，箋云：「襄公之妹，魯桓公夫人文姜也。襄公素與淫通。及嫁，公謫之。公與夫人如齊，夫人愬之襄公。」又猗嗟序云：「人以莊公爲齊侯之子。」明非如齊之後始與襄通，或說是也。姦淫之事生於狎處，故知未嫁之前即與淫通，所以人有此語。桓公知而謫之，則此公曰云云，亦可知桓公實有此語。所謂加誣者，姜雖與襄通，同不必即齊侯所生，桓公甚其詞以斥姜耳。若本無此事，公曷爲憑空有此語乎？

齊侯怒，與之飲酒，【注】欲醉而殺之。禮，飲酒不過三爵。【疏】注「欲醉而殺之」。○齊世家：「襄公與魯君飲，醉之。」○注「禮飲」至「三爵」。○禮記玉藻云：「君子之飲酒也，受一爵而色灑如也，二爵而言

〔一〕「正」，原訛作「極」，叢書本同，據毛詩正義校改。

言斯，禮〔一〕，已三爵而油油以退。」鄭注：「禮，飲過三爵則敬殺，可以去矣。」宣二年左傳云：「臣侍君宴，過三爵，非禮也。」蓋禮，飲不過三爵。詩賓筵云：「三爵不識也。」詩疏引異義：「韓詩説：金罍，大夫器也，天子以玉，諸侯大夫皆金，士以梓。」「一升曰爵，爵，盡也，足也；二升曰觚，觚，寡也，飲當寡少；三升曰觶，觶，適也，飲當自適也；四升曰角，角，觸也，飲不能自適，觸罪過也；五升曰散，散，訕也，飲不能自節，爲人所謗訕也。總名曰爵，其實曰觴。」引禮者，蓋桓公不止三爵，因爲酗酒者示戒。

於其出焉，使公子彭生送之，於其乘焉，【注】於其將上車時。【疏】經傳釋詞：「焉，猶也。昭三十二年左傳：『民之服焉，不亦宜乎？』公羊『於其出焉』、『於其乘焉』，定四年『於其歸焉』，焉〔二〕猶也耳。」

搚幹而殺之。【注】幹，脅。搚，折聲也。扶上車，以手搚折其幹。【疏】舊疏云：「此與上『於其乘焉』二句連讀之。」唐石經、宋本、監本、閩本、毛本同。詩南山疏引作「拉幹而殺之」，玉篇引作「拉公幹而殺之」，皆作「拉」。段氏玉裁云：依説文當作「搚」。許云：「摺也。」从手劦聲作搚者，或體也；作拉者，叚借字也。按：史記魯世家作「摺」。范雎傳「折脅摺齒」，鄒陽傳作「摺脅折齒」，漢書作「拉脅折齒」，字異義同。釋文本作「搚」：「音路合反，本又作搚，亦作拉，皆同。」齊世家云：「使力士彭生抱上魯君車，因拉殺

〔一〕「禮」字原脱，叢書本同，據禮記校補。
〔二〕「焉」字原脱，據經傳釋詞校補。

魯桓公。桓公下車則死矣。」詩南山箋作「搚殺之」，疏引：「説文：『搚，捉也。』拉折聲，正謂手捉其脇而折，拉然爲聲，此指言殺狀，故言搚也。」○注「幹，脅」。○各本無此二字，依詩南山疏引補。詩駉傳云：「良馬腹幹肥張也」，疏：「腹，謂馬肚。幹，謂馬脅。」是脅稱幹也。爾雅釋畜「在幹茀方」，郭注：「幹，脅。」國語晉語「聞其骿脅，欲觀其狀」，韋注：「骿，并幹也。」按：釋文：「幹，音古旦反，脇也。」是陸本不脱。○注「搚折」至「其幹」。○舊疏云：「折音如字。」説文辵部：「邋，搚也。」手部：「搚，摺也。」引公羊傳曰：「搚幹而殺之。」又：「拉，摧也。」摧亦有折義。廣雅釋詁：「搚，折也。」文選吴都賦「拉捭摧藏」，注：「拉，頓折也。」又云「菈擸雷硠，崩巒弛岑」，注：「菈擸雷硠，崩弛之聲也。」管子大匡篇：「公子彭生乘魯侯，脅之，公薨于車。」脅即搚也。桓十八年左傳「使公子彭生乘公，公薨于車」，注：「上車曰乘。彭生多力，拉公幹而殺之。」是也。「扶」，宋本作「抶」，誤。

念母者，所善也，則曷爲於其念母焉貶？【注】据貶必於其重。【疏】注「据貶」至「其重」。○僖元年傳云：「夫人何以不稱姜氏？貶。曷爲貶？與弑公也。然則曷爲不於弑焉貶？貶必於其重者，莫重乎其以喪至也。」注：「刑人於市，與衆棄之，故必於其臣子集迎之時貶之，所以明誅得其罪。」是也。

不與念母也。【注】念母則忘父背本之道也。故絶文姜不爲不孝，距蒯聵不爲不順，脅靈社不爲不敬，蓋重本尊統，使尊行於卑，上行於下。貶者，見王法所當誅。至此乃貶者，并不與念母也。又欲以孫爲内見義，明但當推逐去之，亦不可加誅，誅不加上之義。非實孫，月者，起練祭左右。【疏】穀梁傳：「人之於天也，以道受命；於人也，以言受命。不若於道者，天絶之也。不若於言者，人絶之也。臣子大受命。」謂妻當順天道以事夫，文姜弑君，是不順乎天，故天絶之。婦當受夫之命，文姜從齊侯之命以弑夫，是不順乎人，故人絶之。臣子受君父之大命，得貶退夫人，亦此不與念母之意也。○注「念母」至「道也」。○禮記喪服四制曰：「資於事父以事母，而愛同。天無二日，土無二王，國無二君，家無二尊，以一治之也。故父在，爲母齊衰期者，見無二尊也。」謂取父之道以事母，其恩愛雖同，而服制則異，見家無二尊之故。文姜以母弑父，念母，則忘父矣。禮喪服傳曰：「禽獸知母而不知父。」若念母，則但知母矣。○注「故絶」至「不孝」。○舊疏云：「謂貶氏是也。」繁露精華云：「絶母之屬而不爲不孝，義夫！」説苑辨物篇：「絶文姜之屬而不爲不愛其母，其義之盡耶！」經韻樓集云：「或曰：魯文姜之罪若何？曰：以趙盾可書弑例之，春秋据實書之，當曰『夫人弑公于齊』。左氏曰『夫人孫于齊』，不稱姜氏，絶，不爲親禮也。何休説公羊曰：『念母則忘父，背本之道也。』故莊公絶文姜，不爲不孝。烏乎！唐中宗知此可以處武后矣！」○注「距蒯」至「不順」。○宋本、閩本作「聵」，當据正。哀三年傳云：「曼姑受命乎靈公而立輒，以曼姑之義爲固可以距之也。」注「曼姑無惡文者，起曼姑得距之。曼姑，臣也。距之者，上爲靈公命，下爲輒故」者是也。繁露精華云：「辭父之命，而不爲不承親。」説苑辨物作「辭蒯聵之命，不爲不聽其父」，即哀三年傳所謂「不以父命辭王父命」。又云「以王父命辭父命，是父之行乎子也」。禮記疏引異義：「衛輒拒父，公羊以爲孝子不以父命辭王父命，許拒其父。左氏以爲子而拒父，悖德逆倫，大惡也。」鄭氏駁云：「以父子私恩言之，則傷仁恩。」則鄭義亦以公羊所云爲公義，左氏爲私恩也。○注「脅靈」至「不敬」。○莊二十五年傳：「日食則曷爲鼓用牲于社？求乎陰之道也。」注：「求，責求也。以朱絲營社，或曰脅之。」注：「『脅之』與『責求』同義。社者，土地之主也；月者，土地之精也。上繫於天而犯日，故鳴鼓而攻之，脅其本也；朱絲營之，助陽抑陰也。」是脅靈社不爲不敬也。繁露精華云「脅嚴社不爲不敬靈」，説苑作「劫嚴社而不爲不驚靈」。按：繁露、説苑並有出天王而不爲不尊上之語，似並成語。○注「蓋重」至「於下」。○舊疏云：「此蓋，詁爲皆也。」與隱三年「蓋通乎下」之蓋同。漢書禮樂志注：「師古曰：蓋，語辭也。」亦通。周道尊尊，春秋雖改周之文從殷之質，而於重本尊統之義，以上治下，以尊治卑，以義治恩，仍一本周道也。繁露精華云：「故變天地之位，正陰陽之序，直行其道，而不忘其難，義之至也。」是也。○注「貶者」至「當誅」。○包氏慎言云：「不與念母者，絶而奪其母子之恩也。何氏云：『念母則忘父之道也，故絶文姜不爲不孝。』『貶者，見王法所當誅』，是言弑夫者王法所不貸，王誅不加子，當以義斷恩遠之，故不與念母。然則王法者，春秋之法也，文姜幸逃法誅，聖人以春秋之法誅之爾。」○注「至此」至「母也」。○舊疏云：「注言此者，欲道桓十八年公如齊之時不貶意也。」貶於此，罪夫人，并責莊公也。○注「又欲」至「之義」。○舊疏云：「又欲以孫爲内見義者，正言道魯臣子不合誅夫人之意。」定四年疏引「見義下」有「言孫者」三字，當据補。禮疏引：「異義云：『妻甲夫乙毆母，甲見乙毆母而殺乙。公羊説：甲爲姑討夫，猶武王爲天誅紂。』鄭駁之云：『乙雖不孝，但毆之耳，殺之太甚。凡在宫者，未得殺之。殺之，士官也。』」据公羊義，妻得殺不孝之夫，而子不得誅弑父之母者，夫妻以牉合，且敵體，故得討不義。子爲母生，至親也；至親與至尊並，故但推遠之而已。故禮記檀弓云：「子弑父，凡在宫者，殺無赦。」鄭注：「子孫無尊卑，皆得殺之。」孔疏如鄭此注。似父弑祖，子得殺父。然子之於父，天性也，父雖不孝於祖，子不可不孝於父。今云子者因孫而連言之，或容兄弟之子耳。除子以外，皆得殺其弑父之人，亦此類也。○注「非實」至「左右」。○通義云：「公孫日，夫人孫月，尊卑之差也。」按：閔二年「九月，夫人姜氏孫于邾婁」，彼注云：「凡〔一〕公夫人奔例日，此月者，有罪。」然則此有罪書月，正是其例。而言起練祭左右者，見夫人非實孫，特書月以起練耳。但言春，不明也。喪服小記云：「故期而祭，禮也；期而除喪，道也。」注：「此謂練祭也。禮，正月存親。親亡至今而期，期則宜祭。期，天道一變，哀惻之情益衰，衰則宜除，不相爲也。」桓公薨於上年四月，今年四月一期，故爲練祭左右也。謂之練者，所著服也。禮記檀弓：「練，練衣，黄裏縓緣。」注：「小祥練冠〔二〕，練中衣，以黄〔三〕爲内，縓爲飾。黄之色卑於纁。縓，纁之類，明外除。」是小祥著練中衣，故曰練也。

○夏，單伯逆王姬。【疏】左氏作「送」。

單伯者何？吾大夫之命乎天子者也。【注】以稱字也。禮，諸侯三年一貢士於天子，天子命

〔一〕「凡」，原譌作「彼」，叢書本同，據公羊注疏校改。
〔二〕「冠」上原衍一「祭」字，叢書本同，據禮記正義校删。
〔三〕「黄」，原譌作「是」，叢書本不誤，據改。

與諸侯輔助爲政，所以通賢共治，示不獨專，重民之至。大國舉三人，次國舉二人，小國舉一人。【疏】注「以稱字也」。○穀梁傳：「單伯者何？吾大夫之命乎天子者也。命大夫，故不名也。」范云：「諸侯歲貢士於天子，天子親命之，使還其國爲大夫者，不名；天子就其國命之者，以名氏通也。」通義云：「命大夫以名氏書。單伯以伯仲書，推此知大國之卿，與王之上士同秩；其命乎天子者〔一〕，則與中大夫同秩。左氏經云『單伯送王姬』，誤也。經書『單伯會諸侯于鄄』、『單伯如齊』、『單伯至自齊』，并是內大夫之詞。且逆則据往之日書，先行單伯，而後築館可〔二〕也。送則据來之日書，時尚未有以居王姬也，是不可通也。」按：白虎通王者不臣云：「不名者，貴賢者而已。共成先祖功德，加于百姓者也。」春秋「單伯不名」，傳曰：「吾大夫之命于天子者也。」此與命卿異。禮記王制所云「大國三卿，皆命于天子」，是尋常命卿。春秋仍應書名，左傳僖十二年所云「天子之二守國、高在」者也。曲禮下云「國君不名卿老世婦」，注：「以卿老爲上卿。」自謂本國之君不名耳。春秋所不名，自爲貴賢張義也。魯有僤邑，或作闡，疑單伯食采於此者。此與十三年之單伯應一人。文十四年之單伯，或是其子若孫與？○注「禮諸侯」至「一人」。○舊疏云：「皆書傳文。」禮記疏引書傳云：「諸侯之於天子也，三年一貢士，一適謂之好德，再適謂之賢賢，三適謂之

〔一〕「者」字原脱，叢書本同，據公羊通義校補。
〔二〕「可」字原脱，叢書本同，據公羊通義校補。

有功。有功者，天子賜以衣服、弓矢，再賜以秬鬯，三賜以虎賁百人，號曰『命諸侯』。不云『益〔一〕地』者，文不具矣。」又引云：「『貢士一不適謂之過』，注：『謂三年時也。』『再不適謂之敖』，注：『謂六年時也。』『三不適謂之誣』，注：『謂九年時也。』一絀以爵，再絀以地，三絀而地。畢注：『凡十五年。』」潛夫論考績云：「古者貢士一適謂之好德，再適謂之尚賢，三適謂之有功，則加之賞。其不貢士也，一則黜爵，再則黜地，三則爵土俱畢。附下而罔上者死，附上而罔下者刑〔二〕，與聞國政而無益下民者斥，在上位而不能進賢者逐。」漢書武帝紀：「有司奏議曰：古者，諸侯貢士，一適謂之好德，再適謂之賢賢，三適謂之有功，乃加九錫；不貢士，一則黜爵，再則黜地，三而黜爵、地畢矣。」說苑修文云：「諸侯三年一貢士。士，一適謂之好德，再適謂之尊賢，三適謂之有功。有功者天子一賜以輿服、弓矢，再賜以鬯，三賜以虎賁百人，號曰『命諸侯』。命諸侯者，鄰國有臣弒其君，孽弒其宗，雖不請於天子，征之可也。已征而歸其地於天子。諸侯貢士，一不適謂之過，再不適謂之敖，三不適謂之誣。天子黜之，一黜以爵，再黜以地，三黜而地畢。」「諸侯有不貢士者，謂之不率正。不率正者，天子黜之，亦三黜地畢。然後天子比年秩官之無文者而黜之，以諸侯之所貢士代之。」蓋皆本書大傳爲說。禮記射義云：「古者，天子之制，諸侯歲獻貢士于天子，天子試之於射宮。」注：「歲獻，獻國事之書，及計偕物也。三歲而貢士，舊說云：『大國三人，次國二人，小

〔一〕「益」，原訛作「兼」，叢書本同，據禮記正義校改。

〔二〕「附下而罔上者死，附上而罔下者刑」，原訛作「附下而罔上者刑」，叢書本同，據潛夫論校改。

國一人。』」蓋亦用書傳説也。書録引：「白虎通云：三年一貢士者，治道三年有成也。諸侯所以貢士於天子者，進賢勸善者也。天子聘求之者，貴義也。治國之道，本在得賢，得賢則治，失賢則亂。故月令季春三月〔一〕『開府庫，出幣帛，周天下。勉諸侯，聘名士，禮賢者』。有貢者復有聘者何？以爲諸侯貢士，庸才者貢其身，盛德者貢其名，及其幽隱，諸侯所遺失，天子之所昭，故聘之也。」後漢紀孝安皇帝紀〔二〕：「對策云：古者貢士得其人者〔三〕有慶，不得其人者有讓〔四〕。」故漢書元光四年：「徵吏民有明當時之務、習先聖之術者〔五〕，縣次續食，令〔六〕與計偕。」蓋猶取法三代歲獻貢士之意也。按：王制云：「大國三卿，皆命於天子。次國三卿，二卿命於天子，一卿命於其君。」注：「小國亦三卿，一卿命於天子，二卿命於其君。」此文似脱誤耳。白虎通引王度記曰：「子男三卿，一卿命於天子。」然則諸侯之卿命於天子者，大國三人，次國二人，小國一人。故此所貢之數，亦準此與？

何以不稱使？【注】据公子遂如京師，言如者，内稱使之文。【疏】注「据公」至「之文」。○僖三十年

〔一〕「月」，原訛作「日」，叢書本不誤，據改。
〔二〕「後漢紀孝安皇帝紀」，原誤記爲「後漢書魯丕傳」，以下引文出自後漢紀，據校改。
〔三〕「者」字原脱，叢書本同，據後漢紀校補。
〔四〕「讓」，原訛作「罰」，叢書本同，據後漢紀校改。
〔五〕「者」，原訛作「署」，叢書本不誤，據改。
〔六〕「令」，原訛作「會」，叢書本不誤，據改。

「公子遂如京師」是也。凡内稱使則曰如，外内之詞。單伯不言如，故以不稱使爲問。

天子召而使之也。【疏】通義云：「緣親親之義，則我不可受于京師。緣尊尊之義，天子可得召而使我也。故因而不稱使，以爲内殺惡也。春秋之義，以王事辭家事，不以家事辭王事。父之讎不敢不讎也，王命勿讎，則亦不敢讎也。孝子之心，盡其得自盡者而已，所以主王姬無譏，於其狩焉乃譏。」

逆之者何？使我主之也。【注】逆者，魯自往之文。方使魯爲父母主嫁之，故與魯使自逆之。不言于京師者，使魯主之，故使若自魯女，無使受之。【疏】注「逆者」至「受之」。○説文辵部：「逆，迎也。」魯自往迎之也。魯爲父母主嫁，受命於天子，故與其逆，無譏文也。不言於京師，明同魯内女，無使受之者也。逆亦有受義，禮聘禮「衆介皆逆命不辭」，注：「逆猶受也。」是也。猶言單伯受王姬，故無使之文也。

曷爲使我主之？【注】据諸侯非一。【疏】注「据諸侯非一」。○各本「一」作「之」，誤，据鄂本、宋本正。

天子嫁女乎諸侯，必使諸侯同姓者主之；【注】諸侯與天子同姓者。【疏】唐石經「乎」作「于」。史記吕后本紀「魯元公主」注：「如淳曰：公羊傳曰『天子嫁女於諸侯，必使諸侯同姓者主之』，故謂之公主。」按：此自謂嫁女於侯伯以下者耳。若嫁於二王後，當不必諸侯主之。知者，禮記檀弓：「齊穀王姬之喪，魯莊公爲之大功。或曰『由魯嫁，故爲之服姊妹之服』。」然則由諸侯嫁者，則所主諸侯爲之服姊妹服，天子不服可知。天子之女嫁於二王後，得申其私服，則不必就諸侯主之，如諸侯嫁女於諸侯例矣。下四年注云：「天子諸侯絶旁期，天子唯女之適二王後者，恩得申。」是也。

諸侯嫁女于大夫，必使大夫同姓者主之。【注】大夫與諸侯同姓者，不自爲主者，尊卑不敵，其行婚姻之禮，則傷君臣之義；行君臣之禮，則廢婚姻之好。故必使同姓有血脈之屬，宜爲父道，與所適敵體者主之。禮，尊者嫁女于卑者，必待風旨，爲卑者不敢先求，亦不可斥與之者，申陽倡陰和之道。天子嫁女於諸侯，備姪娣如諸侯之禮，義不可以天子之尊絶人繼嗣之路。我主書者，惡天子也。禮，齊衰不接弁冕，仇讎不交婚姻。【疏】下二十七年：「莒慶來逆叔姬。」傳：「大夫越竟逆女，非禮也。」則諸侯嫁女於大夫，亦宜使本國同姓大夫主之矣。○注「不自」至「主之」。○白虎通嫁娶云：「王者嫁女必使同姓諸侯〔一〕主之何？昏禮貴和，不可相答，爲傷君臣之義，亦欲使女不以天子尊乘諸侯也。春秋傳曰：『天子嫁女乎諸侯，使同姓諸侯主之；諸侯嫁女於大夫，使大夫同姓者主之。』必使同姓者，以其同宗共祖，可以主親也，故使攝父事。不使同姓卿主之何？尊加諸侯，爲威厭不得舒也。」後漢書荀爽傳云：「春秋之義，王姬嫁齊，使魯主之，不以天子之尊加於諸侯也。」○注「禮尊」至「之道」。○宋本、閩本、監本、毛本「待」作「持」，誤。鄂本作「待」，當据正。「于」當作「於」。舊疏云：「風，猶放也，言使卑者待己放其命，云有女可嫁，然後卑者乃敢求昏。亦不可斥與之者，亦不可斥言嫁於某國，正以申陽倡陰和之道故也。」

〔一〕「諸侯」二字原脱，叢書本同，據白虎通校補。

按：風猶諷也，猶詩序之風化、風刺，皆謂諭，示不直言也。易泰：「六五，帝乙歸妹。」集解引九家易注：「五者帝位震象，稱乙是爲帝乙。六五以陰居尊位，帝者之姊妹，五在震後，明其爲二也。五應於二，當下嫁二。婦人謂嫁曰歸，故言帝乙歸妹。謂下居二，以中和之道相承，故元吉。」困學紀聞引京氏易傳：「湯嫁妹之辭曰：無以天子之尊而乘諸侯，無以天子之富而驕諸侯。陰之從陽，如女之順夫，本天地之義也。往事爾夫，必以禮義。」皆所以申倡和之道也。詩丰序云：「陽倡而陰不和，男行而女不隨。」失倡和之義矣。○注「天子」至「之路」。○「於」，鄂本、宋本、閩本同。監本、毛本「於」改「于」，非。詩疏引皇甫謐云：「武王五男二女，元女妻胡公，王姬宜爲媵，今何得適齊侯之子？」蓋士安駁毛、鄭語。亦可見天子嫁於諸侯，備姪娣矣。或可以尊故命同族諸侯女爲姪娣與？諸侯不再娶，若其無媵，設適夫人歿，或適無子，則是絶人繼嗣矣。○注「我主」至「子也」。○校勘記云：「鄂本、宋本無我字，同。監本、毛本上有我字，當衍。元本上空一字，此本上有一〔一〕○，今删正。閩本我字重刻，蓋原本亦空缺一字也。按，有我字是也。我主書謂以我爲主之書法書之也〔二〕。我主見上文。」穀梁傳：「其不言如何也？其義不可受於京師也。其義不可受於京師何也？曰：躬君弒於齊，使之主婚姻，與齊爲禮，其義固不可受也。」注：「魯桓親見弒于齊，若天子命使爲主，則非禮大矣。春秋爲尊者諱，故不可受之于京師。」諱之正所以惡

〔一〕「一」字原脱，叢書本同，據阮元校勘記校補。
〔二〕「我主」至「之也」句，原訛脱作「我主謂以我爲主變書法之也」，叢書本同，據阮元校勘記校改補。

之，故不使受之京師，而以我主也。○注「禮齊」至「婚姻」。○穀梁傳曰：「仇讎之人非所以接婚姻也。衰麻，非所以接弁冕也。」何氏所本穀梁，又云：「其不言齊侯之來逆何也？不使齊侯得與吾爲禮也。」魯主齊婚，犯二事，而忘仇之罪尤重耳。

○秋，築王姬之館于外。

何以書？譏。何譏爾？築之，禮也。于外，非禮也。【注】以言外，知有築内之道也。于外，非禮也。禮，同姓本有主嫁女之道，必闕地於夫人之下，羣公子之上也。時魯以將嫁女於讎國，故築于外。【疏】白虎通嫁娶篇引「館」作「觀」。穀梁亦云：「築，禮也。于外，非禮也。」左氏以「于外」爲禮。左疏引鄭箴膏肓云：「宫廟朝廷各有定處，無所館天子之女，故宜築于宫外。」劉氏逢禄曰：「羣公子之舍亦無定制，築于前，何不可之有？魯既不能以父仇辭天子之命，又以衰麻之服爲王姬主婚，此譏之大者。天王既不能爲隱討桓，又不能爲桓討齊，而一則使榮叔追錫弒兄而遭弒之桓公，一則以王姬而下嫁禽獸行之齊襄，又使無行之魯莊公忘讎奪親而爲之主婚，故王不稱天，以示同於吴、楚。此又天討黜周之大者。若僅論同姓主婚之禮，既有父道，則築于子舍之前，以俟親迎之禮，豈得謂之卑王姬乎？」○注「以言」至「禮也」。○穀梁傳云：「主王姬者，必自公門出。」范云：「公門，朝之外門。主王姬者，當設几筵于宗廟，以俟迎者，故在公門之内築王姬之館。」是有築内之道也，否則第書「築王姬之館矣」。曰「於外」，明其非禮也。○注「禮同」至「于外」。○下傳云:「於路寢則不可,羣公子之舍則以卑。」故闕地于夫人之下,羣公子之上也。時魯因嫁女讎國,故于外耳。

于外何以非禮?【注】据非内女。【疏】注「据非内女」。○閩本、監本、毛本「女」作「也」,依鄂本、宋本正。言王姬應殊内女,故据以難。

築于外,非禮也。【注】于,遠辭也。爲營衛不固。不以將嫁于讎國除譏者,魯本自得以讎爲解,無爲受命而外之,故曰非禮。【疏】注「于,遠辭也」。○大戴禮夏小正傳曰:「越,于也。」書大誥云:「大誥猷爾多邦,越爾御事。」王莽大誥作「大告道諸侯王、三公、列侯于女卿、大夫、元士御事」,是「于」有越訓,「越」有遠義,故「于」亦有遠辭也。可知于、於之别矣。○注「爲營衛不固」。○通義云:「申言築于外非禮者,設令國外舊自有館,于外可也,夫有所受之也。今特築之而外,是疏王姬,且營衛不謹,故曰館王姬于外則可,曰築王姬之館于外則不可。」按:孔説非是。傳意,凡同姓主嫁,必酌築於路寢、小寢、羣公子之舍之間,本無在外之道,則不得舊自有館也。楊疏云:「主姬者,必自公門出,今築之於外,則是營衛不固,是輕王女。」是也。申言之者,一則責魯可以仇辭,一則輕王姬故也。○注「不以」至「非禮」。○此駁左、穀二家義也。穀梁以爲「築之外,變之正也」。左傳以爲禮,亦即穀梁義,故杜云:「齊彊魯弱,又委罪於彭生,魯不能讎齊,然喪制未闋,故異其禮〔一〕,得禮之變。」公羊義,魯得以仇爲辭,無爲受命,而又築

〔一〕「禮」字原脱,叢書本同,據左傳正義校補。

于外也。故不以將嫁于讎國除譏也。

其築之何以禮？【注】据禮當豫設。【疏】此道築之通義，非謂魯此之築爲禮也。

主王姬者，必爲之改築。主王姬者，則曷爲必爲之改築？【注】据諸侯宫非一。【疏】注「据諸」至「非一」。○舊疏云：「即下云路寢、小寢之屬是也。」按：下三十二年注云「天子諸侯皆有三寢：一曰高寢，二曰路寢，三曰小寢」是也，非一也。

於路寢則不可，小寢則嫌，【注】皆所以遠別也。【疏】注「皆所」至「別也」。○舊疏云：「於路寢則不可者，謂外内無別。小寢則嫌者，嫌褻瀆。」曲禮疏引此傳，下引何氏説云：「路寢是君聽事之處，不可嫁他女；小寢是夫人所居，天王女宜遠別，不可居也。」今注無此語。白虎通嫁娶云：「所以必更築館者，尊之；不於路寢，路寢本所以行政處，非婦人之居也；小寢，則嫌；羣公子之舍，則已卑矣。故必改築于城郭之内。」穀梁傳云：「於廟則已尊，於寢則已卑，爲之築節矣。」

羣公子之舍，【注】謂女公子也。【疏】注「謂女公子也」。○詩豳風七月云「殆及公子同歸」，亦謂女公子也。禮記曲禮云：「女子許嫁，纓，非有大故，不入其門。」注：「女子有宫者，謂由命士以上也。春秋傳曰：『羣公子之舍，則已卑矣。』」疏：「女子已許嫁，則有宫門，列爲成人。」引公羊傳，證女子有別宫也。然則父子異宫，不獨男子然也。儀禮喪服傳云：「故有東宫，有西宫，有南宫，有北宫，異居而同財。」左傳隱三年有「東宫得臣」是也。宫室之制，前正寢，次燕寢，次夫人正寢及小寢，皆南北相直。諸子所居，當在其旁。則女公子所居，亦當在夫人小寢旁矣。禮士昏禮注：「古者命士以上，年十五父子異宮。」以其十五成童，故女子亦十五許嫁，乃别宮也。昏禮云「祖廟未毁，教于公宮三月」，注：「祖廟，女高祖爲君者之廟。以有緦麻之親，就尊者之宮教之。」彼所謂宮，即天子、諸侯、女公子之宮也。

則以卑矣，【注】以爲太卑。【疏】白虎通、曲禮疏引「以」作「已」。曲禮疏説云：「羣公子，是魯侯之諸女也。魯侯女宮爲卑，不可處王女也。」疑亦何氏説。禮記檀弓注「以」與「已」字本同。何氏作「以」爲説，應作「以」。

其道必爲之改築者也。【注】以上傳言爾，知當築夫人之下，羣公子之上。築例時。【疏】注「以上」至「之上」。○曲禮疏引此注作「築夫人宮下，羣公子宮上」。白虎通嫁娶云：「不使同姓諸侯就京師主之何？諸侯親迎入京師，當朝天子，爲禮不兼。春秋傳曰：『築王姬之觀于外。』明不往京師也。」易林屯之觀云：「東鄰嫁女，爲王妃后，莊公築館，以尊王母，歸于京師，季姜説喜。」蓋誤合紀季姜與此爲一事。○注「築例時」。○舊疏云：「此年『秋，築王姬之館』、二十八年『冬，築微』、三十一年『春，築臺于郎』、『秋，築臺于秦』之屬是也。」

○冬，十月，乙亥，陳侯林卒。【疏】十月乙亥，月〔一〕之十八日也。穀梁傳：「諸侯日卒，正也。」史記陳杞世家：「立中弟林，是爲莊公。莊公七年卒。」

○王使榮叔來錫桓公命。【疏】通義云：「錫命例月，重録之，加于聘也。趙汸曰：『錫成公命書月者，著例也。凡蒙上事月者，以著例決之。』」范注上「諸侯日卒」傳云：「重發之者，與錫命相連，恐日月之爲錫命而録，故傳明之。」其實錫命蒙月也。杜云：「榮，氏；叔，字。」按：榮叔，疑書顧命榮公之後。

錫者何？賜也。【注】上與下之辭。【疏】易師「王三錫命」，釋文鄭本作「賜」。書序「平王錫晉文侯」，釋文馬本作「賜」。詩大雅韓奕「王錫韓侯」，周禮注引作「王賜韓侯」。是賜、錫通。○注「上與下之辭」。○禮記少儀云「其以乘壺酒、束修、一犬賜人」，注：「於卑者曰賜。」周禮小宗伯職「賜卿大夫士爵」，注：「賜，猶命也。」禮記曲禮「三賜不及車馬」，注：「三賜，三命也。」皆爲上與下之稱。故曲禮又云：「長者賜也。」

命者何？加我服也。【注】增加其衣服，令有異於諸侯。禮有九錫：一曰車馬，二曰衣服，三曰樂則，四曰朱户，五曰納陛，六曰虎賁，七曰弓矢，八曰鈇鉞，九曰秬鬯。皆所以勸善扶不能。言命不言服

〔一〕「月」字原脱，叢書本不誤，據補。

者，重命不重其財物。禮，百里不過九命，七十里不過七命，五十里不過五命。【疏】注「增加」至「諸侯」。○曲禮疏所載公羊家説，「一加服，二朱户，三納陛，四輿馬，五樂則，六虎賁，七斧鉞，八弓矢，九秬鬯」，此傳以命爲加我服。知公羊家以加服爲九賜第一矣。○注「禮有」至「不能」。○舊疏云：「此禮緯含文嘉文也。彼注云：『諸侯有德當益其地，不過百里，後有功，加以九賜：進退有節，行步有度，賜以車馬，以代其步；其言成文章，行成法則，賜以衣服，以表其德；其長於教誨，内懷至仁，賜以樂則，以化其民；其居處修理，房内不泄，賜以朱户，以明其别；其動作有禮，賜以納陛，以安其體；其勇猛勁疾，執義堅彊，賜以虎賁，以備非常；其内懷至仁，執義不傾，賜以弓矢，使得專征；其亢陽威武，志在宿衛，賜以斧鉞，使得專殺；其孝慈父母，賜以秬鬯，使之祭祀。皆加有德，則陰陽和，風雨時，四方所瞻，臣子所望，則有秬鬯之草、景星之應。』是也。」曲禮注引含文嘉作「九賜」，此疏云正以變賜言錫，與禮九賜之文異，所見本亦作賜也。曲禮疏云公羊説九賜之數，與含文嘉不同，一曰加服云云，異人之説，故有參差，大略同也。按：此疏引禮緯注、楊疏引舊説及文選潘勖册魏公九錫文皆同。惟白虎通引禮説作「七曰鈇鉞，八曰弓矢」。曲禮疏引含文嘉宋注、漢書武紀應劭注同，「鈇鉞」又作「斧鉞」。曲禮疏所引公羊説又與何氏不同。以異義考之，蓋先師舊説與？韓詩外傳引傳曰「諸侯有德，天子錫之，一錫車馬，二錫衣服，三錫虎賁，四錫樂器，五錫納陛，六錫朱户，七錫弓矢，八錫鈇鉞，九錫秬鬯」，其次又異。穀梁注云：「皆所以褒德賞功也。德有厚薄，功有輕重，故命有多少。」蓋褒德賞功即所以勸善，勸善即以扶不能，論語爲政篇所謂「舉善而教不能則勸」是也。○注「言命」至「財物」。○通義云：「錫命之禮，諸侯奉篋服，加命書於其上。太史述命，侯氏降、拜，升，成拜。太史加書于服上，侯氏受。故經舉命，傳舉服也。」詩唐風無衣篇爲晉人爲其君請命於天子之使，而以無衣爲辭，知王錫諸侯有服也。重命不重財物，亦聘禮輕財重禮之意。○注「禮百」至「五命」。○通義云：「上公九命，其餘大國七命，小國五命。王子母弟有大功德者，雖諸侯加命如上公，其服以九爲節。」公羊問答云：「問：周禮有五百里以下之國，而莊元年注云：『百里不過九命，七十里不過七命，五十里不過五命。』何也？曰：此取孟子王制爲説。何休等不信周禮是周公所制，以爲六國陰謀之書，故其説不同。」按：周禮典命職：「上公九命，侯伯七命，子男五命。」公羊家當以公九命、侯七命、伯子男五命也。禮記疏引許慎説：「九賜即九命。」九命，鄭康成以爲不同。据何氏，蓋與許同也。禮疏引鄭司農亦以周禮九命與九賜爲一。康成以九賜謂八命作牧、九命作伯之後始加九錫，知先鄭亦與許、何説同。白虎通考黜篇：「五十里不過五賜而進爵土，七十里不過七賜而進爵土，能有大小，行有進退。」亦與此同。白虎通又載：「一説：盛德始封百里者，賜三等，得征伐、專殺、斷獄。七十里伯始封賜二等，至虎賁百人。後有功，賜弓矢。後有功，賜秬鬯，增爵爲侯，益土百里。復有功，入爲三公。五十里子男始封賜一等，至樂則。復有功〔一〕，稍賜至虎賁，增爵爲伯。復有功，稍賜至秬鬯，增爵爲侯。」則以九錫分三等黜陟，與此微異。蓋彼以子男三命，伯六命，侯九命也。

其言桓公何？【注】据錫文公命不言謚。【疏】注「据錫」至「言謚」。○即文元年「夏，四月，天王使毛

〔一〕「復有功」三字原脱，叢書本同，據白虎通校補。

伯來錫公命」是也。

追命也。【注】舉謚明知追命死者。禮，生有善行，死當加善謚，不當復加錫。不言天王者，桓行實惡，而乃追錫之，尤悖天道，故云爾。【疏】注「舉謚」至「死者」。○以言桓與文元年止稱公異也。杜氏釋例云：「天子錫命，其詳未聞。諸侯或即位而見錫，或歷年乃加錫，或已薨而追錫。魯桓薨後見錫，則亦衛襄之比也。魯文即位見錫，則亦晉惠之比也。魯成八年、齊靈二十三年乃見錫，隨恩所加，得失存乎其事也。」○注「禮生」至「加錫」。○穀梁傳：「生服之，死行之，禮也。生不服，死追錫之，不正甚矣。」通典引異義：「春秋公羊説：王使榮叔錫魯桓公命，進錫死者，非禮也。死者功可追而錫，如有罪又可追而刑耶？春秋左氏譏其錫篡弒之君，無譏錫死者文也。」按：下注云「桓行實惡，追錫之，尤悖天道」，則亦兼左氏義矣。惠氏士奇春秋説云：「諸侯薨，天子追命，無聞焉。惟周官大史大喪讀誄，小喪賜謚。小喪，謂諸侯喪其卿大夫之〔一〕喪，則小史賜謚讀誄。蓋賜謚必有誄詞，皆大史賜之，小史讀之。昭七年左傳，衛襄公卒，告喪于周，且請命。王使成簡公如衛吊，且追命之曰『叔父陟恪』云云，此誄詞也。」穀梁傳又云：「禮有受命，無來錫命。錫命，非正也。」注：「賞〔二〕人於朝，與士共之，當召而錫也。」引周禮大宗伯職曰「王命諸侯則儐之」，是來受命。蓋諸侯如有功德可褒，宜及其生以示崇奬，死後乃追錫之，無謂也。○

〔一〕「之」字原脱，叢書本同，據春秋説校補。
〔二〕「賞」，原訛作「爵」，叢書本同，據穀梁注疏校改。

注「不言」至「云爾」。○莊氏存與云：「不稱天何也？貶天子可乎？曰：以天道臨之，可也。君臣之義，嫡妾之辨，人莫大焉，天莫大焉。」又通義云：「周公制禮，謚以易名。然而有幽、靈、厲、戾者，諸侯受謚於天子，天子稱天以謚之，自尊臨卑，雖君父之惡，臣子有不得而隱也。君子蓋取此義施之春秋，以春先王，以王先正月。若曰諸侯有罪正之以王，王有罪正之以天。桓公之行，是謂無王，無王之人而追命之，是謂無天。凡内録王使，唯加禮於桓公、成風之喪者，不稱天，其故可知矣。易曰：『有夫婦然後有父子，有父子然後有君臣。』桓公推刃於同父，成風以妾母儷小君，父子之恩缺，夫婦之分亂，而君臣之義或幾乎熄矣！文王之道，刑于寡妻，至于兄弟，以御于家邦。魯廢文王之法度，而天子方崇奬之，非所以欽承王業，奉〔一〕若君道也。雖然，尊者不可以屢譏，故來聘、來求車皆不去天，將於失之重者壹譏而已。蓋莫重乎其追錫命。」宋本「悖」誤「存」。

○王姬歸于齊。

何以書？我主之也。【注】魯主女爲父母道，故恩録而書之。内女歸例月，外女不月者，聖人探人情以制恩，實不如魯女也。【疏】注「魯主」至「書之」。○通義云：「由我嫁，故同於内女。家鉉翁曰：書『王姬歸于齊』，與列國女嫁諸侯者無異詞。所以見陰從陽，夫倡婦，不以天子女至貴而紊居室之大倫，其慮」

〔一〕「奉」，原訛作「欽」，叢書本同，據公羊通義校改。

後世遠矣。」穀梁傳：「爲之中者歸之也。」按：此與「伯姬歸于紀」、「伯姬歸于宋」同一書法，是比於内女。緣我主之，有父母道，故從内女恩録之。然則十一年，「王姬歸于齊」，非魯主婚，因過魯，當有送迎之禮，故亦從内女録也。○注「内女」至「女也」。○各本無「也」字。宋本標起訖作「女也」，當据補。内女月者，隱三年「冬，十月，伯姬歸于紀」、隱七年「三月，叔姬歸于紀」、成九年「二月，伯姬歸于宋」之屬是也。此書時，故解之。聖人緣人情以制禮〔一〕，親親之殺，不能無厚薄重輕，故較爲略也。

○齊師遷紀郱、鄑、郚。【疏】杜云：「郱在東莞臨朐縣東南，郚在朱虚縣東南，北海郡都昌縣西有訾城。」大事表云：「此紀三邑也。郱，一作駢，後爲齊大夫伯氏邑。管仲奪伯氏駢邑三百，即此。在今青州府臨朐縣東南。鄑在今萊州府昌邑縣西北三十里。郚在今青州府安丘縣，西南六十里有郚山，四面險絶，其上實平約數百里，有古城遺址，即郚城也。晉朱虚縣在臨朐縣東六十里。」一統志：「缾縣故城在青州府臨朐縣東北，亦作郱，又作駢。郚縣故城在安丘縣西南峿山北。訾亭在萊州昌邑縣西，即古鄑邑。鄑、訾同音。」方輿紀要：「列缾城於安丘縣，又以訾城在昌邑縣西北六十里，又十五里爲鄑城。名勝志：『瓦亭社在縣西三十里，是鄑邑故址。』左氏以此三邑爲紀邑。杜云：『齊欲滅紀，故徙其三邑之民，而取

〔一〕「禮」字原空闕，據叢書本校補。

其地。』與公羊義同。穀梁傳：『紀，國也。郱、鄑、郚，國也。』以郱、鄑、郚爲一國名。又曰：『齊師遷紀、郱〔一〕、鄑、郚。』則宜加于以絶之。不如公羊、左氏爲是。」通義云：「郱、鄑、郚，三邑名，穀梁説三者爲國，謬也。」

遷之者何？取之也。【注】以稱師知取之。【疏】注「以稱」至「取之」。○決下十年「宋人遷宿」之非以兵取也。此傳明經文之遷爲取，非訓遷爲取也。

取之，則曷爲不言取之也？【注】据莒人伐杞取牟婁。【疏】注「据莒」至「牟婁」。○見隱四年。各本「杞」作「郱」，誤，依宋本正。

爲襄公諱也。【注】襄公將復讎於紀，故先孤弱取其邑，本不爲利舉，故爲諱。不舉伐，順諱文也。【疏】注「襄公」至「文也」。○襄公復讎事，見下四年傳。襄公取郱、鄑、郚當坐取邑，春秋與襄公復讎，故爲之諱，若不爲利然，所謂假其事以張義，非襄公之誠不爲利也。不書取，並不書伐，皆所以順諱文。

外取邑不書，此何以書？大之也。何大爾？自是始滅也。【注】將大滅紀從此始，故重而書之。【疏】春秋大其復讎，爲襄公諱滅。故下四年經曰：「紀侯大去其國。」於此書其取邑，爲大復讎先張義也。

〔一〕「齊師遷紀、郱」，原訛衍作「或曰遷紀于郱」，業書本同，據穀梁傳校改。

○二年，春，王二月，葬陳莊公。

○夏，公子慶父帥師伐於餘丘。

於餘丘者何？邾婁之邑也。曷爲不繫乎邾婁？國之也。曷爲國之？君存焉爾。【注】慶父幼少將兵，不譏者，從不言弟意亦起之。【疏】十行本「伐」下脱「於」字。桓七年「焚咸丘」，傳云：「咸丘者何？邾婁之邑也。曷爲不繫乎邾婁？國之也。曷爲國之？君存焉爾。」文與此同。又昭三十二年「取闞」，傳云：「闞者何？邾婁之邑也。曷爲不繫乎邾婁？諱亟也。」注：「與受濫爲亟，是。」邑不繫國，本有二例，故此及桓七年如此解也。通義云：「蓋咸丘爲魯所焚，邾婁君遷都於此焉。」穀梁傳：「國而曰伐。於餘丘，邾之邑也，其曰伐何也？一曰：君在而重之也。」杜說左傳以於餘丘爲國名。左氏亦無說。杜故違二傳也。○注「慶父」至「起之」。○下二十七年傳云：「公子慶父、公子牙、公子友皆莊公母弟也。」然則莊公於桓六年生，時年十五，慶父爲其弟，年宜十三四，故云「幼少將兵」矣。杜氏以爲莊公時年十五，則慶父，莊之庶兄。其釋例云：「經書『公子慶父伐於餘丘』，而公羊以爲莊公母弟。計其年歲，既未能統軍，又無晉悼、王孫滿幼知之文，此蓋公羊之妄，而先儒曾不覺悟，取以爲左氏義。」「今推案傳之上下，羽父之弑隱公，皆諮謀於桓公，則桓公已成人也。傳曰：『生桓公，而惠公薨。』明仲子唯有此男，非謂生在薨年也。桓已成人，而弑隱即位，乃娶於齊，自應有長庶，故氏曰孟，此明證也。公疾，問後於叔牙，牙稱慶父材，疑同母弟也。傳稱季友，文姜之愛子，與公同生，故以死奉般，情義相推，考之左氏，有若符契。」知不然者，慶父年幼將兵，本不必實有統軍之能，虚假其名，以爲統帥，當時自必有撫軍之人。慶父如果莊公之兄，則庶長稱孟可矣，何必又字共仲？後世子孫稱仲孫氏，經皆書仲，其爲莊公之弟明矣。亦稱孟者，對叔、季二氏爲孟耳。文元年注云：「不稱王子者，時天子諸侯不務求賢，而專貴親親，故尤其在位子弟，刺其卑，任以權也。」此慶父爲莊之母弟，例合稱弟，削去弟文，則譏意見矣。故云從不言弟意起之也。齊氏召南考證云：「何休謂是公弟，以莊三十二年傳：『叔牙曰：魯一生一及，慶父也存。』是慶父爲弟之明證也。史記魯世家亦取公羊爲説，曰：『莊公有三弟：長曰慶父，次曰叔牙，次曰季友。』休言不爲無据。」舊疏云：「魯得言公子者，方録異辭，故獨不言弟也。諸侯得言子弟者，一國失賢輕。」按：内大夫，惟「公弟叔肹卒」書弟，肹非在位子弟也；其餘母弟見於經者，惟公子慶父、公子友。公子友惟一如陳，是通乎己之私行，亦無緣書弟，故無弟文也。公子慶父年幼將兵，浸至於弑二君，幾亡魯國。春秋於莊公即位書之，履霜堅冰，非一朝一夕之故也。通義云：「貶不稱弟、不發傳者，與牙同罪，從彼傳可知。」然友亦不稱弟，何也？

○**秋，七月，齊王姬卒。**

外夫人不卒，此何以卒？録焉爾。曷爲録焉爾？【注】据王后崩猶不録。【疏】注「据王」至「不録」。○春秋書天王崩，無王后崩文也。王后不録，王女之嫁於諸侯宜不録矣。故下十一年歸齊之王姬無卒文，明非由我主，故不恩録之，同乎内女也。

我主之也。【注】魯主女爲父母道，故卒録之，明當有恩禮。内女卒例日，外女卒不日者，實不如魯女也。【疏】注「魯主」至「恩禮」。○穀梁傳「爲之主者卒之也」，注：「主其嫁，則有兄弟之恩，死則服之，故書卒。」按：此與「紀伯姬卒」、「紀叔姬卒」、「宋伯姬卒」同一書法，是同之内女，卒録之矣。禮記檀弓云：「齊穀王姬之喪，魯莊公爲之大功。或曰由魯嫁，故爲之服姊妹之服，或曰外祖母也，故爲之服。」鄭云：「春秋，周女由魯嫁，卒，服之如内女服姊妹是也。天子爲之無服，嫁於王者之後乃服之。莊公，齊襄公女弟文姜之子，當爲舅之妻，非外祖母也。外祖母又小功也。」是鄭以由魯嫁一説爲是，正用公羊義也。有恩禮者，即爲之服是也。禮喪服大功章「君爲姑姊妹女子子嫁於國君者」，姑姊妹在室期，出降一等大功。王姬比之内女，故大功也。若嫁於大夫，則無服，尊卑不敵故也。故高固所迎之子叔姬無卒文也。天子之女嫁於諸侯亦無服，若嫁於王者之後，亦大功矣。若魯莊元年王姬，亦宜爲之大功，喪服：「女子出嫁，爲其昆弟亦降一等服大功也。」檀弓疏云：「喪服云：『女子子爲父後者〔一〕期，謂大夫士妻有往來歸宗之義。』故喪服傳云：『婦人雖在外，必有歸宗，曰小宗。』鄭答趙商曰：『自其家之宗。』言宗及小宗，故知是大夫、士也。諸侯夫人，父母卒，無復歸甯之理，故知諸侯夫人爲兄弟爲諸侯者，亦止大功也。

〔一〕「者」字原脱，叢書本同，據禮記正義校補。

熊氏以爲服期，非也。喪服小記云：『與諸侯爲兄弟者服斬。』卑賤降等，雖不爲臣，猶服斬衰，與此別也。」通義云：「不言齊侯夫人，而以王姬繫齊，醇同於内女文。」○注「内女」至「魯女也」。○僖十六年「夏，四月，丙申，鄫季姬卒」，又成八年「冬，十月，癸卯，杞叔姬卒」、襄三十年「夏，五月，甲午，宋災，伯姬卒」之屬，是内女卒，皆日也。此不日，故解之，猶「王姬歸齊」不月之義也。而下四年「三月，紀伯姬卒」，不日者，彼注云：「卒不日，葬日。魯本宜葬之，故移恩録文於葬也。」故下二十九年「十二月，紀叔姬卒」，亦不日也。

○冬，十有二月，夫人姜氏會齊侯于郜。【注】書者，婦人無外事，外則近淫。不致者，本無出道，有出道乃致，奔喪致是也。【疏】左氏、穀梁「郜」作「禚」，下四年同。杜云：「齊地。」玉篇示部：「禚，之若反，齊地。」「郜，故到切，濟陰成武縣東南城名。」大事表云：「杜云齊地，實邑也。定九年『齊侯致禚、媚，杏于衛』，杜云：『三邑皆齊西界。』據此當爲齊、魯、衛三國分界之地。」七經孟子考文「二」作「一」，非。范云齊地，用杜義。○注「書者」至「近淫」。○左傳：「夫人姜氏會齊侯于禚。書，姦也。」白虎通喪服云：「婦人不出竟吊者，婦人無外事，防淫泆也。」詩南山序「淫乎其妹」，箋云：「莊公即位後，猶復會齊侯于禚，于祝丘，又如齊師。大夫見襄公行惡如是，作詩以刺之。」按：下四年「于祝丘」，注亦云：「與會郜同義。」故左傳云「書，姦也」。穀梁傳：「婦人既嫁不踰竟，踰竟非禮也。婦人不言會，言會非正也。」論衡書虚云：「魯文姜，齊襄公之妹也，襄公通焉。春秋經曰：『莊二年冬，夫人姜氏會齊侯于郜。』」引公羊經也。

傳無明文，言會則淫見矣。○注「不致」至「是也」。○即文九年「春，夫人姜氏如齊。三月，夫人姜氏至自齊」，注云：「奔父母之喪也。」又云：「出獨致者，得禮，故與臣子辭。」即此注之有出道也。禮記雜記云：「婦人非三年之喪不踰封而吊。如三年之喪，則君夫人歸。夫人其歸也，以諸侯之吊禮；其待之也，若待諸侯然。」注：「奔父母之喪也。」是夫人惟奔喪出，故與臣子辭書致。

○乙酉，宋公馮卒。【疏】十二月無乙酉，乙酉，十一月之四日也。

公羊義疏十八

南菁書院　句容陳立卓人著

莊三年盡四年

○三年，春，王正月，溺會齊師伐衛。

溺者何？吾大夫之未命者也。【注】所伐大夫不卒者，莊公薄於臣子之恩，故不卒大夫，與桓同義。月者，衛朔背叛出奔，天子新立衛公子留，齊、魯無憚天子之心而伐之，故明惡重於伐，故月也。

【疏】舊疏云：「隱九年傳云：『俠者何？吾大夫之未命者也。』桓十一年〔一〕云：『柔會宋公以下于折。』傳曰：『柔者何？吾大夫之未命者也。』注云：『輒發傳者，無氏嫌貶也。』然則今復發傳者，嫌會讎人致貶故也。」按：左傳云「疾」，不明所疾何事，杜氏以爲「疾其專政」，亦以意言耳。穀梁云：「其不稱公子何也？惡其會讎讎而伐同姓，故貶而名之。」舊疏蓋駮穀梁説耳。○注「所伐」至「大夫」。○舊疏云：「知未命大

〔一〕「年」下原衍「傳」字，叢書本同，據公羊傳校删。

夫得書卒者，正見隱九年經書『俠卒』也，彼注云：『未命所以卒之者，賞宜從重。無氏者，少略也。』」即其義。按：將兵大夫稱名，雖未命，蓋亦三卿之一。隱五年傳云「將尊師少，稱將」也。○注「與桓同義」。○舊疏云：「桓十一年『柔會宋公已下于折』，傳曰：『柔者何？吾大夫之未命者也。』彼注云：『所以不卒柔者，深薄桓公不與有恩禮於大夫也。』」按：柔蓋亦三卿之一。桓、莊皆薄臣子之恩，故去卒以示譏。○注「月者」至「月也」。○舊疏云：「世本及史記並有其事。」齊氏召南考證云：「按，史記衛世家曰：『惠公奔齊，衛君黔牟立。八年，齊襄公率諸侯奉王命共伐衛，納惠公。』是此役伐衛，乃奉王命，非違王命也。如何説，則齊、魯違王命矣。以左傳證之，史記是也。」按：以左氏證之，亦當與公羊同義。下五年「公會諸侯伐衛，納惠公」，六年「王人子突救衛」，救衛者，救黔牟也。明黔牟天子所立，故得奔於周也。世家又云：「二十五年，惠公怨周之客舍黔牟，與燕伐周。」如惠公爲王命所納，黔牟無緣復爲周所立，衛惠無爲怨周，史公亦自矛盾也。舊疏云：「正以征伐例時，即上二年『公子慶父伐於餘丘』之屬是也。今此月者，背叛出奔，罪重故也。」是月爲惡詞，明重於伐矣。通義云：「此兩惡并重録，責之甚也。凡侵伐常例時，間有月者，皆殊文，以見美惡。諸侯之師以録月者爲善，公會『侵蔡』、『伐楚』、『宋公伐齊』是也。大夫之師以録月者爲惡，溺會『伐衛』、公孫慈令『侵陳』是也。君臣殊科，故得相反以成其義。」范引徐邈曰：「齊受天子罪人，爲之興師，而與魯同，其理危也。」

○夏，四月，葬宋莊公。【注】莊公馮篡不見，書葬者，篡以計除，非以起他事不見也。【疏】注「莊公」至「見也」。○僖二十四年「晉侯夷吾卒」，注：「篡，故不書葬，明當絶也。」又宣九年「晉侯黑臀卒于扈」，注：「不書葬者，篡也。」是篡不明者，則貶去葬以見義。若如「衛人立晉」，見於隱四年，傳云：「立者何？立者不宜立。」其篡已明，故桓十三年書「葬衛宣公」。「齊小白入于齊」見下九年，傳曰：「其言入何？篡辭也。」是篡亦明，故僖十八年書「葬齊桓公」。「齊陽生入于齊」，見哀六年，亦書入以明篡，故哀十年書「葬齊悼公」。其入國即位之初，皆有立、納、入文者，不嫌非篡，則不必貶去其葬也。宋莊公初篡不明，理合去葬見義；今書葬者，正以繆公有讓國之善，計其父功而除其篡罪也。隱三年注：「繆公亦死而讓，得爲功者，反正也。」蓋以盈大居正之義故也。通義云：「篡未明而書葬者，爲繆公之諱，與喜時同義。」是也。舊疏云：「襄十四年『夏，衛侯衎出奔齊』，至二十六年『春，甯喜弑其君剽。衛侯衎復歸于衛』，傳云：『然則曷爲不言剽之立？不言剽之立者，以惡衛侯也。』注云：『起衛侯失衆出奔，故不書剽立。剽立無惡，則衛侯惡明矣。』又宣六年傳『而立成公黑臀』，彼注云：『不書者，以惡夷獋也。』然則剽與成公之篡皆不惡者，以惡衎與夷獋矣，是爲以起他事不見。今宋莊公之立不書惡之者，自以計除之不見義，故云非以起他事不見也。既以計除，則迥然無罪，故得書葬。又云：晉侯重耳亦篡不明，而僖公三十三年得書『葬晉文公』者，春秋爲賢者諱故也。」

○五月，葬桓王。

此未有言崩者，何以書葬？蓋改葬也。【注】改，更也。改葬服輕不當月，月者，時無非常之變，榮奢改葬爾，故惡録之。書者，諸侯當有恩禮。【疏】俞云：「謹按，言字衍文也，當作『此未有崩者』，蓋謂此年未有天王崩之事，非謂經文未有言崩〔一〕者也。僖十九年傳『此未有伐者』，三十一年傳『此未有伐曹者』，皆其例也。莊十八年傳『此未有言伐者』，唐石經無『言』字，以彼例此，可知言字之衍矣。」穀梁傳云：「傳曰：改葬也。」注：「若實改葬，當言改以明之，猶郊牛之口傷，改卜牛是也。傳當以七年乃葬，故謂之改葬。」是范不以傳言爲然。舊疏云：「經宜書改，而不書改者，蓋以天王之崩去此七年，是改可知，何勞書改？其『改卜牛』須書改者，若直言卜牛，嫌卜前口傷之牛，故須言改以明之。」是徐疏隱駮范氏義也。○注「改，更也」。○詩鄭風緇衣云：「敝予又改爲兮。」傳：「改，更也。」廣雅釋詁：「改，更也。」國語魯語「執政未改」，韋注：「改，易也。」易，亦更也。更、改雙聲。○注「改葬」至「當月」。○禮喪服「改葬緦」，注：「謂墳墓以他故崩壞，將亡失尸柩者也。言改葬者，明棺物壞敗，故謂之如葬時也。其奠如大斂，從廟之廟，從墓之墓，禮宜同也。服緦者，臣爲君也，子爲父也，妻爲夫也。必服緦者，親見尸柩，不可以無服，緦三月而除之。」疏云：「按，既夕記朝廟至廟中更設遷祖奠，此移柩向新葬之處所設之奠，亦如大〔二〕斂之奠。士用豚三鼎，則大夫已上更加牲牢。大夫用特牲，諸侯用少牢，天子用太牢可知。朝廟載柩之時，士用輁軸，大夫已上用輴，不用蜃車，飾以帷荒，則此從墓之墓亦與朝廟同可知。」通典：「徐整

〔一〕「崩」，原訛作「宿」，叢書本同，據群經平議校改。
〔二〕「大」，原訛作「士」，叢書本同，據儀禮注疏校改。

問射慈云：『改葬緦，其奠如大斂，從廟之廟，從墓之墓，禮宜同也。又此大斂，謂如始死之大斂耶？從廟謂從何廟？牲物何用？』慈答：『奠如大斂奠，士特豚。從禰廟朝廟廟，從故墓之新墓，皆用特豚。大夫以上，其禮亡。以此推之，大夫奠用特牲，天子太牢，諸侯少牢。』」又：「晉尚書下問：『改葬緦，應虞與否？』王肅喪服記云：『改葬緦，既虞而除之。』傅純難曰：『夫葬以藏形，廟以安神，改葬之神在廟久矣，安得退之於寢而虞之乎？若虞之於寢，則當復還祔於廟，不得但虞而已。』荀訥以爲：『虞，安神之祭。神已在廟，改葬不應復虞，虞則有主。』訥謂純言爲當。庾蔚之謂：『神已在廟，無所復虞，但先祭而開墓，將窆而奠，事畢而奠祭，遂毁靈座。若棺毁更斂，宜有大斂之奠。若移喪遠葬，又有祖奠、遣奠也。』」「射慈答徐整亦云：『不在殯宫，又不爲位，何反虞之有？』」孔叢子：「衛司徒文子改葬其叔父，問服於子思。子思曰：『禮，父母改葬緦，既葬而除之，不忍無服送至親也。非父母無服，無服則吊服而加麻。』」漢戴德云：「制緦麻，具而葬，葬而除，謂子爲父，妻妾爲夫，臣爲君，孫爲祖後也。無遣奠之禮，其餘親皆吊服。」按：吕氏春秋開春篇：「昔王季歷葬於渦山之尾，欒水齧其墓，見棺之前和。」此鄭氏所謂「墳墓以他故崩壞」者，故韓愈改葬服議云：「改葬者，爲山崩水涌毁其墓，若文王之葬王季是也。」穀梁傳云：「改葬之禮緦，舉下，緬也。」注：「緦者五服最下。」故云服輕也。通典載蔡謨等説，以爲改葬宜斬衰。韓愈云：「經次五等之服，小功之下，然後著改葬之制，更無輕重之差。以此〔一〕知惟記其最親者，其他無服，則不記也。

〔一〕「此」，原訛作「他」，叢書本不誤，據改。

若主人當服斬衰，其餘親各服其服，則經亦言之，不當惟言緦也。」其説是矣，所以鄭氏專指臣、子、妻三項。江氏筠云：「改葬究竟誰改之，三者皆是主改葬之人，所以其義獨精。」范甯云：「言舉下緬上，從緦，皆反其故服。因葬桓王，記改葬之禮。不謂改葬，桓王當服緦也。甯之先君與蔡司徒論之詳矣。」則范、德之論同於蔡謨矣。彼又引江熙曰：「葬稱公，舉五等之上，改葬禮緦，舉五服之下，以喪緬藐遠也。天子諸侯易服而葬，以爲交於神明者不可以純凶，況其緬者乎？是故改葬之禮，其服惟輕。言緬，釋所以緦也。」是江氏以皆服緦也。蓋年遠改葬，較之初葬雖有異，但親見尸柩，不可以無服也。馬氏云：「棺有弛壞，將亡尸匶，故制改葬。棺物敗之，設之如初，其奠如大斂時。不制斬者，禮已終也。從墓之墓，事已而除，不必三月。唯三年者服緦，期〔一〕以下無服。」王氏云：「本有三年之服者，道有遠近，或有艱，故既葬而除，不得待有三月之限。」案：馬、王與鄭略同，唯云事已而除，不待三月，與鄭異。後儒多從鄭説，故通典引趙商答陳櫟問謂「當待三月，以序其餘哀」。庾蔚之云：「改葬所以緦而不重者，當以送亡有已，復生有節。若用始亡之服，則是死其親，故制緦以示變吉。既有其服，若旬月而葬，則當如鄭氏説。卒緦之限，三月而除。若葬過三月者，須葬畢釋服，服爲葬設〔二〕故也。」韓愈云：「或曰經言改葬緦，而不著其月數，則似三月而後除也。子思之對文子，則曰既葬而除之。今宜如何？曰：自啓殯至於既葬而三月，則

〔一〕「期」，引文出自通典改葬服議，今四庫本、武英殿本通典「期」均作「周」。

〔二〕「設」，原訛作「説」，叢書本同，據通典校改。

除之。未三月，則服以終三月也。」是皆從鄭説。何氏不著既葬而除之説，當亦如鄭義。又云「不當月」，以決昭二十二年「六月，叔鞅如京師葬景王」之文。彼宜服重，故月。明此服輕，不必如蔡謨、范甯等反重服也。左氏傳「緩也」，似不得緩至七年，非如後世青烏術，或有求卜吉壤，停棺不葬之事。穀梁引「或曰，卻尸以求諸侯」，亦非人情，應如范氏所駁。惠氏士奇春秋説云：「魯莊三年葬桓王，或云緩葬，或云改葬。緩至七年，學者疑之，於是有『卻尸以求諸侯』之説。似改葬近之。春秋書改卜，曷爲不書改葬？改卜，禮也；改葬，非禮也。何以知之？以周禮知之。春官冢人掌正墓位，先王之葬居中，以昭穆爲左右，遷而改之，則昭穆亂矣。墓位焉得正乎？地官媒氏禁遷葬者，謂禁民間之遷葬也。大司徒『以本俗六安萬民』，三曰族墳墓，是葬各以其族，焉可遷？又焉可改？而冢人亦有族葬之法，故遷葬者媒氏禁之，墓大夫掌其禁焉。春秋，魯改葬惠公，鄭改葬幽公，齊改葬莊公，皆不書，以此知改葬非禮也。」○注「月者」至「録之」。○舊疏引春秋説云：「恒星不見，周人棨奢改葬桓王冢，死尸復擾終不覺。」穀梁疏引感精符云：「恒星不見，夜中，星隕如雨。而王不懼，使棨叔改葬桓王，奢麗太甚。」嚴氏杰云：「疏引春秋説，穀梁疏乃感精符文。知解中凡言春秋説者，皆春秋緯書。作解者用漢人之法，不出書名耳。」按：春秋説〔一〕即春秋緯是也，不必即感精符文。感精符以改葬桓王在恒星不見後，與春秋四達舊疏所引春秋説〔二〕，

〔一〕「春秋説」，原誤記爲春説説，叢書本不誤，據改。
〔二〕「與春秋」至「春秋説」句訛衍誤脱難解。據上下文意，當爲「與舊疏所引春秋説同」。

似因改葬榮奢，乃致恒星之變。故又引宋均説云：「由三年改葬，故七年恒星不見夜明者，由此榮奢改葬故。惡而書月，以深録之也。」言時無非常之變，則有變者可改葬如王季之墓爲欒水所齧，喪服注所謂以「他故崩壞，將亡失尸柩」者是也。通義云：「是文九年傳所謂『過時書』者也。改葬之服緦，禮則有之，然骨肉歸復於土，其道尚静。苟有陵谷之變，至動尸移柩，孝子仁人所不忍言也。卜葬之辭曰：考降無有近悔，舉天下而葬一人，未能遠悔，尚復改葬，蓋不慎矣。若乃無非常之變，榮奢更葬，尤春秋之所惡也。古不脩墓，況改葬乎？」○注「書者」至「恩禮」。○文九年傳云：「王者不書葬，此何以書？我有往者則書。」注：「謂使大夫往也。惡文公不自往，故書葬以起大夫會之。」然則此改葬桓王，亦宜有恩禮，故書之也。

○秋，紀季以酅入于齊。【疏】杜云：「酅，紀邑，在齊國東安平縣。」一統志：「酅邑在青州府臨淄縣東。」大事表：「在今青州臨淄縣。」案，國語齊語云，齊桓公初立，正封域，東至於紀酅，蓋特存之。齊都臨淄，而酅即在臨淄之境，則知桓公初年齊之東向地甚狹也。」齊氏召南考證云：「按，東安平，前漢屬菑川國，後漢屬北海國。前志注引孟康曰：『今酅亭是也。』後志注引此傳、東萊集引此注無東字，誤也。」水經注淄水篇：「女水東北流，逕東安平縣故城，城故酅亭也。春秋魯莊公三年，『紀季以酅入于齊』。公羊傳曰：『季者何？紀侯弟也。』賢其服罪請酅存五祀。」按：述征記〔一〕：「女水至安平城南，伏流十五里〔二〕，然後更流，注北楊水，城〔三〕故酅亭也。」是酅亭在齊國東，東平縣〔四〕南十餘里。馬氏宗槤說。

紀季者何？紀侯之弟也。何以不名？賢也。【疏】史記始皇本紀：「贊云：紀季以酅，春秋不名。」杜云：「季，紀侯弟。齊欲滅紀，故季以邑入齊爲附庸。先祀不廢，社稷有奉，故書字貴之。」

何賢乎紀季？【注】据叛也。【疏】注「据叛也」。○左傳疏引：「劉、賈謂紀季以酅奔齊，不言叛，不能專酅也。」按：經文與「邾庶其以漆、閭丘來奔〔五〕」、「黑肱以濫來奔」之屬詞同，似皆據地外叛，劉、賈等因如彼説，故何氏据以難也。杜以爲貴之，蓋本公羊說。

服罪也。其服罪奈何？魯子曰：「請後五廟，以存姑姊妹。」【注】紀與齊爲讎，不直齊大紀小。季知必亡，故以酅首，服先祖有罪於齊，請爲五廟後以酅共祭祀、存姑姊妹。稱字賢之者，以存先祖之功，則除出奔之罪，明其知權。言入者，難辭，賢季有難去兄入齊之心，故見之。男謂女先生爲姊，

〔一〕「述征記」，據水經注當爲「續述征記」。

〔二〕「里」，原訛作「年」，叢書本同，據水經注校改。

〔三〕「城」字原誤疊，叢書本同，據水經注校删。

〔四〕「東平縣」，殆爲「東安平縣」之訛，「東」下脱一「安」字。

〔五〕「奔」，原訛作「本」，叢書本不誤，據改。

後生爲妹，父之姊妹爲姑。【疏】穀梁傳曰：「酅，紀之邑也。入于齊者，以酅事齊也。」亦即服罪義也。魯子者，舊疏云：「傳所以記魯子者，欲言孔氏之門徒受春秋者，非唯子夏，故有他師矣。其隱十一年記『子沈子』者，欲明子夏所傳，非獨公羊氏矣，故輒記其人以廣義也。」公羊問答云：「問：元郝氏經以魯子皆是曾子之譌。昭十九年傳引樂正子春爲説，子春是曾子弟子，則此爲曾子無疑也。此説可信否？曰：按元和姓纂，周公子伯禽至頃公三十四代，九百餘年，爲楚所滅。子孫以國爲氏〔一〕。漢魯賜，碭人也。据此，則孔氏之徒受春秋者，尚無魯姓也。又按，董仲舒繁露引故曾子子石，盛美齊侯安諸侯云云，則曾子亦深於春秋者。此處之〔二〕爲曾子更無疑矣。又按，玉海、急就篇、魯春秋注已引公羊傳魯子，其誤已久。」請後五廟以存姑姊妹者，通義云：「謹按，喪服女子適人不降昆弟之爲父後者，其傳曰：『婦人雖在外，必有歸宗，曰小宗，故服期也。』言五廟無後，則姑姊妹之嫁者，有所取無所歸，故以存姑姊妹爲辭。」舊疏云：「季爲附庸而得有五廟者，舊説云：此諸侯之禮故也。直言存姑姊妹，不言兄弟子姪者，謙不敢言之。欲言兄弟子姪亦隨國亡，但外出之女有所歸趣而已。」校勘記云：「惠棟云：董子以魯子曰爲紀侯謂其弟之語。又云：以酅入于齊者，實紀侯爲之，而春秋詭其辭以予紀季。」按：左傳云：「紀季以酅入于

〔一〕「氏」，原訛作「是」，叢書本不誤，據改。
〔二〕「之」，原訛作「云」，叢書本同，據公羊問答校改。

齊，紀於是乎始判。」注：「判，分也。言分爲附庸始於此〔一〕。」下四年傳云：「紀侯不能下齊，以與紀季。」似亦以酅入齊爲紀侯所屬矣，與董生説同。○注「紀與」至「姊妹」。○舊疏云：「凡言首者，先服之辭。紀國未滅，今以往服，故謂之首服。」按：今律有自首、首告之科，同此義。先祖有罪於齊，事在下四年傳。通義云：「惠士奇曰：『古者，諸侯受封，必有采地。百里諸侯，以三十里爲采；七十里諸侯，以二十里爲采；五十里諸侯，以十里爲采。其後子孫雖有罪而絀，使子孫賢者守其地，世世以祠其始封之君，是謂采。』此韓詩外傳之〔二〕説，必有所据。邢、鄑、郚者，紀之封；酅者，紀之采；遷封而留采，故紀滅而酅存。然則紀季蓋紀子孫之賢者與？附庸有采無封，附於五等封内，故曰附庸。若紀季以酅入于齊，則附于齊之封内，爲齊附庸矣。」按：韓詩之説，自謂天子以正絀滅有罪諸侯者言，故留其采與賢子孫，守其始封之祀。若春秋以强併弱，以大兼小，狡焉蠶食，安得有此？此蓋紀季服罪適齊，襄爲其所動，許以酅存焉爾。毛氏奇齡春秋傳云：「酅者，紀之邑也。齊侯將滅紀，已遷紀三邑矣。至是而紀季以酅納齊，願爲附庸，以存宗廟。此亦大不得已之苦心也。夫子存此，與後書叔姬歸酅，其恤紀與惡齊義俱見焉。」○注「稱字」至「知權」。○繁露玉英云：「難紀季曰：『春秋之法，大夫不得用地。』又曰：『公子無去國之義。』又曰：君子不避〔三〕外難。』紀季犯此三者，何以爲賢？賢臣固盜地以下敵，棄君以避患乎？』曰：『賢者不爲

〔一〕「此」下原衍一「文」字，叢書本同，據左傳正義校删。
〔二〕「之」，原訛作「云」，叢書本同，據公羊通義校改。
〔三〕「避」，原訛作「通」，叢書本同，據春秋繁露校改。

是。是故託賢於紀季，以見季之弗爲也；紀季弗爲，而紀侯使之可知矣。春秋之書事，時詭其實，以有避也；其書人，時易其名，以有諱也。然則説春秋者，入則詭辭，隨其委曲，而後得之。今紀季受命乎君，而經書專，無善一名，而文見賢，此皆詭辭，不可不察。春秋之於取賢也，固順其志而一其辭，章其義而褒其美。今紀侯，春秋之所貴也，是以聽其入齊之志，而詭其服罪之辭也，移之紀季。故告糴於齊者，實莊公爲之，而春秋諱其辭以予臧孫辰。以酅入于齊者，實紀侯爲之，而春秋詭其辭以予紀季。所以詭之不同，其實一也。』難者曰：『有國家者，人欲立之，固書不聽。國滅，君死之，正也，何賢乎紀侯？』曰：『齊將復讎，紀侯自知力不加，而志距之，故謂其弟曰：我宗廟之主，不可不以死也。汝以酅往，服罪於齊，請以立五廟，使我先君歲時有所依歸。』」然則董生所据公羊，以爲本美紀侯，詭其辭於季耳，與何氏少異。何氏自以季存祖之功除其出奔之罪，予以知權，故稱字賢之。然繁露亦引公子目夷、祭仲、荀息、曼姑爲例，則是亦以紀季爲能行權也矣。所謂博而要，詳而反也。○注「言入」至「見之」。○舊疏云：「襄二十六年『衛孫林父入于戚』、定十三年『晉荀寅、士吉射入于朝歌』之屬，皆是不獲已，故以爲難辭。」公羊問答云：「夫既服罪矣，而又有難辭，何也？曰：此當與繁露參觀而得之〔一〕。繁露曰：『紀侯謂其弟曰：我宗廟之主，不可以不死，汝以酅往服罪于齊。』据此，則紀季之服罪，實紀侯使之。故雖迫於兄〔二〕命，而猶有

〔一〕「而得之」三字原脱，叢書本同，據公羊問答校補。
〔二〕「兄」，原訛作「先」，叢書本同，據公羊問答校改。

不忍去之心，故經書入以起之。舉凡常例之大夫不得專地，公子無去國之義，君子不避外難，皆不足以責之。夫亦曰彼有所使之也，不然，使紀季自主之，方且罪之不暇，而又何賢乎？」按：以何氏解入之義證之，則亦兼董子義矣。左疏引賈云：「紀季以酅奔齊，不言叛，不能專酅也。」按：如專酅，則或據邑距君，或竊地他國，季皆不然，故不言叛也。亦與何義相足。○注「男謂」至「爲姑」。○爾雅釋親文。釋名釋親屬云：「姊，積也，猶日始出，積時多而明也。妹，昧也，猶日始入，歷時少尚昧也。」白虎通三綱六紀云：「姊者，恣也；妹者，未也。」詩衛風泉水云「遂及伯姊」，是女子亦謂先生爲姊也。釋名又云：「姑，故也，言於己爲久故之人也。」詩疏引孫炎爾雅注云：「姑之言古，尊老之稱也。」左傳疏引樊光爾雅注云：「春秋傳曰『姑姊妹』。」按：今襄三十一年左傳有「公姑姊」，又列女傳有「梁節姑姊」、「魯義姑姊」，蓋謂父姊爲姑姊，父妹爲姑妹也。樊光所引春秋傳蓋即此傳語。禮喪服及記〔一〕皆姑姊妹連稱，爲其同爲期親故也。白虎通又云：「男稱兄弟、女稱姊妹何？男女異姓，故別其稱也。父之昆弟不俱謂之世父，父之女昆弟俱謂之姑何也？以爲諸父曰内，親也，故別稱之也；姑當外適人，疏，故總言之也。」

○冬，公次于郎。【注】次者，兵舍止之名。【疏】左氏作「于滑」。杜云：「滑，鄭地。在〔二〕陳留襄邑縣

〔一〕「及記」，叢書本同，「記」上殆脱「禮」字，此爲「及禮記」之誤。禮記中確爲姑姊妹連稱。

〔二〕「在」字原脱，誤置於下面大事表引文後漢志之上，叢書本及皇清經解續編本同，據左傳正義校補，據春秋大事表校删。

西北。」大事表：「後漢志襄邑有滑，此杜氏所本也。今歸德府睢州有滑亭。」按：刺公欲救紀而不能，則次爲紀出。紀在魯東，滑與郎皆在紀〔一〕西，故下注云：「惡公救人，避難道還也。」左傳以爲「將會鄭伯謀〔二〕紀」難，故作滑。公、穀皆無此義。○注「次者」至「之名」。○穀梁傳：「次〔三〕，止也。」左傳：「凡師，一宿爲舍，再舍爲信，過信爲次。」按：所止舍次〔四〕可曰次，故周禮宫正職「以時比宫中之官府、次舍之衆寡」，後〔五〕鄭謂「次，諸吏直宿」。又宫伯職「授八次八舍之職事」，先鄭謂「在〔六〕内曰次，在外曰舍」。左傳襄二十六年「師陳焚次」，杜云：「次，舍也〔七〕。」因之安行旅處爲旅次。易旅：「二爻：旅即次。」張幄所止亦曰次〔八〕。周禮掌次職：「則張大次、小次。」市亭亦曰次，又司市職：「于思次以令市，而聽大治大訟。」「涖于介次，而聽小治小訟。」推之星次，所躔亦爲次，禮記月令「日窮于次」是也。所處亦曰次，國語魯〔九〕語

〔一〕「紀」，原訛作「按」，叢書本不誤，據改。
〔二〕「謀」，原訛作「紀」，叢書本不誤，據改。
〔三〕「次」，原訛作「謀」，叢書本不誤，據改。
〔四〕「次」，叢書本作「皆」。
〔五〕「後」，原訛作「皆」，叢書本不誤，據改。
〔六〕「在」，原訛作「後」，叢書本不誤，據改。然「在内」、「在外」二句，未見於周禮注疏。
〔七〕「也」，原訛作「在」，叢書本不誤，據改。
〔八〕「次」，原訛作「也」，叢書本不誤，據改。
〔九〕「魯」，原訛作「之」，叢書本不誤，據改。

「五刑三次」，韋注：「次，處也。」蓋凡暫處者皆得次名。兵所止舍〔一〕曰次，亦以不久故也。舊疏云：「正以僖元年『齊師、宋師、曹師舍于聶北，救邢』〔二〕之文故也。」

其言次于郎何？【注】國内兵不當書，公斂處父帥師而至，雖有事而猶不書是也。【疏】注「國内」至「是也」。○見定八年傳。「不當」，閩本、監本、毛本作「而當」，依鄂本正。若然，定十二年書「公圍成」者，彼注云：「公親圍成，不能服，不能以一國爲家，甚危，若從他國來，故危録之。」其昭十三年書「叔弓帥師圍費」，彼無注。費亦季氏强邑，經書叔弓之圍，其亦書公圍成之意與？郎爲内地，見桓十年。

刺欲救紀，而後不能也。【注】惡公既救人，辟難道還，故書其止次以起之。諸侯本有相救之道，所以抑强消亂也。次例時。【疏】注「惡公」至「起之」。○穀梁傳：「有畏也。欲救紀，而不能也。」注：「畏齊。」是辟難義也。杜氏釋例云：「兵未有所加，所次則書之，以示遲速，『公次于滑』、『師次于郎』是也。既書兵所加，則不書次，以事爲宜。非虚次，諸久兵而不書次是也。既書兵所加，而又書次，義有取於次，『遂伐楚，次于陘』、『盟于牡丘，遂次于匡』是也。所記或次在事前，次以成事也；或次在事後，事成而次也。」按：此救紀不能無事可成，故書次，以示譏。左疏引賈氏皆以爲善次，非也。○注「諸侯」至「亂也」。

〔一〕「舍」，原訛作「魯」，叢書不誤，據改。
〔二〕「邢」下原衍一「次」字，叢書本不誤，據删。

○閔元年〔一〕左傳云：「簡書同惡相恤之謂也。請救邢以從簡書。」又僖元年傳：「凡侯伯救患分災討罪，禮也。」是本有相救之道，以抑强消亂也。舊疏云：「言此者，欲道春秋善齊襄復仇，不書其滅，而刺魯侯不救紀者，以諸侯本有相救之道，是以刺不相救也。而善齊襄復讐者，所以申仁孝之恩，各自爲義。」○注「次例時」。○舊疏云：「即此及三十年『夏，師次于成』之屬是也。而八年『春，王正月，師次于郎』，書月者，自爲下文『甲午，祠兵』出之，次仍不蒙月也。十年『夏，六月，齊師、宋師次于郎。公敗宋師于乘丘〔二〕』，書月者，自爲下文『敗宋師』出之，次仍不蒙月也。」義或然也。

○四年，春，王二月，夫人姜氏饗齊侯于祝丘。【注】書者，與會郜同義。牛酒曰犒，加飯羹曰饗。月者，再出重也。三出不月者，省文從可知例。【疏】左氏「饗」作「享」。國語魯語「天子所以饗元侯也」，周禮鐘師注杜子春引作「享」。經、傳多享、饗互用也。後人分下獻上曰享，上受下曰饗，非也。孟子萬章「而百神享之」，亦下獻上乎？○注「書者」至「同義」。○上二年「冬，十有二月，夫人姜氏會齊侯于郜」是也。彼注云：「書者，婦人無外事，外事則近淫。」此同彼義也。惠氏士奇春秋説云：「婦人主內事，不主外事；與內祭，不與外祭。外祭，郊社是也；內祭，宗廟是也。古者聘享之禮皆行于廟，故后夫人

〔一〕「元年」，原誤記爲「二年」，叢書本同，以下引文實出自左傳正義二年，據改。
〔二〕「乘丘」，原訛作「垂丘」，叢書本同，據春秋經校改。

得與焉。聘禮，賓至近郊，君使卿勞，夫人亦使下大夫勞。聘君以圭，享用〔一〕璧；夫人以璋，享用琮。既卒事，君使卿歸大禮，夫人亦使下大夫歸禮。皆君爲主，而夫人助之。周禮內宰職：『凡賓客之祼獻、瑤爵，皆贊。』謂王同姓未爲賓客者，祼則后亞王而禮賓，獻則后亞王而獻賓，內宰皆贊之〔二〕。大行人職『上公之禮』，『廟中將幣三享，王禮再祼而酢』。再祼者，謂王祼后亞祼。王祼酌圭瓚，后亞祼酌璋瓚，皆宗伯攝之。拜送則王及后也。坊記：『禮，非祭，男女不交爵，以此坊民，陽侯猶殺繆侯而竊其夫人。故大享廢夫人之禮。』王享諸侯，及諸侯自相享，同姓則后夫人親獻，異姓則使人攝獻。至春秋而其禮不行久矣。禮，可以義起，亦可以義止。莊四年『夫人姜氏饗齊侯于祝丘』，猶假古禮而竊行之。書祝丘，則非宗廟也；書齊侯，則非同姓也；書夫人，則非攝獻也。以國君之母乃竊出而獨行享禮於外，君子於是病魯莊公。古有夫人享諸侯之禮，未聞夫人會諸侯之禮。春秋屢書會于禚、于防、于穀，言享非正也，會甚矣。其後，僖公夫人亦奉而行之，奉爲家法。陽穀及下兩會齊侯，魯秉周禮，此何禮也？」〇注「牛酒曰犒」。〇淮南氾論訓「犒以十二牛」，高注：「牛羊曰犒。」共其枯槁也。説文無犒字。据高誘説，當即槁字。緣設牛酒共其枯槁，故即謂之槁。蓋因其枯槁而潤之曰槁，猶因其勞苦而慰之曰勞也。周禮牛人職：「軍事，共其槁〔三〕牛。」亦作「醇」，斥彰長田君碑「史見勞醇，芳馨馥芬」是也。錢氏大昕潛研堂答問：「春秋

〔一〕「用」，原訛作「君以」，叢書本同，據春秋説校改。
〔二〕「之」，原訛作「云」，叢書本同，據春秋説校改。
〔三〕「槁」，原訛作「犒」，十三經注疏本作「槁」，正符合該小節「當即槁字」的論題，據改。

屢見犒師之文，而説文無犒字。張有復古編謂即犒字，果何所据？曰：經典無以犒與犒通者，唯玉篇犒與犒通，故謙中從之。其實不足据也。考牛人疏云：『將帥在軍枯槁之賜牛，謂之犒牛。』又大行人職云『若國師役，則令槁禬之』，注：『故書槁爲槀。』鄭司農云：『槀當爲槁，謂犒師也。』左傳『公使展喜犒師』，服注：『以師枯槁，故饋之飲食。』然則，『槁』本从木，後人因此犒牛，字妄改爲牛旁爾。」○注「加飯羹曰饗」。○周禮春人職注：「饗有食米，則饗禮兼燕與食。」疏云：「燕禮無食米，食禮無飲酒。若饗禮，則有飲酒有食米，故云饗禮兼燕與食也。」淮南氾論訓注又云：「酒肉曰饗。」周禮槀人職「書其等以饗工」，注：「饗，酒肴勞之也。」按：大行人職云「饗禮九獻」，注：「饗，設盛禮以飲賓也。」蓋此自用饗禮饗齊侯，聘義所謂酒清人渴，而不敢飲焉；肉乾人飢，而不敢食者，非僅加酒肴之謂。故穀梁注曰：「饗，食也，兩君相見之禮也。」禮士昏禮云「舅姑共饗婦」，注：「以酒食勞人曰饗。」雖止一獻，爲其禮之至大，故於厥明行之焉。鄂本「飯」作「飰」，通。○注「月者」至「知例」。○舊疏云：「上二年十有二月『夫人姜氏會齊侯于部』，一出亦書月，而言再出重者，正以下文三出、四出皆無月故也。而上二年月者，自爲下經『乙酉，宋公馮卒』，其會仍自不蒙月矣。三出不月者，即下五年『夏，夫人姜氏如齊師』是也。」按：穀梁傳云「饗甚矣」，注：「以非禮尤甚，故謹而月之。」再出又饗，故爲重也。

○三月，紀伯姬卒。【注】禮，天子諸侯絶期，大夫絶緦。天子唯女之適二王後者，諸侯唯女之爲諸侯夫人者，恩得申，故卒之。【疏】注「禮天」至「卒之」。○穀梁傳：「外夫人不卒，此其言卒，何也？吾女也，適諸侯則尊同，以吾爲之變，卒之也。」范云：「禮，諸侯絶傍期，姑姊妹女子子嫁於國君者，尊與己同，則爲之服大功九月，變不服之例。然則適大夫不書卒。」按：穀梁之變，猶禮記文王世子「爲之變，如其倫之喪」之變，謂變服也。范説非。白虎通喪服云：「天子爲諸侯絶期何？示同愛百姓，明不獨親其親也。故禮中庸曰：『期之喪，達乎大夫。三年，達乎天子。』卿大夫降緦，重公正也。」禮記檀弓云：「古者不降，上下各以其親。滕伯文爲孟虎齊衰，其叔父也；爲孟皮齊衰，其叔父也。」注：「古，謂殷時也。上不降遠，下不降卑。伯文，殷時滕君也。」蓋殷時天子諸侯無絶旁期之禮，故滕伯文爲世叔父，乃昆弟之子，皆如本服齊衰期也。殷道親親，周道尊尊，故二代之制不同。故禮喪服大功章：「君爲姑姊妹女子子之嫁于國君者。」傳曰：「何以大功也？尊同也。尊同，則得服其親服。」疏：「國君絶期以下，今爲尊同，故亦不降，依降服大功。」檀弓又云：「悼公之母死，哀公爲之齊衰。有若曰：『爲妾齊衰，禮與？』」疏：「天子諸侯絶旁期，於妾無服。」又云：「齊穀王姬之喪，魯莊爲之大功。或曰由魯嫁，故爲之服姊妹之服。」注：「王姬，周女，齊襄公夫人。春秋，周女由魯嫁，卒，服之如内女服姊妹是也。天子爲之無服，嫁於王者之後乃服之。」是與此同也。通典引馬融喪服注云：「君，諸侯也，爲姑姊妹女子子嫁於國君者服也。不言諸侯者，關天子元士卿大夫也。上但言君者，欲關天子元士卿大夫嫁女諸侯，皆爲大功也。」又曰：「諸侯絶周，姑姊妹在室，無服也。嫁於國君者，尊與己同，故服周親服。」按：馬氏前一説，謂天子之卿大夫士嫁女於國君，皆服大功，如邦人然也。以尊同之義核之，其説非也。大功章又云「大夫、大夫之妻、大夫之子、公之昆弟，爲姑姊妹、女子子嫁于大夫者」，通典引馬氏云：「此上四人者，各爲其姑姊妹女子子嫁於大夫者服也。在室大功，嫁於大夫大功，尊同也。按，在室大功，以在大夫尊降之限。嫁大夫尊同，故不復重降。嫁士則小功。」按：在室大功云云，疑後人申釋馬注之語，非其原文也。賈疏云：「此大夫、大夫妻、大夫之子、公之昆弟四等人，尊卑同，皆降旁。姑姊妹已下一等，大功，又以出降一等，當小功。但嫁於大夫，尊同，無尊降，直有出降，故皆大功也。但大夫妻爲命婦，若夫之姑姊妹在室及嫁，皆小功。若不爲大夫妻，則又降在緦服。今彼姑姊妹亦爲命婦，唯小功爾。今得在大夫科中者，此謂命婦爲本親，姑姊妹已之女子子，因大夫大夫之子爲姑姊妹女子子，寄文於夫與子姑姊妹之中，不煩別見也。」按：此所述大夫等四人至詳，其謂大夫之妻爲本親，姑姊妹非夫之姑姊妹尤精。褚氏寅亮云：「大夫之妻服其本族，與男子同。因嫁而降，雖彼此俱嫁，亦止一降，無再降也。故大夫之妻，服其姑姊妹之嫁於大夫者，與大夫同。」程氏瑶田喪服文足徵記云：「他處不見兩皆出室之例，惟此大夫妻爲嫁大夫者，可見兩相出室，無兩相再降者也。」盛氏世佐云：「大夫之妻，爲姑姊妹嫁於大夫者之服在此，則其適士者〔一〕，當降在小功可知矣。此亦命婦以尊降旁親之證也。」按：此四人所降，即天子諸侯所絶，二王之後，王者所不臣，故得申其尊，服本服大功也。喪服傳曰：「何以大功也？尊同也。尊同，則得服其親服。」本服期，出嫁大功，是其功者其親服也。此云恩得申，亦謂服大功也。言絶期者，本其本服言之也。通義云：「伯姬即隱二年所逆者，蓋惠公之女，莊公之姑。喪服大功章尊同則得服

〔一〕「者」字原脱，叢書本同，據盛世佐儀禮集編校補。

其親服，故春秋之義，内女嫁於諸侯者，録卒；嫁於大夫者，不録卒也。其杞伯姬亦諸侯夫人，不見卒者，杞伯姬者，桓公之女也，僖之季年，猶欲求歸，蓋卒於文、宣之世，於屬爲父之姑，尊絶旁緦。況復出降本以有服恩録，無服則不録也。所傳聞之世恩殺，故杞伯姬、叔姬卒皆不日，與内大夫義同。」杜云：「内女唯諸侯夫人卒葬皆書，恩成於敵體。」釋例：「其非適諸侯，則略之，以服制相準也。生書其來，而死不録其卒，從外大夫比也。」按：不録卒，蓋謂高固所逆之子叔姬之屬者也。若諸侯夫人不書卒，當如孔義。

○**夏，齊侯、陳侯、鄭伯遇于垂。**

○**紀侯大去其國。【疏】**繁露玉英云：「率一國之衆，以衛九世之主，襄公逐之不去，求之弗予，上下同心，而俱死之，故爲之大去。春秋賢死義且得衆心也，故爲諱滅。以爲之諱，見其賢之也。以其賢之也，見其中仁義也。」穀梁傳：「大去者，不遺一人之辭也。言民之從者，四年而後畢也。紀侯賢而齊侯滅之，不言滅而言大去其國者，不使小人加乎君子。」彼注引：「何君廢疾云：『春秋楚世子商臣弑其君，其後滅江、六，不言大去。又大去者，於齊滅之不明，但知不使小人加乎君子，而不言滅，縱失襄公之惡，反爲大去也。』鄭君釋之曰：『商臣弑其父，大惡也，不得但爲小人。江、六之君，又無紀侯得民之賢，不得變滅言大去也。元年冬，齊師遷紀；三年，紀季以酅人于齊；今紀侯大去其國，是足起齊滅之矣。即以變滅言大去，爲縱失襄公之惡，是乃經也，非傳也。且春秋因事見義，舍此以滅人爲罪者自多矣。」劉氏逢禄難曰：「論語：『興滅國。』公羊傳：『滅者，亡國之善辭也，上下之同力者也。』故『晉人執虞公』，經不言滅；『梁亡』、『沈潰』，皆不得言滅。誠以滅人者當坐專〔一〕取王封之罪，而爲所滅者，以死社稷爲〔二〕正，以出奔爲罪，而書滅則皆志其當興也。變滅言大去者，爲復仇張義，明但當逐之，不得殺之滅之云爾。若以齊侯爲小人，則安得諱其滅人之罪，而反與爲禮，大書『齊侯葬紀伯姬』乎？紀侯得民之賢〔三〕，亦望文生義，非事實也。若果民畢從之，如大王遷岐，當書紀侯遷于某，以存之矣。鄭以縱失大惡委之於經，則何取乎傳乎？」通義云：「大去者，不返之詞。其君出奔，而國爲敵所有也。由齊言之則爲滅，由紀〔四〕言之則爲大去。春秋〔五〕因其可諱而諱之。」按：如董生所記，似紀侯死難，並未出奔，故有賢之之義。蓋亦公羊先師所傳，與何氏所習少異。善善從長，繁露所記不可不存也。若如左、穀二家師說，以大去爲不反，則國滅不能死義，宗廟社稷委之於季，置身事外，春秋應罪之不暇，何爲賢之？

〔一〕「專」字原脱，叢書本同，據穀梁廢疾申何校補。

〔二〕「爲」，原訛作「乃」，叢書本同，據穀梁廢疾申何校改。

〔三〕「賢」，原作「説」，悦之借字，據穀梁廢疾申何校改。

〔四〕「紀」，原訛作「絶」，叢書本同，據穀梁廢疾申何校改。

〔五〕「春秋」，原略作「蓋」，據穀梁廢疾申何校改。

大去者何？滅也。孰滅之？齊滅之。曷爲不言齊滅之？爲襄公諱也。春秋爲賢者諱，何賢乎襄公？【注】据楚莊王亦賢，滅蕭不爲諱。【疏】注「据楚」至「爲諱」。○見宣十二年。彼注云：「日者，屬上有王言，今反滅人，故深責之。」是書「滅蕭」，正春秋責備賢者義也。下十三年「齊人滅遂」，注云：「不諱者，桓公行霸，不任文德而尚武力，又功未足除惡。」蓋時齊桓賢德未著，故亦不爲諱。則十年「齊師滅譚」不諱，從可知矣。莊王伯功已成，一於其殺陳夏徵舒，實與之不言執；一於其入陳，善其納善；一於其戰邲，貶荀林父，其賢明著。而不諱滅蕭，故据以難也。通義云：「襄公他事不足賢，獨復仇之心有取焉，故爲諱惡，以成其善。俗儒疑於襄公利紀，不得爲賢，此未明諱之所設也。假令襄公不貪土地，醇乎令德，更何所諱？唯賢其復仇，而病其利紀，故存其可法，没其不可法，而假以爲後世法耳。」論語述而篇：「與其潔也，不保其往也。」戴氏注云：「君子善善從長，惡惡從短。諸侯卿大夫行多過惡，而有一節可以立法，春秋所不遺，此其義與？」

復讎也。【疏】後漢書逢萌傳云：「後讀春秋，問復讎之義。」〔一〕謂此。

何讎爾？遠祖也。哀公亨乎周，【注】烹〔二〕，煑而殺之。【疏】鄭氏齊詩譜云：「後五世，哀公

〔一〕此段引文出自後漢書周黨傳。「問」爲「聞」之誤。

〔二〕「烹」，原文寫作「亨」。説文無「烹」字。「亨」、「享」、「烹」古同字。

政衰，荒淫怠慢，紀侯譖之于周，懿王使烹焉，齊人變風始作。」史記齊世家：「哀公時，紀侯譖之周。周烹哀公而立其弟静，是爲胡公。」徐廣曰：「周夷王。」與鄭不同。孔氏詩疏云：「世家言『當周夷王時，哀公之同母少弟山殺胡公而自立，是爲獻公』。言夷王之時，山殺胡公，則胡公之立在夷王前矣。受譖烹人，則是衰闇之主。夷王上有孝王，書傳不言孝王身有大罪于國。周本紀云：『懿王立，王室遂衰。』自懿王爲始，明懿王受譖烹矣。」按：齊詩序：「雞鳴，思賢妃也。哀公荒淫怠慢，故陳賢妃貞女，夙夜警戒，相成之道焉。」又云：「還，刺荒也。哀公好田獵，從禽獸而無厭，國人化之，遂成風俗。習于田獵謂之賢，閑於馳逐謂之好焉。」明哀公失政之君，故紀侯得以入譖，因之受烹也。陳氏啓源毛詩稽古編云：「孔此言當矣。汲冢紀年『夷王三年，王致諸侯烹齊哀公』，徐廣應本此爲説。然紀年之書，非先儒所取信。又按，顧命齊侯吕伋逆子釗，左傳楚子言吕伋事康王，則齊丁公伋與康王同時。康王後歷昭、穆、共、懿凡四王，丁公後歷乙、癸及哀僅四君，較其世次，以哀值懿猶爲疏也，不應更後矣。又史記三代世表亦以哀公當共王世，胡公當懿王世，此皆證據，顯然不僅如孔氏所云也。鄭譜應不誤。」按：懿王以前歲數不明，鄭譜懿王下即稱夷王。又大雅民勞箋「厲王，成王七世孫」，正義云：「不數孝王，故七世。」似鄭譜無孝王，懿夷相承，尤易訛傳故也。○注「烹，煑而殺之」。○老子「如烹太牢」，釋文：「烹，殺，煑也。」淮南説林訓「狡兔得而獵犬烹」，注：「烹猶殺。」禮特牲饋食禮「烹于門外」，注：「烹，煑也。」漢書高帝紀「羽烹周苛」，注：「烹謂煑而殺之。」與此同也。舊疏云：「周語亦有其事。」周語，當齊世家之誤。

紀侯譖之。以襄公之爲於此焉者，事祖禰之心盡矣。盡者何？襄公將復讎乎紀，卜之曰：「師喪分焉。」【注】龜曰卜，蓍曰筮。分，半也。師喪亡其半。【疏】舊疏云：「盡者何者？以襄公淫泆，行同鳥獸，而言事祖禰之心盡，故執不知問。」按：襄公假復讎爲名滅紀，春秋因假以張義。○注「龜曰」至「曰筮」。○禮記曲禮云：「龜爲卜，筴爲筮。」注：「筴或爲蓍。」彼疏引劉向云：「蓍之言耆，龜之言久。龜千歲而靈，蓍百歲而神，以其長久，故能辨吉凶也。」白虎通引禮三正記云：「天子龜一尺二寸，諸侯一尺，大夫八寸，士六寸。龜，陰也，故其數偶。」説文艸部：「蓍，蒿屬也。生十歲百莖〔一〕。易以爲數。天子蓍〔二〕九尺，諸侯七尺，大夫五尺，士三尺。」蓋蓍陽也，故其數奇。禮記疏引師説云：「卜，覆也，以覆審吉凶。筮，決也，以決定其惑。」通鑑引劉向説又云：「卜，赴也，赴來者之心。筮，問也，問筮者之事。」易繫辭傳：「定天下之吉凶，成天下之亹亹者，莫大乎蓍龜。」又曰：「蓍之德圓而神，卦之德方以知。」神以知來，知以藏往，似蓍龜知靈相似。僖四年左傳云「筮短龜長」者，蓋卜人不欲獻公立驪姬，設此語阻之也。周禮春官太卜職：「掌三兆之灋：一曰玉兆，二曰瓦兆，三曰原兆。」注：「兆者，灼龜發於火，其形可占者。其象似玉瓦原之璺罅，是用名之焉。」其經兆之體，百二十，頌千二百是也。筮者，太卜又云：「掌三易之灋：一曰連山，二曰歸藏，三曰周易。」注：「易者，揲蓍變易之數可占者

〔一〕「生十歲百莖」，原訛衍作「生千歲三百莖」，叢書本同，據説文解字校改。

〔二〕「蓍」字原脱，叢書本同，據説文解字校補。

也。」其經卦八，其別六十有四也。大事卜，小事筮。大事者，大卜所掌也，八命：征、象、與、謀〔一〕、果、至、雨、瘳是也。餘則入於九筮，則簭人所掌：巫更、巫咸、巫式、巫目、巫易、巫比、巫祠〔二〕、巫參、巫環。鄭破巫爲筮者是也。按：先鄭云：「征謂征伐，象謂災變雲物，與謂予人物，謀謂謀議，果謂事成與不，至謂至不，雨謂雨不，瘳謂疾瘳不。」後鄭易「征爲巡守，象謂有所造立，與謂所與共事，果謂以勇決爲之，若吴伐楚，楚司馬子魚卜戰，令龜曰『鮒也以其屬死之』」，是也。其九筮，則後鄭云：「更，謂遷都邑。咸〔三〕，猶愈也，謂筮衆心歡否也。式，謂筮制作法式也。目，謂事衆筮其要所當也。易，謂民衆不悦，筮所改易也。比，謂筮與民和比也。祠，謂筮牲與日也。參，謂筮御與右也。環，謂筮可知師不也。」大事皆先筮後卜，筮凶則止，所謂卜筮不相襲也。大卜八命而外，有立君大封，皆眡高作龜。大祭祀則眡高命龜，大遷、大師則貞龜，旅則陳龜，喪事命龜，此又大事之次也。○注「分半」至「其半」。○荀子禮論云：「然則何以分之？」楊注：「分，半也。」禮記月令云「孔生分」，注：「分，猶半也。」説文八部：「分，别也，从八从刀，刀以分别物也。」物分則半，故分爲半。師喪分焉，故知爲師喪其〔四〕半，言不必全喪亡也。

「寡人死之，【注】襄公答卜者之辭。【疏】注「襄公」至「之辭」。○通義云：「『師喪分焉，寡人死之，不爲

〔一〕「謀」，原訛作「諸」，叢書本不誤，據改。
〔二〕「祠」，原訛作「詞」，叢書本不誤，據改。
〔三〕「咸」，原訛作「戚」，叢書本不誤，據改。
〔四〕「其」字原誤疊，叢書本不誤，據删。

不吉焉』，皆命卜之詞，言苟得滅紀，雖師喪君死，猶以爲吉。若長岸之戰，楚司馬子魚令龜，曰：『魴也以其屬死之，楚師繼之，尚大克之，吉。』其意同。」按：當謂師喪半焉，寡人即死之，示以必死復仇，不爲不吉，爲祈龜詞。若曰無爲示凶兆也。舊疏云：「所以謂死爲吉事者，以復讎〔一〕，以死敗爲榮故也。」亦通。何氏卜者之詞，亦即告卜者詞也。

不爲不吉也。」遠祖者幾世乎？九世矣。【疏】齊世家云：「周烹哀公而立其弟靜，是爲胡公。」夷王之時，「哀公同母少弟山殺胡公而自立，是爲獻公」。「九年獻公卒，子武公壽立。」「二十六年，武公卒，子厲公無忌立。胡公子復入齊，故殺厲公。胡公子亦戰死。齊人乃立厲公子赤爲君，是爲文公。」「十二年卒，子成公説立。九年，卒，子莊公購立。」「六十四年，莊公卒，子釐公禄父立。」「三十三〔二〕年，釐公卒，太子諸兒立，是爲襄公。」是歷胡、獻、武、厲、文、成、莊、僖、襄，凡九世也。

九世猶可以復讎乎？雖百世可也。【注】百世，大言之爾，猶詩云「嵩高維嶽，峻極于天」，君子萬年」。【疏】曲禮疏引：「異義：公羊説復百世之讎，古周禮説復讎之義不過五世。謹案，魯桓公爲齊襄公所殺，其子莊公與齊桓公會，春秋不譏。又定公是魯桓公九世孫，孔子相定公，與齊會于夾谷，是不復百世之讎也，從周禮説。鄭康成無駮，與許同也。」周禮疏引異義又云：「古周禮説復仇可盡五世之内，五

〔一〕「復讎」下原衍「云答」二字，叢書本同，據公羊注疏校删。
〔二〕「三」，原訛作「二」，叢書本同，據史記校改。

世之外，施之於己則無義，施之於彼則無罪。所復者惟謂殺者之身，及在被殺者子孫，可盡五世得復之。」按：世家：「子糾、小白，皆襄公之弟。」故春秋止譏魯莊與襄公狩，不譏其會桓。且褒譏皆壹而已耳，故於後無譏文也。孔子相定公事，不得援以相難。厲氏鶚齊襄公復九世讎議曰：「復讎之義見乎禮經者，父之讎弗與共戴天，兄弟之讎不反兵，未聞有九世也。即以世讎言之，止有五世，不應有九世。周官調人云：『父之讎辟諸海外。兄弟之讎辟諸千里之外。從父兄弟之讎不同國。』賈公彦疏云：『此經略言，其不言者，皆以服約之：伯叔父母、姑姊妹、女子子在室及兄弟、衆子，一與兄弟同；其祖父母、曾祖父母、高祖父母，其孫承後，皆斬衰，皆與父同。其不承後者，祖與伯叔同。曾祖、高祖齊衰三月，皆與從父兄弟同。自外不見者，據服爲斷也。』夫據服爲斷，親盡則讎盡，故許慎異義『古周禮説復讎之義不過五世』。魯桓爲齊襄所殺，定公是桓九世孫。孔子相定公，與齊會，是不復九世之讎也。公羊所云諸侯會聚之事，必稱先君以相接，齊紀無説焉，不可以並立乎天下。其不然矣。凡經之所云讎者，皆是殺義，鄭注『父者子之天，殺己之天』。紀侯但譖哀公，安必懿王之受而烹之，不得云紀侯殺之也？懿王受譖而烹之，則齊襄之讎當在莊王矣。天王其可讎乎？子胥入郢，撻平王之墓。左氏紀鄖公辛之言曰：『君討臣，誰敢讎之？君命，天也。』則公羊『父不受誅，子復讎』之義疏矣，乃子胥不聞辱無極之屍，何有譖九世之祖，而怒其無罪之遠孫哉！且齊之政始衰于哀公，齊風雞鳴刺哀公之荒淫，還刺哀公之好獵，外禽内色，未或不亡。

當時于王室，必有失朝覲貢獻之職者，而後紀侯之譖得入之。周德雖衰，哀公非不受誅，彼讎及九世云〔一〕者，衡以推刃之説，其自相刺謬亦甚矣。紀、齊同姓國也，又嘗同盟于黄。前此齊師遷紀郱、鄑、郚三邑，紀季以酅入于齊，齊侯之利其地也久矣。」「甫田之詩刺襄公無禮義而求大功，不修德而求諸侯，是其事也。滅同姓，無親也；滅同盟，無信也。襄公獸行，而賢其復九世之讎，此公羊之俗説也。」按：厲氏此説，直不知春秋者也。春秋爲張義之書，非紀事之書。齊襄利紀土地，自不言。言春秋因其託名復讎，即以復讎予之，予復讎非予齊襄也。明父祖之讎不可一日忘。以此坊民猶有反顔之讎者。稽康爲晉文所害，稽紹死難於晉惠君，子責其忠而不孝矣。哀公荒淫，天子討之，義也。設非紀侯之譖，安必懿王討之？討之而烹之，能令子孫之不讎乎？子孫不敢讎天子，因讎其所由，正子孫私恩之正也。齊哀可受周王之誅，不必受紀侯之譖，復讎于紀，正得推刃之義，何有刺謬乎？服盡則讎盡，則尤厲氏之謬説也。通義云：「黄道周曰：九世而猶可，況於三年之内乎？故公羊子善於立言者也。」後漢書袁紹傳：「昔〔二〕齊襄報九世之讎，士匄卒荀偃之事，是故春秋美其義〔三〕，君子大其信。」○注「百世」至「萬年」。○説文：「百〔四〕，十十也。」凡衆多皆曰百，易繫辭傳「百官以治」、書堯典「平章百姓」是也。引伸之，凡極多、極久

〔一〕「云」字原脱，叢書本同，據厲鶚齊襄公復九世讐議校補。

〔二〕「昔」，原訛作「若」，叢書本同，據後漢書校改。

〔三〕「義」，原訛作「文」，叢書本同，據後漢書校改。

〔四〕「百」字原脱，不辭，叢書本同，據説文校補。

曰百，如百年、百世皆是。「大言之」者，猶言極言之耳。詩見大雅崧高篇。「君子萬年」，見小雅瞻彼洛矣，亦極言之，嵩高不必果峻極于天，君子不必果萬年也。釋文「嵩」作「崧」，云：「本亦作嵩。」校勘記云：「維當作惟。」

家亦可乎？【注】家謂大夫家。【疏】注「家謂大夫家」。○左傳桓二年云：「故天子建國，諸侯立家。」謂天子封諸侯，諸侯命大夫也。周禮載師職：「以家邑之田任稍地。」注：「家邑，大夫之采地。」夏官大司馬職：「家以號名。」注：「家，謂食采地之臣也。」是大夫稱家也。其實諸侯亦稱家。孟子梁惠王云「萬乘之國，弒其君者必千乘之家」，趙注：「千乘當言國而言家者，諸侯以國爲家者，以避萬乘稱國，故稱家。君臣上下之辭。」史記吳泰伯以下，凡諸侯目爲「世家」，索隱引董仲舒云：「王者封諸侯，非官之也，得以代代爲家者也。」是也。

曰：不可。國何以可？【注】据家不可。【疏】隱三年傳云：「譏世卿。世卿，非禮也。」大夫不世，故不得與諸侯同也。

國君一體也，先君之恥，猶今君之恥也；今君之恥，猶先君之恥也。【注】先君，謂哀公；今君，謂襄公。言其恥同也。【疏】國君世，以國爲體，故先君、今君其恥同也。禮說云：「襄公復九世之讎，説者譏其迂，不知諸侯有會盟朝聘之禮，必稱先君以相接，一稱先君，則與讎人之子相揖讓可乎？春秋爲撥亂反正之書。是年冬，公及齊人狩于郜，此言復九世之讎，則及身而與讎狩者，其罪不上通於天乎？孟子曰矯枉者，過其正。傳故桓言之，雖百世可也。王應麟曰：『臣不討賊，非臣也；子不復讎，非子也。讎者無時焉可與通。此三言者，君臣父子，天典民彝係焉。』朱子戊午讜議曰：『有天下者，承萬世無疆之統，則必有萬世無疆之讎。吁！何止百世哉！』顧棟高反譏其不情，謂漢武欲困匈奴，下詔曰：『昔齊襄復九世之讎，春秋大之。』遂至兵連不解，殫財喪師，流血千里。公羊一言之流毒至此！」嗟乎！設使公羊無此言，漢武遂不窮兵黷武哉？邊疆之釁，何代無之？皆公羊之流毒耶？

國君何以爲一體？【注】据非一世。【疏】注「据非一世」。○禮士冠記云：「繼世以立諸侯。」國語周語「世后稷」，韋注：「父子相繼曰世。」世世相承，自一世至百世皆然。故云据非一世。

國君以國爲體，諸侯世，故國君爲一體也。【注】雖百世，號猶稱齊侯。【疏】禮喪服傳云：「大夫及學士，則知尊祖矣。諸侯及其大祖、天子及其始祖之所自出。」國君以國體爲重，自大祖而下皆一體也。通義云：「大夫士之義，不得世。故喪服傳云：『父子一體也，昆弟一體也。』禮，所與使復讎者，亦唯父母之讎不與同生，昆弟之讎不與聚國而已〔一〕。」按：厲氏明乎此，則不牽涉周禮、禮記辟讎之説紛紛妄辨。蓋彼經所言，皆指大夫士庶言，與有國者自殊也。

今紀無罪，【注】今紀侯也。

〔一〕「而已」，原訛作「也」，叢書本同，據公羊通義校改。

此非怒與？【注】怒，遷怒，齊人語也。此非怒其先祖，遷之於子孫與？【疏】注「怒遷」至「孫與」。○論語雍也篇：「不遷怒。」「遷怒」爲「怒」，猶「不如」言「如」也，蓋方言耳。經義述聞云：「家大人曰：遷怒但謂之怒，則文義不明，何注非也。怒之言詧，太過之謂也。方言：『凡人語而過，東齊謂之劍，或謂之詧。詧猶怒也。』荀子君子篇：『刑罰不怒罪，爵賞不踰德。』怒也，踰也，皆過也。是古者謂怒爲過。『今紀無罪，此非怒與』者，言今日之紀無罪，乃因其先世有罪而滅之，此非太過與？東齊謂過爲詧，則詧者，齊人語也。」又云：「怒者，太過也。解者曰遷怒，則於怒上增遷字矣。」按：王說亦通。校勘記云：「『於』，當作于。」

曰：非也。古者有明天子，則紀侯必誅，必無紀者。【疏】經義述聞云：「謹案，『必無紀』下不當有『者』字，蓋涉下文『至今有紀者』而衍。唐石經本闕『無紀者』三字，而字數與今本同，則原刻已衍『者』字矣。」

紀侯之不誅，至今有紀者，猶無明天子也。【疏】猶無，猶言由無也。惠氏棟云：「猶、由通。」按：莊十四年左傳「猶有妖乎」，正義：「古者由猶二字通。」是也。

古者諸侯必有會聚之事，相朝聘之道，號辭必稱先君以相接。【疏】通義云：「號者，玉幣之號，若秦伯使遂來聘，曰：『不腆先君之敝器，使下臣致諸執事。』辭者，賓主之辭，若聘禮曰：『不腆先君之祧，既拚以俟矣。』」按：大祝云：「一曰祠。」鄭司農云：「祠，當爲辭，謂辭令也。」玄謂一曰辭者，交接之辭。春秋傳曰：『古者諸侯相見，號辭必稱先君以相接。』此〔一〕之辭也。」禮記表記曰：「無辭不相接也，無禮不相見也，欲民之無相褻也。」注：「辭所以通情也，禮謂摯也。春秋傳曰：『古者諸侯有朝聘之事，號辭必稱先君以相接也。』」

然則齊、紀無說焉，不可以並立乎天下。【注】無說，無說懌也。【疏】注「無說」至「懌也」。○「說懌」，宋本同，閩本、監本、毛〔二〕本作「悦懌」。釋文：「無說，音悦。注同。」是陸本亦作「說」。段氏玉裁云：「依說文，注當作說釋。說、悦，釋、懌皆古今字。」經義述聞云：「謹按，『說』當如字讀，說即號辭也。承上文言之，古者諸侯必有會聚之事，相朝聘之道，號辭必稱先君以相接。今齊之先君爲紀所害，則齊、紀先世有不共戴天之讎，不忍復稱先君，故無辭以相接也。故曰齊、紀無說焉，不可以並立乎天下。」按：王說亦可通。舊疏云：「正以號辭必稱先君，是以齊、紀不得並立於天下也。古若有明天子，則須去其不直，是以上文云『古者有明天子，則紀侯必誅』也。」

故將去紀侯者，不得不去紀也。【疏】言若去其君，則不得存其國。

有明天子，則襄公得爲若行乎？【注】若，如也。猶曰得爲如此行乎？【疏】注「若如」至「行乎」。○考工記梓人職「毋或若女不寧侯」，注：「若，如也。」廣雅釋詁云：「如，若也。」國語魯語「若我往」，

〔一〕「此」，原訛作「辭」，叢書本同，據周禮注疏校改。

〔二〕「毛」，原訛作「手」，叢書本不誤，據改。

注：「若，如也。」呂覽下賢云「堯論其德行智達而不若」，注：「若，如也。」若、如雙聲爲訓也。經傳釋詞云：「若，猶此也。」則襄公得爲若行乎？謂此行也。又釋僖二十六年傳『曷爲以外内同若辭』謂此辭也，定四年傳『君如有憂中國之心，則若時可矣』謂此時可也，論語『君子哉若人』謂此人也。」按：「若」亦有作「如此」用者。書大誥云：「爾知甯王若勤者。」言如此勤也。孟子梁惠王篇：「以若所爲，求若所欲。」言如此所爲，如此所欲也。荀子禮論篇：「故人苟生之爲見若者必死，苟利之爲見若者必害也。」言如此者必死、必害也。故史記禮書正義云：「若，如此也。」舊疏云：「行，讀如有子行之之行。」

曰：不得也。不得，則襄公曷爲爲之？上無天子，下無方伯，【注】有而無益於治曰無，猶易曰「闃其無人」。【疏】鹽鐵論論儒云：「上無天子，下無方伯，天下煩亂，賢聖之憂〔一〕也。」○注「有而」至「無人」。○所引易豐上六爻辭。彼作「无」，有人如无人也。後漢安帝紀：「帝曰：上無明天子，下無賢方伯。」爲天子不明，方伯不賢，無益於治，雖有如無，故直曰無。襄十五年左傳：「其相曰：『朝也。』慧曰：『無人焉。』」亦此義。「闃」，各本作「閴」，非。此及易釋文皆「苦鵙反」。彼又引：「馬、鄭云：无人貌，姚〔二〕作閲，孟作窒。」此所引，與王輔嗣本同。

緣恩疾者可也。【注】疾，痛也。賢襄公爲諱者，以復讎之義，除滅人之惡。言大去者，爲襄公明義，但

〔一〕「憂」，原訛作「義」，叢書本同，據鹽鐵論校改。
〔二〕「姚」字原脱，叢書本不誤，據補。

當遷徙去之，不當取而有，明亂義也。不爲文實者，方諱，不得貶。【疏】注「疾，痛也」。○成十三年左傳「痛心疾首」，注：「疾，痛也。」荀子彊國云「疾養緩急之有相先者也」，注：「疾，痛也。」凡人有疾如痛，故謂疾爲痛。孟子梁惠王篇「疾首」，注：「頭痛也。」是也。舊疏云：「時無明王賢伯以誅無道，緣其有恩痛於先祖者，可以許其復讎，故曰緣恩疾者可也。」蓋父祖之讎未復，則痛於心故也。包氏慎言云：「齊襄、莊公〔一〕弑父之讎也，春秋之大齊襄剌魯莊也。齊襄不忘遠祖之讎，而魯莊忘其父之讎，而爲之主婚，與之會狩焉。會聚必稱先君，齊、紀無説焉，齊、魯得有説乎？襄公之卜滅紀，曰：『師喪分焉。』『寡人死之，不爲不吉也。』莊公果有不共戴天之志，即上無所訴，下無所控，而以死喪決之。則襄公之殺，不待無知矣。紀之滅不曰滅，曰大去。穀梁云『不使小人得加乎君子』，正言也。公羊曰『爲襄公諱』，婉辭也。言以復讎滅人國，君子不以滅國坐之，文見於此而義起於彼。上不畏天王之誅，下不畏方伯之討，而靦顏事讎，責莊公不以先君之恥爲恥，自絶於國也。傳曰『有明天子，則襄公得爲若行乎？曰：不得也。不得，則襄公曷爲爲之〔二〕？上無天子，下無方伯，緣恩疾者可也』。九世之祖，其恩疾何如？其父讎未討書葬，爲内量力不責人，爲莊公量，而莊公安然，自量如莊公，爲不子矣。故因假襄公以譏之，所謂『習其讀，問其傳，而不知己之有罪耳』。」○注「賢襄」至「之惡」。○隱二年傳：「疾始滅也。」又云：「此滅也，其言入

〔一〕「莊公」殆爲「魯莊」之訛。
〔二〕「之」，原訛作「云」，據公羊傳校改。

何？內大惡諱也。」彼爲內諱，改滅而書入。此爲賢諱，改滅而曰大去也。以復讎之義，除滅人之惡，亦宋莊公篡以計除之意也。〇注「言大」至「義也」。〇校勘記云：「鄂本、宋本『而』作『有』，疑誤。按，解云：不當取而有之，明其亂正義矣。」繁露滅國下云：「紀侯之所以滅者，乃九世之讎也，一旦之言，危百世之嗣，故曰大去。」與何義少異。舊疏云：「襄公亂義而不惡者，正以復讎除之。」按：此蓋亦爲齊襄盈乎諱也爾。如傳義，齊、紀既不容並立，勢不得不滅其國。而又云「但當遷徙去之，不當取而有」者，蓋滅紀之後，當上之天子，諸侯不得盜有土地也。周天子擇紀賢者立之，以奉其後，不得取譖者之子孫，庶近於義矣。〇注「不爲」至「得貶」。〇僖元年傳：「不與諸侯專封也。曷爲不與？實與而文不與。文〔一〕曷爲不與？諸侯之義不得專封也。諸侯之義不得專封，則其實與之何？上無天子，下無方伯，天下諸侯有相滅亡者，力能救之，則救之可也。」又見宣十一年。所謂「文」、「實」也，蓋彼責備賢者，故文以專封責桓公，而實以美桓之存亡國。其美自見，無庸爲諱。襄公本非賢者，滅國之罪又重於專封，假復讎以除罪，本春秋微詞，以責魯莊。故曲爲襄諱，不必又起貶義也。舊疏云：「凡爲文實者，皆初以常事爲罪而貶之，然後計功除過。」此齊襄功實未足除過，故傳不爲文實也。

〇六月，乙丑，齊侯葬紀伯姬。【疏】經六月有乙丑，曆有乙亥、乙酉、乙未，無乙丑。五月之二十

〔一〕「文」字原脱，叢書本不誤，據補。

三，七月之二十四，皆乙丑也。

外夫人不書葬，此何以書？【注】据鄫季姬也。【疏】注「据鄫季姬」。○即僖十六年「鄫季姬卒」，無葬文，是也。

隱之也。何隱爾？其國亡矣，徒葬於齊爾。【注】徒者，無臣子辭也。國滅無臣子，徒爲齊侯所葬，故痛而書之，明魯宜當閔傷臨之。卒不日葬日者，魯本宜葬之，故移恩録文於葬。【疏】穀梁傳：「外夫人不書葬，此其書葬何也？吾女也。失國，故隱而葬之。」注：「隱，痛也。不日卒而日葬，閔紀之亡也。」經傳釋詞：「爾，猶而已也。檀弓『用美焉爾』，言用美焉而已。又曰『主人自盡焉爾』，言主人自盡焉而已。公羊傳『徒葬於齊爾』，又『不崇朝而徧雨乎天下者，唯泰山爾』，論語鄉黨篇『唯謹爾』，並與『而已』同義。」○注「徒者」至「所葬」。○廣韻：「徒，空也，又但也。」葬者生者之事，國滅君亡，無臣子，故但爲齊侯所葬耳。各本「所葬」作「所殺」，誤，依鄂本正。○注「故痛」至「臨之」。○禮喪服不杖期章「姑姊妹女子子適人無主者」，魯女嫁爲諸侯夫人，本無尊降，宜止出降大功，今夫國已亡，魯宜依無主之服服本服期。喪服傳：「無主者，謂其無祭主者也。何以期也？爲其無祭主故也。」注：「無主後者，人之所哀憐，不忍降之。」雖係士禮，喪服經載大夫之子爲姑姊妹女子子無主者亦期，大夫與大夫之子同。推之諸侯禮，亦宜然。故痛而書之，明當閔傷臨之也。○注「卒不」至「於葬」。○上三月書「紀伯姬卒」，不日是也。舊疏云：「春秋内女卒例日，而紀伯姬卒不日，故如此解。」又云：「此雖不及五月，不得以渴葬解之。」爲渴葬、慢葬自施於諸侯，非夫人例。

此復讎也，曷爲葬之？【注】据恩怨不兩行。滅其可滅，葬其可葬。此其爲可葬奈何？復讎者，非將殺之，逐之也。以爲雖遇紀侯之殯，亦將葬之也。【注】以爲者，設事辭而言之。以大斂而徙棺曰殯。夏后氏殯於阼階之上，若存；殷人殯於兩楹之間，賓主夾之；周人殯於西階之上，賓之也。稱齊侯者，善葬伯姬，得其宜也。

【疏】注「以爲」至「言之〔一〕」。○禮記檀弓曰：「吾以將爲賢人也。」以，即以爲也。以、爲雙聲，故以亦訓爲。玉篇：「以，爲也。」是也。凡未事而億度之，皆曰以爲，故爲設事辭。設者，假借之辭也。戰國策齊策「今先生設爲不宦」，高云：「設者，虛假之辭。」是也。○注「以大」至「曰殯」。○禮士喪禮云：「卒斂，徹帷。」此大斂禮畢。下云「主人奉尸斂于棺，踊如初，乃蓋」，注：「棺在肂中，斂尸焉，所謂殯也。」檀弓曰『殯于客位』。」按：檀弓，周禮也。士喪禮又云：「主人降北面，視肂設熬，旁一筐，踊無算。」注：「以木覆棺上而塗之，爲火備。」「卒塗，祝取銘置于肂，主人復位。」此大斂後而殯之節也。○注「夏后」至「之也」。○舊疏云：「檀弓上篇文。」白虎通崩薨篇云：「夏后氏殯於阼階，殷人殯於兩楹之間，周人殯於西階之上。夏后氏教之忠。忠者，厚也，曰，生吾親也，死亦吾親也，主人宜在阼階。殷人教以敬，曰，死者將去，又不敢客也，故置之兩楹之間，賓主共夾而敬之。周人教以文，曰，死者將去，不可又得，故賓客之也。引檀弓

〔一〕「言之」，原訛作「之辭」，叢書本同，據【注】文改。

記曰：『夏后氏殯於阼階，殷人殯於兩楹之間〔一〕，周人殯於西階。』」士喪禮，周禮也，「主人入門左，視塗」，注：「肂在西階，入門左，由便趨疾。」是也。○注「稱〔二〕齊」至「宜也」。○杜云：「紀季入酅爲齊附庸，而紀侯大去其國，齊侯加禮初附，以崇厚義，故攝伯姬之喪，而以紀國夫人禮葬之。」

○秋，七月。

○冬，公及齊人狩于郜。【疏】左氏作「禚」。

公曷爲與微者狩？【注】据與高傒盟諱，此競逐恥同。【疏】注「据與」至「恥同」。○莊二十二年：「秋，及齊高傒盟于防。」傳云：「公則曷爲不言公？諱與大夫盟也。」此與微者競逐禽獸，與大夫盟同宜諱，故難之。

齊侯也。【注】以不没公，知爲齊侯也。【疏】注「以不」至「侯也〔三〕」。○舊疏云：「正以大夫盟即没公，

〔一〕「間」，原訛作「門」，叢書本同，據白虎通校改。
〔二〕「稱」，原訛作「敢」，叢書本同，據【注】文校改。
〔三〕「侯也」，原訛作「信也」，叢書本同，據【注】文改。

此不没公者，齊侯故也。」按：穀梁傳曰：「齊人者，齊侯也。」杜氏以齊人爲賓微者，云：「越竟與齊微者狩，失禮。」沈氏欽韓云：「雖無人心，何爲與齊之微者狩？尊卑上下自有統紀，齊之微者，安能與鄰國之君狩乎？人者，齊侯也。」

齊侯則其稱人何？諱與讎狩也。【注】禮，父母之讎不共戴天，兄弟之讎不同國，九族之讎不同鄉黨，朋友之讎不同市朝。稱人者，使若微者，不没公。言齊人者，公可以見齊微者，至於魯人皆當復讎，義不可以見齊侯也。【疏】穀梁傳：「何爲卑公也？不復讎而怨不釋，刺釋怨也。」○注「禮父」至〔一〕「市朝」。○禮記曲禮云：「父之讎弗與共戴天，兄弟之讎不反兵，交遊之讎不同國。」注：「父者子之天，殺己之天，與共戴天，非孝子也。行求殺之，乃止。」又檀弓云：「居父母之讎，如之何？夫子曰：寢苫枕干，不仕，弗與共天下也。遇諸市朝，不反兵而鬭。」注：「不可以並生。言雖適市朝，不釋兵。」又曰：「請問居昆弟之讎，如之何？曰：仕弗與共國，銜〔二〕君命而使，雖遇之，不鬭。曰：請問居從父昆弟之讎，如之何？曰：不爲魁。主人能，則執兵而陪其後。」大戴禮曾子制言云：「父母之讎不與同生，兄弟之讎不與聚國也。友之讎不與聚鄉，族人之讎不與共鄰。」白虎通誅伐云：「子得爲父報讎者，臣子於君父，其義一也。忠臣孝子所以不能已，以恩義不能奪也。故曰：父之讎不共天下，兄弟之讎不與共國，朋友之讎不與同

〔一〕「至」，原訛作「之」，叢書本同，此言【注】文之起訖，當作「至」，據改。
〔二〕「銜」，原訛作「銜」，叢書本同，據禮記正義校改。

朝，族人之讎不共鄰。故春秋傳曰：『子不復讎，非子。』」按：何氏所説復讎之次，與白虎通合，惟朋友之讎與大戴禮異。父讎不共戴天，而周禮調人云：「辟諸海外。」不共戴天。極言孝子不與父讎並生之義。若已辟諸海外，則亦力有所難。故禮記疏引：「鄭答趙商云：讎若在九夷之東、八蠻之南、六戎之西、五狄之北，雖有至孝之心，能往討之乎？」是也。鄭注曲禮云：「交遊，或爲『朋友』。」盧辯云：「朋友之讎不同國，失[一]厚矣。」則曲禮似過此，云「不同市朝」，得矣。檀弓説「居昆弟之讎，曰：仕弗與共國」，與此「不同國」同。調人云：「兄弟之讎辟諸千里之外，從父昆弟之讎不同國。」又云：「主友之讎，視從父昆弟。」蓋同一不同國，昆弟之讎不同國中並處，朋友之讎但不同國仕耳。定四年傳云：「朋友相衛，古之道也。」義亦通於此也。檀弓説「居從父昆弟之讎」，意即此之九族，彼曰「不爲魁，主人能，則執兵陪其後」，與此不同，鄉黨[二]其輕重相似也，與調人之不同國殊。蓋惟君父之讎不共戴天無異説，其餘則各述所聞，故難一致。○注「稱人」至[三]「微者」。○穀梁傳：「其稱人何也？卑公之敵，所以卑公也。」通義云：「等諱不没公。言齊侯[四]，而必貶齊侯：稱人者，没公，則但有諱義；人齊侯，兼以惡齊也。諸侯以國爲體，雖据哀録莊，猶有讎齊之心焉。讎之則其言賢之何也？賢其可賢，貶其可貶。以直報怨，春秋以之。」沈氏欽

[一]「失」字原脱，叢書本同，據大戴禮記校補。
[二]「鄉黨」上似脱一「與」字。
[三]「至」字原脱，叢書本同，據文例補。
[四]「言齊侯」三字原脱，叢書本同，據公羊通義校補。

韓云：「莊公安之而書者，爲愧之，從而微之。」○注「不没」至「侯也」。○周禮調人云：「君之讎視父。」隱十一年傳：「子沈子曰：君弒，臣不討賊，非臣也；子不復讎，非子也。」明齊襄，魯之臣民皆當讎之，若没公，則嫌魯之微者可與齊侯狩，明亦不宜也。不没公而貶齊侯爲微者，見齊之臣下，莊公無爲讎之不見也。

前此者有事矣，【注】溺會齊師伐衛是也。【疏】注「溺會」至「是也」。○見上三年春。穀梁於彼「惡其會讎讎伐同姓」。公羊所不取。

後此者有事矣，【注】師及齊師圍盛是也。【疏】注「師及」至「是也」。○見下八年。

則曷爲獨於此焉譏？於讎者，將壹譏而已，故擇其重者而譏焉。【疏】莊氏述祖春秋正辭云：「若諸侯不享覲，不可勝譏，則書公如齊於上，書大夫如京師於下，而自如齊以異之。若諸侯不會葬奔喪，不可勝譏，則書『公子遂如晉，葬晉襄公』，書『叔孫得臣如京師。辛丑，葬襄王』，日以異之。書『十二月，甲寅，天王崩。乙未，楚子昭卒』，不以日先後爲序，以大異之。」

莫重乎其與讎狩也。【注】狩者，上所以共承宗廟，下所以教習兵行義。【疏】通義云：「從禽爲樂，與讎共之，乃忘親之大者。」○注「狩者」至「行義」。○桓四年傳云：「諸侯曷爲必田狩？一曰乾豆，二曰賓客，三曰充君之庖。」注：「必田狩者，孝子之意，以爲己之所養，不如天地自然之牲逸豫肥美。禽獸多則傷五穀，因習兵事，又不空設，故因以捕禽獸，所以共承宗廟，示不忘武備，又因以爲田除害。」左傳隱五年云：「故春蒐、夏苗、秋獮、冬狩，皆以農隙而講武事也。」

於讎者，則曷爲將壹譏而已？讎者無時焉可與通，通則爲大譏，不可勝譏，故將壹譏而已。其餘從同同。【注】其餘輕者從義與重者同，不復譏，都與無讎同文論之，所以省文，達其異義矣。凡二同，故言同同。【疏】校勘記云：「唐石經、諸本同。注『凡二同，故言同同』，解云：考諸古本，傳及此注同字之下皆無重語，有者衍文。按，疏中標注亦作『凡二同，故言同同』，衍一同字。」○注「其餘」至〔一〕「論之」。○舊疏云：「謂皆是與讎交接。」更無貶文矣。○注「所以」至「義矣〔二〕」。○舊疏云：「一則省文，二則達其異義矣。其異義者，圍盛不稱公者，諱滅同姓；溺會齊師伐衛不稱氏者，見未命大夫也。若不省文，無以見此義，故曰『所以省文，達其異義矣』。」按：此知許慎異義据夾谷會以駁公羊之謬矣。○注「凡二」至「同同」。○舊疏云：「輕者不譏，見與重者同，一同也；都與無讎同文論之，一同也，故曰『凡二同』矣。」讀書叢録云：「按，注：『其餘輕者從義與重者同，不復譏，都與無讎同文論之，所以省文，達其異義矣。』疏：『輕者不譏，見與重者同，一同也；都與無讎同文論之，二同也，故曰凡二同矣。』傳及此注皆當作『同同』。古本非是。」按：孫〔三〕説是也。注明云「凡二同，故言同同」，則重「同」字者是。

〔一〕「至」字下原衍「者同」二字，叢書本同，此標記【注】文起訖，不當有此二字，據刪。
〔二〕「矣」，原訛作「也」，叢書本同，據【注】文改。
〔三〕「孫」字，叢書本同，疑有誤。讀書叢録的著者爲清洪頤煊。

公羊義疏十九

南菁書院　句容陳立卓人著

莊五年盡八年

○五年，春，王正月。

○夏，夫人姜氏如齊師。【疏】通義云：「戎事不邇女器，目言如齊師，惡甚矣。」穀梁傳曰：「師而曰如，衆也。婦人既嫁不踰竟，踰竟，非禮也。」注：「言師衆大如國，故可以言如。」按：上二年「會于郜」，注：「婦人無外事，外則近淫。」四年「饗于祝丘」，注：「書者，與會郜同義。」此無注，從可知，省文也。下七年「會于防」同。

○秋，倪黎來來朝。【疏】左、穀「倪」作「郳」。左氏「黎」作「犂」。春秋異文箋云：「郳、倪二字，古祇作兒，从人从邑，皆後起字。黎、犂，通假字。」按：莊子齊物論有王倪，漢書古今人表作王兒。漢書倪寬，鹽鐵論刺復篇云「自千乘兒寬以治尚書，位〔一〕冠九卿」。文學曰：「兒大夫閉口不言。」是倪本作兒。邵氏晉涵南江札記云：「左氏傳成十五年『伯州犂奔楚』，潛夫論引作『州黎』。」是犂、黎同也。

倪者何？小邾婁也。【注】小邾婁國。【疏】杜云：「東海昌慮縣東北有郳城。」疏云：「郳之上世出於邾國。世本云：『邾顔居邾，肥徙郳。』宋仲子注：『邾顔別封小子肥於郳，爲小邾子。』則顔是邾君，肥始封郳。譜云：『小邾，邾俠之後也。夷父顔有功於周，其子友別封爲附庸，居郳。曾孫犂來始見春秋，附從齊桓以尊周室，命爲小邾子。穆公之孫惠公以下，春秋後六世，而楚滅之。』世本言肥，杜譜言友，當是一人。僖七年書『小邾子來朝』，知齊桓以王命命之〔二〕。」説文邑部：「郳，齊地。春秋傳曰：齊高厚定郳田。」段注：「左傳襄六年：『齊侯滅萊，遷萊于郳。』杜云：『遷萊子於郳國。』正義：『郳即小邾。小邾附庸於齊，故滅萊國而遷其君於小邾。』世本注：『邾顔別封小子肥于郳，爲小邾子。』左傳曰：『魯擊柝聞於邾。』小邾者，邾所別封，則其地亦在邾魯間，不當爲齊地。今鄒縣有故邾城，滕縣東南有郳城，皆魯地。且郳之稱小邾久矣，不應又忽呼爲郳也。許意郳是齊地，非小邾國也。」按：段説是也。昌慮爲今滕縣地，兖州府志：「郳城在滕縣東一里，梁水之東，周八里。」于欽齊乘云：「郳城在繒城南。土人云小灰城，即小邾之譌也。」按：漢東海郡繒縣在今峯縣地也。萊子所遷，別是一地。

〔一〕「位」字原脱，叢書本同，據鹽鐵論校補。

〔二〕「之」，原訛作「云」，叢書本同，據春秋左傳正義校改。

小邾婁則曷爲謂之倪？未能以其名通也。【注】倪者，小邾婁之都邑，時未能爲附庸，不足以小邾婁名通，故略謂之倪。【疏】注「倪者」至「都邑」。○通義云：「今爲附庸，則名倪，其後受國，則名小邾婁。倪本邾婁顔之少子肥所封，故謂之小邾婁也。」蓋此時尚無小邾婁之稱，故以其取都名也。○注「時未」至「之倪」。○通義云：「未能以其名通者，猶孟子言『不達於天子』。」按：孟子萬章篇：「不達於天子，附於諸侯，曰附庸。」則附庸國之至微者。此注云「未能爲附庸」，疑「未能」二字沿傳文衍。白虎通謚篇：「附庸所以無謚何？卑小無爵也。」王制云：「不能五十里，不合于天子，附于諸侯，曰附庸。」不合，即不達也。趙注孟子云：「小者不能特達于天子，因大國以名通。」白虎通爵篇又云：「小者不滿爲附庸。附庸者，附大國以名通也。」不滿，謂不滿五十里也。孔氏廣森經學卮言云：「不達於天子者，春秋所謂未能以其名通也。」繁露曰：「『附庸：字者方三十里，名者方二十里，人、氏者方十五里。』書大傳曰：『古者，諸侯始受封，則有采地：百里諸侯以三十里，七十里諸侯以二十里，五十里諸侯以十五里。其後，子孫雖有罪黜，其采地不黜，使其子孫賢者守之，世世以嗣其始受封之人。此之謂興滅國，繼絶世。』昔齊人滅紀〔一〕紀季，以酅爲齊附庸。酅者，紀之采也。然則，附庸〔二〕多亡國之後，先世有功德者，故存録之。使世食其采，以臣屬於大國。三十里者，其先公侯也；二十里者，其先伯也；十五里者，其先子男也。董仲舒説

〔一〕「紀」字原脱，叢書本同，據經學卮言校補。
〔二〕「附庸」二字原脱，叢書本同，據經學卮言校補。

正與書傳合。」按:韓詩外傳亦有是語。然倪係郳婁別封,與晉封曲沃相似。曲沃已命爵爲伯,或是請於周所賜。郳婁本子男〔一〕小國,非其比矣。封之倪則謂之倪,猶紀季以酅入齊則謂之酅。齊語齊桓正封域,「東至於紀酅」,是也。後齊桓請於周,封之子,始有小郳婁之稱。春秋王魯,附庸小國未能以名通,故略之稱倪耳。

黎來者何?名也。【疏】左傳云:「郳犂來來朝,名,未王命也。」注:「未受爵命爲諸侯。傳發附庸稱名例也。」据此,倪爲郳婁所封,則郳婁非附庸可知。故隱元年注謂儀父在春秋前失爵,在名例也。

其名何?【注】据僖七年稱子。【疏】注「据僖七年稱子」。○即僖七年「夏,小郳婁子來朝」是也。

微國也。【注】此最微,得見者,其後附從齊桓,爲僖七年張本文。【疏】注「此最」至「本文」。○僖七年注云:「至是所以稱爵者,時附從霸者朝天子。旁朝罷,行進。齊桓公白天子進之,固因其得禮,著其能以爵通。」附庸最微,得見春秋,因其後得禮,能以爵通,故於此起之也。穀梁傳:「郳,國也。黎來,微國之君,未〔二〕爵命者也。」通義云:「附庸名者,方二十里。」

〔一〕「男」,原訛作「易」,叢書本不誤,據改。
〔二〕「未」,原訛作「夫」,叢書本不誤,據改。

○冬，公會齊人、宋人、陳人、蔡人伐衛。

此伐衛何？納朔也。【疏】左傳：「冬，伐衛，納惠公也。」漢書劉向傳：「衛侯朔召不往，齊逆命而助朔。」繁露滅國上云：「衛侯朔固事齊襄，而天下患之。」則齊主兵，魯與宋、陳、蔡從之也。

曷爲不言納衛侯朔？【注】據納頓子于頓言納，下朔入、公入致伐，齊人來歸衛寶，知爲納朔伐之。【疏】注「據納」至「伐之」。○僖二十五年，「楚人圍陳，納頓子于頓」，是彼言納也。朔入，即下六年「衛侯朔入于衛」是也。公入致伐，即下六年「公至自伐衛」是也。又云「齊人來歸衛寶」，故知爲納朔伐之。

辟王也。【注】辟王者兵也，王人子突是也。使若伐而去，不留納朔者，所以正其義，因爲内諱。【疏】注「辟王」至「是也」。○下六年傳云：「王人子突救衛。」王人救之，諸侯伐之，順逆昭然矣。○注「使若」至「内諱」。○若留納朔，當書「公會齊侯以下伐衛，納衛侯朔於衛」，今不然，故解之。通義云：「絶正其義，不使諸侯得立王之所廢也。穀梁傳曰：『是齊侯、宋公也。其曰人何也？人諸侯，所以人公也。其人公何也？逆天王之命也。』今驗經例，『公會宋人、齊人伐徐』、『公會齊人、宋人、邾婁人救鄭』，皆以會大夫不致。此下有致，足起四國實其君，貶稱人矣。」按：不書「納朔」，爲内諱伐王；書人，起其貶也。

○六年，春，王三月。【疏】左氏作「正月」，穀梁作「二月」。

○王人子突救衛。【疏】史記注引服虔云：「王室當在雅，衰微而列在風，故國人猶尊之，故稱王，猶春秋之王人也。」按：所引蓋襄二十九年傳「爲之歌王」，注：不曰周人，而曰「王人」，猶尊王之義也。

王人者何？微者也。【疏】杜云：「王人，王之微官也。」穀梁傳：「王人，卑者也。」僖八年傳亦云：「王人，微者也。」僖二十九年注：「諸侯亦使微者會之。」亦者，亦王人也。

子突者何？【注】别何之者，稱人序上。又僖八年王人不稱字，嫌二人。【疏】注「别何」至「二人」。○舊疏云：「所以不言王人子突者何？而别何之者，正以稱人，序在子突之上。又僖八年『公會王人以下于洮』，單稱王人，不稱字。問者之意，嫌此王人與子突别人，故别何之。然則言嫌二人者，猶言疑二人矣。」按：傳意亦欲明王人爲微者，故别何之。

貴也。【注】貴子之稱。【疏】注「貴子之稱」。○穀梁傳：「稱名，貴之也。」彼注引：「何休以爲稱子則非名也。鄭君釋之曰：『王人賤者，録則名可。今以其銜命救衛，故貴之。貴之，則子突爲字，可知明矣。』此『名』當爲『字』誤耳。」則范氏以彼傳稱名爲誤。通義云：「尋此注意，突仍是名。何君擇善而從，故自異其説。」按：注云「貴子之稱」，則何氏作注以子爲貴，不以突是字爲貴也。穀梁注引徐乾曰：「王人者，卑者之稱也。當直稱王人而已，今以其能奉天子之命，救衛而拒諸侯，故加名以貴之。僖八年『公會王人、齊侯』，是卑者之常稱爾。」彼以子突實微者，非公羊義。杜氏釋例云：「莊六年，五國諸侯犯逆王命，以納衛朔，大其事，故字王人，謂之子突，是説進之意。進之不稱名，而越稱字者，王之上士、下士爵同而命異耳。進之同中士，未足以爲榮，故超從大夫之例稱字，以貴之也。」杜義以突爲字，與鄭義同。范氏疏亦如何義。則穀梁文不誤。

貴，則其稱人何？【注】据王子瑕不稱人。本當言王子突，示諸侯親親以責之也。【疏】注「据王」至「之也」。○襄三十年「王子瑕奔晉」是不稱人也，本亦當稱王子突，以責諸侯違王命之深也。

繫諸人也。曷爲繫諸人？【注】据不以微及大。【疏】注「据不」至「及大」。○定二年傳云：「然則曷爲不言雉門災及兩觀？主災者兩觀也。主災者兩觀，則曷爲後言之？不以微及大也。」此王人微者，王子突貴者，繫之王人之下，是以微及大也，故据以難。通義云：「本當稱王子突，特繫人言之耳。」

王人耳。【注】刺王者，朔在岱陰齊時，一使可致，一夫可誅，而緩，令交連五國之兵，伐天子所立。還以自納，王遣貴子突，卒不能救，遂爲天下笑，故爲王者諱，使若遣微者弱愈，因爲内殺惡。救例時，此月者，嫌實微者，故加録之，以起實貴子突。【疏】舊疏云：「欲道子突，但是微者矣。」按：傳意子突不能救，亦等之王人微者耳。○注「刺王」至「殺惡」。○桓十六年傳：「見使守衛朔，而不能使衛小衆，越在岱陰齊。」是朔在岱陰齊事也。上五年「冬，公會齊人、宋人、陳人、蔡人伐衛」，是交連五國兵也。上三年注云：「天子新立衛公留」，是伐天子所立也。下「衛侯朔入于衛」，是遣子突不能救也。桓十六年注云：「傳著朔在岱陰者，明天子當及是時未能交連五國之兵早誅之。」蓋初出奔時，黨援未甚，可即誅絶，遷延貽玩，致不能討，耻莫甚焉。故繁露王道〔一〕云：「遣子突征衛不能絶。」「諸侯得以大亂，篡弒無已。」是也。通義云：「言子突乃王人耳，使若王不深助留，但遣微者子突，無威重，不能成功，以爲天子殺耻矣。」按：穀梁傳曰：「善救衛也。救者善，則伐者不正。」是公會諸侯伐衛爲内惡。殺惡者，舊疏云：「犯微人之命，惡淺；犯貴者之命，惡深故也。」弱愈，校勘記云：「鄂本、宋本同。閩本、監本、毛本『弱』改爲『非』。」按，弱愈，猶少愈也。」〇注「救例時」。〇僖六年「秋，諸侯遂救許」，僖十九年「夏，師救齊」是也。〇注「此月」至「子突」。〇經義嫌子突實微，故加録月，以起其貴，明王子突也。與僖八年、二十九年「王人」不同。杜云：「雖官卑，而見授以大事，故稱人而又稱字。」不知子突，王子突故也。

〇夏，六月，衛侯朔入于衛。

衛侯朔何以名？【注】据衛侯入于陳儀不名。【疏】注「据衛」至「不名」。〇見襄二十五年秋。

絶。【疏】穀梁傳：「入者，内弗受也。何用弗受也？爲以王命絶之也。朔之名，惡也。朔入逆則出順矣。朔出入名，以王命絶之也。」按：春秋，天子之事也。衛朔，天子之命所絶，故春秋書名以絶之。

曷爲絶之？【注】据俱入也。

〔一〕「王道」，原誤記爲「玉英」，以下引文實出於王道篇，據校改。

犯命也。【注】犯〔一〕天子命尤重。【疏】注「犯天」至「尤重」。○見桓十六年。彼傳云：「得罪于天子也。其得罪于天子奈何？見使守衛朔，而不能使衛小衆，越在岱陰齊，屬負茲，舍不即罪爾。」是也。通義云：「犯天子之命，當絶賤之，不成爲諸侯，故生名之。」包氏慎言云：「朔得罪天子，出奔，當絶。天子立公子留以承衛祀，朔復入爲篡，以盜國論。」莊二十五年「衛侯朔卒」，不書葬。注云：「犯天子命，重與盜國同。」僖十九年「宋人執滕子嬰齊」，注：「名者，葵丘之會，叛天子之命者也。」當與衛朔同科。穀梁傳云：「其不言伐衛納朔何也？不逆天王之命也。」按：范注云：「不與諸侯納王之所絶。」是也。

其言入何？【注】据頓子不復書入。【疏】注「据頓」至「書入」。○僖二十五年「秋，楚人圍陳，納頓子于頓」，不復書入也。通義云：「据鄭衎或言歸，或言復歸。」

篡辭也。【注】上辟王不得言納，故復從篡辭書入也。不直言篡者，事各有本也。殺而立者，不以當國之辭言之。非殺而立者，以當國之辭言之。國人立之曰立，他國立之曰納，從外曰入。諸侯有屬託力，加自文也。不書公子留出奔者，天子本當絶衛，不當復立公子留，因爲天子諱微弱。【疏】通義云：「篡衛侯留也。」○注「上辟」至「入也」。○上五年傳云：「曷爲不言納？辟王也。」上不言納，嫌衛朔復國無罪，故復從篡辭書入。以公羊之例，立、納、入皆篡辭故也。○注「不直」至「本也」。○此道春秋通例。○注「殺

〔一〕「犯」字原脫，叢書本同，據下疏標起訖及公羊注疏校補。

而」至「言之」。○舊疏云：「即文十四年『齊公子商人弑其君舍』不去公子是也。」彼以弑君爲重，不嫌非簒，故不必以當國辭目之。○注「非殺」至「言之」。○下九年「齊小白入于齊」是也。注云：「曷爲以國氏？當國也。」非殺而立，嫌非簒，故以入言之。○注「國人」至「曰立」。○隱四年「衛人立晉」是也。傳：「立者，不宜立也。」明當立桓嗣子，故書立以見簒。○注「他國」至「曰納」。○僖二十五年「楚人圍陳，納頓子于頓」、哀二年「晉趙鞅帥師納衛世子蒯聵〔一〕于戚」是也。蒯聵得國於子輒，得爲簒者，彼傳云：「父有子，子不得有父也。」蒯聵於定十四年出奔，子無去父之義，合當絶。今還入衛，爲盜國，合當誅，晉納之，與同罪也。○注「從外曰入」。○桓十五年「許叔入于許」是也。注：「入者，出入惡，明當誅。」又下九年「齊小白入于齊」。○注「諸侯」至「文也」。○舊疏云：「即昭元年『秋，莒去疾自齊入于莒』、昭十三年『夏，楚公子比自晉歸于楚』之屬是也。」按：董子言「衛朔固事齊襄，天下患之」，不書自齊入于衛者，蓋不獨齊助之，魯亦當蒙其惡也。○注「不書」至「微弱」。○天子立公子留，見上三年。按：不書出奔，爲天子諱弱是也。謂天子本當絶衛，「使守〔二〕衛朔，不能使衛小衆」，又託疾不就罪，得罪天子，絶衛朔足矣，欲并其宗社，絶之甚矣。

〔一〕「蒯聵」，原作「蒯瞶」，叢書本同，據公羊注疏校改。全書凡百餘处，以下徑改，不出校記。

〔二〕「使守」，原訛作「似過」，叢書本同，據公羊傳校改。

○秋，公至自伐衛。

曷爲或言致會，或言致伐？得意致會，【注】所伐國服，兵解國安，故不復録兵所從來，獨重其本會之時。【疏】注「所伐」至「之時」。○襄十一年：「公會晉侯以下伐鄭。會于蕭魚。公至自會。」按：「會于蕭魚」，傳云：「蓋鄭與會爾。」注：「中國以鄭故，三年之中五起兵，至是乃服，其後無干戈患二十餘年，故喜而詳録其會，以得鄭爲重。」是爲所伐國服。兵解國安，故獨重其會時，故書至自會也。

不得意致伐。【注】所伐國不服，兵將復用，國家有危，故重録所從來，此謂公與二國以上也。公與一國及獨出用兵，得意不致，不得意致伐。公與二國以上出會盟，得意致會，不得意不致。公與一國出會盟，得意致地，不得意不致，皆例時。【疏】注「所伐」至「從來」。○僖四年：「公會齊〔一〕侯以下侵蔡。蔡潰。遂伐楚，次于陘。秋，八月，公至自伐楚。」傳：「楚已服矣，何以致伐？楚叛盟。」又襄十一年「公會晉侯、宋公以下伐鄭。秋，七月，己未，同盟于京城北。公至自伐鄭」。彼鄭旋服旋叛，故致伐，從不得意例也。舊疏云：「成十六年『公會尹子、晉侯以下伐鄭。冬，十二月，公至自會』，又成十七年『夏，公會尹子、單子、晉侯以下伐鄭。六月，乙酉，同盟于柯陵。秋，公至自會』，又成十七年『冬，公會單子、晉侯以下伐鄭。十一月，公至自伐鄭』。以此言之，則十六年『秋，伐鄭』，十七年『夏，伐鄭』，皆是鄭人不服而致會

〔一〕「會齊」，原訛作「伐楚」，叢書本不誤，據改。

者。正以十六年鄭叛，晉帥諸侯伐之，當時實服，明年乃叛，是以致會。十七年『夏，公會單子已下伐鄭』者，正以比年用兵，不能服，故以得意爲文。其十七年『冬，公會單子已下伐鄭』，以伐致者至於三，伐事實當見，故言『公至自伐鄭』矣。」按：十七年夏書致會，或與十六年書致會同意。比年用兵，不能服，無爲以得意爲文也。或以公幼，非魯主兵，故無危辭。十七年冬，則比年三伐，而鄭仍未服，故危魯以危諸侯也。舊疏又云：「桓十六年『夏，四月，公會宋公、衛侯已下伐鄭。秋，七月，公至自伐鄭』，從此以後鄭不背叛。而致伐者，桓元年『三月，公會鄭伯于垂』，彼注云：『不致之者，桓弑賢君，篡慈兄，與人交接則有危，故奪臣子辭，成誅文』。然則桓本不合致，而十六年致者，注云：『善桓公能疾惡同類，與諸侯行義兵伐鄭也。』是其得致之由。而致伐者，諸侯本欲助忽誅突，突終得國，忽死不還，以其不得伐力，故致伐也。」義或然耳。○注「此謂」至「上也」。○凡上所引，皆尊二國以上事也。○注「公與」至「不致」。○隱五年「公伐邾婁」、僖二十二年「公伐邾婁」、三十三年「公伐邾婁」，皆公獨出用兵，得意，故不致。其與一國以上得意者無文。舊疏云：「知然者，正以用兵得意，兵不復用，何勞致伐？不致會者，離不成會故也。」○注「不得意致伐」。○僖二十六年：「公以楚師伐齊，取穀。公至自伐齊。」傳云：「此已取穀矣，何以致伐？未得乎取穀也。曰：患之起，必自此始矣。」是公與一國以上不得意致伐者也。下二十六年「公伐戎。公至自伐戎」，是公獨出用兵不得意致伐者也。舊疏云：「不得意所以致伐者，兵將復用，重録兵所從來故也。」

○注「公與」至「致會」。○舊疏云：「即哀十三年〔一〕『公會晉侯及吳子〔二〕于黄池。秋，公至自會』是也。」其得意致會者，以其成會也。按：成十六年：「公會晉侯、齊侯已下于沙隨，不見公，公至自會。」「公不見見，大夫執」，而致會者，傳云：「不恥也。曷爲不恥？公幼也。」是其變也。○注「不得意不致」。○舊疏云：「即宣七年『公會晉侯、宋公、衛侯、鄭伯、曹伯于黑壤』之屬是也。」其不得意不致者，無功可言故也。按：「八年，春，公至自會」，則致矣，不知舊疏何云不致也？公與二國以上會盟，不致者多，蓋得意者皆致，其不致者，未必皆不得意也。○注「公與」至「致地」。○舊疏云：「即桓二年『秋，公及戎盟于唐。冬，公至自唐』是也。其得意致地者，離不成會故也。」○注「不得意不致」。○舊疏云：「即隱二年『秋，八月，庚辰，公及戎盟于唐』之屬是也。其不得意所以不致者，無功可致矣。」按：盟唐所以爲不得意者，彼注云「後背隱而善桓，復爲唐之盟」故也。○注「皆例時」。○舊疏云：「即桓二年『冬，公至自唐』、僖二十六年『冬，公至自伐齊』、哀十三年『秋，公至自會』之屬是也。其僖四年『八月，公至自伐楚』，注云：『月者，凡公出滿二時，月，危公之久。』成六年『春，王二月，公至自會』，注云：『月者，前魯大夫獲齊侯，今親相見，故危之。』是也。而襄十一年『公至自伐鄭』，『公至自會』，不滿二時而皆在日月下，何氏不注，蓋皆不蒙月故也。成十六年『公至自會』，亦不滿二時而在日月下，是不蒙月明矣。成十七年『十一月，公至自伐鄭』，

〔一〕「十三年」，原誤記爲「十二年」，叢書本同，據公羊注疏校改。
〔二〕「子」下原衍一「會」字，叢書本同，據公羊注疏校删。

注云：『月者，方正下壬申，故月之。』然則公至亦不蒙月矣。」

○**衞侯朔入于衞。**

何以致伐？【注】据得意。【疏】校勘記云：「唐石經、諸本同。毛本『伐』誤『會』。」○注「据得意」。○伐衞納朔，朔得入衞，是得意矣，而書致伐，故据以難。

不敢勝天子也。【注】與上辟王同義。久不月者，不與伐天子也，故不爲危録之。【疏】注「與上辟王同義」。○上五年，公會五國伐衞，傳云：「曷爲不言納衞侯朔？辟王也。」蓋若伐衞而去，不留納朔，以辟王兵然，所以正其義。此雖得意，然勝天子，以逆犯順，危甚，故不與其得意也。○注「久不」至「録之」。○僖四年：「八月，公至自伐楚。」彼注云：「月者，公出滿二時，月，危公之久。」今公伐衞歷四時，久而不月危之者，不與伐天子，雖不久亦危，故不必録月異之也。

○**螟。**【注】先是伐衞納朔，兵歷四時，乃反民煩擾之所生。【疏】漢書五行志云：「嚴公〔一〕六年秋，螟。董仲舒、劉向以爲，先是衞侯朔出奔齊，齊侯會諸侯納朔，許諸侯賂。齊人歸衞寶，魯受之，貪利應也。」

〔一〕「嚴公」，即「莊公」，漢書避漢明帝劉莊名諱，以嚴代莊，下同。

按：京房易傳曰：「臣安禄，兹謂貪，厥災蟲，蟲食根。德無常，兹謂煩，蟲食葉。」爾雅釋蟲：「食苗〔一〕心，螟。食葉，蟘。食節，賊。食根，蟊。」蟊、蟘皆螟類，故煩擾貪利均致蟲災也。

○**冬，齊人來歸衛寶。**【疏】唐石經、諸本同。左氏經作「衛俘」。校勘記云：「缶聲孚聲古音同，第三部。」杜云：「公、穀皆言衛寶，此傳亦言寶，唯此經言俘，疑經誤。」正義：「説文：『保，从人，从采省。采，古文孚。保，古文保〔二〕，不省。』然則，古字通用，『寶』或〔三〕『保』字，與『俘』相似，故誤作『俘』耳。」按：左疏是也。保，古與寶通。易繫辭傳「聖人之大寶曰位」，釋文：「寶，孟喜作保。」書金縢「無墜天之降寶命」，魯世家作「無墜天之降葆命」。鐘鼎款識許子鐘「永保鼓之」，楚邛仲南和鐘「子孫永保用之」，齊侯鎛鐘「子孫羕保用享」，皆寶字義也。史記周本紀「命南宮括、史佚展九鼎保玉」，集解：「徐廣曰：保，一作寶。」留侯世家「取而葆祠之」，集解：「徐廣曰：史記珍寶字皆作葆。」是必古皆作「保」，篆體「保」與「俘」相似，故左氏誤爲「俘」也。杜又以爲俘囚，未免依違矣。

此衛寶也，則齊人曷爲來歸之？衛人歸之也。【注】以稱人共國辭。【疏】注「以稱人共國

〔一〕「苗」下原衍一「生」字，叢書本同，據爾雅删。
〔二〕「从采省。采，古文孚。保，古文保」句，原訛作「呆省聲。古文保」，叢書本同，據説文校改。
〔三〕「或」，原訛作「戎」，叢書本不誤，據改。

辭」。○舊疏云：「注言此者，欲決下三十一年『齊侯來獻戎捷』不言人也。言以稱人共國辭者，謂稱齊人，可以兼得兩國人之辭也。」

衛人歸之，則其稱齊人何？讓乎我也。其讓乎我奈何？齊侯曰：「此非寡人之力，魯侯之力也。」【注】時朔得國，後遣人賂齊，齊侯推功歸魯，使衛人持寶來，雖本非義賂，齊當以讓除惡，故善起其事。主書者，極惡魯犯命復貪利也。不爲大惡者，納朔本不以賂行，事畢而見謝爾。寶者，玉物之凡名。【疏】注「雖本」至「其事」。○舊疏云：「言春秋善齊侯之讓，是以不言衛人而稱齊人，所以起其讓事矣。」按：傳主惡魯，故歸讓於齊，其實齊襄亦非能讓之人。左傳謂文姜請之，欲説魯以謝罪，應是其實齊襄藉衛讓魯，春秋因其可與而與之耳。○注「主書」至「利也」。○通義云：「齊人來歸衛寶，分惡於齊也，成篡而後賂之辭也。取郜大鼎于宋，專惡於魯也，賂而後成篡之辭。」按：孔氏用穀梁義。彼傳云：「以齊首之，分惡於齊也。使之如下齊而來我〔一〕然，惡戰則殺矣。」是也。繁露王道云：「誅受令，恩衛葆，以正圄圄之平也。」亦叚葆爲寶，惟文有脱誤，意謂誅魯受衛寶以平罪名，大旨亦惡魯也。毛氏奇齡春秋傳：「以逆王命而納罪惡，即無所利而爲之，其惡已難貫矣，況利之。」○注「不爲」至「謝爾」。○舊疏云：「所傳聞之世，内大惡諱。今此書見，故知不爲大惡矣。」按：此爲事畢受謝，與受賂以成宋亂者不同。彼本會稷討宋受賂而還，故爲大惡。此原非利動，猶今律事後受財，枉者准枉法論，不枉者

〔一〕「我」字原脱，叢書本同，據穀梁注疏校補。

准不枉法論。准者至死減一等也。○注「寶者」至「凡名」。○舊疏云：「猶言玉物之總名耳，定八年傳云『寶者何？ 璋判白，弓繡質，龜青純』是也。」按：説文宀部：「寶，珍也。」詩崧高云「以作爾寶」，傳：「寶，瑞也。」珍與瑞皆玉物之總名也。史記衛世家云：「成王舉康叔爲周司徒，賜衛寶祭器以章有德。」定四年左傳：「分康叔以大路、少帛〔一〕、綪茷、旃旌、大吕。」皆衛寶也。

○七年，春，夫人姜氏會齊侯于防。【疏】杜云：「防，魯地。」

○夏，四月，辛卯，夜，恒星不見，夜中，星霣如雨。【疏】四月書辛卯，爲月之六日。「夜」，唐石經、諸本同。釋文：「辛卯夜，一本無夜字。」穀梁傳作「昔」。九經古義云：「辛卯昔，傳曰：『日入至於星出謂之昔。』王逸楚辭注云：『昔，夜也。詩云：樂酒今昔。』今詩作『夕』。莊子注曰：『昔，夕也。』天官腊人注云：『腊〔二〕之言夕也。』管子小匡云：『旦昔從事。』旦昔猶旦夕也。昔亦訓夜者，列子曰：尹氏有老

〔一〕「帛」，原訛作「帛」，叢書本不誤，據改。
〔二〕「腊」，原訛作「昔」，叢書本同，據周禮注疏校改。周禮天官冢宰腊人疏：「腊之言夕也。乾曰腊，朝曝於夕乃乾，故云腊之言夕。」九經古義以此作爲「昔」爲「夕」例，不當。

役夫，『昔昔夢爲國君』。張湛云：『昔昔猶夜夜也。』」段氏玉裁〔一〕毛詩古音考云：「夜音裕。」「昔音錯。考工記：『老牛之角紾而昔。』鄭司農云：『昔讀如交錯之錯。』」古音昔、夜同部，故得通用。後漢書張衡傳：「發昔夢於木禾兮。」注：「昔，夜也。」是也。段又云〔二〕：「古多叚昔爲夕，左傳『爲一昔之期』、列子『昔昔夢爲國君』皆是也。」釋文所載「一本」，非。下傳明云：「何以知夜之中？星反也。」夜，爲日入至於星出之名，與下「夜中」别，則宜有夜字。「霣」，左、穀作「隕」。説文雨部：「霣，雨也。齊人謂雷爲霣。一曰雲轉起也。」阜部：「隕，从高下也。易曰：『有隕自天。』」霣、隕音義皆近。星霣，字當作霣爲正，隕，叚借也。故史記宋世家：「霣星如雨。」亦作「霣」。論衡藝增篇亦引作「霣」。周禮大司樂疏引作「星霣而雨」。字林：「霣即隕字也。」杜云：「日光不匿，恒星不見，而云夜中者，以水漏知之。」

恒星者何？列星也。【注】恒，常也。常以時列見。【疏】注「恒常」至「列見」。○爾雅釋詁：「恒，常也。」左傳注同。穀梁傳：「恒星者，經星也。」經亦常也。

列星不見，何以知夜之中？星反也。【注】反者，星復其位。【疏】校勘記云：「諸本同。唐石經、鄂本『何』上有『則』字，當据補。」杜以長曆校之，辛卯，四月五日。月光尚微，蓋時無雲，日光不以昏

〔一〕「段氏玉裁」當爲「陳第」之誤記。下「夜」、「昔」的釋音實出自明陳第毛詩古音考。
〔二〕「段又云」者，出自段玉裁説文解字注。

没，然則無以知夜之中。故舊疏云：「謂無所準度故也。」○注「反者，星復其位」。○詩猗嗟云「四〔一〕矢反兮」，箋云：「反，復。」又執競云「福禄來反」，傳：「反，復也。」故星復其位曰反。鬼谷子捭闔云「益損、去就、倍反」，注：「去而復來曰反。」是也。星復，故知夜中，夜中即星賈之時，所謂「雨星不及地尺而復也」。舊疏：「謂星反附在半夜之後，則知鄉者不見之時是夜中矣。」非也。傳明云「不及地尺而復」，則並未及地，無緣至半夜後也。穀梁傳云：「春秋著以傳著，疑以傳疑。中之幾也，而曰夜中，著焉耳。何用見其中也？失變而録其時，則夜中矣。」

如雨者何？如雨者，非雨也。【疏】漢書五行志云：「左氏傳曰：『恒星不見，夜明也。星隕如雨，與雨偕也。』劉歆以爲『星隕如雨』，如，而也，星隕而且雨，故曰與雨〔二〕偕也。明雨與星隕兩變相成也。」按：此所据左氏説。公、穀皆以爲非雨而如雨也。范甯訓如爲而，非穀梁義。穀梁云「其隕也如雨」，無星隕而雨説也。

非雨則曷爲謂之如雨？不修春秋曰：「雨星，不及地尺而復。」【注】不修春秋謂史記也。古者謂史記爲春秋。【疏】注「不修」至「春秋」。○九經古義云：「王伯厚曰：晉語司馬侯曰：羊舌肸習於春秋、楚語。申叔時曰：教之春秋，皆在孔子前，所謂乘、檮杌也。魯之春秋，韓起所見，所云不修春

〔一〕「四」，原訛作「田」，叢書本同，據毛詩校改。
〔二〕「雨」字原脱，叢書本同，據漢書校補。

秋也。」舊疏云：「据此傳及注，則孔子未修之時，已謂之春秋矣。而舊解云，孔子修之，春作秋成，謂之春秋者，失之遠矣。」按：前卷疏引閔因敘云：「昔孔子受端門之命，制春秋之義，使子夏等十四人求周史記，得百二十國寶書。九月，經立。感精符、説題辭具有其文。」又沈文何云：「嚴氏春秋引觀周云：『孔子將修春秋，與左丘明乘如周，觀書於周史，歸而修春秋之經，丘明爲之傳，共爲表裏。』」周禮「小史掌邦國之志」，先鄭云：「春秋傳所謂周志，國語所謂鄭書之屬。」外史掌四方之志。後鄭云：「謂若魯之春秋，晉之乘，楚之檮杌。」然則春秋，本魯史舊名，孔子因而不改耳。故墨子明鬼篇有周春秋、燕春秋、宋春秋、齊春秋也。其言百二十國寶書者，按：唐虞萬國，殷三千，周千七百七十有三。春秋以下，兼國多矣，故魯大夫對孟孫曰：「禹合諸侯，執玉帛者萬國，今其存者無數十焉。」然當時外史所掌，尚得百二十國，故墨子亦云：「吾見百國春秋也。」杜預以春秋爲魯史之名是也，謂孔子因魯史策書成文則非。孔子据魯立義，以託之空文，不如見之行事。内魯而外諸夏，以魯爲主，故用魯舊史之名，與韓宣所見羊舌肸所習、申叔時所教同，實異也。禮記坊記曰「魯春秋記晉喪曰：殺其君之子奚齊」，舊春秋也，今作「弑」，孔子所修春秋也。

君子修之曰：「星霣如雨。」【注】明其狀似雨爾，不當言雨星。不言尺者，霣則爲異，不以尺寸録之。【疏】毛本「星霣」誤倒。論衡藝增篇引此傳，説之云：「君子，謂孔子也。孔子修之，星霣如雨。」通義云：「蕭楚曰：自上而落謂之霣。星霜皆霣，而霜以著物然後可知，故先言霣後言霜。星麗于天，見霣則知之，故指言星霣，一字先後不妄有如此。」繁露玉英云：「春秋理百物，辨品類，别嫌微，修事末者也。

是故星墜謂之隕，螽隊謂之雨。其所發之處不同，或降于天，或發于地，其辭不可同也。」○注「明其」至「雨星」。○論衡云：「如雨者，如雨狀也。山氣爲雲，上不及天，下而爲雨〔一〕。星〔二〕隕不及地，上復在天，故曰如雨。孔子正言也。夫星霣或時至地，或時不能，丈尺之數難審也，史記言尺，亦太甚矣。夫地有樓臺山陵，安得言尺？孔子言如雨，得其實矣。孔子作春秋，故正言如雨。如孔子不作，不及地尺之文，遂傳至今。」穀梁傳云：「其不曰恒星之隕何也？我知恒星之不見，而不知其隕也；我見其殞而接於地者，則是雨説也。著於上，見於下，謂之雨；著於下，不見於上，謂之殞。」其解經不言雨而言殞星，其亦以爲狀似雨可知。○注「不言」至「録之」。○論衡言之詳矣。

何以書？記異也。【注】列星者，天之常宿，分守度，諸侯之象。周之四月，夏之二月，昏，參伐狼注之宿當見，參伐主斬艾立義，狼注主〔三〕持衡平也。皆滅者，法度廢絶，威信陵遲之象。時天子微弱，不能誅衛侯朔，是後遂失其政，諸侯背叛，王室日卑。星霣未墜而夜中星反者，房心見其虚危斗。房心，天子明堂布政之宫也。虚危，齊分，其後齊桓行霸，陽穀之會有王事。【疏】注〔四〕「列星」至「之象」。○舊

〔一〕「雨」上原衍一「雲」字，叢書本同，據論衡校删。
〔二〕「星」字原誤疊，叢書本同，據論衡删一「星」字。
〔三〕「主」，原訛作「王」，叢書本不誤，據改。
〔四〕「注」字原脱，據文例補。

疏云：「言分者，謂十二之分野矣。言守度者，守三十度爲一次矣。言諸侯之象者，謂星度有多少，若諸侯之國有大小耳。」穀梁注引鄭君曰：「衆星列宿，諸侯之象。不見者，是諸侯棄天子禮義法度也。」鹽鐵論論災云：「四時代序，而人則其功；星分于天，而人象其行。常星猶公卿也，衆星猶萬民也。列星正則衆星齊，常星亂則衆星墜矣。」漢書五行志：「嚴公七年四月辛卯，夜，恒星不見，夜中，星隕如雨。董仲舒、劉向以爲，常星二十八宿者，人君之宿也；衆星，萬民之類也。列星不見，象諸侯微也；衆星殞墜，民失其所也。夜中者，爲中國也。」開元占經引：「許慎曰：衆星者，庶民之象也，與列宿俱亡，中國微滅也。鄭玄曰：恒星謂列舍，持天子之正也。不見者，諸侯棄天子禮義法度。又夜〔一〕明，象諸侯概然〔二〕將强大也。」穀梁注引：「劉向又云：隕者，象諸侯隕墜失其所也。又中夜隕者，象不終其性命，中道而落。」○注「周之」至「當見」。○禮記月令仲春之月「日在奎，昏弧中」，鄭注：「弧在輿鬼〔三〕南。」疏引：「三統曆云：『二月節，日在奎五度，昏，井二十二度中。春分日在婁四度，昏，柳五度中。』元嘉曆：『二月節，日在壁一度，昏，井十度中。春分日在奎七度，昏，東井三十度中。』弧星近井，因井有三十三度，其度既寬，故舉弧言之。」史記天官書：「參爲白虎，下有三星曰罰，其東有大星曰狼，下有四星曰弧，直狼。」是參伐等宿皆近弧也。於時南方之宿，盡當列見，固不僅參伐等宿也。○注「參伐」至「平也」。○洪範五行傳「好

〔一〕「夜」，原訛作「應」，叢書本同，據開元占經校改。
〔二〕「概然」，原訛作「既然」，叢書本同，據開元占經校改。
〔三〕「鬼」，原訛作「思」，叢書本同，據禮記正義校改。

攻戰」，注：「參伐爲武府。」齊氏召南考證云：「天官書：參爲白虎，罰爲斬艾事。張守節正義云：罰亦作伐。春秋運斗樞云：參伐事主斬艾。即其説也。『狼注主持衡平』，稍費解。狼在參南，與弧相近，不屬南方朱鳥。天官書：『南宫朱鳥，權、衡。衡，太微也。』『權，軒轅也。』『柳爲鳥注。』又：古人每以鳥衡並言，故曰：『吴楚之强，候在熒惑，占爲鳥衡。』正義云：『鳥衡，柳星也。』然則持衡平，祇可言井、鬼、柳、星、張、翼、軫七宿，不可以言天狼矣。存疑於此。」按：狼亦近弧，弧在井之分域，故得兼主持衡平之義。其實狼爲野，將主侵掠，見史記正義。蓋何氏舉大體言之，非如後代推求之密也。○注「皆滅」至「之象」。○「威信」，鄂本、宋本同。毛本「信」誤「儀」。漢書五行志：「劉向以爲，夜中者，言不得終性命，中道敗也。或曰象其叛也，言當中道叛其上也。天垂象以示下，將欲人君防惡遠非，慎卑省微，以自全安也。如人君有賢明之材，畏天威命，若高宗謀祖己，成王泣金縢，改過修正，立信布德，存亡繼絶，修廢舉逸，下學而上達，裁什一之税，復三日之役，節用儉服，以惠百姓，則諸侯懷德，士民歸仁，災消而福興矣。遂莫肯改寤，法則古人，而各行其私意，終於君臣乖離，上下交怨。自是之後，齊、宋之君弑，譚、遂、邢、衛之國滅，宿遷于宋，蔡獲于楚，晉相弑殺，五世乃定。此其效也。劉歆以爲，晝象中國，夜象夷狄。夜明，故常見之星皆不見，象中國微也。」向習穀梁，歆習左氏，義皆相近。志又云：「成帝永始二年二月癸未〔一〕，夜過中，星隕如雨，長一二丈，繹繹未至地滅，至雞鳴止。谷永對曰：『星辰附離於天，猶庶民附離王者也。

〔一〕「未」，原訛作「夫」，叢書本不誤，據改。

王者失道，綱紀廢頓，下將叛去，故星叛天而隕，以見其象。』」亦即法度廢絶、威信陵遲之義也。○注「時天」至「日卑」。○五行志又云：「劉歆以爲，周四月，夏二月也，日在降婁，魯分野也。先是衛侯朔奔齊，公子黔牟立，齊帥諸侯伐之。天子使人救衛。魯公子溺專政，會齊以犯王命，嚴弗能止，卒從而伐衛，逐天王所立。不義至甚，而自以爲功，民〔一〕去其上，政繇下作，尤著，故星隕于魯，天事常象也。」易林豫之訟：「星隕如雨，力〔二〕弱無輔，强陰制陽〔三〕，不得安土。」「正」，閩本、監本、毛本同，誤也。鄂本、宋本「正」作「政」，當据正。○注「星霣」至「宫也」。○舊疏云：「即上備云房爲天子明堂，文耀鉤云：『房心爲中央火星，天王位。』若相對言之，則房爲明堂，心爲天王矣。既有天王，復有明堂布政之象也。」按：「上備」，當「星備」之誤。「星備」，亦見周禮大宗伯疏所引文耀鉤。「火星」，火字亦誤，開元占經六十云：「心爲明堂中大星。」火當作大也。舊疏又云：「火見於周爲五月者，謂昏時。今在周之四月，是以半夜之後，乃房星見。其虚危斗者，謂在夜半時明矣。」「未墜」，釋文同校勘記，釋文當本作「未隊」，直類反。文三年、定八年皆作「而隊」，直類反，可證。釋文凡音直類反者，字皆作「隊」。○注「虚危」至「王事」。○史記天官書云：「燕、齊之疆，候在辰星，占于虚、危。」正義：「辰星、虚、危，皆北方之星，故燕、齊占候也。」又云：

〔一〕「民」，原訛作「名」，叢書本不誤，據改。
〔二〕「力」字原脱，叢書本同，據易林校補。
〔三〕「强陰制陽」，原誤倒作「强制陽陰」，叢書本同，據易林校改。

「虚、危，青州。」周禮保章氏職注云：「玄枵，齊也。」律曆志云：「玄枵〔一〕，初婺女八度，終於危十五度。」是虚、危，齊分也。五行志又云：「劉歆以爲，洪範曰：『庶民惟星。』易曰：『雷雨作，解。』是歲歲在玄枵，齊分野也。夜中而星隕，象庶民中離上也。雨以解過施，復從上下，象齊桓行霸，復興周室也。」董仲舒、劉向以爲，「不及地而復，象齊桓起而救存之也。鄉亡桓公，星遂至地，中國其良絶矣」。經義雜記云：「按，董、劉以常星〔二〕爲二十八宿，人君之象。鄭康成云：『衆星列宿，諸侯之象，不見者，是諸侯棄天子禮義法度也。』與董、劉合。何氏以列星爲常，以時列見。范氏以經星爲常列宿，皆隨文立解，蓋不知常星即二十八宿也。左氏夜明之文，當從劉子駿，以爲象中國微。杜說時無雲，日光不以昏殁，非。子政說此經言詳理精，可爲人君炯鑒，後之君子，采此以爲規諫，未必無補云。」舊疏云：「齊桓行霸者，虚危斗也。有王事者，房心見也。」按：陽穀之會，見僖三年。彼傳云：「此大會也，曷爲末言爾？桓公曰：『無障谷，無貯粟，無易樹子，無以妾爲妻。』」所謂有王事也。

○秋，大水。【疏】穀梁傳曰：「高下有水災，曰大水。」通義云：「莊公忘仇，不孝於禰廟之罰。」

〔一〕「玄枵」上原衍「子爲」二字，叢書本同，據漢書校删。

〔二〕「常星」即「恒星」。此段文字，臧琳引自漢書。漢書即作「常星」，避漢孝文帝劉恒名諱，改恒爲常。下「蓋不知常星」同。

○**無麥苗。**

無苗，則曷爲先言無麥而後言無苗？【注】苗者，禾也。生曰苗，秀曰禾。据是時苗微麥强，俱遇水災，苗當先亡。【疏】注「苗者」至「曰禾」。○今傳正義引作「禾，初生曰苗」，係使人易了，非注文有闕也。說文禾部：「禾，嘉穀也。二〔一〕月始生，八月而熟，得時之中，故謂之禾。禾，木也。木王而生，金王而死。」又云：「粟，嘉穀實也。孔子曰：粟之言續也。」又云：「米，粟實也，象禾實形。」又云：「粱，米名也。」則禾即粱也。其米爲粱，其實爲粟，其粟之稾爲禾，其始生爲苗。春秋說題辭云：「粟五變，一變而以陽生爲苗，二變而秀爲禾，三變而粲然爲粟，四變入臼米出甲，五變而蒸飯可以食。」是生曰苗，秀曰禾，苗即禾也。經傳多以禾與諸穀並舉。詩七月：「黍稷重穋，禾麻菽麥。」管子封禪篇：「鄗上之禾，北里之黍。」〔二〕呂氏春秋任地篇：「今茲美禾，來茲美麥。」又言：「禾、黍、稻、麻、菽、麥六者之貴。」淮南子地形訓言：「麥、稻、黍、菽、禾，五者之各有所宜。」是禾本粱之專稱，其黍、菽、稻、粱連言稾者，亦得稱禾。聘義聘禮所載之米禾，則不專指粱也，如粟亦粱之專稱，而他穀之未去甲者亦稱粟。說文「粲」下云：「稻重一秅，爲粟二十斗。」因事難件繫，得假借通稱也。管子小問篇：「管子曰：苗，始其少也，眗眗乎何其孺子也！及其壯也，莊莊乎何其士也！至其成也，油油乎兹免，何其君子也！天子得之則安，不得則危，故

〔一〕「二」，原訛作「三」，叢書本同，據說文校改。

〔二〕今管子封禪作「鄗上之黍，北里之禾」。

命之曰禾。」兹免，則秀象也。兹，滋也；免，俛也。臧氏庸拜經日記云：「苗本禾未秀之名，因以黍稷未秀者亦通稱爲苗，如詩『彼稷之苗』等是。若論語『惡莠恐其亂苗也』，孟子『七八月之間旱，則苗槁矣』，則皆指禾言之。春秋莊七年『秋，大水，無麥苗』，二十八年『大無麥禾』，何邵公云：『水、旱、螟、螽，皆以傷二穀，乃書。然不書穀名，而麥苗獨書者，民食最重。』蓋春秋是聖人正名之書，故在秋曰苗，在冬則曰禾，即一物而隨時定稱，不相假借。况以黍稷通稱者，濫施乎？故公羊云：『無苗，則曷爲先言無麥？彼無麥，然後書無苗。』穀梁：『麥、苗，同時也。』皆知苗即禾之未秀者。何注：『苗者，禾也。生曰苗，秀曰禾。』此最得經意。杜元凱云『漂殺熟麥及五稼之苗』，范武子云『麥與黍稷之苗同時死』，皆不知苗即禾也。故春秋當從公羊。穀梁雖得經意，惜范氏不足以傳之。」按：經、傳言穀必及禾，否則或舉禾實則曰粟，舉粟米則曰粱，後世誤以粱、稷爲一物，由俗名稷爲高粱故也。詩生民「誕降嘉種，維虋維芑」，説文引作「嘉穀」。爾雅釋草「虋赤苗，芑白苗」，玉篇云：「虋，即今赤粱粟也〔一〕。」「芑，白粱粟〔二〕。」故毛傳即用爾雅釋詩也。詩碩鼠「無食我苗」，毛傳：「苗，嘉穀。」詩生民「種之黄茂」，毛傳：「黄，嘉穀。」書序「唐叔得禾，異畝同穎」，史記周本紀「唐叔得嘉穀」。嘉穀、嘉禾，其詞一也，實者爲粱。韋昭晉語注：「粱，食之精者。」三蒼：「粱，好粟。」楚辭大招：「五穀六仞，設菰粱只。」崔駰七依〔三〕云「玄山之粱」，吕氏春秋作「玄山

〔一〕「粟也」二字原脱，叢書本同，據大廣益會玉篇校補。

〔二〕「粟」字原脱，叢書本同，據大廣益會玉篇校補。

〔三〕「七依」，原誤記爲枚乘之「七發」，叢書本同，以下引文出自崔駰七依，據以正之。

之禾」，是禾即粱也，今俗謂之小米，對稻之爲大米也。周之秋，爲今五、六、七三月，禾熟於八月，此在秋初，仍爲禾也。○注「据是」至「先亡」。○左傳疏云：「此秋，今之五月，麥已熟矣，不得方云麥之無苗，故知熟麥及五稼之苗皆爲水漂殺也。」按：孔以麥、苗之別是也。謂苗爲五稼之苗，猶沿杜氏之誤。說文：「麥，金也。金王而生，火王而死。」淮南墬形訓：「麥秋生夏死。」蓋麥種有早晚，早者夏之三四月可熟，月令「孟夏之月，農乃登麥」是也，遲者須夏之五月也。然麥皆已彊，苗較爲弱，故云苗當先亡。今兼云「無麥苗」，故据以難。

一災不書，待無麥，然後書無苗。【注】明君子不以一過責人。水、旱、螟、蝝，皆以傷二穀，乃書。然不書穀名，至麥苗獨書者，民食最重。【疏】穀梁傳曰：「麥、苗，同時也。」謂同時死也。麥以秋種夏熟，禾以春生秋熟。五月大水，方種之禾不能長遂，將成之麥又復漂没，故云「待無麥然後書」也。繁露竹林云：「凡春秋之記災異也，雖畝有數莖，猶謂之無麥苗也。」○注「明君」至「責人」。○舊疏云：「謂災傷五穀者，皆人行致之故也。」按：如五行志所記是也。○注「水旱」至「乃書」。○此道春秋通例也。舊疏云：「大水傷二穀書于經者，即桓元年『秋，大水』，傳云：『何以書？記災也。』彼注云：『災傷二穀以上，書災也。』其旱傷二穀以上書者，即僖二十一年『夏，大旱』是也。其螟、蝝書者，即隱五年經書『螟』，傳云：『何以書？記災也。』文八年經書『蝝』之類是也。」通義云：「禮，一穀不升謂之歉，二穀不升謂之饑，三穀不升謂之饉，四穀不升謂之康，五穀不升謂之大侵。歉，則君徹膳鶉鷃；饑，則徹鳧雁；饉，則去雉兔；康，則損囿獸。至於大侵，不祭肺，不貳味，馳道不除，祭事不縣，謂之變有殺也。春秋一穀不升則不書，故曰饑、曰無麥苗，曰大無麥禾，曰大饑，凡四等。」後漢書肅宗紀：「詔曰：春秋書無麥、禾，重之也。」是也。○注「然不」至「最重」。○舊疏云：「災傷麥苗常書，即此及莊二十八年『大無麥禾』之屬是也。」按：經、傳有九穀、六穀、五穀。九穀者，周禮太宰職「正三農，生九穀」，先鄭注：「黍、稷、秫、稻、麻、大小豆、大小麥。」後鄭無秫、大麥，而有粱、苽。氾勝之書以稻、米、黍、麻、秫、小麥、大麥、小豆、大豆。齊民要術言「九穀有[一]忌日」，小豆、稻、麻、禾、黍、秫、小麥、大麥、大豆，米與禾皆即粱也。六穀者，周禮膳夫職注謂稌、黍、稷、粱、麥、苽。小宗伯「六齍」注同。五穀者，周禮職方氏職「宜五種」，注：「稻、黍、稷、麥、菽。」其注「疾醫」，据月令數麻、麥、稷、黍、豆以配五行也。按：北方食以禾米爲主，南方食以稻米爲主。五穀當數禾、黍、稷、稻、麥，二説遺去稻、禾，或遺去禾，皆非。五穀中尤以麥、禾爲重。春秋時，各國皆在北方也。

何以書？記災也。【注】先是莊公伐衛，納朔，用兵踰年，夫人數出淫泆，民怨之所生。【疏】注「先是」至「所生」。○洪範五行傳曰：「治宮室，飾臺榭，内淫亂，犯親戚，傷父兄，則稼穡不成。」漢書五行志：「嚴公七年『秋，大水，無麥苗』。劉向以爲嚴母文姜與兄齊襄公淫，共殺威公[二]。嚴釋父仇，復取齊女，未入，先與之淫。一年再出會於道，逆亂，臣下賤之之應。」舊疏云：「伐衛納朔者，即五年『冬，公會齊人、宋人、蔡人伐衛』、六年『公至自伐衛』是也。夫人數出淫泆，即五年『夏，夫人姜氏如齊師』、七年『春，夫人

[一]「有」字原脱，叢書本同，據齊民要術校補。

[二]「威公」即「桓公」，以威代桓。此蓋南宋刊本避國諱的追改。宋欽宗名桓。

姜氏會齊侯于防』、『冬，夫人姜氏會齊侯於穀』之屬，故言數出。」按：兵者水象，夫人失正，故皆致水災。

○冬，夫人姜氏會齊侯于穀。【疏】杜云：「穀，齊地。今濟北穀城縣。」方輿紀要云：「穀城在今東平東阿縣治，今曰小穀。」按：春秋凡單言穀者，皆濟北之穀城縣也。穀梁傳：「婦人不會，會，非正也。」

○八年，春，王正月，師次于郎，以俟陳人、蔡人。

次不言俟，此其言俟何？【注】据次于陘，俟屈完不書俟。【疏】注「据次」至「書俟」。○僖四年：「次于陘」，傳：「其言次于陘何？有俟也。孰俟？俟屈完也。」是也。經不言俟也。

託不得已也。【注】師出本爲下滅盛興，陳、蔡屬與魯伐衛，同心又國遠，故因假以諱滅同姓，託待二國爲留辭主，所以辟下言及也。加以者，辟實俟。陳、蔡稱人者，略以外國辭稱，知微之。【疏】穀梁傳：「次，止也。俟，待也。」杜云：「期共伐郕，陳、蔡不至，故駐師于郎以待之。」是也。但無託不得已義耳。范云：「陳、蔡欲伐魯，故出師以待之。」陳、蔡不稱師，又無侵伐文，何以知其來伐也？服虔亦云「言共欲伐郕」，見左疏。○注「師出」至「及也」。○「興」，鄂本、監本、閩本同。毛本「興」誤「與」。「又」，宋本、閩本、監本、毛本同。疏中諸本亦同。鄂本「又」作「人」，非。舊疏云：「陳、蔡與魯伐衛，即上經『公會齊人、宋人、陳人、蔡人伐衛』是也。同心又國遠者，欲對齊、宋，雖亦同心而近魯，是以不得託待齊、宋。辟下言及者，即下經『師及齊師圍成』是也。凡言及者，汲汲之詞。若此時已出師，更無所待，即下文言及，乃至汲汲之甚者，便是魯人欲得滅同姓，孜孜之深，是以託待陳、蔡以辟之。」按：何意以魯本欲滅成，託言爲陳、蔡所約，有不得已之意，姑次于郎以俟，又辟下文之「及齊師」，非我汲汲也。左疏引服云「欲共伐郕」，亦取公羊爲説。通義云：「本與齊師約共圍盛，而託言陳、蔡將來侵伐，不得已出師待之。下竟不見陳、蔡加兵之事，不嫌是實俟，故得如其意書之。深惡魯之陰謀積慮成於滅同姓。」左疏引賈逵及説穀梁者皆云「陳、蔡欲伐魯，故待之」，直以魯真有俟陳、蔡事矣。按：孔氏亦惑於范甯之説。孔穎達云：「陳、蔡於魯，竟絶路遥，春秋以來未嘗搆怨，何因輒伐魯也？又俟者，相須同行之詞，非防寇拒敵之稱。若使畏其來伐，當謂之禦，不得稱俟。」是也。然則，即魯欲託辭，必託之有因，魯與陳、蔡素無嫌怨，自不得託言陳、蔡來伐也。○注「加以者，辟實俟」。○舊疏云：「若其實俟，宜但云『師次于郎，俟陳人、蔡人』而已，今言以，明更有由以乃始俟之，故言加以者，辟實俟也。」○注「陳蔡」至「微之」。○校勘記云：「鄂本『人微』作『知微』。」毛本作「人者」，誤，當据正。「『知微之』三字爲句。」言本無此事，故從微者稱，略之同外國辭也。

○甲午，祠兵。【疏】唐石經、諸本同。左氏、穀梁作「治兵」。包氏慎言云：「春有甲午祠兵，二月十四日。上書『春，正月，師次于郎，以俟陳人、蔡人』，下書『夏，師及齊師圍盛，盛降于齊師』，傳云：『何言乎祠兵？爲久也。曷爲爲久？吾將以甲午之日然後祠兵于是。』然則圍成之師，雖以正月出，而次于近郊，至二月甲午，乃祠兵習戰，故傳以爲久也。若祠兵之文，明魯之不亟亟於取成，以殺滅同姓之恥，則甲午非正月審矣。長曆以爲正月十三，非也。」禮記曲禮「外事以剛日」，注：「順其出爲陽也。出郊爲外事。春秋傳曰『甲午祠兵』。」又表記曰「外事用剛日，内事用柔日」，注：「順陰陽也。陽爲外，陰爲内。事之外内，别乎四郊。」外事若此是也。禮疏引崔靈恩云：「外事指用兵之事，内事指宗廟之事。以郊用辛，社用甲，非順其居外内剛柔故也。」孔意以郊在國外，應用剛日而用辛；社稷是郊内事，應用柔日而用甲。以郊社尊，不敢同於外内之義故也。若然，昭十八年左傳「鄭子產簡兵大蒐，將爲蒐除」，注：「治兵於廟，城内地迫，故除廣之。」然則，治兵時告於廟，習於城内。此云祠於近郊者，蓋治於郊者，軍旅之常。在城内者，鄭因救火故，非常所，欲毁游氏廟也。

祠兵者何？出曰祠兵，【注】禮，兵不徒使，故將出兵必祠於近郊，陳兵習戰，殺牲饗士卒。【疏】注「禮不」至「士卒」。○舊疏云：「何氏之意，以爲祠兵有二義也：一則祠其兵器，二則殺牲享士卒，故曰祠兵矣。」禮記疏引〔一〕：「異義：公羊説：甲午祠兵。師出曰祠兵，入曰振旅。祠者，祠五兵，戈、戟、劍、楯、弓矢，及祠蚩尤之造兵者。左氏説：甲午治兵，爲授兵于廟。謹案，三朝記曰：『蚩尤，庶人之强者，何兵之能造？』駁曰：祠兵者，公羊字之誤，以治爲祠，因而作説如此。周禮司馬職『仲夏教茇舍』，『仲秋教治兵』，其下皆云『如戰之陳』。『仲冬教大閲』，『修戰法，虞人萊所田之野』，乃爲之。如是治兵之屬，皆習戰，非授兵於廟，又無祠五兵之禮。」詩小雅采芑箋引春秋傳曰：「出曰治兵，入曰振旅，其禮一也。」正義：

〔一〕「禮記疏引」下之文字出於周禮疏及輯本駁五經異義。

「此引春秋傳者，莊八年公羊傳文也。公羊爲『祠兵』，此爲『出曰治兵』者，諸文皆作『治兵』，明彼爲誤。故經改其文而引之。」按：鄭氏直以公羊「祠兵」爲「治兵」之誤，與何氏異。經義雜記云：「春秋公羊莊八年：『甲午祠兵。』傳：『祠兵者何？出曰祠兵，入曰振旅，其禮一也，皆習戰也。』注『禮，不徒使』云云。又詩采芑『振旅闐闐』，正義：『治兵、振旅之名。』周禮、左氏、穀梁、爾雅皆同，唯公羊以「治兵」爲「祠兵」。此引春秋傳公羊文也。又周禮大司馬之職『仲春，教振旅』，注：『凡師出曰治兵，入曰振旅，皆習戰也。』釋曰：『鄭玄於異義駁，不從公羊云祠兵，故曰祠兵者，公羊字之誤。』因而作説之。又禮記曲禮『上外事以剛日』，注：『春秋傳曰甲午祠兵。』正義引異義公羊、左氏説。鄭駁之曰：公羊字誤，以治爲祠。引周禮四時田獵治兵振旅之法，是從左氏之説，不用公羊也。又左傳隱五年云：『三年而治兵，入而振旅。』注：『雖四時講武，猶復三年而大習。出曰治兵，始治其事；入曰振旅，治兵禮畢，振衆而還。』正義曰：公羊傳出曰治兵，入曰振旅，何休公羊爲出曰祠兵，詩箋引公羊亦作治兵，是所見本異也。琳案，周禮、左傳、穀梁、爾雅皆爲治兵，知公羊作祠，是聲近之誤。鄭君徧通諸經而折衷之，故能灼然明見其誤。詩箋、周禮注用公羊經，改作治。詩正義所言是也。春秋正義謂鄭所見本異，則又游移無定矣。異義所載，公羊已作祠兵，何氏因曲爲之説，蓋俱株守一家，依文順字之過。唯鄭氏精於校勘，故不爲誤本所惑。」按：何氏作祠兵，説與異義所載公羊説同，是公羊先師家言。鄭氏必欲强左公羊從左氏，亂其家法矣。通義云：「謹案，祠兵，師説以爲祠五兵，矛、戟、劍、楯、弓矢，及始造兵者。周禮『祭表貉』，鄭司農云：『於所立表之處，爲師祭造軍法者，其神蓋蚩尤，或曰黄帝。』是也。」是古有祠兵禮也。又按：爾雅釋天：「禡，師祭也。」亦即祠兵之義。

入曰振旅，【注】五百人爲旅。【疏】注「五百人爲旅」。○周禮大司馬敘官文。

其禮一也，皆習戰也。【注】言與祠兵禮如一，將出不嫌不習，故以祠兵言之；將入嫌於廢之，故以振訊士衆言之，互相見也。祠兵，壯者在前，難在前。振旅，壯者在後，復長幼，且衛後也。【疏】穀梁傳：「出曰治兵，習戰也；入曰振旅，習戰也。」○注「言與」至「如一」。○繁露五行逆順云：「出則祠兵，入則振旅，以閑習之，因於彼狩，存不忘亡，安不忘危。」史記主父偃傳：「天子大凱，春蒐秋獮，諸侯春振旅，秋治兵，所以不忘戰也。」宋均曰：「春秋少陽少陰，氣弱未全，須人功〔一〕而後用士庶法之，教而後成，宗仁本義。天子諸侯必春秋講武，簡閱車徒，以順時氣，不忘戰也。」按：彼以振旅治兵分春秋，本周禮説。周禮大司馬職「分仲春爲振旅，仲秋爲治兵」，賈疏：「春主農事，故以入言之；秋當威武，故以出言也。要皆爲習戰之用，故云其禮一也，皆習戰也。」○注「將出」至「見也」。○釋文：「振訊，本又作迅。」按：説文辵部：「迅，疾也。」爾雅釋詁：「迅，疾也。」又：「振，訊也。」釋獸：「狼，絶有力，迅。」此振訊即振迅，與奮迅同義。詩雄雉箋：「奮訊其形貌。」禮記樂記注：「奮，訊也。」是也。詩七月傳：「莎雞相成，而振訊之。」與此同，皆謂奮疾也。爾雅釋言：「振，訊也。」廣雅釋詁：「振，訊動也。」蓋振、訊轉注爲訓，義同。振訊連文爲詞，當時語也。互見者，兵出振訊士衆，兵入應祠饗也。○注「祠兵」至「後也」。○爾雅釋天：「出爲治兵，尚

〔一〕「功」，原訛作「力」，叢書本同，據史記三家注校改。

威武也；入爲振旅，反尊卑也。」注：「幼賤在前，貴勇力也；尊老在後，復常儀也。」詩疏引孫炎注云：「出則幼賤在前，貴勇力也；入則尊老在前，復常法也。」詩采芑傳：「入曰振旅，復長幼也。」然則平居習戰，亦有祠兵振旅之名。詩則指宣王南征師出師還之稱，與此祠兵爲出師同，與周禮所指事異。其習戰則同也。

何言乎祠兵？【注】据不書。【疏】舊疏云：「正謂他處皆不書，即例不書矣。而此書之，是以致難。」

爲久也。【注】爲久稽留之辭。【疏】注「爲久稽留之辭」。○孟子公孫丑篇「可以久則久」，注：「久，留也。」稽亦留止之義，漢書食貨志「蓄積餘贏以稽市物」，注：「稽，貯滯也。」説文繫傳云：「稽，禾之曲止也。尤者異也〔一〕，有所異處，必稽考之，即遲留也。」舊疏云：「爲猶作，言作久稽留之詞。」

曷爲爲久？【注】据取長葛久之。【疏】注「据取」至「久之」。○隱六年「宋人取長葛」，傳：「外取邑不書，此何以書？久也。」是也。舊疏云：「彼書爲譏其久，今以祠兵爲久稽留之辭，似於義反，故難之。」

按：何意謂長葛於五年冬圍，六年冬取，其久已明。此第言祠兵，不見久義，故問之爾。

吾將以甲午之日，然後祠兵於是。【注】諱爲久留辭，使若無欲滅同姓之意，因見出竟，明盛非内邑也。【疏】「於是」與「焉」同義。戰國策西周策「君何患焉」，周本紀作「君何患於是」。此然後祠兵於

〔一〕「尤者異也」，原訛作「力異也」，叢書本同，據説文繫傳校改。

是，即然後祠兵焉。管子小問篇：「且臣觀小國諸侯之不服者，唯莒於是。」彼於是亦當作焉字解。○注「諱爲」至「之意」。○言爲久留辭，諱其滅同姓也。通義云：「久俟齊侯不至，又遲其祠兵之日，以深絶盛人之疑。」○注「因見」至「邑也」。○舊疏云：「出曰祠兵，即爾雅『出曰治兵』之文也。今書祠兵，即是出竟之義，則知下言圍成者，非内邑明矣。」按：繁露王道云：「言圍成，甲午治兵，以別迫脅之罪，誅意之法也。」蓋下言圍成，此言祠兵，明非迫脅，見魯亦欲滅盛也。

○**夏，師及齊師圍成。成降于齊師。**【疏】左氏、穀梁作「郕」。左傳隱五年注：「郕，國也。東平剛父縣西南。」釋例：「土地名：郕地，東平剛父縣西南有成鄉。」史記項羽本紀「別攻城陽」，正義：「地理志云：城陽，屬濟陰郡古郕伯國，姬姓之國。史記周武王封季弟于郕，其後遷於城之陽，故曰城陽。」續漢郡國志云「濟北國，成本國」，注：「左傳衛師入郕。」通典：「雷澤縣在濮州，古郕伯國也。」土地名盟會圖疏：「郕在濮州雷澤。武王封季載于郕。」大事表云：「高江村曰：武王之母弟郕叔武封于郕。今兖州府甯陽縣東北三十里有堽城壩，即漢剛縣故地，而郕在其西南，蓋近甯陽矣。魯成邑在甯陽東北九十里，蓋亦以近郕而得名。」按：濮州近魯遠齊，甯陽與齊、魯俱近。剛縣或即剛父，所指應是一處。魯成邑爲魯之北界，所謂「墮〔一〕成，齊人必至於北門」是也，應與郕近。

〔一〕「墮」，原訛作「無」，叢書本同，據左傳正義校改。

成者何？盛也。【注】以上有祠兵，下有盛伯來奔。【疏】注「以上」至「來奔」。○文十二年「春，王正月，盛伯來奔」，傳云：「盛伯者何？失地之君也。」按：由此至文十二年，計六十九年，若本年已滅盛，不得彼時盛伯尚在。若其子孫，不應稱爵。或此盛降于齊，周之附庸，不知何時爲齊所滅，故有盛伯來奔事也。

盛，則曷爲謂之成？諱同姓也。【注】因魯有成邑，同聲相似，故云爾。【疏】僖二十四年左傳：「管、蔡、郕、霍、魯、衛、毛、聃、郜、雍、曹、滕、畢、原、酆、郇，文之昭也。」是盛爲同姓也。繁露玉英云：「變成謂之盛，諱大惡也。」又滅國下云：「衛人侵成，鄭入成，及齊師圍成，三被大兵，終滅，莫之救，所恃者安在？」通義云：「成者，盛之都邑，本當言伐盛、圍成，諱之，故但舉成，不繫國也。都而言滅者，與夏陽同義。」謂盛都成，亦以意言耳。○注「因魯」至「云爾」。○定十二年「十有二月，公圍成」，注：「成，仲孫氏邑。」是魯有成邑也。九經古義云：「成，本盛國。成與盛通。釋名云：『成，盛也。』穆天子傳云：『盛姬，盛伯之子。』郭璞〔一〕云：『盛，國名。』文十二年『盛伯來奔』，是盛本伯爵。二傳皆作『郕』。僖二十四年：郕爲文昭，故穆天子傳：『天子賜盛伯爲上姬之長。』郕後爲魯邑。昭七年左氏傳云：『晉人來治杞田，季孫將以成與之。』說文：『郕，魯孟氏邑。』是郕與成一也。故此傳云：『諱滅同姓。』」公羊禮說云：「惠說非也。若此處爲假借之字，經義從此晦矣。盛與魯同姓，春秋所甚惡也。」傳曰：「衛侯燬何以名？絕。曷爲

〔一〕「郭璞云」，原作「郭云」，叢書本同，據九經古義校補。

絶？滅同姓也。」注云：「絶先祖之〔一〕體尤重，故名，甚之也。」此即禮所謂滅同姓名也。然則何以不絶魯侯？內大惡諱也，諱莫如深，故變盛謂之成。魯本有成邑，使若圍成然。然成爲內邑，不應圍，欲人力索而得之，曰此非圍成，特臧盛耳。變盛爲成，爲內諱耳。太史公曰：「春秋推見至隱，此類是也。」故繁露謂「諱大惡也。若以成與盛通，而聖人之微言幾息矣」。按：漢書地理志泰山郡有式縣，「式」則「成」之誤，即續漢志「濟北之成縣」也。惟以爲本成國者誤。

曷爲不言降吾師？【注】据戰於宋，不言歸鄭。【疏】注「據戰」至「歸鄭」。○舊疏云：「桓十二年『十有二月，及鄭師伐宋。丁未，戰于宋』是也。彼則不言宋歸于鄭，此言成降于齊師，故難之。其歸字有作敗字者，誤也。」按：彼經無歸鄭義，似作「敗」爲是。此魯、齊共伐成，成降于齊，其實亦降魯，辟之，但言齊。彼魯、鄭共戰宋，言戰，乃敗。彼不但言鄭敗，是不爲魯辟，故據以難。

辟之也。【注】辟滅同姓。言圍者，使若魯圍之而去，成自後降於齊師也。降者，自伏之文，所以醇歸於齊。言及者，起魯實欲滅之。不月者，順諱文。不書盛伯出奔，深諱之。【疏】注「辟滅」至「於齊」。○通義云：「魯待齊而後克成，故得歸惡于齊〔二〕。因爲內辟滅同姓之文。」按：因辟，故但書圍而已，不言降我也。玉篇：「降，伏也。」降有下義，見爾雅釋言，即伏義也。○注「言及」至「滅之」。○舊疏云：「以及者，

〔一〕「之」，原訛作「支」，叢書本同，據公羊注疏校改。
〔二〕「齊」，原訛作「魯」，叢書本同，據公羊通義校改。

汲汲之文故也。」通義云：「然言二國同圍，則亦同受降可知。此成即魯所取，以爲孟孫〔一〕采者也。左氏順經作傳，乃有修德退師之説，抑失事實。」○注「不月者，順諱文」。○舊疏云：「凡滅例月，即莊十年『冬，十月，齊師滅譚』、莊十三年『夏，六月，齊人滅遂』是也。今此亦滅而不書月者，順諱文，使若不滅矣。」按：圍例時，諱滅，故從圍國常文矣。○注「不書」至「諱之」。○舊疏云：「正欲決莊十年『齊師滅譚。譚子奔莒』之屬，書其出奔也。今成被滅，至文十二年春乃書『盛伯來奔』。於所傳聞世不言所奔者，深諱故也。」按：書盛伯來奔，則國滅明，故不書來奔，深諱之。文世來奔之盛伯，恐非此年盛伯，説見上。

○秋，師還。

還者何？善辭也。此滅同姓，何善爾？【疏】通義云：「『還者何？善辭也』者，文十三年傳文。弟子据彼難此不當善而言還意。」

病之也。【注】慰勞其罷病。【疏】注「慰勞其罷病」。○禮記少儀云：「師役曰罷。」注：「罷之言罷勞也。春秋傳：『師還曰疲。』」疏引此傳云：「此滅同姓，何善爾？病之也。何休云：『慰勞其罷病也。』」是鄭用公羊爲注也。」按：罷與疲同。廣雅釋詁疲、罷皆訓勞。國語齊語：「罷士無伍，罷女無家。」注：「罷，病也。」

〔一〕「孟孫」，原訛作「孟氏」，叢書本同，據公羊通義校改。

是疲、罷、勞，輾轉爲訓也。易中孚六三爻詞曰：「或鼓或罷。」史記平原君傳「臣不幸有罷癃之疾」，皆讀若疲。通義云：「言非善之，但閔其罷病耳。」

曰：師病矣！【疏】通義云：「文王之法，師出不踰時。春而祠兵，秋而振旅。君子以師爲病矣。」

曷爲病之？【注】据師出皆罷病，曷爲獨勞此病也？【疏】注「据師」至「病也」。○廣韻：「勞，慰也。郎到切。」讀如孟子滕文公篇「勞之」、禮記曲禮「君勞之，則拜」之勞，謂師出皆病，曷爲獨於此役慰勞之也？

非師之罪也。【注】明君之使，重在君，因解非師自汲汲。【疏】注「明君」至「在君」。○通義云：「本當言『公至自圍成』，緣諱滅同姓没公，不舉公至，而舉師還。然滅同姓，自公之過，於師無罪，故不得加不善辭也。以善反曰還，以不善反曰復。後出師久亦不録還者，皆從此始見法可知。」繁露奉本云：「故師出者衆矣，莫言還。至師及齊師圍成，成降于齊師，獨言還。其君劫外，不得已，故可直言也。至於他師，皆其君之過也，而曰非師之罪，是臣子之不爲君父受罪，罪不臣子莫大焉。」按：隱二年〔一〕注云：「凡書兵者，正不得也。外内深淺皆舉之者，因重兵害衆，兵動則怨結搆禍，更相報償，伏尸流血無已時。」所謂師之罪也。此重在君滅同姓。舉其重者，故歸其善於師，非師真無罪也。故舊疏云：「所以慰師者，明君之

〔一〕「二年」，原誤記爲「三年」，叢書本同，引文出自隱二年，據公羊注疏校改。

滅同姓，非師之罪，其重在于君矣。」繁露説微異。穀梁傳：「還者，事未畢也，遯也。」○注「因解」至「汲汲」。○舊疏云：「正以及者，汲汲之辭故也。」

○**冬，十有一月，癸未，齊無知弑其君諸兒。**【注】諸兒，襄公也。無知，公子夷仲年之子，襄公從弟。【疏】冬十一月經有癸未，曆爲十月之七日、十二月之八日，十一月無癸未。○注「諸兒」至「從弟」。○史記齊世家：「釐公三十二年，釐公同母弟夷仲年死。其子曰：公孫無知，釐公愛之，令其秩服奉養比太子。三十三年，釐公卒，太子諸兒立，是爲襄公。襄公元年，始爲太子時，嘗〔一〕與無知鬭，及立，絀無知〔二〕秩服，無知怨。」「十二年，初，襄公使連稱、管至父戍葵丘，瓜時而往，及瓜而代。往戍一歲，卒瓜時而公弗爲發代。或爲請代，公弗許，故此二人怒，因公孫無知謀作亂。連稱有從妹在公宫，無寵，使之間襄公，曰：『事成，以女爲無知夫人。』冬，十二月，襄公游姑棼，遂獵沛丘。見彘，從者曰『彭生』，公怒，射之，彘人立而啼。公懼，墜車傷足，失屨。反，而鞭主屨者茀三百。茀出宫。而無知、連稱、管至父等聞公傷，乃遂率其衆襲宫。逢主屨茀，茀曰：『且無入驚宫，驚宫未易入也。』無知弗信，茀示之創，乃信之，待宫外，令茀先入。茀先入，即匿襄公户間。良久，無知等恐，遂入宫。茀反與宫中及公之幸臣攻無

〔一〕「嘗」，原訛作「常」，叢書本同，據史記校改。
〔二〕「無知」二字原脱，叢書本同，據史記校補。

知等，不勝，皆死。無知入宮，求公不得。或見人足於户間，發視，乃襄公，遂弑之，而無知自立爲齊君。」與左傳所載大同，較爲詳備。穀梁傳：「大夫弑其君以國氏者，嫌也，弑而代之也。」

公羊義疏二十

莊九年盡十年

南菁書院　句容陳立卓人著

○九年，春，齊人殺無知。【疏】齊世家云：「齊君無知游於雍林。雍林人嘗有怨無知，及其往游，雍林人襲殺無知。告齊大夫曰：『無知弒襄公自立，臣謹行誅。唯大夫更立公子之當立者，唯命是聽。』」繁露王道云：「衛人殺州吁，齊人殺無知，明君臣之義，守國之正也。」故穀梁傳曰稱人以殺，殺有罪也。

○公及齊大夫盟于暨。【疏】「暨」，唐石經、諸本同，左氏作「蔇」。蔇、暨通叚字。隱六年左傳「猶懼不蔇」，注：「蔇，至也。」玉篇旦部：「暨，與也，至也。」是也。杜云：「蔇，魯地。琅邪繒縣北有蔇亭。」大事表云：「在今兗州府嶧縣東八十里。」一統志：「蔇亭在兗州府嶧縣東，故繒城北。」

公曷爲與大夫盟？【注】据與高傒盟，諱不言公。【疏】注「据與」至「言公」。○見莊二十二年。彼經云：「及齊高傒盟于防。」傳：「齊高傒者何？貴大夫也。曷爲就吾微者而盟？公也。公則曷爲不言公？諱與大夫盟也。」是也。因與大夫盟，諱没公，故据以難。

齊無君也。然則何以不名？【注】据高傒名。【疏】穀梁傳「公不及大夫，大夫不名，無君也」，注「君前臣名，齊無君，故大夫不名」，義異。彼以齊無君，故不名；此以諱與大夫盟，不名也，故注云「据高傒名」，明非衆也。杜云：「來者非一人，故不稱名。」亦非公羊義。

爲其諱與大夫盟也，使若衆然。【注】鄰國之臣，猶吾臣也。君之於臣，當告從命行，而反歃血約誓，故諱使若悉得齊諸大夫約束之者愈也。不月者，是時齊以無知之難，小白奔莒，子糾奔魯。齊迎子糾欲立之，魯不與，而與之盟。齊爲是更迎小白。然後乃伐齊，欲納子糾，不能納，故深諱使若信者也。不致者，魯地也。子糾出奔不書者，本未命爲嗣，賤，故不録之。【疏】注「鄰國」至「愈也」。○釋文作「歃」，何校本同。僖二十九年左傳：「在禮，卿不會公侯，會伯子男可也。」會且不可，盟則甚矣。春秋諸侯之臣見鄰國之君皆稱臣，故云鄰國之臣猶吾臣也。君之於臣，當告從命行，而反與盟，故諱之，使若衆然。杜云：「齊亂無君，故大夫得敵公。」蓋春秋譏莊公之盟也。文七年左傳云：「不稱名，衆也。」故此不稱名，使若衆然也。使若悉得諸大夫約束之者愈者，謂較與一二大夫盟恥少殺也。○注「不月」至「者也」。○舊疏云：「公羊之例，大信時，小信月。經今不月，使若信者，謂若大信也。不謂月，非信辭也。」齊世家云：「襄公之醉殺魯桓公，通其夫人，殺誅數不當，淫於婦人，數欺大臣。羣弟恐禍〔一〕及，故次弟糾奔魯，其

〔一〕「禍」，原訛作「禍」，叢書本不誤，據改。

母魯女也，管仲、召忽傅之。次弟小白奔莒，鮑叔傅之。小白自少好善齊大夫高傒，及雍林人殺無知，議立君，高、國先陰召小白於莒。魯聞無知死，亦發兵送公子糾，而使管仲别將兵遮莒道，射中小白帶鉤。小白佯死，管仲使人馳報魯。魯送糾者行益遲，六日至齊，則小白已入，高傒立之，是爲桓公。」八年左傳曰：「初襄公立，無常。鮑叔牙曰：『君使民慢，亂將作矣。』奉公子小白出奔莒。亂作，管夷吾、召忽奉公子糾來奔。」其言無知難作，子糾來奔，與何注同。其言小白出奔在襄公立後，與史記同也。魯不與糾，而與之盟，致更迎小白，伐齊不克，故深爲諱。左疏引賈、服亦以爲齊大夫迎子糾，公不亟遣，而盟以安之。齊人歸迎小白，意謂迎小白者即盟蔇之大夫也，與何義同。穀梁傳：「當齊無君，制在公矣。當可納而不納，故惡内也。」○注「不致」至「地也」。○舊疏云：「正決桓二年『秋，公及戎盟于唐』，『公至自唐』之文也。若然，定十二年『公圍成。公至自圍成』。成，内邑書致者，彼注云：『成，仲孫邑。致者，天子不親征下土，諸侯不親征叛邑。公親圍成不能服，不能以一國爲家，甚危，若從他國來，故危録之。』是也。」○注「子糾」至「録之」。○舊疏云：「決桓十一年〔一〕『鄭忽出奔衛』書〔二〕之故也。子糾奔魯，宜言來奔，而言出奔者，据齊言之也。」糾、小白皆襄公庶弟，襄公被弑，故不得有命爲嗣事。

〔一〕「十一年」，原訛作「十年」，叢書本同，據公羊注疏校改。

〔二〕「書」字原脱，叢書本同，據公羊注疏校補。

○**夏，公伐齊，納糾。**【疏】舊疏云：「無子字者，與左氏經異。」釋文：「左氏經亦作『納子糾』。」按：疏家所据左氏本作「納子糾」，釋文所据左氏作「納糾」，亦作「納子糾」。經義雜記云：「春秋莊九年『夏，公伐齊納糾』，左氏、公、穀並同。今左氏經作『納子糾』，子，衍文，沿唐定本之誤也。正義於此引賈逵云：『不言公子，次正也。』又於後九月『齊人取子糾，殺之』下引賈逵云：『稱子者，愍之。』可見賈景伯本於此無子字。正義本作『納糾』，故引公羊傳云『糾者何？公子糾也』及何休、賈逵說。又云公羊之說，不可通於左氏，次正不稱公子，其事又無所出。按，今定本經文，「糾」之上且有「子」字。自外入內，不稱公子者多；唯有楚公子比稱公子，蓋告辭有詳略，故爲文不同。則正義雖不從公羊及賈氏說，亦以自外入內，不稱公子者多，間有稱公子者，以告辭有詳略故耳。則此無子字甚明。至引定本有子爲證，以難舊義，則孔氏之疏也。又『取子糾』下，引公羊傳云『其稱子糾何？貴也』及何休、賈逵説。又云：『按定本上納子糾，已稱子，則此言子，非愍之也。』沈云：『齊人稱子糾，故魯史從其所稱。而經書子糾，知者。傳云子糾，親也。』請君討之，豈復是愍之乎？劉與賈同。沈文何駁賈，劉炫從賈，其意雖異，然即此可推至是始稱子，前但稱糾而已。公羊釋文云：『納糾，左氏經亦作納子糾。』既云『亦作納子糾』，便知本作『納糾』也。據賈、沈、劉、孔與公羊釋文，知自漢至六朝〔一〕以及隋唐皆作『納糾』。公羊疏云：『無子者，與左氏經異。』穀梁釋文云『伐齊納糾』，左氏作『子糾』，此皆爲定本所誤。」穀梁傳不言「子糾」而直云「糾」者，盟繫

〔一〕「便知」至「六朝」句二十三個字原脱，叢書本同，據經傳雜記校補。

在於魯，故挈之也。

納者何？入辭也。【疏】通義云：「使之入之辭也。」

其言伐之何？【注】据晉人納捷菑于邾婁，不言伐。【疏】舊疏云：「隱七年傳『此聘也，其言伐之何』，彼注云：『加之者，辟問輕重兩舉之。』然則此傳非問輕重兩舉，而亦言之，下十年傳云『觕者曰侵，精者曰伐，戰不言伐，圍不言戰，入不言圍，滅不言入，書其重者也』。然則侵伐戰圍入滅，數者相對，是其輕重之名。今以納問伐，直据納捷菑不言伐而已，實非輕重兩舉，故得言之矣。」按：納與伐非輕重之辭已明，傳言之，無義例也。○注「据晉」至「言伐」。○文十四年「晉人納捷菑于邾婁」，是不言伐也。通義云：「据實入不舉伐，『納頓子〔一〕于頓』之類是也。」按：戰不言伐，圍不言戰，舉圍陳已重，何庸言伐也？不得据彼爲難。

伐而言納者，猶不能納也。【注】伐者，非入國辭，故云爾。【疏】穀梁傳云：「當可納而不納，齊變而後伐。故乾時之戰不諱敗，惡内也。」注引：「何氏廢疾云：三年『溺會齊師伐衛』，故貶而名之。四年『公及齊人狩于郜』，故卑之曰人。今親納仇子，反惡其晚，恩義相違，莫此之甚。鄭釋之曰：于仇不復，則怨不釋。而魯釋怨〔二〕，屢會仇讎，一貶其臣，一卑其君，亦足以責魯臣子。其餘則同，不復譏也。至

〔一〕「子」，原訛作「一」，叢書本不誤，據改。

〔二〕「而魯釋怨」句原脱，叢書本同，據穀梁注疏校補。

於伐齊納糾，譏當可納而不納耳。此自正義，不相反也。」劉氏逢祿難曰：「譏可納不納，當文自見。以不諱敗爲惡内，非也。敗非大惡，爲王者伸義養威，故諱之。至於復仇，以死敗爲榮，特不諱以起義。人果不量强弱，萬死不顧一生，而不義殺人者懼矣。乾時之戰，正責公無復仇之心，而在下僅能以爲名耳，反以爲惡内，於義短矣。」按：何氏上注云「齊迎子糾，欲立之，魯不與而與之盟。齊爲是更迎小白。然後乃伐齊，欲納子糾不能納」，即用穀梁可納不納之義，特不以乾時之戰不諱爲惡内耳。廢疾所云，亦非何氏定論。通義云：「伐下納者，目所爲伐事耳，與入辭異。不言弗克納者，別於納，不正者也。」○注「伐者」至「云爾」。○舊疏云：「下十年傳曰『觕者曰侵，精者曰伐』。然則伐者雖重於侵，仍非入國之義，是以此經兼舉其伐，見不能納矣。」按：納者，内不受辭。因不受而伐，必非能入國辭，故云猶不能納也。

糾者何？公子糾也。何以不稱公子？【注】據下言子糾，知非當國，本當去國見挈言公子糾。【疏】注「据下」至「子糾」。○上齊下糾，嫌與上鄭下段當國文同，故解之。下經云：「齊人取子糾，殺之。」傳云：「其稱子糾何？貴也。其貴奈何？宜爲君者也。」彼注云：「故以君薨稱子某。言之者著其宜爲君，則下經舉子見其宜爲君，知此經單言糾，非當國辭。」既非當國辭，今但宜去國，言公子糾，作見挈辭而已。今不稱公子，故問之。穀梁注云：「不言子糾而直云糾者，盟繫在於魯，故挈之也。」

君前臣名也。【注】春秋別嫌明疑，嫌當爲齊君，在魯君前不爲臣。禮，公子無去國道，臣異國義，故去公子，見臣於魯也。納不致者，言伐，得意不得意可知，猶遇弗遇例也。不月者，非納篡辭。【疏】禮記曲禮云：「父前子名，君前臣名。」注：「對至尊，無大小皆相名。」正義：「成十六年鄢陵之戰，公陷於淖。欒書欲載晉侯，鍼曰：『書退。』鍼是書之子，是於君前臣名其父也。」案：昭元年左傳「秦伯之弟鍼辭曰：臣與羈齒」，是公子於鄰國君前稱臣事也。○注「春秋」至「爲臣」。○繁露十指云：「別嫌疑，異同類，一指也。」又云：「別嫌疑，異同類，則是非著矣。」嫌糾但齊君前稱臣，魯君前不臣也。○注「禮公」至「魯也」。○詩柏舟箋云：「臣不遇於君，猶不忍去，厚之至也。」疏：「此仁人以兄弟之道責君，則同姓之臣，故恩厚之至，不忍去也。以箴膏肓云『楚鬻拳同姓，有不去之恩』，論語注云『箕子、比干不忍去』，皆同姓之臣，有親屬之恩，君雖無道，不忍去之也。」白虎通五行云：「親屬臣諫不相去何法？法木枝葉不相離也。」是公子無去國道也，故去公子，見臣於魯。通義云：「去公子者，著糾之已臣於魯也。禮，公子無去國道，仕於他國，則不得更稱公子。公子云者，吾公之子也，非可相假。假令齊侯之子而稱公子於魯，則且嫌爲魯公子。故糾爲魯臣，即無稱公子之道也。糾既來臣，雖四方納之，猶當爲臣禮。下經『取子糾』，文承齊人，乃無君前之義，是以得舉貴稱矣。」○注「納不」至「可知」。○上六年注云：「公獨出用兵，得意不致，不得意致伐。」今此納糾不得入，而但書伐，其不得意可知，故不須致也，亦并不致伐也。○注「猶遇弗遇例也」。○遇者，隱四年「公及宋公遇于清」是也。弗遇者，桓十年「公會衛侯于桃丘，弗遇」是也。上六年注云：「公與一國出會盟，得意致地，不得意不致。」而不及遇者，正以遇有遇不遇之別。明書遇者，得意；書弗遇者，不得意明矣，毋勞以致不致分也。猶此書伐以納，下即云「齊小白入于齊」，弗克納已明，不須更致矣。○注「不月」至「篡辭」。○隱四年注：「大國篡例月。」此非納篡，故不月也。正以決上六年「夏，六月，衛侯朔入于齊」、哀六年「秋，七月，齊陽生入于齊」之書月爲篡也。納糾非篡者，子糾次正，宜立，且下文書「齊小白入于齊」爲篡辭，則此非篡可知。非篡而言納，所以刺魯之能伐而不能納也。知糾次正者，史記敘出奔云：「羣弟恐禍及，故次弟糾奔魯。」又云：「次弟小白奔莒。」是小白次于糾也。

○齊小白入于齊。

曷爲以國氏？【注】据宋公子地自陳入于蕭，氏公子也。【疏】注「据宋」至「子也」。○鄂本以下同。何校云：「地當作池。」按：見定十一年春云：「宋公之弟辰及仲佗、石彄、公子池入于蕭以叛。」是也。

當國也。【注】當國，故先氏國也。不月者，移惡于魯也。【疏】通義云：「小白不當立，故書法與齊無知同。」公羊問答云：「問：後漢鄭衆傳春秋，書『齊小白入于齊』，不稱侯，未朝廟故也。二說不同何故？曰：鄭衆爲左氏經師，與何氏不同，無足異也。第後漢書注引公羊以釋之，誤矣。注書者於經師家法不可不知也。」按：此與隱元年「鄭段」、四年「衛州吁」同義。○注「當國」至「國也」。○隱元年注：「使如國君，氏上鄭。」謂以國爲氏也。○注「不月〔一〕」至「魯也」。○隱四年注云：「大國篡例月。」此不月，明無

〔一〕「月」，原訛作「日」，叢書本同，據【注】文改。

惡。爲移〔一〕惡於魯，爲其不早送子糾，致成小白之篡故也。

其言入何？篡辭也。【疏】舊疏云：「据桓十七年『秋，八月，蔡季自陳歸于蔡』不言入。今言入，故難之。」穀梁傳：「大夫出奔。反，以好曰歸，以惡曰入。齊公孫無知弒襄公，公子糾、公子小白不能存，出亡。齊人殺無知而迎公子糾於魯，公子小白不讓公子糾，先入，又殺之于魯，故曰『齊小白入于齊』，惡之也。」白虎通誅伐篇：「篡者何謂也？篡猶奪也，取也。欲言庶奪嫡，孽奪宗，引〔二〕奪取其位。春秋傳曰：『其言入何？篡辭也。』」齊世家言：「小白母，衛女也，有寵于釐公。雍林人殺無知，高、國先陰召小白于莒。」知不正矣。繁露玉英云：「故齊桓公非直不受之先君也，乃率弗宜爲君者而立，罪亦重矣。」明其爲篡也。

○秋，七月，丁酉，葬齊襄公。【疏】秋七月經有丁酉，月之二十五日。按：隱三年傳：「過時而日，隱之也。」注：「隱，痛也。痛賢君不以時葬。」襄公於前年十一月見弒，至此乃葬，過時。襄非賢君，而亦日隱之者，其以上四年，賢復仇，故與莊元年之諱取爲遷義同與？

〔一〕「移」，原訛作「侈」，叢書本不誤，據改。
〔二〕「引」，原訛作「因」，叢書本同，據白虎通校改。

○**八月，庚申，及齊師戰于乾時。我師敗績。**【疏】包氏慎言云：「八月書『庚申，及齊師戰于乾時』，月之十九日。」杜云：「乾時，齊地。時水在樂安界，岐流旱則竭涸，故曰乾時。」水經注瓠子河篇：「時水又西逕高苑縣故城南，其水側城西注。京相璠曰：『今樂安博昌縣南界有時水，西通濟，其上源出般陽，北至高苑，下有死時，中無水。』杜預亦云：『時水於樂安枝流旱則竭耗，則春秋之乾時也。』」大事表：「時水出今臨淄縣西南二十五里。蓋伏淄所發，亦謂之耏水。平地出泉曰耏。襄三年，齊侯與晉士匄盟于耏外，即此水。亦謂之時澠水，以下流與澠水合也。」方輿紀要：「時水在青州臨淄縣西南二十五里。其地名矮槐樹，舊置郵亭於此。平地出泉謂之耏，源淺易涸，亦名乾時。其色黑，俗又謂之烏河。」齊乘：「時水之源南近淄水。詳其地形水脈，蓋伏淄所發。水經注謂時水自西安城南石洋堰分爲二支，津西北合黄山之德會水，黄阜之南五里，泉至梁、鄒入濟。旱則涸竭，此乾時也。今不通矣。」「益都衆〔一〕水，唯此通舟，未嘗淺涸。」

内不言敗，此其言敗何？【注】据郎之戰。【疏】注「据郎之戰」。○桓十年「冬，十有二月，丙午，齊侯、衛侯、鄭伯來戰于郎」，傳云：「此偏戰也，何以不言師敗績？內不言戰，言戰〔二〕乃敗矣。」又見桓十二年傳。以託王於魯，故不言敗，此書敗績，故難之。

〔一〕「衆」，原訛作「通泉」，叢書本同，據齊乘校改。
〔二〕「言戰」二字原脱，叢書本同，據公羊傳校補。

伐敗也。【注】自誇大其伐而取敗。【疏】注「自誇」至「取敗」。○釋文：「自誇，本又作夸，下同。」校勘記云：「按，夸大，字作夸；从言者，詞之誇誕也。」老子道德經：「不自伐，故有功。」論語公冶長篇：「願無伐善。」皆謂夸大也。小爾雅云：「伐，美也。」史記功臣侯表：「明其功曰伐。」

曷爲伐敗？【注】据内不言敗績，曷爲自誇大其伐而取敗？【疏】注「据内」至「取敗」。○謂既敗績矣，曷爲夸大？故難之。

復讎也。【注】復讎以死敗爲榮，故録之。高齊襄，賢仇牧是也。【疏】注「復讎」至「是也」。○繁露竹林云：「春秋惡詐擊而善偏戰，恥伐喪而榮復讎。」又云：「今天下之大，三百年之久，戰攻侵伐不可勝數，而復讎者有二焉。」謂此及上四年「齊襄公滅紀」是也。通義云：「復讎者，雖不愛其死，要期於有成，豈以敗爲榮乎？特魯之力不能讎齊，力實不敵，故春秋因其敗而誇大之，若曰『幸有此敗，莊之忘讎乃可以自解』云爾。然苟竭其智力，師喪分焉，卒不得報，君子亦恕之矣。齊、魯皆非能復讎者，而假襄公以見復讎之榮善，又假莊公以寬不能復讎之責，皆所以因事託義，著爲後法。」○注「高齊」至「是也」。○上四年「紀侯大去其國」，傳：「曷爲不言齊滅之？爲襄公諱也。春秋爲賢者諱，何賢乎襄公？復讎也。襄公將復讎于紀，卜之曰：『師喪分焉，寡人死之，不爲不吉也。』」下十二年傳：「何賢乎仇牧？仇牧可謂不畏强禦矣。仇牧聞君弑，趨而至。萬臂殺仇牧，碎其首。」是皆以死敗爲榮者也。不及孔父者，孔父死在殤公前。仇牧聞君死，趨至，有復讎之志，故舉之也。

此復讎乎大國，曷爲使微者？【注】据納子糾公猶自行，即大夫當有名氏。【疏】注「据納」至「名氏」。○即上「公伐齊納糾」是也。舊疏云：「公羊之例，以大夫得見名氏，謂士爲微，故言此。」通義云：「据不出主名，似内微者文。」

公也。【注】如上据知爲公。【疏】注「如上据知爲公」。○如，若也。見廣雅。謂若上納糾猶書公，故知此戰爲公親行也。

公則曷爲不言公？不與公復讎也。曷爲不與公復讎？【注】据諱與讎狩。【疏】注「據諱與讎狩」。○上四年「公及齊人狩于郜」，傳云：「公曷爲與微者狩？齊侯也。齊侯則其稱人何？諱與讎狩也。」公與讎人狩，春秋諱而不書，此復讎宜見與？故据而難之。

復讎者，在下也。【注】時實爲不能納子糾伐齊，諸大夫以爲不如以復讎伐之，於是以復讎伐之。非誠心至意，故不與也。書敗者，起託義戰。不致者，有敗文，得意不得意可知例。【疏】通義云：「下猶後也，義如『下武維周』之下。本讎襄公，而復之於桓公，故言復讎者在其後世也。時實以不能納子糾，怒桓而託名復讎伐之。桓又非讎子，故不與復讎也。令實復讎，方善録之，不當没公。没公者，起非實復讎。」按：孔義下作後，解亦通。○注「時實」至「與也」。○「爲不能」，鄂本、宋本、閩本同。監本、毛本「爲不能」誤倒作「不能爲」。何義下謂臣下。按：君父之讎，人人所共復讎之。志出於臣下，故没公文也。○注「書敗」至「義戰」。○舊疏云：「春秋之例，内言戰，乃敗矣。今經文上文云『戰于乾時』，内敗明矣。而又言『我師敗績』者，起託義以敗爲榮也。」按：疏標起訖以起託義絶句，非，當義戰逗。繁露竹林云：「夫德不足以親近，而文不足以來遠，而斷斷以戰伐爲之者，固春秋所甚疾已，皆非義也。難者曰：『春秋惡詐擊而喜偏戰，恥伐喪而榮復讎，奈何以春秋爲無義戰而盡非之也？』」是託義戰之義也。○注「不致」至「知例」。○上六年注云：「公獨出用兵得意不致，不得意致伐。」此敗績，不得意明，故不致也。從可知例，省文故也。

○九月，齊人取子糾，殺之。

其取之何？【注】据楚人殺陳夏徵舒不言取，執齊慶封殺之，言執也。【疏】唐石經作「其言取之何」，諸本誤脱「言」字。○注「据楚」至「執也」。○宣十一年「楚人殺陳夏徵舒」，是不言取也。昭四年「楚子、蔡侯、陳侯伐吴，執齊慶封，殺之」，是言執不言取也。

内辭也。脅我使我殺之也。【注】以下浚洙，知其脅也。以稱人共國辭，知使魯殺之。時小白得國，與鮑叔牙圖國政，故鮑叔薦管仲。召忽曰：「使彼國得賢，己國之患也。」乃脅魯使殺子糾，求管仲、召忽。魯惶恐，殺子糾，歸管仲，召忽死之，故深諱，使若齊自取殺之。【疏】脅者，書僞古文胤征〔一〕「脅從

〔一〕「胤征」，原作「允征」，陳立避雍正皇帝胤禛之名諱改，兹恢復本字。

罔治」，泰誓「脅權相滅」，皆爲以威力恐人也。説文肉部：「脅，兩膀也。」掖下爲脅，引申之迫脅人如在肘腋下亦〔一〕曰脅也。故下二十五年傳「或曰脅之」，注云：「與責求同義。」皆與迫脅意近也。○注「以下」至「脅也」。○下「浚洙」傳：「浚之者何？深之也。曷爲深之？畏齊也。曷爲畏齊也？辭殺子糾也。」因被脅而畏，因畏而浚洙，故云「以下浚洙」知也。○注「以稱」至「殺之」。○舊疏云：「謂不言齊鮑叔取子糾殺之，而言齊人，則知一人之號，兩國共有。一人之號既兩國共有，則知齊魯皆有殺子糾之惡矣。」按：不書齊人，亦宜書齊侯，見歸獄于齊，不得書齊鮑叔也，舊疏非。又「共國」當作「國共」，隱六年「鄭人來輸平」，傳曰：「吾成敗矣。吾與鄭〔二〕人未有成也。」注：「此傳發者，解鄭〔三〕稱人爲共國辭。」段氏玉裁校彼注、疏云：「一箇人字，兩國共有，當是國共，非共國也〔四〕。」是也。又彼傳「諱獲也」下注云：「稱人共國辭者，嫌來輸平獨惡鄭，明鄭擅獲諸侯，魯不能死難，皆當絶之。」與此齊魯同，惡同故也。○注「時小」至「殺之」。○釋文作「邵忽」，云：「本又作召。」齊世家云：「秋，與魯戰于乾時，魯兵敗走，齊兵掩絶魯歸道。齊遺魯書曰：『子糾兄弟，弗忍誅，請魯自殺之。召忽、管仲，讎也，請得而甘心醢之。不然，將圍

〔一〕「亦」，原訛作「也」，叢書本不誤，據改。
〔二〕「鄭」，原訛作「成」，叢書本同，據公羊注疏校改。
〔三〕「鄭」字原脱，叢書本同，據公羊注疏校補。
〔四〕「當是國共，非共國也」句，原誤作「當是共非非國也也」，叢書本誤作「當是共國非國共也」，據公羊注疏校改。

魯。』魯人患之，遂殺子糾于笙瀆。召忽自殺，管仲請囚。桓公之立〔一〕，發兵攻魯，心欲殺管仲。鮑叔牙曰：『臣幸〔二〕得從君，君竟以立。君之尊，臣無以增君。君將治齊，即高傒與叔牙足矣。君且欲霸王，非管夷吾不可。夷吾所居國國重，不可失也。』於是桓公從之。乃詳爲召管仲欲甘心，實欲用之。管仲知之，故請往。」管子小匡篇：「桓公自莒反於齊，使鮑叔牙爲宰。鮑叔辭曰：『君有加惠於臣，使臣不凍餒，則是君之賜也。若必治國家，則非臣之所能〔三〕也，其唯管夷吾乎！臣之不如夷吾者五：寬惠愛民，臣不如也；治國不失秉，臣不如也；忠信可結於諸侯，臣不如也；制禮義可法於四方，臣不如也；介胄執枹，立於軍門，使百姓皆加勇，臣不如也。夫管仲，民之父母也，將欲治其子，不可棄其父母。』公曰：『管夷吾親射寡人，中鉤，殆於死，今乃用之，可乎？』鮑叔曰：『彼爲其君勤也，君若宥而反之，其爲君猶是也。』公曰：『然則爲之奈何？』鮑叔曰：『君使人請之魯。』公曰：『夫施伯，魯之謀臣也。彼知吾將用之，必不吾與。』鮑叔曰：『君詔使者曰：寡君有不令之臣在君之國，願請之以戮於羣臣。魯君必諾。且施伯之智，夷吾之才，必將致魯之政。夷吾受之，則魯能弱齊矣。夷吾不受，彼知其將反齊，必殺之。君亟請之，不然，無及。』公乃使鮑叔牙行成，曰：『公子糾，親也，請君討之。』魯人爲殺公子糾。又曰：『管仲，讎也，請受而戮之。』魯君許諾。施伯謂魯侯曰：『勿與之，非戮之也，將用其政也。管仲，天下之賢人也。今齊求而得

〔一〕「立」，原訛作「主」，叢書本同，據史記校改。
〔二〕「幸」，原訛作「常」，叢書本同，據史記校改。
〔三〕「能」，原訛作「從」，叢書本同，據管子校改。

之，必且長爲魯國憂。君何不殺之，而授其屍？』魯君曰諾。將殺管仲，鮑叔趨進曰：『殺之齊，是戮齊也。殺之魯，是戮魯也。寡君願生得之，以徇於國。』於是魯君乃不殺，生束縛以與齊。」左傳：「鮑叔帥師來言曰：『子糾，親也，請君討之。管、召，仇也，請受而甘心焉。』乃殺子糾于生竇，召忽死之。管仲請囚，鮑叔受之，及堂阜而脱之。歸而以告曰：『管夷吾治於高傒，使相可也。』公從之。」國語齊語亦有其事，詳略互見。魯爲齊脅殺子糾，恥甚，故分惡於齊，使若齊自殺。又稱人，爲國共辭，所謂没其文，不没其實也。

其稱子糾何？【注】据不立也。【疏】注「据不立也」。○下三十二年傳云：「君存稱世子，君薨稱子某。」然則以子配名，嗣君在喪之稱。糾未立，稱子糾，故難之。

貴也。其貴奈何？宜爲君者也。【注】故以君薨稱子某言之者，著其宜爲君，明魯爲齊殺之，皆當坐弑君，因解上納言糾，皆不爲篡，所以理嫌疑也。月者，從未踰年君例。主書者，從齊取也。【疏】隱元年傳云：「立適以長，不以賢；立子以貴，不以長。」注：「子謂左右媵及姪娣之子，位有貴賤，又〔一〕防其同時而生，故以貴也。」蓋魯女位次貴於衞女，故子糾視小白爲貴，子以母貴也。○注「故以」至「爲君」。○舊疏標起訖無「者」字，宜爲衍文。左疏引賈云：「不言公子，次正也。」李氏貽德左傳賈服注輯述云：「管子：『齊僖公生公子諸兒、公子糾、公子小白。』又曰：『諸兒長而賤。』是襄公本爲庶長，而子糾爲次正

〔一〕「又」，原訛作「不」，叢書本同，據公羊注疏校改。

矣。公羊傳：『其稱子糾何？貴也。』白虎通封公侯：『春秋經曰：齊無知殺其君，貴妾子公子糾當立也。』亦以糾爲次正也。春秋之例，諸侯庶子皆得稱『公子』，以糾爲次正，故不書『公子〔一〕』，嫌與庶子同也。」齊氏召南考證云：「按史記齊世家：『襄公次弟糾，其母魯女也；次弟小白，其母衛女。』是糾爲兄，小白爲弟。可爲此傳之證。」毛氏奇齡春秋傳云：「按，史世家子糾者，小白兄。故荀卿曰：『桓公殺兄以反國。』莊子：『桓公殺兄入嫂，而管仲爲臣。』越絶書：『管仲臣於桓公兄公子糾。』管子大匡亦曰：『齊僖公生公子諸兒、公子糾、公子小白。』又曰：『鮑叔傅小白，辭疾不出。』以小白幼而賤，不欲爲傅故也。則明明子糾是兄，小白是弟。而胡氏引据有云『史稱齊桓殺其弟以反國』一語，惟考漢淮南王傳：『淮南厲王不法，文帝令薄昭以書責之。有曰：昔周公誅管、蔡，以安周；齊桓殺其弟，以反國。』其云弟者，以文帝是兄，故諱言兄而言弟。韋昭本注所謂子糾本兄，而稱弟者，不敢斥也。胡氏以程子曾誤讀漢書，早有桓兄糾弟之説，而又承程子之誤。紊亂人之兄弟倫次〔二〕，誣妄立説，於以誤天下，誤〔三〕後世，此其所繫匪淺鮮也〔四〕。」按：杜氏亦云，小白，僖公庶子。公子糾，小白庶兄。又韓非子：「桓公五伯之上也，争國而殺其兄，其利大也。」説苑尊賢篇：「將謂桓公仁義乎？殺兄而立，非仁義也。」又：「鮑叔曰：昔者，公子糾在

〔一〕「子」字原脱，叢書本同，據左傳賈服注輯述校補。

〔二〕「紊亂」句原脱「人之兄弟」四字，據毛奇齡春秋傳校補。又，該句上略去二十餘字。叢書本同。

〔三〕「誤」字原脱，叢書本同，據毛氏春秋傳校補。

〔四〕「此其」句原脱「此其」及「鮮」字，叢書本同，據毛氏春秋傳校補。

上而不讓，非仁也。」尹文子：「無知被殺，二公子争國。糾，宜立者也，小白先入，故齊人立之。」明子糾宜立，故與以君薨稱子某之稱也。○注「明魯」至「弑君」。○穀梁傳：「言取，病内也。取，易辭也，猶曰取其子糾而殺之云爾。十室之邑，可以逃難；百室之邑，可以隱死；以千乘之魯，而不能存子糾，以公爲病矣。」所以魯亦當坐弑君也，故稱人以見國共也。○注「因解〔一〕」至「疑也」。○通義云：「公子糾乃襄公之弟，桓公之兄。時襄公無適嗣，貴莫如糾也。齊世家：『次弟糾奔魯，次弟小白奔莒。』莊子曰：『小白殺兄入嫂。』荀子曰：『齊桓，五伯之盛者也，前事則殺兄而争國。』檢尋諸文，並是糾長，故次宜爲君。乃或專據薄昭詭詞，以爲桓兄糾弟，謬矣。又如所徵史記，參之管子大匡曰：『齊僖公生公子諸兒、公子糾、公子小白。』左傳曰：『齊桓，衛姬之子也，有寵於僖公。』明糾與小白皆僖公子，非襄公子。魯納所當立耳。」故知上言納糾，非篡矣。舊疏云：「此經若不言子糾，上納言糾，有當國之嫌，後人疑其篡矣。今作嗣君之稱，則知上單言糾，作君前臣名之故也，所以理嫌疑也。」按：白虎通封公侯篇：「君見弑，其子得立何？所以尊君、防篡弑也。春秋經曰：『齊無知弑其君，明貴妾子公子糾當立也。』」班氏所据多公羊家説，則公羊以子糾爲襄公子。襄無適子，子糾爲貴妾子，宜立，故上「齊小白入于齊」，傳：「曷爲以國氏？當國也。其言入何？篡辭也。」是桓公之立有篡宗之罪，故經書入，以貶之也。○注「月者」至「君例」。○春秋之例，弑成君例日。隱四年春，二月，「戊申，衛州吁弑其君完」，注：「日者，從外赴辭，以賊聞例。」又宣

〔一〕「解」，原訛作「辭」，據【注】文改。

二年「秋，九月，乙丑，晉趙盾弑其君夷獔」、宣四年「夏，六月，乙酉，鄭公子歸生弑其君夷」之屬是也。僖九年「晉里克弑其君之子奚齊」，注云：「弑未踰年君，例當月。不月者，不正遇禍，終始惡明，故略之。」然則未踰年君當月，此子糾見弑書月，明從未踰年君例也。奚齊因不正，故略而不月。若然，僖十年「春，正月，晉里克弑其君卓子」，其成君亦不日者，彼注云：「不日者，不正遇禍，終始惡明，故略之。」義與奚齊同也。此外諸侯之例。至若莊三十二年「子般卒」之書日，文十八年「子卒」之書日，皆未踰年君而日，與不日不同，自以所傳聞世與所聞世之異，當文各自有解也。○注「主〔一〕書」至「取也」。○舊疏云：「言主書此事者，正欲從而罪齊。但因見魯之惡耳。」

○冬，浚洙。

洙者何？水也。【注】以言浚也。【疏】杜云：「洙水在魯城北，下合泗。」水經泗水篇：「泗水又西南流，逕魯縣北，分爲二流。水側有一城，爲二水之分會也〔二〕。北爲洙瀆。春秋莊九年書『浚洙』，京相璠、杜預並言：洙水在魯城北，浚深之，爲齊備也。南則泗水。夫子教於洙、泗之間。從征記曰：『洙、泗

〔一〕「主」，原訛作「王」，據【注】文改。
〔二〕「水側」至「會也」句十二字原脱訛爲「注云」二字，叢書本同，據水經注補正。

二水，交於魯城東北十七里。闕里背洙面泗〔一〕，去洙水百步餘。」説文水部：「洙水，出泰山蓋〔二〕臨樂山，北入泗。」段氏玉裁注云：「泰山郡蓋，二志同。今山東沂州府沂水縣縣西北七十里有蓋城是也。前志蓋下云：『臨樂于山，洙水所出，西北至蓋入池水。』水經曰：『洙水出泰山蓋縣臨樂山西南，至卞縣入於泗。』按，此條水經與志迥殊。志云臨樂于山者，謂勃海郡臨樂縣之于山也，本其源而言。故下云至蓋，非謂洙出蓋也。而經、注皆删于字，謂臨樂爲蓋縣山名，其亦誤也。池，注引作泗，云或作池，蓋字誤。夫經、注皆云泗水出卞縣，不云出蓋縣。又皆云洙水至卞入泗，不云至蓋入泗。然則即改池爲泗，亦與水道不合，安知班氏時無池水？抑或不知何字之誤，而竟作泗字也。杜釋例云：『出魯國東北，西南入沇水，下合泗。』乃作沇字，俟考。蓋洙水在班時已非故道，故其書法不同他水。至桑、酈時，更昧於臨樂之源，乃誣班爲出蓋。觀春秋莊九年『浚洙』，知其易湮〔三〕也。許亦云『出泰山蓋臨樂山，北入泗』，恐非許氏原〔四〕文，淺人用水經改竄之耳。今洙水在曲阜北四里，上不得其源〔五〕，下流不入泗而入沂，又非酈氏之舊，蓋湮没已久，以是冒之耳。」○注「以言浚也」。○舊疏云：「正以與尚書『浚畎澮』之文同，故知水

〔一〕「闕里背洙面泗」句，原誤作「闕里皆洙泗」，叢書本同，據水經注校改。
〔二〕「蓋」下原衍一「縣」字，叢書本同，據説文删。
〔三〕「湮」，原訛作「漂」，叢書本同，據説文段注校改。
〔四〕「原」，原訛作「元」，叢書本同，據説文段注校改。
〔五〕「源」，原訛作「原」，叢書本同，據説文段注校改。

名。」今尚書作「濬畎澮距川」。玉篇「濬」下云：「同浚。」史記五帝本紀亦作「浚」。

浚之者何？深之〔一〕也。【疏】詩小弁云「莫浚匪泉」，傳：「浚，深也。」大戴記文王官人云「浚窮而能達」，注：「浚，深也。」易「浚恒」，侯果、虞翻注並云：「浚，深也。」鄭作「濬」，爾雅釋言：「濬，深也。」書皋陶謨之「濬畎澮」，說文谷部作「睿畎澮距川」。然則訓深者，睿正字，浚叚借字。「浚」於說文訓抒也。繫傳：「抒，取出之也。」水部之「濬」，訓「深，通川也」，同穀梁傳「浚洙者，深洙也」。

曷爲深之？【注】据本非人功所爲。【疏】注「据本」至「所爲」。○舊疏云：「正言畎澮之屬，是人功爲之故也。」

畏齊也。【注】洙在魯北，齊所由來。【疏】穀梁傳：「著力不足也。」鹽鐵論險固云：「故制地城郭，飭溝壘，以禦寇固國。春秋曰：『冬，浚洙。』修地利也。」○注「洙在」至「由來」。○杜亦云：「洙在魯城北，浚深之，爲齊備。」魯在齊南，故爲齊所由來。

曷爲畏齊也？【注】据伐敗也。【疏】注「据伐敗也」。○即上傳云：「此其言敗何？伐敗也。」注：「自誇大其功而取敗。」是也。

辭殺子糾也。【注】時魯親見脅，畏齊，浚之，微弱恥甚，故諱使若辭不肯殺子糾也，齊自取殺之，畏齊

〔一〕「之」字原脫，叢書本同，據公羊傳校補。

怒，爲備，亦所以起上脅也。【疏】唐石經作「殺」。鄂本、宋本、閩本、監本、毛本「殺」作「役」，誤。○注「時魯」至「脅也」。○此探上「齊人取子糾殺之」爲説。因辭不肯殺子糾，致齊自取殺之，因浚洙爲備，皆以諱畏齊也。上〔一〕注云「以下浚洙，知其脅」，故此云「亦所以起其脅也」。新語懷慮云：「魯莊公据中土之地，承聖人之後，不修周公之業，繼先人之體，尚權仗威，有萬人之力，懷兼人之强，不能存立子糾，國侵地奪，以洙、泗爲竟。」俞氏樾云：「宣四年傳：『其言不肯何？辭取向也。』解詁云：『爲公取向作辭也。』恥行義爲利，故諱使若莒不肯聽公平，伐取其邑，以弱之者，愈也。』然則，此傳『辭殺子糾也』，文法與彼同，亦當解云：爲殺子糾作辭也。恥行義不終，故託爲畏齊之甚，不得已而殺之也。蓋魯之納子糾，義也；其卒爲齊殺子糾，不義也。穀梁傳曰：『以千乘之魯，而不能存子糾，以公爲病矣。』疑當時諸侯必有以此病魯者，故魯人浚洙以自解耳。此辭字，乃從而爲之辭之辭，非固辭不獲命之辭。何氏以爲辭不肯殺子糾，失之矣。」

○**十年，春，王正月，公敗齊師于長勺。**【疏】杜云：「長勺，魯地。」大事表云：「路史曰：成王以商民六族賜魯，有長勺氏、尾勺氏。此蓋商民所居。」書月者，詐戰也。

〔一〕「上」，原訛作「止」，叢書本不誤，據改。

○二月，公侵宋。

曷爲或言侵，或言伐？觕者曰侵，【注】觕，麤也。將兵至竟，以過侵責之，服則引兵而去，用意尚麤。【疏】注「觕，麤也」。○校勘記：「周禮大司馬注引作『粗者曰侵』。按，何注：『觕，麤也。』周禮音義云：『粗音麤，本亦作麤。』何訓觕爲麤，而鄭引傳即作粗；猶何訓野爲鄙，而鄭引傳即作鄙留也。」按：禮記月令「其器高以粗」，呂覽「粗」作「觕」。○漢書蓺文志「庶得麤觕」，又敍傳「觕舉僚職」，師古注：「觕，粗略也，大略也。」○注「將兵」至「尚麤」。○周禮大司馬職「負固不服則侵之」，鄭注：「侵之者，兵加其竟而已，用兵淺者。」説文人部：「侵，漸進也。」與浸義近。詩下泉：「浸彼苞稂。」兵至竟，服則去，若水之浸物然也，故用意麤。

精者曰伐。【注】精，猶精密也。侵責之不服，推兵入竟，伐擊之益深，用意稍精密。【疏】注「精，猶精密也」。○説文米部：「精，擇也。」又廣韻：「精，熟也，細也，專一也。」皆與精密義近。易繫辭傳：「精義入神。」亦謂精密其義也。○注「侵責」至「精密」。○白虎通誅伐篇：「伐者何謂也？伐者，擊也，言欲伐擊之也。」尚書敍曰：「武王伐紂。」類聚引説題辭云：「伐人者，深入國内行威，有所斬壞。伐之爲言敗之也。」周禮大司馬職「賊賢害民則伐之」，注云：「伐者，兵入其境，鳴鐘鼓以往，所以聲其罪。」兼用公羊、左氏兩傳義也。通義云：「周官九伐之法，負固不服，則侵之；賊賢害民，則伐之。明侵伐皆王者之師，堂堂正正之名。而左氏以輕師偃鐘鼓爲侵，失矣。伐者深入其竟，侵者害淺，故春秋之義，侵善於伐。侵伐例皆時，唯内書公侵者，恒舉月，蓋善録之。」按：詩采薇箋云：「三有勝功，謂侵也，伐也，戰也。」疏云：「此侵、伐、戰，三傳之説皆異。左傳：『有鐘鼓曰伐，無曰侵，皆陳曰戰。』穀梁：『拘人民、驅牛馬曰侵，斬樹木、壞宫室曰伐。』公羊稱：『觕者侵，精者伐。』是也。周禮大司馬職注引春秋傳曰：『精者曰伐。』又曰：『有鐘鼓曰伐。』則伐者，兵入其境，鳴鐘鼓以往。侵者，兵加其境而已。然則鄭參用三傳文也。周禮侵伐相對，故侵爲用兵淺者。其實侵名〔一〕但無鐘鼓耳，雖深入亦謂之侵，故僖四年『諸侯侵蔡。蔡潰，遂伐楚』，是深入名侵也。伐名施於重入境，雖淺亦名伐，故經書『莒人伐我東鄙』及『齊侯伐我北鄙』，纔伐界上，是淺亦稱伐也。侵、伐則主國之師未起，直入境而行。若主國出禦，則曰戰，故左傳『皆陳曰戰也』。」是也。

戰不言伐，【注】舉戰爲重，黎戰是也。合兵血刃曰戰。【疏】注「舉戰」至「是也〔二〕」。○毛本「爲」誤「謂」，鄂本「黎」誤「犂」。齊氏召南考證云：「各本俱同。疑『黎戰』是『來戰』之譌，即桓十年『冬，齊、衛、鄭來戰于郎』是也。戰不言伐。傳於桓十二年『及鄭師伐宋。丁未，戰于宋』已發傳矣，存説于此。」按：此通發伐、戰、圍、入、滅之例，故又言戰不言伐，以別輕重也。○注「合兵」至「曰戰」。○白虎通誅伐云：「戰者何謂也？尚書大傳曰：『憚警之也。』春秋讖曰：『戰者，延改也。』」延改，蓋延攻之譌。説文戈部：

〔一〕「名」，原訛作「不」，叢書本同，據毛詩正義校改。
〔二〕「是也」，原訛作「曰戰」，叢書本同。本節【疏】迄于「是也」，據改。

「戰，鬬也。」

圍不言戰，【注】舉圍爲重，楚子圍鄭是也。以兵守城曰圍。【疏】注「舉圍」至「是也」。○見宣十二年「楚子圍鄭」是也。然則彼有戰事矣。○注「以兵守城曰圍」。○説文口部：「圍，守也。」周禮大宗伯「以禬禮哀圍敗」，謂環兵圍繞，受害較重，故有禬禮也。

入不言圍，【注】舉入爲重，晉侯入曹執曹伯是也。得而不居曰入。【疏】注「舉入」至「是也」。○見僖二十八年。通義云：「入其郛是也。」按：外郭謂之郛，故入重于圍。○注「得而」至「曰入」。○左傳：「造其國都曰入，弗地曰入。」注：「謂勝其國邑，不有其地也。」入者逆而不順，非王命而入人國也。

滅不言入，【注】舉滅爲重，齊滅萊是也。取其國曰滅。【疏】注「舉滅」至「是也」。○見襄六年。○注「取其國曰滅」。○周禮大司馬職「外内亂，鳥獸行，則滅之」，注：「王霸記曰：悖人倫，外内無以異于禽獸，不可親百姓，則誅滅去之也。」説文水部：「滅，盡也。」取其國邑，毀其宗社，故爲盡也。大司馬疏云：「春秋公羊、左氏説，凡征戰有六等，謂侵、戰、伐、圍、入、滅。用兵麤觕，不聲鐘鼓，入境而已，謂之侵。侵而不服則戰之，謂兩陳交刃。戰而不服則伐之，謂用兵精而聲鐘鼓。伐而不服則圍之，謂帀其四郭。圍而不服則入之，謂入其四郭，取人民，不有其地。入而不服則滅之，謂取其君。此皆舉重而言。」按：賈氏以戰輕於伐，非也。

書其重者也。【注】明當以重者罪之，猶律一人有數罪，以重者論之。月者，屬北敗彊齊之兵，南侵彊宋，南北有難，復連禍於大國，故危之。【疏】注「明當」至「論之」。○繁露十指云：「舉事變見有重焉，則百姓安矣。」九經古義云：「昭三十一年傳與此同，蓋漢律也。史記李斯傳『具斯五刑』，漢書刑法志云：『漢興之初，尚有夷三族之令。令曰：當三族者，皆先黥、劓，斬左右趾〔一〕，笞殺之，梟其首，菹其骨肉於市。其誹謗詈詛者，又先斷舌。故謂之具五刑。韓信、彭越皆受此誅。』暴秦之爲禍烈矣，高后元年乃除三族罪、祆言令。尚書甫刑傳：『子張曰：堯舜之王〔二〕，一人不刑而天下治，何則？教誠而愛深也。一〔三〕夫而被此五刑，子龍子曰：未可謂能爲。』書康成注云：『二人俱罪呂侯之說刑也。被此五刑，俞〔四〕犯數罪也。』『孔子曰：不然也，五刑有此教。』注云：『教然耳。』『犯數罪，猶以上一罪刑之。』此與漢律一人數罪，以重者論之同義。」唐律名例亦云：「諸二罪以上，俱發以重者論。」疏議云：「假有甲任九品一官，犯盜絹五疋，徒一年。又私有稍一張，合徒一年半。又過失折人二支，合贖流三千里。是爲二罪以上俱發，從有禁兵器斷徒一年半。」按：今律亦有二罪俱發以重論條，輕罪不議也。○注「月者」至「危之」。○舊疏云：「侵伐例時，即上九年『夏，公伐齊』之屬是也。今書月，故如此解。穀梁傳曰：『侵時，此其月何也？乃深其怨於齊也。又退侵宋以衆其敵，惡之，故謹而月之。』是也。」

〔一〕「趾」，原訛作「止」，叢書本同，據九經古義校改。

〔二〕「王」，原訛作「主」，叢書本同，據九經古義及尚書大傳校改。又尚書大傳一本作「聖」，義似更佳。

〔三〕「一」，原訛作「十」，叢書本同，據九經古義及尚書大傳校改。

〔四〕「俞」，原訛作「喻」，叢書本同，據九經古義校改。

○三月，宋人遷宿。

遷之者何？不通也，【注】以其不道所遷之地。【疏】注「以其」至「之地」。○宋本、鄂本同。閩本、監本、毛本「道」誤「通」，疏同，蓋與傳「不通」相涉也。舊疏云：「正以不道于某，知非實遷矣。」

以地還之也。【注】還，繞也。解上不通也。不通反爲遷者，宋本欲遷宿君取其國，不知宿之不肯邪？宋逆詐邪？先繞取其地，使不得通四方，宿窮，從宋求遷，故得言遷。【疏】禮記曲禮「跪而遷屨」，注：「遷或爲還。」是遷與還義得通，故經曰遷，傳曰還也。○注「還繞」至「通也」。○荀子成相篇：「比周還主黨與施」，注：「還，繞也。」禮記檀弓「右還其封」，注：「還，圍也。」圍亦繞也。按：還即環字，士喪禮「布〔一〕巾環幅不鑿」，注：「古文環作還。」九經古義云：「春秋傳『諸侯之師還鄭而南』，又哀三年『道還公宮』，公羊傳『以地還之』，又云『師還齊侯』，漢書食貨志云『還廬樹桑』，皆讀爲環。」按：此蓋周禮大司馬之杜也，大司馬職曰『犯令陵政則杜之』，注：「杜之者，杜塞使不得與鄰國交通。」與圍義別，圍則以兵繞之，此則繞取其地也。○注「不通」至「言遷」。○惠氏士奇春秋説云：「周官謂之杜，春秋謂之遷。遷紀、遷宿、遷陽，皆是也。公羊讀遷爲還，謂以地還之，使不通。何氏訓還爲繞，謂還繞其地，使不得通四方，

〔一〕「布」，原訛作「有」，叢書本同，據儀禮注疏校改。

非杜而何？絶謂之杜，改謂之遷，蓋改其土地之宜，絶其往來之道。如成二年傳『郤克使齊之封内，盡東其畝』，公、穀皆曰是杜齊也。杜齊者，謂改其土地之宜〔一〕，絶其往來之路〔二〕。」「杜省作土，故公、穀皆作土也。」

子沈子曰：「不通者，蓋因而臣之也。」【注】以宋稱人也。宿不得通四方，宿君遷，宋因臣有之，不復以兵攻取，故從國辭稱人也。月者，遷取王封，當與滅人同罪。書者，宋當坐滅人，宿不能死社稷，當絶也。主書者，從宋也。【疏】穀梁傳曰：「遷，亡辭也。其不地，宿不復見也。」注：「爲人所遷，則無復國家，故曰亡辭，閔二年『齊人遷陽』亦是也。」疏云：「春秋言遷有二種之例，一表亡辭者，此文是也；二見存亡國者，『邢遷于夷儀』是也。不於元年『遷紀』發傳者，彼以紀侯賢，經變文以示義，非正，故不發之。」穀梁不必同公羊「以地還」之義，其謂因而臣之，一也。○注「以宋」至「人也」。○稱人者，貶辭也。杜云：「宋强遷之而取其地，故文異於邢遷，貶宋稱人，故知爲因而臣之也。」通義云：「因而臣之者，因取之以爲宋附庸也。所遷之地，四面還繞皆宋邑，不得外通。雖未絶世，與奪國同。九伐有『犯令凌政則杜之』，鄭司農曰：『杜塞使不得與鄰國交通。』此近是與？」穀梁傳：「遷者，猶未失其國家以往者也。」注：「謂自遷者，僖元年『邢遷于夷儀』、成十五年『許遷于葉』之類是也。彼二傳曰：『遷者，猶得其國家者也。』此傳

〔一〕「之宜」二字原脱，叢書本同，據春秋説校補。
〔二〕「之路」二字原脱，叢書本同，據春秋説校補。

云：『遷者，猶未失其國家以往。』互文也。」此即孔氏所本與？不以兵取，故不稱師，從國辭。稱人者，惡宋也。○注「月者」至「絶也」。○通義云：「遷之者，例月。」舊疏云：「春秋之例，大國之遷例月，即僖三十一年『十有二月，衛遷于帝丘』是也。小國時者，即昭九年『春，許遷于夷』之屬是也。今此宿是小國，宋人遷之而反書月，故云『月者，遷取王封，當與滅人同罪』也。其滅國書月，即下『冬，十月，齊師滅譚』、十三年『夏，六月，齊人滅遂』之屬是也。」宿不能死社稷，當絶者，包氏愼言云：「國君，守社稷者也。不得守社稷，而聽人遷，非效死弗去之義也，故絶之。」按：下「譚子奔莒」云月者，惡不死位也。此宿君本未出奔，故於其遷以起之。○注「主書者，從宋也」。○舊疏云：「言主書此事者，正欲從而罪宋，因見宿君不死之惡耳。」

○夏，六月，齊師、宋師次于郎。公敗宋師于乘丘。【疏】杜云：「乘丘，魯地。」大事表云：「漢泰山郡有乘丘縣。顔師古曰：即春秋乘丘也。括地志：『乘丘在瑕丘縣西北三十五里。』今兖州府治〔一〕：『滋陽縣西南有古瑕丘城。』地理志濟陰郡乘氏下云：「泗水東南至睢陵入淮，過郡六〔二〕，行千一百一十里。」應劭曰：春秋『敗宋師于乘丘』是也。」又泰山郡乘丘下云：「師古曰：春秋莊公十年『公敗宋師于乘丘』即此是也。」與杜説合。一統志：「乘丘故城在兖州滋陽縣西北。」又以爲「漢濟陰之乘氏縣乘氏故城，

〔一〕「治」，原訛作「志」，叢書本同，據春秋大事表校改。
〔二〕「六」，原訛作「東」，叢書本同，據漢書校改。

在曹州府鉅野縣西南」。按：前志「乘氏」注：「應劭曰：『敗宋師于乘丘。』」是也。續志注亦曰：「乘氏，古乘丘。」馬氏宗槤左傳補注云：「應劭地理風俗記曰：『濟陰乘氏縣，故宋乘丘邑。』漢志泰山郡乘氏縣，顏氏注：『公敗宋師即此地。』槤按，魯師自雩門竊出。雩門，魯城門。則敗宋師，必在魯之近郊。括地志：『乘丘在瑕丘縣西北。』水經泗水注：『泗水西南逕魯縣北，又西過瑕丘縣東。』瑕丘與魯縣接界，則乘丘爲魯近郊地，故元凱直斷爲魯地。濟陰乘氏，應劭、張華、酈元雖皆言爲春秋之乘丘，非魯近郊，故未有言魯敗宋師于此。小顏注不足据，惠棟反據此以駁元凱魯地之非，亦誤。禮記正義亦云：『乘丘，魯地。』」水經注：「菏水分濟於定陶縣北，東南徑乘氏故城南。」胡氏渭謂：「即春秋之乘丘，今鉅野地。」按：郎爲魯近邑，則乘丘去魯必不遠，馬氏得之矣。

其言次于郎何？【注】据齊國書伐我不言次，敗不言乘丘。【疏】注「據齊」至「乘丘」。○按：「据齊國書伐我不言次」，此注衍，蓋涉下注誤也。又「敗不言乘丘」，「不」字衍。何意蓋以敗言乘丘，與郎言次，于義似乖，故難之。

伐也。【注】時伐魯，故書次。郎，魯地。【疏】杜云〔一〕：「不言侵伐，齊爲兵主，背蔇之盟，義與長勺同。」公羊無此義。按：郎爲魯地，故知爲伐。

伐，則其言次何？【注】据齊國書伐我不言次。【疏】注「据齊」至「言次」。○即哀十一年「齊國書帥

〔一〕「杜云」，原訛作「在云」，叢書本不誤，據改。

師伐我」是也。

齊與伐而不與戰，故言伐也。【注】此道本所以當言伐意也。齊與伐而不與戰，伐兵得成，故當言伐也。【疏】注「此道」至「伐也」。○各本「故」作「敗」，誤，依鄂本、宋本正。通義云：「二國伐，一國戰，須分別之，故不得從戰不言伐例也。然又不直書伐者，郎者，吾近邑，與四鄙異，不可言伐，須爲變文也。」按：何意以傳義爲齊未成伐，若已成伐，但不與戰，則須書伐也。

我能敗之，故言次也。【注】此解本所以不言伐言次意也。二國纔止〔一〕次，未成於伐〔二〕，魯即能敗宋師，齊師罷去，故不言伐言次也。明國君當彊，折衝當遠，魯微弱，深見犯，至於近邑，賴能速勝之，故云爾。所以彊内，且明臣子當將順其美，匡救其惡。【疏】注「此解」至「次也」。○通義云：「我能敗之，故先言次，後言敗；對桓十年『來戰于郎』，爲我不能敗之故也。左傳曰：『齊師、宋師次于郎。公子偃曰：「宋師不整，可敗〔三〕也。」自雩門竊出，蒙皋比而先犯之。公從之。大敗宋師于乘丘。齊師乃還。』此詐戰不日之證。」按：據左傳，明二國皆纔止次，未成於伐。魯敗宋師，齊師即去也，故言次不言伐。宋本「纔」作「讒」，鄂本「止」作「上」，皆誤。○注「明國」至「彊内」。○説苑指武云：「夫兵不可玩，玩則無威；

〔一〕「止」，原訛作「云」，皇清經解續編本、叢書本均不誤，據校改。
〔二〕「伐」，原訛作「佚」，叢書本不誤，據改。
〔三〕「敗」，原訛作「收」，叢書本不誤，據改。

兵不可廢，廢則召寇〔一〕。昔夫差好戰而亡，徐偃王無武亦滅。故明王之制國也，上不玩兵，下不廢武。易曰：『存不忘亡。』是以身安而國家可保也。」魯敗乾時，浚洙，微弱之甚。至二國師次近邑郎而能勝之，故書以彊内。穀梁傳曰：「疑戰而曰敗，勝内也。」亦即彊内義。○注「且明」至「其惡」。○舊疏云：「孝經及襄十四年左傳文。言爲臣子之法，宜行君父之義，順君父之美，即此上注云『賴能速勝之』是也。若見君父之惡，當正而救之，即上注云『魯微弱，深見犯，至於近邑』是也。」

○**秋，九月，荆敗蔡師于莘，以蔡侯獻舞歸。**【疏】杜云：「莘，蔡地。」大事表云：「在今汝甯府汝陽縣境。」「舞」，穀梁傳作「武」，古武、舞通。詩維清序「奏象舞也」，獨斷云：「維清奏象武之所歌也。」又隸釋武梁祠堂畫象「秦舞陽」，洪云：「碑以『秦武陽』爲『秦舞陽』。」

荆者何？州名也。【注】州謂九州：冀、兗、青、徐、揚、荆、豫、梁、雍。【疏】注「州謂」至「梁雍」。○宋本「冀」作「真」，非。見禹貢。彼云：「冀州既載。」「濟河惟兗州。」「海岱惟青州。」「海、岱及淮惟徐州。」「淮海惟揚州。」「荆及衡陽惟荆州。」「荆河惟豫州。」「華陽、黑水惟梁州。」「黑水、西河惟雍州。」冀州無界，舊疏引鄭注云：「兩河間曰冀州，不書其界者，時帝都之，使若廣大然。」是也。其爾雅釋地云：「兩河間曰

〔一〕「寇」，原訛作「必」，據説苑校改。叢書本作「亡」，亦通。

冀州。河南曰豫州。河西曰雍州。漢南曰荆州。江南曰揚州。濟、河間曰兖州。濟東曰徐州。燕曰幽州。齊曰營州。」又周禮職方氏云：「東南曰揚州。正南曰荆州。河南曰豫州。正東曰青州。河東曰兖州。正西曰雍州。東北曰幽州。河内曰冀州。正北曰并州。」爾雅殷制，周禮周制故也。通義云：「漢南曰荆州，以州舉者，略之，若言荆州之蠻云爾，不詳别其國部意也。所傳聞之世，方内其國而外諸夏，蠻夷猶未及録，故深略之。至所聞之世，内諸夏而外夷狄，荆始進稱楚。其吴初通上國，已在成公之末，故始見即得以國書矣。」詩疏引：「賈逵云：『秦始皇父諱楚，而改爲荆。』亦以其居荆州，故因諱而改之。」然則僖公以後又何以書楚乎？穀梁傳曰：「荆者，楚也。何爲謂之荆？狄之也。何爲狄之？聖人立，必後至；天子弱，必先叛，故曰『荆，狄之也』。」

州不若國，國不若氏，氏不若人，人不若名，名不若字，【注】皆取精詳録也。【疏】舊疏云：「州不若國，言荆不如言楚。國不若氏，言楚不如言潞氏、甲氏。氏不若人，言潞氏不如言楚人。人不若名，言楚人不如言介葛盧。名不若字，言介葛盧不如言邾婁儀父。」○注「皆取」至「録也」。○舊疏云：「正以貴重爲詳録，輕賤爲略之也。」

字不若子。【注】爵最尊，春秋假行事以見王法，聖人爲文辭孫順，善善惡惡，不可正言其罪。因周本有奪爵稱國氏人名字之科，故加州文，備七等，以進退之。若自記事者書人姓名，「主人習其讀而問[一]其

[一]「問」，原訛作「聞」，叢書本同，據公羊注疏校改。

傳，則未知己之有罪焉爾」，猶此類也。【疏】舊疏云：「言邾婁儀父不如言吳子、楚子。」○注「爵最尊」。○通義云：「此七等，所以進退四夷，黜陟小國。極於子者，禮，所謂東夷、北狄、西戎、南蠻，雖大曰子之義也，是春秋所託王者法也。」按：馮衍傳顯志賦云：「黜楚子於南郢兮。」子雖最尊，謂蠻夷之尊者耳。○注「春秋」至「王法」。○舊疏云：「即孔子曰『我欲託諸空言，不如載諸行事』是也。」○注「聖人」至「其罪」。○舊疏云：「若其善善可正言其美，但以惡惡不可正言其罪。若正言其罪，則非孫順之義，故此何氏偏以其罪言之。」○注「因周」至「之科」。○舊疏云：「即隱元年『邾婁儀父』注云『稱字所以得爲褒者，春秋前失爵，在名例』之屬是也。」○注「故加」至「姓名」。○舊疏引説題辭云：「北斗七星有政，春秋亦以七等宣化。」又引運斗樞云：「春秋設七等之文，以貶絶録行，應斗屈伸。」按：繁露爵國云：「春秋曰荆，傳曰：『氏不若人，人不若名，名不若字。』凡四等。」又順命云：「其次有五等之爵以尊之，皆以國邑爲號。其無德於天地之間者，州、國、人、民；甚者不得繫國邑，皆絶骨肉之屬〔一〕。」謚例亦云：「七等者，州、國、氏、人、名、字、子。」是也。○注「主人」至「類也」。○見定元年傳。彼注云：「此假設而言之，主人謂定、哀。」然則此主人謂此七等者也。

蔡侯獻舞何以名？【注】据獲晉侯不名。【疏】注「据獲」至「不名」。○見僖十五年。彼傳云：「何以不言師敗績？君獲不言師敗績也。」注：「舉君獲爲重也。」

〔一〕「國邑，皆絶骨肉之屬」句原脱，叢書本同，據春秋繁露補。

絶。【疏】唐石經、諸本同。僖二十六年疏引此作「絶之」，以意添「之」字也。禮記曲禮云「諸侯失地名」，注：「絶之。」疏引：「春秋莊十年『荆敗蔡師于莘，以蔡侯獻舞歸』，公羊云：『何以名？絶。曷爲絶之？獲也。』此失地名也。」

曷爲絶之？【注】据晉侯不名絶。【疏】注「据晉」至「名絶」。○僖十五年傳注云：「釋不書者，以惡見獲，與獲人君者，皆當絶也。」然則，晉侯書獲已明，不須書名，絶義已起，又兼惡獲人君者罪同也。曲禮又云：「諸侯不生名。」蓋生名者，絶。晉侯雖未生名，仍當坐絶。

獲也。【注】獲，得也。戰而爲敵所得，獻舞不言獲，故名以起之。【疏】注「獲得」至「所得」。○詩皇矣「其政不獲」，箋云：「獲，得也。」小爾雅廣言：「獲，得也。」書微子「乃罔恒獲」，鄭注：「獲，猶得也。」周禮朝士云：「凡得獲貨賄人民六畜者」，注：「俘而取之曰獲。」襄〔一〕八年傳：「侵而言獲者，適得之也。」與此戰而爲敵所得同也。穀梁傳：「蔡侯何以名也？絶之也。何爲絶之？獲也。」○注「獻舞」至「起之」。○不與夷狄獲中國，故不言獲，又無以起其當絶，故書名也。杜氏釋例云：「國君者，社稷之主，百姓之望，當與社稷宗廟共其存〔二〕亡者也，而見獲於敵國，雖存若亡，死之與生皆與滅同。」是也。

曷爲不言其獲？【注】据晉侯言獲也。【疏】注「据晉」至「獲也」。○通義云：「据戰而執者，當言獲；

〔一〕「襄」，原訛作「相」，叢書本不誤，據改。
〔二〕「存」，原訛作「有」，叢書本不誤，據改。

滅國而降者，乃言以歸。」

不與夷狄之獲中國也。【注】與凡伯同義。夷狄謂楚。不言楚言荆者，楚彊而近中國，卒暴責之，則恐爲害深，故進之以漸，從此七等之極始也。【疏】舊疏引運斗樞云：「抑楚言荆，不〔一〕使夷狄主中國也。」僖十五年疏云：「秦、楚同類，得獲晉侯者〔二〕，正〔三〕以爵稱伯，非真〔四〕夷狄，故與楚異。」繁露精華云：「春秋慎辭，謹於〔五〕名倫等物者也。是故小夷言伐而不得言戰，大夷言戰而不得〔六〕言獲，中國言獲而不得言執，各有辭也。有小夷避大夷〔七〕而不得言戰，大夷避中國而不得言獲，中國避天子而不得言執，名倫弗予，嫌於相臣之辭也。是故大小不踰等，貴賤如其倫，義之正也。」○注「與凡伯同義」。○隱七年「戎伐凡伯于楚丘，以歸」，傳：「執之，則其言伐之何？大之也。曷爲大之？不與夷狄之執中國也。」注：「中國者，禮義之國也。執者，治文也。君子不使無禮義制治有禮義，故絶不言執，正之言伐也。所

〔一〕「不」字原脱，叢書本同，據公羊注疏校補。
〔二〕「者」上原衍一「不」字，叢書本不誤，據删。
〔三〕「正」字原脱，叢書本不誤，據補。
〔四〕「真」，原訛作「直」，皇清經解續編本、叢書本均不誤，據改。
〔五〕「謹於」，原訛作「正謹」，叢書本不誤，據改。
〔六〕「而不得」，原訛作「於而得」，叢書本不誤，據改。
〔七〕「夷」上原衍一「不」字，叢書本不誤，據删。

以降夷狄、尊天子爲順辭。」此言「以歸」，與彼同，亦即降夷狄義。穀梁傳云：「中國不言敗，此其言敗何也？中國不言敗，蔡侯其見獲乎？其言敗何也？釋蔡侯之獲也。以歸，猶愈乎執也。」注：「爲中國諱見執，故言以歸。」通義云：「以歸，雖亡國之辭，然尚無大賤義。書序曰：『以箕子歸。』是也。」按：隱七年注又云：「録以歸者，惡凡伯不死位。」此亦應同。○注「夷狄」至「始也」。○舊疏云：「注言此者，欲道楚屬荆州，吴屬揚州，所以抑楚言荆，不抑吴言揚者，正以楚近中國故也。戴氏云：『荆、楚一物，義能相發。吴、揚異訓，故不得州名也。』與何氏異。」按：戴氏蓋即戴宏，其實何氏謂楚近中國，亦即其近中國言之，非必決吴之不抑稱揚。吴入春秋，在所見世，與楚異也。春秋假楚發七等進退之義，垂後世以王者治外夷之道。漢書匈奴傳：「贊曰：不與約誓，不就攻伐，約之則費賂而見欺，攻之則勞師而招寇。是以外而不内，疎而不戚，政教不及其人，正朔不加其國；來則懲而御之，去則備而守之。其慕義而貢獻，則接之以禮讓，羈縻不絶，使曲在彼，蓋聖王制御蠻夷之常道也。」亦即卒暴責之則恐爲害深，故進之以漸義也。

○**冬，十月，齊師滅譚。譚子奔莒。**【疏】差謬略云：「十月，公羊作十有一月。」案：石經公羊及今本作「十月」也。繁露滅國下云：「齊桓公欲行霸道，譚遂違命，故滅而奔莒。」又觀德云：「滅國十五有餘，獨先諸夏。」謂此也。按：「十五」當「五十」之誤。春秋亡國五十二也。杜云：「譚國在濟南平陵縣西南。」一統志：「故譚城在濟南府歷城縣東七十里。」「東平陵故城在濟南〔一〕東七十五里。」大事表云：「今濟南府歷城縣東南七十里有譚城。」水經注濟水篇：「與武原水合。水出譚城南平澤中，世謂之武原淵〔二〕。北逕譚城東，俗謂之布城也。又北逕東平陵縣故城西，故陵城也，後乃加平。譚，國也。齊桓之出，過譚，譚不禮焉。魯莊公十年，滅之。」用左傳事。説文邑部：「鄿，國也。齊桓公之所滅。」詩碩人「譚公維私」，白虎通作「覃」。詩大東序：「東國困於役，而傷于譏。譚大夫作此，以告病也。」段氏玉裁云：「齊世家譌作『郯』。」小司馬所据正作「鄿」。

何以不言出？【注】据衛侯出奔也。【疏】注「衛侯出奔也」。○僖二十八年「衛侯出奔楚」、襄十四年「衛侯衎出奔齊」之屬是也。注者欲据二人，故不道所奔國也。

國已滅矣，無所出也。【注】別於有國出奔者，孔子曰：「君子於其言，無所苟而已矣。」月者，惡不死位也。【疏】杜云：「不言出奔，國滅無所出。」范云：「不言出者，國滅無所出也。」皆本此爲説。○注「別於」至「奔者」。○正謂上二衛侯之屬，皆有國出奔者也。不名者，通義云：「諸侯卒名，失地名。所聞世以前，略小國，卒或不名，故其失地亦恒不名，『譚子奔莒』、『弦子奔黄』、『温子奔衛』是也。至所見之世，款、章羽等乃名。滅例月。」○注「孔子」至「已矣」。○見論語子路篇。按：彼上云「必也正名乎」，鄭注：「古曰名，今曰字。」不言出，見一字

〔一〕「在濟南」，原脱訛爲「縣」，據嘉慶重修一統志補正。

〔二〕「淵」，今本作「泉」。

不苟也。○注「月者」至「位也」。○禮記曲禮下云：「國君死社稷。」襄六年傳：「國滅，君死之，正也。」孟子梁惠王篇：「或曰：世守也，非身之所能爲也。效死勿去。」范云：「凡書奔者，責不死社稷。」昭二十一年注：「大國奔，例月。」成十二年注：「不月者，小國也。」小國奔例時，此月，故爲惡不死位也。

公羊義疏二十一

莊十一年盡十五年

南菁書院　句容陳立卓人著

○十有一年，春，王正月。

○夏，五月，戊寅，公敗宋師于鄑。【疏】五月書戊寅，月之十七日。杜云：「鄑，魯地。」大事表云：「當在兗州府境，與元年『齊遷紀郱、鄑、郚』之鄑在都昌縣西者爲二地。」説文邑部：「鄑，宋、魯間地。」

○秋，宋大水。

何以書？記災也。外災不書，此何以書？【注】据「瀰移」不書。【疏】注「据瀰移不書」。○襄十九年「取邾婁田，自瀰水」，傳云：「其言自瀰水何？以瀰爲竟也。何言乎以瀰爲竟？瀰移也。」注：「魯本與邾婁以瀰爲竟，瀰移，入邾婁界，魯隨而有之。」是也。瀰移所以爲災者，僖公十四年「沙麓崩」。漢書五行志云：「河，大川象；齊，大國；桓德衰，伯道將移於晉文，故河爲徙也。」滯移，不知何時，所象事無徵也。

及我也。【注】時魯亦有水災，書魯則宋災不見，兩舉則煩文不省，故詭例書外以見内也。先是二國比興兵相敗，百姓同怨而俱災，故明天人相與報應之際，甚可畏之。【疏】注「時魯」至「内也」。○毛本「比」誤「北」，「報」誤「起」，依宋本正〔一〕。舊疏云：「襄九年『宋火』，傳云『外災不書，此何以書？爲王者之後記災』，與此異者，正以比年大水。水者，流通之道，可以及兩國，故得書外以明内矣。彼是火災，無及内之理，而得書，見明爲王者之後記災故也。」通義云：「不舉内爲重者，録災所由生，道其本也。知非爲王者之後記災者。所傳聞之世，方外諸夏雖王者之後，猶未得記，故知仍以及内録爾。左氏説外災据告書者，但魯史之體如是，非春秋新意也。就以其傳駁之，隱七年，京師來告饑，不書何耶？」○注「先是」至「畏之」。○舊疏云：「二國比興兵相敗，即上所云『公敗宋師于鄑』、十年夏『公敗宋師于乘丘』之屬是也。」按：漢書五行志：「嚴公十一年秋，宋大水。董仲舒以爲，時魯、宋比年爲乘丘、鄑之戰，百姓愁怨，陰氣盛，故二國俱水。劉向以爲，時宋愍公驕慢，睹災不改，明年與其臣宋萬博戲，婦人在側，矜而罵萬，萬殺公之應。」子政習穀梁，故無及我之義。彼傳云「爲王者之後也記災」，是專屬宋矣。

〔一〕此校勘之文字在下節「先是」至「畏之」中。

○冬，王姬歸于齊。

何以書？過我也。【注】時王者嫁女于齊，塗過魯，明當有送迎之禮。在塗不稱婦者，王者無外，故從在國辭。【疏】穀梁傳：「其志過我也。」通義云：「前王姬歸月，此同外女歸例，不月者，但以過我書，我不爲主故也。」○注「在塗」至「國辭」。○隱二年傳云：「女在其國稱女，在塗稱婦，入國稱夫人。」此始過魯，猶係在塗，不稱婦，故解之也。桓八年傳云：「女在其國稱女，此其稱王后何？王者無外，其辭成矣。」明諸侯所在莫非王土，故無在國在塗之別也。左傳云：「齊侯來逆共姬。」

○十有二年，春，王三月，紀叔姬歸于酅。

其言歸于酅何？【注】据國滅來歸不書，酅非紀國而言歸。【疏】注「据國」至「不書」。○舊疏云：「即上四年『紀侯大去其國』不書叔姬來歸是也。叔姬來歸所以不書者，江熙云：『叔姬來歸不書，非歸甯，且非大歸。』是也。」杜亦云：「紀侯去國而死，叔姬歸[一]魯。來歸不書，非甯，且非大歸。」○注「酅非」至「言歸」。○舊疏云：「決隱七年『叔姬歸于紀』之經矣。」以酅既非國都，又屬之齊，故据以難。

隱之也。何隱爾？其國亡矣，徒歸于叔爾也。【注】叔者，紀季也。婦人謂夫之弟爲叔。

[一]「歸」，原訛作「婦」，叢書本不誤，據改。

來歸不書，書歸酅者，痛其國滅，無所歸也。酅不繫齊者，時齊聽後五廟，故國之，起有五廟存也。月者，恩録之。【疏】注「叔者」至「爲叔」。○爾雅釋親文。禮記曲禮云：「嫂叔不通問。」又檀弓云：「嫂叔之無服也。」皆叔與嫂對言，故謂夫弟爲叔。○注「來歸」至「歸也」。○穀梁注引：「江熙曰：叔姬守節，積有年矣。紀季雖以酅入于齊，不敢懷貳。然襄公豺狼，未可闇信。桓公既立，德行方宣於天下，是以叔姬歸于酅，魯喜其女得申其志也。」按：穀梁傳曰：「此邑也，其言歸何也？吾女也，失國，喜得其所，故言歸焉爾。」故江氏如此解，實與公羊隱之義相足。僅以歸酅爲喜得所，則隱之也深矣。杜云：「紀季自定於齊，而後歸之，全守節義，以終婦道，故繫之紀，而以初嫁爲文，賢之也。」按：隱七年注云：「媵賤，書者，後爲嫡，終有賢行。紀侯爲齊所滅，紀季以酅入于齊，叔姬歸之，能處隱約，全竟婦道，故重録之。」杜義本此。○注「酅不」至「存也」。○舊疏云：「如此注者，正欲決昭二十一年『宋華亥等自陳入于宋南里以叛』之文矣。」按：上三年：「紀季以酅入于齊。」傳云：「請後五廟以存姑姊妹。」繁露竹林云：「紀侯謂其弟曰：『請以立五廟，使我先君歲時有所依歸。』」明五廟存也，故書酅以起之，同附庸也。○注「月者，恩録之」。○上元年注云：「内女歸例月，外女不月者，聖人探人情以制恩，實不如魯女。」然則内女之例皆書月，爲恩録故也。

○夏，四月。

○秋，八月，甲午，宋萬弑其君接，及其大夫仇牧。【疏】「接」，唐石經、諸本同。釋文云：「接，左氏作捷。」今穀梁亦作「捷」。經義雜記云：「解云：正本皆作接字，故賈氏云：『公羊、穀梁曰接也。』据此知賈景伯所見穀梁本與公羊同作接。今作捷者，蓋後人誤從左氏改耳。當從賈注校正。徐云：『正本皆作接字。是俗本亦有作捷者。』公羊音義云：『接，左氏作捷。』穀梁音義無文。蓋亦誤同今本矣。」（公羊春秋僖三十二年「鄭伯接卒」，左氏、穀梁作「鄭伯捷」。又文十四年「晉人納接菑于邾婁」，左氏、穀梁作「捷菑」。接、捷二字古多互用。）〔一〕禮記古義云：「『接以太牢』，注：『接讀爲捷，勝也。』棟案，接與捷通，故訓爲捷。鄭氏周易晉卦『晝日三接』，注：『接，勝也。』是讀爲捷。」又爾雅釋詁：「接，捷也。」此二字互通之證。包氏慎言云：「八月經有甲午，曆八月無甲午，九月之十月〔二〕也。宋萬以十月出奔，不應八月弑其君。至十月方出奔，似曆爲九月。」按：甲午宜十一日。

及者何？累也。弑君多矣，舍此無累者乎？孔父、荀息皆累也。舍孔父、荀息無累者乎？曰：有。【注】復反覆發傳者，樂道人之善也。孔子曰：「益者三樂，損〔三〕者三樂。樂節禮樂，樂道人之善，樂多賢友，益矣；樂驕樂，樂佚遊，樂宴樂，損矣。」【疏】唐石經同，鄂本作「無累乎？

〔一〕圓括號中之文字爲經義雜記雙行小字之注文。下同。
〔二〕「十月」，殆爲「十日」之訛，叢書本同。
〔三〕「損」，原訛作「揖」，叢書本不誤，據改。

曰：有」，是也。孔父、荀息見桓二年、僖十年。○注「復反覆發傳者」。○桓二年傳云：「及者何？累也。弒君多矣，舍此無累者乎？曰：有，仇牧、荀息皆累也。舍仇牧、荀息無累者乎？曰：有。」注：「叔仲惠伯是也。」此復發傳，故解之。○注「樂道人之善也」。○繁露祭義云：「其辭直而重有再歎之，欲人省其意也，而人尚不省，何其忘哉！孔子曰：『書之重，辭之復。嗚呼！不可不察也，其中必有美者焉。』此之謂也。」春秋正辭云：「苟一義一法，足以斷其凡，則無可凡，即皆削而不書。春秋非紀事之史也，所以約文而示義也，是故有單辭，有兩辭，有複辭，有衆辭。衆辭可凡而不可凡也；複辭可要而不可要也；兩辭備矣，可益而不可益也；單辭明矣，可殊而不可殊也。故曰『游、夏之徒不能贊一辭』也。」春秋於孔父、仇牧、荀息書法同，傳故不厭其書重辭複，以道之也。○注「孔子」至「損矣」。○論語季氏篇引以申「樂道人之善」，因類及之也。

有，則此何以書？賢也。【疏】焦氏循左傳補疏云：「左氏言『宋萬弒閔公于蒙澤，遇仇牧于門，批而殺之』，雖不及公羊之詳，亦未嘗有貶辭，而杜預則以稱名之故，而謂其無善可褒，又譏其不警而遇賊。正義云：『公羊善其不畏强禦，故言此以異之。』劉原父稱仇牧之智則未，仇牧之忠則盡。劉後村因謂仇牧、荀息殺身而不能執賊，皆囿於杜預之詖辭。觀其趨而至，手劍而叱，千古之下英氣猶存，其不勝而死，即李豐之恨力劣不能擒賊也。將以不能執賊，遂避匿觀望不出乎？牧之搬而死，亦豐之築於刀環也。家氏鉉翁曰：大夫死君之難，乃曰無善可褒，可乎？君前臣名，自是書法應爾。杜氏每以名字爲褒貶，曲爲之説，其病甚大。」

何賢乎仇牧？【注】据與孔父同也。【疏】注「据與」至「同也」。○桓二年傳。彼注云：「据叔仲惠伯不賢。」今此傳云「何賢乎仇牧」，與「何賢乎孔父」所据同。

仇牧可謂不畏彊禦矣！【注】以下録萬出奔月也。禦，禁也。言力彊不可禁也。【疏】不畏彊禦，詩大雅蒸民篇文。○注「以下」至「月也」。○下「冬，十月，宋萬出奔陳」，注：「月者，使與大國君奔同例，明彊禦也。」○注「禦禁」至「禁也」。○爾雅釋言云：「禦，禁也。」周禮司寤氏職「禦晨行者」，注：「禦，亦禁也。」詩大雅蕩云：「曾是彊禦。」傳：「彊禦，彊梁禦善也。」經義述聞云：「禦，亦彊也。『曾是彊禦，曾是掊克』，彊禦與掊克相對。『不侮鰥寡，不畏彊禦』，彊禦與鰥寡相對。皆二字平列，其義相同。史記周本紀集解引牧誓鄭注曰：『彊禦，謂彊暴也，字或作彊圉，又作强圉。』楚辭離騷云『澆身被服彊圉兮』，王注：『彊圉，多力也。』淮南天文訓『已在丁曰强圉』，高注：『在丁，言萬物剛盛，故曰强圉。』逸周書謚法篇：『威德剛武曰圉。』春秋繁露必仁且智篇曰：『其强足以覆過，其禦足以犯詐。』是禦與彊同義。下文云『彊禦多懟』，昭元年左傳『彊禦已甚』，十二年傳曰『吾軍帥彊禦』，皆二字同義，非彊梁禦善之謂也。」按：何謂力彊不可禁，亦以禦與彊同。圉亦有禁義也，漢書王莽傳亦作「不畏彊圉」，顔注：「彊梁圉捍也。」因不可禦禁，遂亦謂禦爲强。國策注引詩作「不辟强禦」。

其不畏彊禦奈何？萬嘗與莊公戰，【注】莊公即魯莊公。戰者，乘丘時。【疏】注「戰者，乘丘時」。○即上十年「公敗宋師于乘丘」是也。

獲乎莊公。莊公歸，散舍諸宮中。【注】散，放也。舍，止也。獲不書者，士也。【疏】注「散，放也」。○呂覽貴當云：「貍處堂而衆鼠散。」注：「散，走也。」走與放義近，故莊子人間世注〔一〕云：「不在可用之數，謂之散木。」亦謂棄放木也。○注「舍，止也」。○左氏昭元年傳「舍藥物可也」，服注：「舍，止也。」禮記月令云：「耕者少舍。」注：「舍，猶止也。」按：舍、止亦有放義。文選西京賦「矢不虛舍」，薛注：「舍，止也。」謂萬獲後，令其止於宮中也。新序義勇云：「宋閔公臣長萬以勇力聞，萬與魯戰，師敗，爲魯所獲，囚之宮中數月，歸之宋。」是也。上十一年左傳云：「乘丘之役，公以金僕姑射南宮長萬，公右顓孫生搏之。宋人請之。」是其事也。○注「獲不書者，士也」。○舊疏云：「公羊之例，大夫見經故也。」杜以萬及仇牧皆卿，以其名見於經。夫萬，弑君之賊，不能不明舉其名。若不稱名，則當稱人。左傳又有「稱君，君無道」之説，不自相矛盾乎？

數月然後歸之。歸反爲大夫於宋。與閔公博，【注】傳本道此者，極其禍生於博戲，相慢易也。【疏】惠氏棟云：「漢書注反作又。按，舊疏云：『歸而反國，乃爲大夫於宋。』則疏本作反。」新序云：「宋閔公博，婦人在側。」史記宋世家：「湣公與南宮萬獵，因博争行。」釋文：「公博，如字，戲名也。字書作簙。」葉本簙作薄。按：當作簙。博，叚借字。公羊問答云：「何以謂之博戲？曰：其來舊矣。家語哀公問於孔子曰：吾聞君子不博，有之乎？孔子曰：有之，爲其二乘也。公曰：有二乘，何爲不博？孔子

〔一〕「注」字原脱，以下引文出自郭象注，非莊子原文。

曰：爲其兼行惡道也。説文：『博，局戲〔一〕也，六箸十二棊也。』史記蔡澤傳：『説范雎曰：君獨不觀夫博者乎？或欲大投，或欲分功，此皆君之所明知也。』薛孝通譜曰：『烏曹作博，其所由來尚矣。雙箭以象日月之照臨，十二棊以象十二辰之躔次。博之爲戲也，易於争道，衰世之君臣對博，其取禍宜也。』」按：方言：「簙，謂之蔽，或謂之箘。秦、晉之間謂之簙，吴、楚之間或謂之箭裏，或謂之簙毒，或謂之夗專，或謂之匴璇，或謂之棋。所以投簙謂之枰，或謂之廣平。所以行棊謂之局，或謂之曲道。圍棋謂之弈，自關而東，秦、晉之間謂之弈。」孟子告子云「今夫弈之爲數」，注：「弈，博也，或曰圍棋。」戴氏震方言疏證云：「簙、博古通用。説文『簙，局戲也』，六箸十二棊也。古者烏胄作簙。箘、簙，棊也。局博所以行棊。弈，圍棋也。荀子大略篇：『六貳之博。』楊倞注云：『即六博也。今之博局，亦二六相對也。』楚辭招魂篇：『菎蔽象棊，有六簙些。』王逸注：『菎，玉也。蔽，簙箸以玉飾之也。投六箸，行六棊，故謂六簙也。』史記范雎蔡澤列傳『君獨不觀夫博乎？或欲大投，或欲分功』，春秋襄二十五年左傳『今甯子視君不如弈棋』，廣雅『簙箸謂之箭』、『夗專簙也』、『廣平枰也』、『曲道梮也』、『圍棋弈也』，皆本此。」王氏念孫廣雅疏證云：「簙，通作博。韓非子外儲説云：『秦昭王以松柏之心爲博箭。』西京雜記云：『許博昌善陸博。法用六箸，以竹爲之，長六分，或用二箸。』列子説符篇釋文引六博經曰：『博法，二人相對坐向局，局分爲十二道，兩頭當中名水，用棊十二枚，法六白六黑。又用魚二枚置於水中，其擲采以瓊爲之。二人互擲采行

〔一〕「博，局戲」，原訛倒作「局，博戲」，叢書本同，據説文解字校乙。又，「博」，説文作「簙」，二字古通。

棊，棊行到處即豎之，名爲驍棊，即入水食魚，亦名牽魚。每牽一魚，獲二籌，翻一魚，獲三籌。若已牽兩魚而不勝者，名曰被翻雙魚。彼家獲六籌，爲大勝也。」廣平，爲博局之枰，取義於平也。説文：「枰，平也。」韋昭博弈論云：「所志不出一枰之上。」小爾雅廣服：「棊局，謂之弈。」宋氏翔鳳訓纂云：「説文：『弈，圍棋也。』廣雅釋言：『圍棋，弈也。』弈通作亦，大戴禮小辨篇：『夫亦，固十棊之變，由不可既也。』亦即弈字。文選博弈論注引邯鄲淳藝經曰：『棊局，縱横各十七道，合二百八十九道。白黑棊子各一百五十枚。』後漢書張衡傳：『弈秋以棊局取譽。』注：『弈，圍局也。棊即所執之子。』按，博弈皆用棊，弈爲圍棋，博爲局戲。説文：『簙，局戲也。六箸，十二棊。』法與圍棋異。」故楚辭「六簙」王注：「投六箸，行六棊，故爲六簙。」方言：「所以行棊謂之局。」鮑宏博經：「用十二棊，六棊白，六棊黑，所擲頭謂之瓊。瓊有五彩，刻爲一畫者，謂之塞；刻爲二畫者，謂之白；刻爲三畫者，謂之黑。一邊不塞者，五塞之間，謂之五塞。然則博即後世之雙陸，弈即圍棊，皆謂之枰，以其局用板平承於下也。行枰者皆謂之棊，故説者或合或分焉。」焦氏循孟子正義云：「史記日者列傳『旋式正棊』，劉徽九章算術〔一〕『句股冪，用諸色棊別之』。凡用以布列者之通名，而博之棊上高而鋭，如箭亦如箸。今雙陸棋俗謂之鎚，尚可考見其狀，故有箭箸之名。今雙陸枰上亦有水門，其法古今有不同，如弈古用二百八十九道，今則用三百六十一道，亦其例也。班固

〔一〕「劉徽九章算術」，有誤。劉徽爲九章算術注序的著者，九章算術本文爲漢張蒼編定。「句股冪」出自九章算術卷四。

弈旨云：「夫博縣於投，不專在行，優者有不遇，劣者有僥倖，雖有雌雄，不足以爲平也。至於弈則不然，高下相推，人有等級，若孔氏之門，回、賜相服，循名責實。謀以計策，若唐虞之朝，考功黜陟，器用有常，施設無祈，因敵爲資，應時屈伸。此分別博弈甚明。蓋弈但行棊，博以擲采而後行棊。後人不行棊而專擲采，遂稱擲采爲博，與弈益遠矣。」焦氏論極爲明曉。○注「傳本」至「易也」。○後漢爰延傳：「昔宋閔公與强臣共博，列婦人於側，積此無禮，以致大災。」繁露王道云：「宋閔公矜婦人而心妒，與大夫萬博，萬譽魯莊公曰：『天下諸侯宜爲君，唯魯侯爾。』閔公妒其言，曰：『此虜也爾！虜焉知魯侯之美惡乎至〔一〕？』萬怒，搏閔公，絶脰。此以與臣博之過也。古者人君立於陰，大夫立於陽，所以別位，明貴賤。今與臣相對而博，置婦人在側，此君臣無別也，故使萬稱他國卑閔公之意，閔公籍萬而身與之博，下君自置。有辱之婦人之房，俱而矜婦人，獨得殺死之道也。春秋曰：『大夫不適君。』遠此逼也。」

婦人皆在側，萬曰：「甚矣！魯侯之淑，【注】淑，善。【疏】注「淑，善」。○爾雅釋詁云：「淑，善也。」詩曹風鳲鳩〔二〕云「淑人君子」是也。

魯侯之美也！【注】美，好。【疏】新序云：「公謂萬曰：『魯君孰與寡人美？』萬曰：『魯君美天下。諸侯唯魯君爾，宜其爲君也！』」○注「美，好」。○説文：「美，甘也。」美與善同意。廣韻：「美，好色。」詩齊

〔一〕「至」，原訛作「致」，叢書本同，據春秋繁露及公羊傳校改。

〔二〕「鳲鳩」，原訛作「鳴鳩」，叢書本同，據毛詩改。

風猗嗟美莊公「頎而長兮」，「美目清兮」，「清揚婉兮」，是其美好也。

天下諸侯，宜爲君者，唯魯侯爾。」【注】萬見婦人皆在側，故訐閔公以此言。言閔公不如魯侯美好。【疏】注「故訐」至「以言」。○釋文：「訐，一本作揭。」説文言部：「訐，面相斥罪〔一〕，相告訐也。」玉篇：「訐，攻人之陰私也。」廣韻：「訐，面斥人以言也。」論語陽貨篇：「惡訐以爲直者。」宋萬面斥宋君不如魯君，揭其所短，故爲訐也。

閔公矜此婦人，【注】色自美大於此婦人。【疏】注「色自」至「婦人」。○管子法法篇：「彼矜者，滿也；滿者，虚也。」注：「滿招損，小人之類也。」僖九年傳：「矜之者何？猶曰莫我若也。」注：「色自美大之貌。」新序載宋閔謂萬，有魯侯孰與寡人美之語，其自美大可知。

妒其言，【疏】説文：「妒，婦妒夫也。」史記項羽本紀：「嫉妒吾功〔二〕。」列子説符篇：「爵高者，人妒之。」閔公見萬譽魯侯，故妒之，妒其勝己也。

顧曰：「此，虜也。【注】顧謂側婦人曰。此，萬也。虜，執虜也。【疏】注「顧謂」至「虜也」。○「顧謂側婦人曰」逗，解「顧曰」也。「此，萬也」，解「此」也。左傳上十一年云：「宋公靳之。」釋文引服云：「恥而

〔一〕「罪」，原訛作「責」，叢書本同，據説文校改。其上「斥」字，説文作厈，同斥。
〔二〕「功」，原訛作「躬」，叢書本同，據史記校改。

惡之曰靳。虜，執虜者。」禮記曲禮云「獻民虜者」，注：「生獲曰虜。」左傳上十一年云：「宋公靳之曰：『始吾敬子，今子魯囚也，吾弗敬子矣。』病之。」宋世家：「湣公怒，辱之曰：始吾敬若，今若魯虜也。」

爾虜焉故，【注】爾，女也，謂萬也。更向萬曰：「女嘗執虜於魯侯，故稱譽爾。」【疏】注「爾女」至「譽爾」。○何意謂湣公謂萬嘗虜於魯，故稱魯侯之美，亦以訐之也。

魯侯之美惡乎至？」【注】惡乎至，猶何所至。【疏】唐石經、諸本同。公羊古義云：「董仲舒春秋繁露曰：『此虜也，爾虜，焉知魯侯之美惡乎致？萬怒，搏閔公，絶脰。』韓詩外傳引此云：『閔公矜此婦人，妒其言，顧曰：爾虜！焉知魯侯之美惡乎？』」何氏意反迂曲。按：董生讀此傳，「故」作「知」，「爾虜」絶句，「美惡乎」絶句，「至」屬下「萬怒」爲句。韓詩同，俱與何所見本異也。俞氏樾云：「韓詩外傳、春秋繁露引此文，並作『爾虜，焉知魯侯之美惡乎』。是此傳古本『故』字作『知』，何所據本誤也。惟於乎字絶句，至字作致，屬下讀，甚爲不詞。今按，『爾虜焉知』四字爲句，言爾虜，何所知也。『魯侯之美惡乎至』七字爲句，至猶甚焉。孟子萬章篇『充類至義之盡也』，趙注：『至，甚也。』惡乎至，言惡乎甚。因宋萬曰『甚矣！魯侯之淑，魯侯之美也』，故折之曰『魯侯之美惡乎甚也』。若解作『何所至』，於義轉迂矣。」○注「惡乎」至「所至」。○惡，猶何也，安也。昭三十一年傳「惡有言人之國賢若此者乎」，注：「惡有，言何有。」孟子梁惠王云「天下惡乎定」，趙注：「問天下安所定。」呂覽本生篇高注：「惡，安也。」蓋惡、何、安互相訓。何所至，若言何至是也。

萬怒，搏閔公，絶其脰。【注】脰，頸也。齊人語。【疏】注「脰，頸也。齊人語」。○蜀大字本及漢制考同，宋本、閩本、監本、毛本「頸」誤「脛」。廣雅釋親：「脰，頸項也。」釋名：「頸，俓也，俓挺而長也。」「脰之言豎立也。」説文：「頸，頭莖也。」又云：「脰，項也。」頁部：「項，頭後也。」段注云：「頭後者，在頭之後。」「此當曰項。而曰頸者，渾言則不別。」小雅『四牡項領』，傳曰：『項，大也。』此謂項與琟〔一〕同。」新序云：「萬怒，遂搏閔公頰，齒落於口，絶吭而死。」宋世家：「萬有力，遂以局殺湣公於蒙澤。」

仇牧聞君弑，趨而至，遇之于門，手劍而叱之。【注】手劍，持拔劍。叱，罵之。【疏】注「手劍」至「罵之」。○閩本、監本、毛本「拔」作「技」，依鄂本、宋本正。説文：「手，拳也。」因之凡以手持物謂之手。下十三年傳「曹子手劍而從之」，亦謂持劍也。檀弓「子手弓而可」，謂持弓也。周書克殷云「武王乃手大白以麾諸侯」，史記周本紀「手」作「持」。又吴世家「專諸手匕首刺王僚」，楚世家「自手旗，左右麾軍」，司馬相如上林賦「手熊羆」，義皆作持也。故釋名釋兵：「手戟，手所持擿〔二〕之戟也。」叱者，一切經音義引倉頡篇云：「叱，呵也。」又云：「大呵爲叱。」莊子齊物論「叱者、吸者」，釋文引：「司馬云〔三〕：叱者，若叱咄聲。」徐邈音匕。説文口部：「叱，呵也。」呵有罵義。禮記曲禮云：「尊客之前不叱狗。」左傳昭二十六年：「子囊帶從野洩，叱之。」史記淮陰侯傳：「喑噁叱咤，千〔四〕人皆廢。」通義云：「手劍者，手持劍也。」

〔一〕「琟」，鳥肥大狀。段注原文如此，疑誤。
〔二〕「擿」，原訛作「適」，叢書本同，據釋名校改。
〔三〕「司馬云」，原訛作「司馬注」，經典釋文作「司馬云」，且全書無「司馬注」者，據改。
〔四〕「千」，原訛作「于」，叢書本、皇清經解續編本均不誤，據校改。

叱之，叱萬〔一〕也。」宋世家云：「大夫仇牧聞之，以兵造公門。」

萬臂摋仇牧，碎其首，【注】側手曰摋。首，頭。【疏】唐石經「臂」作「辟」。釋文：「臂，必賜反。本又作辟。」校勘記云：「此當作辟，音婢亦反，是辟摋，非臂摋也。」經義述聞云：「謹案，臂短不可以擊人，作辟者是也。辟，椎擊也。爾雅：『辟，拊心也。』郭璞曰：『謂椎胸也。』是辟有椎擊之義，辟之言批也。左傳説此事云：『遇仇牧于門，批而殺之。』玉篇引作『㩧』。説文：『㩧，反手擊也。』批，辟聲之轉耳。摋當爲殺。辟殺仇牧者，批殺仇牧也。左傳曰：『批而殺之。』此云萬辟殺仇牧，其義一也。若作摋而訓爲側手，則與辟義相複，辟已是手擊，何須又言側手？何所据摋字殆誤本也。古本公羊蓋作殺，不作摋，故説文無摋字。」新序云：「仇牧聞君死，趨而至，遇萬於門，攜劍而叱之。萬臂擊仇牧而殺之，齒著於門闔。」通義云：「臂摋者，以臂撞而殺之。」○注「側手曰摋」。○淮南原道云「不與物相弊摋」，注：「摋讀楚人言殺。」○注「首頭」。○離騷經「厥首用夫顛隕」，注：「首，頭也。」説文：「𩠐、𦣻同，古文首也。巛象髮，謂之鬊，鬊即巛也。」

齒著乎門闔。【注】闔，扇。【疏】爾雅釋宮注：「乎作于。今本于作乎，非。」○注「闔，扇」。○校勘記：「唐石經闔字磨改重刻。」按：左傳襄十七年云：「以枚數闔。」注：「闔，門扇也。」荀子儒效云：「外闔不閉。」注：「闔，門扇也。」呂覽：「仲春乃修闔扇。」注：「闔扇，門扇也。」管子八觀云：「閭閈不可以毋闔。」

〔一〕「萬」，原訛作「罵」，叢書本同，據公羊通義校改。

注：「闔，扉。」扉即扇也。月令注云：「用木曰闔，用竹葦曰扇者。」蓋對文異，散則通也。宋世家云：「萬搏牧，牧〔一〕之齒著門闔死。」

仇牧可謂不畏彊禦矣！【注】猶「乳犬攫虎，伏雞搏貍」，精誠之至也。爭博弑君而以當國言之者，重録彊禦之賊，禍不可測，明當防其重者，急誅之。【疏】新序云：「仇牧可謂不畏彊禦矣，趨君之難，顧不旋踵。」韓詩外傳八載此事末亦云：「仇牧可謂不畏彊禦矣。」引詩曰：「維仲山甫，柔亦不茹，剛亦不吐。」○注「猶乳」至「至也」。○「玃」，鄂本同。閩本、監本、毛本「玃」作「攫」，是也。釋文：「攫，俱縛反。一本作搏。」公羊問答云：「『乳犬之噬虎，伏雞之搏貍』，何所本？曰：文子也。按，其傳曰：姓辛氏，葵丘濮上人，號曰計然，范蠡師事之。本受業於老子，文子録其遺言，爲十二篇。名研，文子其字也。」按：王褒四子講德論：「是以養雞不畜貍。」貍虎本食雞犬。精誠至者，乳犬可玃虎，伏雞可搏貍也。淮南説林訓：「乳狗之噬虎也，伏雞之搏貍也，恩之所加不量其力。」○注「爭博」至「誅之」。○各本「博」作「搏」，誤，依鄂本、閩本正。宋本誤作「傳」。包氏慎言云：「詩刺厲王之任用非人，曰『曾是彊禦，曾是在服』，毛傳云：『彊梁禦善也。』箋以跋扈訓之，謂不聽君命，而彊梁自專也。据傳文，宋萬力人也，恃力禦善，則敢于犯上，故當誅之，以絶其萌。」舊疏云：「當國者，即言宋萬是也。故隱四年『衛州吁弑其君完』，傳云：『曷爲以國氏？當國也者。』是也。」

〔一〕「牧」字原脱，叢書本不誤，據補。

○冬，十月，宋萬出奔陳。【注】萬弒君所以復見者，重録彊禦之賊，明當急誅之也。月者，使與大國君奔同例，明彊禦也。【疏】惠氏士奇春秋説云：「宋萬出奔陳，宋人力不能討也。故羣公子奔蕭，公子御説奔亳。宋萬之黨帥師圍亳〔一〕，蕭叔大心與羣公子以曹師討之，仍不能殺萬，使萬逸奔陳。春秋書以示譏。」亦即此注「彊禦之賊，明當急誅之」意。○注「萬弒」至「之也」。○舊疏云：「欲道春秋上下皆是弒君之賊，皆不重見，即宋督、鄭歸生、齊崔杼之屬是也。而宋萬、趙盾之屬復見者，當文皆有注，更不勞重説。」○注「月者」至「禦也」。○桓十六年「十有一月，衛侯朔出奔齊」，是大國君出奔，例書月也。今此大夫出奔而月，故注明之。其昭二十年「冬，十月，宋華亥、向甯、華定出奔陳」，亦大夫而書月者，彼注云：「月者，危。三大夫同時出奔，將爲國家患，明當防之。」亦與此明彊禦義近。通義云：「春秋不書討賊葬閔公者，蓋既葬乃得殺萬，以討賊晚，故不録也。猶慶父奔莒，踰年縊死，經亦不録慶父之誅。」閔公之葬。」范云：「宋久不討賊，致令出奔，故謹而月之。」亦與重録彊禦之義相足。

○十有三年，春，齊侯、宋人、陳人、蔡人、邾婁人會于北杏。【注】齊桓行霸，約束諸侯

〔一〕「宋萬之黨帥師圍亳」八字原脱，叢書本同，據惠士奇春秋説校補。

尊天子，故爲此會也。桓公時未爲諸侯所信鄉，故使微者會也。桓公不辭微者，欲以卑下諸侯，遂成霸功也。【疏】杜云：「北杏，齊地。」大事表云：「在今泰安府東阿縣境。」〇注「齊桓」至「功也」。〇舊疏云：「言未爲諸侯所信任而歸鄉之，是以諸侯皆使微者會，即宋人、陳人之屬是也。」按：穀梁傳：「是齊侯、宋公也，其曰人，何也？始疑之。何疑焉？桓非受命之伯也，將以事授之者也。曰：『可矣乎？未乎？』舉人，衆之辭也。」以宋人以下皆諸侯，與公羊義别。

〇夏，六月，齊人滅遂。【注】不會北杏故也。不諱者，桓公行霸，不任文德而尚武力，又功未足以除惡。【疏】杜云：「遂國在濟北蛇丘縣東北。」一統志：「遂城在泰安肥城縣南。」大事表云：「今兗州府甯陽縣西北三十里有遂鄉。」水經注汶水篇：「西溝水又西南，逕遂城東北。地理志曰：『蛇丘隧鄉，故遂國也。春秋莊十三年「齊人滅遂」而戍之者也。』京相璠曰：『遂在蛇丘東北十里。』杜預亦以爲然。然縣東北無城以擬之，今城在蛇丘西北，蓋杜預傳疑之非也。」〇注「不會北杏故也」。〇左傳云：「會于北杏以平宋亂。遂人不至。夏，齊人滅遂而戍之。」齊世家云：「五年，伐魯，魯將師敗。魯莊公請獻遂邑以平。」以遂爲魯邑，未知所本。〇注「不諱」至「武力」。〇繁露竹林云：「夫德不足以親近，而文不足以來遠，而斷斷以戰伐爲之者，此固春秋之所甚疾已，皆非義也。」舊疏云：「春秋爲賢者諱，而不諱者，正以不任文德而尚武力故也。」引「繁露云：『論[一]功則桓兄文弟，論德則文兄桓弟。』而論語云：『齊桓公九合諸侯，不以兵車之力。』謂自此以後」。○注「又功」至「除惡」。○越絶書敘外傳記：「春秋之義，量功掩過也。」時齊桓功未足掩過，故不諱。下三十年：「齊人降鄣。」傳：「紀之遺邑也。不言取，爲桓公諱也。」注：「時伯功足以除惡，故爲諱。」又僖十七年：「滅項。」傳：「齊滅之，不言齊滅之，爲桓公諱也。桓公嘗有繼絶存亡之功，故君子爲之諱焉。」然則滅譚不諱，亦同此矣。舊疏云：「春秋褒貶，皆以功過相除計。桓公之立，雖有北杏之會，前有篡逆滅譚之非，論其功不足而惡有餘，故不爲諱也。而言未者，欲道其九合之後，功足以除惡也。」

○秋，七月。

○冬，公會齊侯盟于柯。

【疏】杜云：「此柯，今濟北東阿，齊之阿邑。猶祝柯今爲祝阿。」大事表云：「齊威王烹阿大夫，即此。今故城在兖州府陽穀縣東北五十里，曰阿城鎮。有阿城上下二閘，爲運道所經。」水經注瓠子河篇：「故瀆又北逕東阿縣故城東。春秋經書：『冬，及齊侯盟于柯。』杜預曰：『東阿即柯

[一]「論」，原訛作「諸」，叢書本不誤，據改。

邑也。』按，國語：曹沫挾匕首劫齊桓公，返遂邑於此矣。」方輿紀要：東阿故城在兗州府。東平州東阿縣西〔一〕二十五里，春秋時爲齊之柯邑。

何以不日？【注】据唐之盟日。【疏】注「据唐之盟日」。○即隱二年「秋，八月，庚辰，公及戎盟于唐」是也。通義云：「當言不月，而難其日者，方欲通解桓盟不日爲信。以下諸盟，或時、或月，故但舉不日以包也。」

易也。【注】易，猶佼易也。相親信，無後患之辭。【疏】注「易猶」至「之辭」。○惠氏棟云：「安知非刺客睥人，而簡易若是，義與此同。易之易簡，鄭氏亦訓爲佼易。按，易大壯音義：『喪羊于易。』鄭音亦謂佼易也。詩天作『岐有夷之行』，傳：『夷，易也。』箋云：『以岐邦之君有佼易之道。』正義曰：『言乾以佼易故爲知，坤以凝簡故爲能。』易、詩義並與此同。」按：說文人部：「偒，輕也。一曰交偒。」交偒即佼易。蓋何用當時俗語也。詩何人斯「我心易也」，傳：「易，説也。」禮記郊特牲注：「易，和悦也。」論語包注：「易，和易也。」皆親信無後患義也。通作施，詩「我心易也」，釋文「易，韓詩作施」是也。爾雅釋詁：「平、均、夷、弟，易也。」注：「皆謂易直。」平、均、夷、弟，皆與親信義近。

其易奈何？桓之盟不日，其會不致，信之也。其不日何以始乎此？莊公將會

〔一〕「西」字原脱，叢書本同，據讀史方輿紀要校補。

乎桓，曹子進曰：「君之意何如？」【注】進，前也。曹子見莊將會有慙色，故問之。【疏】注「進，前也」。○詩大雅常武云「進厥虎臣」，箋：「進，前也。」禮士冠禮：「進受命於主人。」注：「進，前也。」又士喪禮：「諸公門東，少進。」注：「少前，進於列。」○注「曹子」至「問之」。○舊疏云：「注者之意也。」穀梁傳：「曹劌之盟也。」史記作「曹沫」。新序雜事四云：「昔者，齊桓公與魯莊公爲柯之盟，魯大夫曹劌謂莊公曰：『齊之侵魯至於城下，城壞壓境，君不圖與？』」呂覽貴信云：「齊桓公伐魯，魯請比關内侯以聽。曹劌謂莊公曰：『君甯死而又生乎？甯生而又死乎？』公曰：『何謂也？』曰：『聽臣之言，國必廣者，身必安樂，是生而又生也。不聽臣之言，國必滅亡，身必危辱，是死而又死也。』公曰：『請諾。』」

莊公曰：「寡人之生，則不若死矣！」【注】自傷與齊爲讎不能復也。伐齊納糾不能納，反復爲齊所脅而殺之。【疏】新序云：「莊公曰：『嘻！寡人之生不若死。』」○注「自傷」至「復也」。○舊疏云：「桓十八年，公薨于齊。莊九年『及齊師戰于乾時。我師敗績』是也。」○注「伐齊」至「殺之」。○舊疏云：「即上九年『夏，公伐齊納糾』，傳曰：『伐而言納者，猶不能納也。』又『齊人取子糾殺之』是也。」

曹子曰：「然則君請當其君，臣請當其臣。」【注】當，猶敵也。將劫之辭。【疏】注「當猶」至「之辭」。○新序云：「曹劌曰：然則君請當其君，臣請當其臣。」國策秦策：「所當未嘗不破也。」注：「當，敵。」又齊策：「天下不能當。」注：「當，敵也。」呂覽無義云：「魏使公子卬將而當之。」當亦敵也。鄂本「劫」作「卻」，誤。

莊公曰：「諾。」於是會乎桓。莊公升壇。【注】土基三尺，土階三等曰壇。會必有壇者，爲升降揖讓，稱先君以相接，所以長其敬。【疏】注「土基」至「曰壇」。○華嚴經音義引漢書音義云：「築土而高曰壇。」禮記祭法「一壇一墠」，注：「封土曰壇。」荀子儒效云「君子言有壇宇」，注：「累土爲壇。」書金縢「爲三壇」，傳：「壇，築土。」釋文引馬注云：「壇，土堂。」獨斷云：「壇，謂築土起堂。」蓋於平野築土爲之。國語吴語「王乃之壇列」，注：「壇在野，所以講列士衆，誓告之處也。」凡壇皆三等。山海經南山經「成山四方而三壇」，注：「三壇，形如人築壇〔一〕相累也。」史記孔子世家：「爲壇位，土階三等是也。」周官司儀「爲壇三成」，成猶重也，意亦三等與？禮覲禮云「壇深四尺」，注：「深謂高也，從上曰深。」鄭亦引司儀爲證，亦階三等也。下等之下有基，應去地一尺，故爲四尺，亦如再重一重不重。不重者，別有席一重也。○注「會必」至「其敬」。○禮覲禮云：「爲宫方三百步，四門，壇十有二尋，深四尺，加方明于其上。」注：「四時朝覲受之於廟，此謂時會殷同也。宫，謂壝土爲埒，以象牆壁。爲宫者，于國外。八尺曰尋，十有二尋則方九十六尺。三重者，自下差之爲三等，而上有堂也。堂上方一丈四尺，上等、中等、下等，每面十二尺。方明者，上下四方神明之象也。上下四方之神者〔二〕所謂明神也，會同而盟，明神監〔三〕之，則謂之

〔一〕「壇」，原訛作「三」，叢書本同，據山海經校改。
〔二〕「上下四方之神者」句原脱，叢書本同，據儀禮注疏校補。
〔三〕「監」，原訛作「臨」，叢書本同，據儀禮注疏校改。

天之司盟。」諸侯會盟，意亦當然。上設方明諸儀，亦所以長其敬也。即上四年傳云：「古者諸侯必有會聚之事，相朝聘之道，號辭必稱先君以相接。」是也。

曹子手劍而從之。【注】從，隨也。隨莊公上壇，造桓公前而脅之。曹子本謀當其臣，更當其君者，見莊有不能之色。【疏】新序云：「及〔一〕會兩君就壇，兩相相揖。曹劌手〔二〕劍拔刃而進，迫桓公於壇上。」○注「從隨」至「脅之」。○詩既醉「從以孫子」，箋：「從，隨也。」隱四年傳「稱人則從，不疑也」，注：「從，隨也。」説文：「从，相聽也。从二人。」二人故有相隨之象。昭二十八年左傳「從使之收器者」，注：「從，隨也。」史記刺客傳：「桓公與莊公既盟於壇上，曹沫執匕首劫齊桓公。」注：「劉氏云：短劍也。鹽鐵論以爲『長尺八寸，其頭類匕，故曰匕首』。」○注「曹子」至「之色」。○舊疏云：「亦注者之意也。」按：呂覽云：「將盟，皆懷劍至壇上。公左搏桓公，右抽劍以自承。管鮑進，劌拔劍曰：『二君將改圖，毋或進〔三〕者！』公曰：『封于汶則可，不則請死！』」則似莊公先劫桓公，果爾，則曹劌不過因人成事。史記何爲列傳與各書記皆違？

管子進曰：「君何求乎？」【注】管子，管仲也。君謂莊公也。桓公卒愕不能應，故管子進爲此言。

〔一〕「及」，原訛作「乃」，叢書本同，據新序校改。
〔二〕「手」，原訛作「于」，叢書本同，據新序校改。
〔三〕「進」，原訛作「退」，叢書本同，據呂氏春秋校改。

【疏】据史記刺客傳，以此爲桓公語，傳聞各異也。○注「桓公」至「此言」。○舊疏云：「正以劫桓公而管子對故也。」文選高唐賦「卒愕異物」，注：「愕與遻同。」廣雅釋詁：「愕，驚也。」又文選西都賦注引字書「愕，驚也」。說文辵部：「遻，相驚遇也。」漢書張良傳「良愕然，欲毆之」，注：「愕，驚貌。」卒，讀曰倅。桓公見曹子手劍從脅，故猝然驚愕不能言，管子乃進而問也。視史記敘事爲肖。

曹子曰：【注】莊公亦造次不知所言，故任曹子。【疏】注「莊公」至「曹子」。○按：亦注者之意，猶上注之「不能」也。舊疏云：「正以問莊公而曹子對，故言此。」

「城壞壓竟，【注】齊數侵魯取邑，以喻侵深也。【疏】釋文：「壓境，於甲反。」按：陸本當作「厭竟」，定十五年傳「厭死」，釋文作「厭死，音於甲反」，可證。「竟」，唐石經、諸本同。鄂本「竟」作「境」，俗字也。謂齊數侵魯，致令城郛壞敗，抑壓魯竟，故注云「以喻侵深也」。

君不圖與？」【注】君，謂齊桓公。圖，計也。猶曰君不當計侵魯太甚。【疏】注「圖計」至「太甚」。○說文口部：「圖，畫計難也。」詩小雅常棣云：「是究是圖。」傳：「圖，謀也。」禮聘禮「君與卿圖事」，注：「圖，謀也。」謀即計也。史記：「桓公左右莫敢動，而問曰：『子將何欲？』曹沫曰：『齊彊魯弱，而大國侵魯，亦以甚矣！今魯城壞，即壓齊境，君其圖之。』」以境爲壓齊之境，語意未詳。新序云：「迫桓公于壇上，曰：『城壞壓境，君不圖與？』」亦與此傳同，謂侵魯太甚，必將攻復，君不計及之與也。

管子曰：「然則，君將何求？」【注】所侵邑非一，欲求何者。【疏】新序云：「管仲曰：然則將君何求？」

曹子曰：「願請汶陽之田。」【注】欲復魯竟。【疏】新序云：「曹劌曰：願請汶陽田。」史記齊世家：「魯將盟，曹沫以匕首劫桓公于壇上，曰：反魯之侵地。」荆軻傳：「太子曰：誠得劫秦王，使悉反諸侯侵地，若曹沫之與齊桓，固大善矣。」

管子顧曰：「君，許諾！」【注】諸侯死國不死邑，故可許諾。【疏】注「諸侯」至「許諾」。○禮記曲禮云：「國君死社稷，是諸侯死國也。」舊疏云：「即曲禮下篇云：『國君去其國，止之曰：若之何去社稷矣？』是無去國之文。不言若之何去田邑，故知不死邑也。」朱氏彬經傳考證云：「諸侯死國不死邑，必古有是語，而何氏述之，非第如曲禮所云也。」按：吕覽云：「管〔一〕仲曰：以地衛君，非以君衛地。君其許之！乃與之盟。」亦此義。

桓公曰：「諾！」【疏】齊世家云：「桓公許之。」刺客傳：「桓公乃許盡歸魯之侵地。」新序云：「管仲謂桓公曰：『君其許之！』桓公許之。」是其事也。

曹子請盟。桓公下與之盟。【注】下壇與曹子定約盟誓莊公也。必下壇者，爲殺牲不絜，又盟本非禮，故不于壇上也。【疏】新序云：「曹劌請盟，桓公遂與之盟。」荀子王制云：「桓公劫于魯莊。」史記魯

〔一〕「管」字原脱，叢書本同，據吕氏春秋校補。

仲連傳：「曹子爲魯將，三戰三北，而亡地五百里。」「辭氣不悖，三戰之所亡一朝而復之，天下震動，諸侯驚駭。」○注「下壇」至「公也」。○通義云：「壇上本兩君會盟之所，故桓公更下壇與曹子盟。」○注「必下」至「不潔[一]」。○舊疏云：「『不』字，亦作『清』字者。」各本「絜」作「潔」，依宋本正。○注「又盟」至「上也」。○舊疏云：「即桓三年傳云『古者不盟，結言而退』是也。」

已盟，曹子摽劍而去之。【注】摽，辟也。時曹子端劍守桓公。已盟，乃摽劍置地，與桓公相去離，故云爾。【疏】刺客傳：「既已言，曹沬投其匕首下壇，北面就羣臣之位，顔色不變，辭令如故。」齊世家：「已而曹沬去匕首，北面就臣位。」新序云：「已盟，摽劍而去。」是也。○注「摽，辟也」。○釋文：「摽，普交反，辟也。」劉兆云：「辟，捐也。」孟子萬章篇「摽使者」，注：「摽，麾也。」音義：「摽音杓，又音拋。」與此同。詩邶風柏舟云：「寤辟有摽。」傳：「辟，拊心也。摽，拊心貌。」釋文：「摽，符小反。」與此異。而摽、辟同爲拊心，則摽即是辟，與此同也。説文手部：「擘，撝也。」「撝，裂也。一曰手指撝也。」摩，旌旗所以指摩也。麾即俗摩字。摩訓撝，撝訓擘，擘即擗。趙氏訓摽爲麾，猶此訓辟也。詩召南摽有梅傳：「摽，落也。」摽乃𠬪字之借。曹沬摽劍置地，摽義與𠬪同，亦謂墜落其劍，置於地而去。廣雅釋詁云：「摽，擊也。」與此異。○注「時曹」至「云爾」。○舊疏云：「端，猶始也。言曹子從始持劍而守桓公矣。及其盟訖，乃摽劍置地，與桓公相去遠也。」按：端，正也。謂正持其劍守桓公也，則始不辭。

〔一〕「潔」，【注】作「絜」，古今字，音義同。

要盟可犯，【注】臣約束君曰要，彊見要脅而盟爾，故云可犯。【疏】注「臣約」至「盟爾」。○漢書文帝紀注：「文穎曰：要，劫也。」荀子王霸篇：「臣下曉然皆知其可要也。」注：「要，約也。」臣劫約其君曰要君。論語憲問云「雖曰不要君」是也。閩本、監本、毛本作「臣約其君」，誤。鄂本、宋本作「束」，据正。

而桓公不欺。【疏】齊世家云：「桓公後悔，欲無與魯地，而殺曹沫。管仲曰：『夫劫許之而倍信殺之，愈一小快耳。而棄信於諸侯，失天下之援，不可。』」刺客傳亦云：「桓公忽欲倍其約，管仲曰：『不可。夫貪小利以自快，棄信於諸侯，失天下之援，不如與之。』」然則，管仲不失信，而云桓公不欺者，善則歸君也。繁露竹林云：「齊桓知不背〔一〕要盟，以自湔洗也，遂爲賢君，而霸諸侯。」

曹子可讎，【注】以臣劫君，罪可讎。

而桓公不怨。桓公之信著乎天下，自柯之盟始焉。【注】諸侯猶是翕然信鄉服從，再會于鄄，同盟于幽，遂成霸功，故云爾。劫桓公取汶陽田不書者，諱行詐劫人也。【疏】齊世家云：「於是遂與魯曹沫三敗所亡地於魯。諸侯聞之，皆信齊而欲附焉。」新序云：「左右曰：『要盟可倍，曹劌可讎，請倍盟而討曹劌。』管仲曰：『要盟可負而君不負，曹劌可讎而君不讎，信著天下矣！』遂不倍。」又云：「三存亡國，一繼絶世，尊事周室，九合諸侯，一匡天下，功次三王，爲五伯長，本信起乎柯之盟也。」穀梁傳曰：「信

〔一〕「背」，原訛作「肯」，叢書本同，據春秋繁露校改。

齊侯也。」呂覽貴信云：「欲勿予，管〔一〕仲曰：『不可。人特劫君而不盟，君不知〔二〕，不可謂智；臨難而不能勿聽，不可謂勇；許之而不與，不可謂信。有此三者，不可以立功名。予之，雖亡地，亦得信。以四百里之地見信於天下，君猶得也。』」○注「諸侯」至「服從」。○猶、由通。禮記雜記云：「猶是袝于王父也。」注：「猶當爲由。」新序云：「天下諸侯翕然而歸之。」○注「再會于鄄」。○即下十四年「冬，單伯會齊侯已下于鄄」，又十五年「齊侯、宋公已下會于鄄」是也。○注「同盟于幽」。○見下十六年及二十七年。○注「遂成」至「云爾」。○齊世家云：「七年，諸侯會桓公于鄄。而桓公於是始霸焉。」蓋用下十五年左傳「復會焉，齊始霸也」之語。新序云：「爲鄄之會、幽之盟，諸侯莫不至焉。」○注「劫桓」至「人也」。○舊疏云：「正以成二年書『取汶陽之田』故也。」繁露：「對膠西王云：春秋之義，貴信而賤詐，詐人而勝之，雖有功，君子弗爲也。是以仲尼之門，五尺之童子言羞稱五霸，爲其詐以成功，苟爲而已也，故不足稱於大君子之門。五伯者，比於他諸侯爲賢者，比于聖賢，何賢之有？」然則，桓公比諸魯莊行詐劫人爲賢，然其因管仲一言，强爲不欺不怨，以要諸侯，究非正誼不謀利、明道不計功者比也。春秋之不得已也，故公羊之例，不信者日，而桓盟不日。公羊以凡書致者，皆有危辭，以臣子喜其君父脱危之至，而與桓會不致，亦所爲假以立義者也。

〔一〕「管」字原脱，叢書本同，據呂氏春秋補。
〔二〕「人特」至「不知」句原脱訛作「人劫之不知」，叢書本同，據呂氏春秋改補。

○十有四年，春，齊人、陳人、曹人伐宋。【疏】左傳以爲宋人背北杏之會。

○夏，單伯會伐宋。

其言會伐宋何？【注】据伐國不殊會，曹伯襄言會諸侯。【疏】注「据伐」至「殊會」。○舊疏云：「與上諸侯俱是伐宋，事不殊異，何勞别生會文乎？故難之。」○注「曹伯」至「諸侯」。○舊疏云：「即僖二十八年『冬，曹伯襄復歸于曹，遂會諸侯圍許』是也。」

後會也。【注】本期而後，故但舉會。書者，刺其不信，因以分别功惡有深淺也。從義兵而後者，功薄；從不義兵而後者，惡淺。【疏】舊疏云：「若其不後，宜言單伯會齊人、陳人、曹人伐宋，如下文『單伯會齊侯、宋公、衛侯、鄭伯于鄄』之文。」按：杜云：「既伐宋，單伯乃至，故曰會伐宋。」唯以單伯爲周大夫爲異。穀梁傳「會事之成也」，注：「伐事已成，單伯乃至。」○注「書者」至「淺也」。○後會書會，即刺其不信也。隱元年注：「舉及、暨者，明當隨意善惡而原之。欲之者，善重惡深；不得已者，善輕惡淺。」與此義同。○注「從義」至「功薄」。○舊疏云：「即此是。」按：下十六年「邾婁子克卒」，注云：「小國未嘗卒，而卒者，爲慕伯者有尊天子之心。」即謂上十三年「會于北杏」，是從義兵而先者也，故詳録之，以示褒義。○注「從不」至「惡淺」。○舊疏云：「無經可據，但言理當然也。」

○**秋，七月，荆入蔡。**【疏】與十年書荆同義。穀梁傳：「荆者，楚也。其曰荆何也？州舉之也。州不如國，國不如名，名不如字。」與公羊義同。彼疏引麋信云：「楚子貪淫，爲息嬀滅蔡，故州舉之。是取左傳之説。」自亂其家法矣。彼十年傳云：「狄之也。」此亦宜同。

○**冬，單伯會齊侯、宋公、衛侯、鄭伯于鄄。**【疏】釋文：「鄄，本亦作甄。」杜云：「鄄，衛地。今東郡鄄城也。」齊世家作「甄」。大事表云：「後爲齊豹邑。昭二十年『衛公孟縶與齊豹狎，奪之司寇與鄄』，即此，鄄讀絹。漢末爲兖州治，曹操創業於此。水經注：『鄄城，在河南岸十八里。河上之邑，最爲險固。』今山東曹州府濮州東二十里，舊城集〔一〕，故鄄城也。一統志云：「鄄城故城，在曹州府濮州東二十里。」

○**十有五年，春，齊侯、宋公、陳侯、衛侯、鄭伯會于鄄。**【疏】上十四年「會于鄄」，穀梁傳云：「復同會也。」此下傳亦云：「復同會也。」注：「爲欲推桓爲伯，故復會於此。」按：穀梁上北杏之會下云：「是齊侯、宋公也，其曰人何也？始疑之。何疑焉？桓非受命之伯也，將以事授之者也。」意謂諸侯

〔一〕「舊城集」三字，於段玉裁説文解字注中作「有鄄城廢縣」。

將權推齊侯行伯事，故此二會爲復同會，推齊爲伯。公羊於此二會無傳。以繁露精華篇所云「齊桓仗賢相之能，用大國之資，即位五年，不能致一諸侯。於柯之盟見其大信，一年而近國之君畢至，鄄、幽之會是也」考之，則與穀梁義同。惟公羊以北杏之會，爲齊桓未爲諸侯取信鄉，故董生本柯之盟爲説。

○**夏，夫人姜氏如齊。**【疏】穀梁傳：「婦人既嫁不踰竟。踰竟，非禮也。」按：此與襄公在時如齊異。禮，諸侯夫人父母終，思歸甯而不得，故書以示譏。舊疏云：「復與桓通也。」未知所本。

○**秋，宋人、齊人、邾婁人伐兒。**【疏】釋文：「兒音郳。」左氏、穀梁作「郳」。元和姓纂：「兒，郳犂來之後，亦爲兒氏。」是郳、兒通也。通義云：「宋序上者，諸侯爲宋伐倪，故宋主之。」又云：「倪，舊作兒，與五年經文倪字不同，今改。」范云：「宋主兵，故序齊上，班序上下，以國大小爲次，夷狄在下。征伐則以主兵爲先，春秋之常也。」

○**鄭人侵宋。**

○**冬，十月。**

公羊義疏二十二

南菁書院　句容陳立卓人著

莊十六年盡二十二年

〇十有六年，春，王正月。

〇夏，宋人、齊人、衛人伐鄭。【疏】蓋報上年之侵也，故宋主兵。

〇秋，荆伐鄭。

〇冬，十有二月，公會齊侯、宋公、陳侯、衛侯、鄭伯、許男、曹伯、滑伯、滕子同盟于幽。【疏】校勘記云：「諸本同。唐石經損缺，以字數計之，有公會二字。」惠氏棟云：「左氏、穀梁無公字，故穀梁傳云『不言公』。按，公會二字當爲衍文。左氏、穀梁無公字，猶賸會字。據十九年何注：『先是鄄、幽之會，公比不至，公子結出竟，遭齊、宋欲深謀伐魯，故專矯君命而與之盟。』然則，幽之會非特魯君不至，即士大夫亦未有來會者，猶十五年『齊侯、宋公、陳侯、衛侯、鄭伯會于鄄』。不曰公會齊侯，及會齊侯云云也。」按：繁露滅國下云：「幽之會，莊公不往。」是董生所据公羊，無公會字。又下十九年疏云：「十六年，『冬，會齊侯、宋公以下同盟于幽』，經不言公會，故知魯侯不至矣。」則徐彦所据本亦無公會二字，且彼疏所引此經有會字，亦衍文也。又穀梁傳云：「不言公，外内寮一疑之也。」既外内諸侯，同疑公與齊仇可事齊，不明魯之臣子亦未與會，則穀梁會字亦衍文也。繁露滅國下又云：「不事大而事小，曹伯之所以戰死於位，諸侯莫助憂者，幽之會，齊桓數合諸侯，曹小，未嘗來也。」是公羊亦無曹伯，與左氏經同。今有者，亦衍文也。滑者，杜云：「滑國都費，河南緱氏縣。」按：今爲河南府偃師縣地。幽者，杜云：「宋地。」大事表云：「當在今歸德府考城縣界。」

同盟者何？同欲也。【注】同心欲盟也。同心爲善，善必成；同心爲惡，惡必成，故重而言同心也。

【疏】穀梁疏引此傳云「同盟者加同欲也」，疑彼誤。何氏不釋「加」義作「何」，與全傳例合。左傳曰：「鄭成也。」穀梁曰：「同尊周也。」意各異。按：繁露精華云：「齊桓於柯之盟，見其大信。一年而近國之君畢至，鄄、幽之會是也。」則鄄、幽之會，爲齊伯始。齊桓以尊周爲伯業之盛，當與穀梁義同。○注「同心」至「心也」。○惠氏棟校云：「『故重而言同心也』，心字衍。」按：此注道春秋書同盟通例也。

○邾婁子克卒。【注】小國未嘗卒，而卒者，爲慕霸者有尊天子之心，行進也。不日，始與霸者，未如瑣。瑣卒在二十八年。【疏】錢氏大昕潛研堂答問云：「問：古人名克，字子儀，何也？曰：古文儀與義同。義从我，我从手，手古文殺字，故義主斷制。易四德，元爲仁，利爲義。利亦刀，而以和爲訓，故曰利物足以和義。春秋傳『師克在和』，故克之字曰儀父，曰子儀。」○注「小國」至「進也」。○通義云：「即儀父也。小國録卒者，足褒文。不葬者，起實小國也。」上十三年，「齊侯、宋人、陳人、蔡人、邾婁人會于北杏」，是慕霸者有尊事天子之心事也。穀梁傳曰：「其曰子，進之也。」○注「不日」至「八年」。○舊疏云：「即下二十八年經云『夏，四月，丁未，邾婁子瑣卒』，注云：『日者，附從霸者朝天子，行進。』是也。」蓋儀父僅會伯者于北杏，行不如彼進與？「瑣」，閩本、監本同。鄂本、宋本「瑣」作「瓅」。釋文作「瑣」，毛本改從之。按：瑣，正字，瑣、瓅俗。所傳聞世，未録小國卒葬，録者，唯此及瑣。滕子以先朝隱公，春秋褒之，嗣子得以其禮祭、稱侯也。

○十有七年，春，齊人執鄭瞻。【疏】左、穀作「鄭詹」。詩魯頌閟宮云：「魯邦所詹。」説苑雜言篇引作「是瞻」，韓詩外傳、風俗通、初學記並引作「所瞻」。左傳僖二十三年「叔詹曰」，宋世家作「叔瞻」，是詹、瞻通也。下同。

鄭瞻者何？鄭之微者也。【注】以無氏也。【疏】注「以無氏也」。○舊疏云：「欲言尊卿，名氏不具。」按：與當國辭同，所謂貴賤不嫌同號也。

此鄭之微者，何言乎齊人執之？【注】据獲宋萬不書者，不坐獲微者。今書齊稱人，坐執文。

【疏】注「据獲」至「執文」。○上十二年傳云：「萬嘗與莊公戰，獲乎莊公。」注：「獲不書者，士也。」是彼獲微者，魯不坐獲也。此言齊人執鄭瞻，似齊坐執矣，故難之。

書甚佞也。【注】爲甚佞，故書惡之，所以輕坐執人也。然不得爲伯討者，事未得行，罪未成也。孔子曰：「放鄭聲，遠佞人。」罪未成者，但當遠之而已。【疏】通義云：「爲魯將受佞人，故書其執。穀梁傳曰：『卑者不志，此其志，何也？以其逃來志之也。逃來則何志焉？將有其末，不得不録其本也。鄭詹，鄭之佞人也。』與此傳意同。」書皋陶謨篇：「何畏乎巧言、令色、孔壬？」僞孔傳：「孔，甚也。禹言有苗、驩兜之徒甚佞如此。」是甚佞，即孔壬也。爾雅釋言：「孔，甚也。」又釋詁：「壬，佞也。」郭引書：「而難任人。」史記五帝本紀作「遠佞人」。後漢書郅惲傳「孔任不行」，孔任即孔壬，即甚佞，言大佞也。佞人好作大言欺人，故曰孔壬。九經古義云：「佞，讀爲年。故國語『輿人誦曰：佞之見佞，果喪其田〔一〕』。佞與田協，故讀曰年，年讀爲壬，田讀爲陳。故甚佞謂之孔壬，齊田謂之齊陳，既同物又同聲，是之謂古訓。」○注「爲甚」至「執人」。○書名，賤惡義明，故執人罪可輕坐也。爲大夫，不得專執也。穀梁傳：「人者，衆辭也。」

〔一〕「佞之見佞，果喪其田」句，原作「佞之見喪，果佞其田」，佞、喪二字誤倒，叢書本同，據九經古義及國語校改。

以人執，與之辭也。」○注「然不」至「成也」。○舊疏標起訖云「『不得爲』至『未成也』」，則「然」字衍文。「事未得行」，毛本作「事不得行」，誤。通義云：「知非爲齊執，甚佞書者，齊若以其佞執之，當得爲伯討。今齊稱人，則執不當罪。或正如左氏所説，怒鄭不朝故耳。」按：僖四年傳云：「稱侯而執者，伯討也。稱人而執者，非伯討也。」今稱人而執者，知非伯討，故注如此解。如孔義用左氏説，則鄭詹無罪之人，何爲去氏？下又書「鄭詹自齊逃來」，一外大夫，春秋不憚其語重詞複，何耶？○注「孔子」至「而已」。○各本「但」誤「伯」，依鄂本、宋本正。所引見論語衛靈公篇。白虎通誅伐篇：「佞人當誅何？爲其亂善行，傾覆國政。韓詩内傳曰：『孔子爲魯司寇，先誅少正卯。』謂佞道已行，亂國政也。佞道未行，章明遠之而已。論語曰：『放鄭聲，遠佞人。』」義與此同。又陽貨篇云：「惡利口之覆邦家者。」

○夏，齊人瀸于遂。

瀸者何？瀸積也，【疏】校勘記云：「諸本同。釋文：『積，本又作漬。』唐石經此字缺。毛本依釋文改漬，非。」左氏、穀梁「瀸」作「殲」。杜云：「殲，盡也。」疏以爲：「爾雅釋詁文。舍人注曰：『殲，衆之盡也。』」詩秦風黄鳥云：「殲我良人。」傳：「殲，盡也。」襄二十八年左傳「其將聚而殲旃」，注：「殲，盡也。」説文歺部〔一〕

〔一〕「歺部」，原訛作「支部」，叢書本同，據説文解字校改。

：「殲，微盡也。从歺韱聲〔一〕。春秋傳曰『齊人殲于遂』。」説文多用古文春秋也。漢書地理志引作「隧」。

衆殺戍者也。【注】瀸者，死文。瀸之爲死，積死非一之辭，故曰瀸積。衆，多也。以兵守之曰戍。齊人滅遂，遂民不安，欲去，齊强戍之。遂人共以藥投其所飲食水中，多殺之。古者有分土，無分民，齊戍之非也，遂不當坐也，故使齊爲自積死文也。稱人者，衆辭也。不書戍將帥者，封内之兵，故不書。【疏】注「瀸者」至「瀸積」。○禮記曲禮云：「四足曰漬。」正義云：「牛馬之屬，若一箇死，則餘者更相染漬而死。」説文水部：「瀸，漬也，从水韱聲。」又：「漬，漚也，从水責聲。」又：「漚，久漬也，从水區聲。」則漬爲瀸汙相染，連及衆盡之辭。人死相及，亦猶是也。注以積訓漬，傳以漬解瀸，義並通。一切經音義引通俗文：「淹漬謂之瀸洳。」又引字林：「瀸，漬也。」廣雅釋詁：「瀸，漬也。」義取相積而死，故不曰殲曰瀸。段注説文云：「公羊傳文及説文皆作積，爲長。許云〔二〕：『漬，漚也。』瀸篆不與漬篆聯〔三〕，可以知許説矣。」按：今人以物久積水爲漚，則漚亦有久積之義。故詩陳風「東門之池，可以漚麻」，傳：「漚，柔也。」疏引考工記注：「漚，漸也。」楚人曰漚，此云漚柔者，謂漸漬之，使柔韌也。周禮考工記：「鍾氏染羽，淳而漬之。」史

〔一〕「韱聲」，原訛作「殲聲」，叢書本同，據説文解字校改。

〔二〕「云」，原訛作「之」，叢書本同，據説文段注校改。

〔三〕「篆」字原訛作「義」，叢書本同，據説文段注校改。

記貨殖傳：「漸漬於失教。」是也。淮南子要略「瀸濇肌膚」，皆濇〔一〕染之義。故鄭注曲禮云：「漬，謂相瀸汙而死。引春秋傳曰：『大災者何？大瘠也。』」齊人爲遂所漬積而死，與大災同，故云非一之辭。○注「衆，多也」。○爾雅釋詁云：「衆，多也。」説文㐺部：「衆，多也。从㐺目，衆意。」○注「以兵守之曰戍」。○詩王風揚之水云：「不與我戍申。」傳：「戍，守也。」又小雅采薇序「遣戍役也」，箋云：「戍，守也。」史記陳涉世家云「遣戍漁陽」，注：「戍者，屯兵而守。」説文戈部：「戍，守邊也。从人持戈。」○注「齊人」至「殺之」。○滅遂事在上十三年。左傳云：「遂因氏、頜氏、工婁氏、須遂氏饗齊戍，醉而殺之，齊人殲焉。」注云：「饗酒食也。」蓋亦謂以藥物投酒食殺之也。穀梁傳：「殲者，盡也。然則何爲不言遂人盡齊人也？無遂之辭也。無遂則何爲言遂？其猶存遂也。存遂奈何？曰：齊人滅遂，使人戍之。遂之因氏飲戍者酒而殺之，齊人殲焉。此謂狎敵也。」二傳皆以爲饗齊戍，與此微異。○注「古者」至「文也」。○説在桓元年。有分土，無分民，故齊强戍之，遂不當坐也。○注「稱人者，衆辭」。○穀梁：「齊人執鄭詹。」傳云：「人者，衆辭也。」決與微者、貶者稱人異也。○注「不書」至「不書」。○時已無遂，故從封内兵辭。

○秋，鄭瞻自齊逃來。

何以書？書甚佞也。曰：佞人來矣！佞人來矣！【注】重言來者，道經主書者，若傳云

〔一〕「濇」，原訛作「穡」，叢書本同，淮南子作「瀸濇」，據改。

爾。蓋痛魯知而受之，信其計策，以取齊淫女，丹楹刻桷，卒爲後敗也。加逃者，抑之也。所以抑之者，上執稱人，嫌惡未明。繫鄭者，明行當本於鄉里也。子貢問曰：「鄉人皆好之，何如？」子曰：「未可。」「鄉人皆惡之，何如？」子曰：「未可。不若鄉人之善者善之，鄉人之惡者惡之。」【疏】注「重言」至「云爾」。○言經所以主書來者，若傳重言之云爾。舊疏云：「經所以主書此事者，正惡佞人之來，恐其作禍矣。」按：淮南説林訓：「故鄭詹入魯，春秋曰：『佞人來！佞人來！』」注：「鄭詹，鄭文公大夫。以齊桓公卒，不使鄭伯朝齊，而使朝於楚。齊人執之，自齊逃至魯，魯謂之佞人。」按：時齊桓未卒，彼注誤。○注「蓋痛」至「敗也」。○下二十四年「公如齊逆女。秋，夫人姜氏入」，是取淫女事也。卒爲後敗，即淫二叔，殺子般、閔公事是也。舊疏以娶淫女是鄭瞻計，爲春秋説文。通義云：「鄭瞻之事，傳無明文，何注每有此類。疏輒以爲出春秋説。然若龍門之戰，僖公取楚女，緯候未興，董仲舒已言之。漢蓺文志又有公羊外傳五十篇，今亦未見云云之説，疑皆公羊師學相承，未敢以意去取。」後漢書楊秉傳云：「蓋鄭詹來而國亂。」是也。新語云：「鄭儋亡齊而歸魯，齊有九合之名，而魯有乾時之恥。夫據千乘之國而信讒佞之計，未有不亡者也。」按：乾時戰在上九年，與此無涉，陸誤。○注「加逃」至「未明」。○上執稱人，是言齊非伯討，疑詹無惡，故書逃抑之。穀梁傳曰：「逃義曰逃。」○注「繫鄭」至「惡之」。○毛本「繫」作「繁」，誤。所引見論語子路篇。今本兩「未可」下有「也」字，又「善之」作「好之」。舊疏引鄭氏，彼注云：「鄉人之善行者善之，惡行者惡之。」蓋鄭本「好之」亦作「善之」也。中論審大臣篇：「時俗之所不譽者，未必爲非也；其所譽者，未必爲是也。詩云：『山有扶蘇，隰有荷華。不見子都，乃見狂且。』言所謂好者非好，醜者非醜，亦由私之所致也。」鹽鐵論除狹云：「古之進士，鄉擇而里選。故士修之鄉曲，升諸朝廷，行之幽隱，明足〔一〕顯著。」

○冬，多麋。【疏】爾雅釋獸：「麋：牡，麔；牝，麎；其子麇。」說文鹿部：「麋，鹿屬，冬至解其角。」司馬相如上林賦「沈牛麈麋」，注：「麋似水牛。」大戴禮夏小正云：「十一月隕麋角。」又禮記月令仲冬之月「麋角解」，疏引熊氏云：「鹿是山獸，夏至得陰氣而解角；麋是澤獸，故冬至得陽氣而解角。」

何以書？記異也。【注】麋之爲言，猶迷也。象魯爲鄭瞻所迷惑也。言多者，以多爲異也。【疏】注「麋之」至「迷也」。○白虎通鄉射篇：「麋之言迷也。」漢書五行志注：「李奇曰：麋之爲言迷也，麋、迷疊韻爲訓。」○注「象魯」至「惑也」。○舊疏云：「感精符文。」漢書五行志云：「嚴公十七年冬，多麋。劉歆以爲，毛蟲之孽爲災。劉向以爲，麋色青，近青祥也。麋之爲言迷也，蓋牝獸之淫者也。是時，嚴公將取齊之淫女，其象先見。天戒若曰：勿取齊女，淫而迷國。嚴不寤，遂取之。夫人既入，淫於二叔，終皆誅死，幾亡社稷。董仲舒指略同。京房易傳曰：『廢正作淫，大〔二〕不明，國多麋。』又曰：『「震遂泥」，厥咎國多麋。』」經義雜記云：「按，何注公羊云：『麋之爲言，猶迷也。』本劉子政義。志云：『董仲舒指略同。』則公羊

〔一〕「足」，原訛作「呈」，叢書本同，據鹽鐵論校改。

〔二〕「大」，原訛作「火」，叢書本同，據漢書校改。

亦以麋爲淫女，天之示戒於莊公也。乃何氏云『象魯爲鄭瞻所迷惑』，則據春秋説，以取齊女爲聽鄭瞻計，較先儒迂遠矣。京君明説易，當以『震遂泥』爲溺愛淫女，故迷惑不明，而國多麋。李奇注具二説，（謂從二至五有坎象，坎爲水，四爲泥，在水中，故曰震遂泥。泥者，泥溺於水，不能自拔，道未光也。或以爲溺於淫女，故其妖多麋。麋，迷也。）後説得京意。范解穀梁引易傳首二句，義不了，當以劉子政説補之。」按：魯取淫女，由於鄭瞻所迷，何説推本言之，兼有取齊淫女義，何迂回有也。京房易傳云：「廢正作淫，爲大[一]不明，則因多麋。」與何義合。博物志：「東陽縣多麋，千百爲羣，掘食草根，其處成泥，名曰麋畯。民人隨此畯種稻，不耕而穫，其收百倍。」則麋非害稼之物。杜云：「麋多則害五稼。」未知所本。○注「言多」至「異也」。○左疏云：「麋是澤獸，魯所常有，是年暴多。故言多，以災書。」按：麋，陰類。故多麋，記其異。異者，變之後時而見者也。

○十有八年，春，王三月，日有食之。【注】是後戎犯中國，魯蔽鄭瞻，夫人如莒，淫泆不制所致。

【疏】穀梁傳：「不言日，不言朔，夜食也。」集解引：「廢疾云：『春秋不言月食日者，以其無形，故闕疑。其夜食何緣書乎？』鄭君釋之曰：『一日一夜合爲一日，今朔日日始出，其食虧傷之處未復，故知此自以夜食。夜食則亦屬前月之晦，故穀梁子不以爲疑。』」劉氏逢祿曰：「果虧傷未復，即是朝食，何爲夜乎？天

〔一〕「大」，原訛作「火」，叢書本同，據京房易傳校改。

之垂象，必明以吉凶示人，故夜不占日，猶晝不占星也。夜食之説，於義爲短。」經義述聞亦云：「月掩日而過，謂之日食，但蔽其明，無所虧傷，安得既出之後尚有虧之處未復乎？」漢書五行志：「嚴公十八年，三月，日有食之。穀梁傳曰：『不言日，不言朔，夜食。』（注：張晏曰：日夜食則無景，立六尺木，不見其景。以此爲候。）」又云：「史推『合朔在夜，明旦日食而出，出而解』，是爲夜食。（注：孟康曰：夜食地中，出而止。）劉向以爲夜食者，陰因日明之衰而奪其光。」「公羊傳曰『食晦』。董仲舒以爲宿在東壁，魯象也。劉歆以爲晦，魯、衛分。」經義雜記云：「按，今公羊無傳，何注無食晦之文。而漢志引公羊傳曰『食晦』者，蓋董仲舒等所見公羊有之，或漢初公羊家説也。劉歆説左氏，亦以爲食晦，與公羊合。杜云：『不書日，官失之。』非古義。漢志云：『合朔在夜，明旦日食而出，出而解。』則穀梁家亦以夜食屬前月之晦矣。鄭君釋廢疾云：『夜食屬前月之晦。』與三傳及漢志並合。」包氏慎言云：「經三月書日食，不言日與朔。公羊例爲食晦。劉孝孫推以爲壬子朔，小二月，三月即壬子朔。劉歆亦以爲食晦。穀梁例爲夜食，曆爲二月晦日。然則經書三月者，正其當爲朔也。」通義云：「不日者，食於晦也。晦則不言日者，是月更無餘日，故舉月以包也。」趙汸引：「長曆：三月餘癸未朔。隋曆志：劉孝孫推是年食合壬子朔。元史曆志：『大衍推是歲五月朔，交分入食限。三月不應食。』」按：萬充宗黄蘗洲答問：「問曰：王伯厚云：衛朴推驗春秋日食，合者三十五，獨莊十八年三月，古今算不入食限。答曰：是年乙巳歲二月有閏，至三月實四十九日一十三時合朔。癸丑未初初刻交周，十一一宫，二十八度三四三七，正合食限。朴蓋不知有閏，故算不能合耳。則更無夜食事矣。」按：是年應二月癸未朔，三月癸丑朔，二月大也。○注「是後」至「所致」。○戎犯中國，下「公追戎于濟西」，傳：「大其爲中國追。」是也。魯蔽鄭瞻，見上十七年「鄭瞻自齊逃來」，注：「信其計策，取齊淫女，丹楹刻桷。」是也。夫人如莒，下十九年「夫人姜氏如莒」是也。舊疏云：「是陰勝陽之象，是以日爲之食。」漢書五行志云：「嚴公十八年三月，日有食之。劉向以爲象周天子不明，齊桓將奪其威，專會諸侯而行伯道。其後遂九合諸侯，天子使世子會之，此其效也。董仲舒以爲後公子慶父、叔牙果通於夫人以劫公。」俱與何義異。

○夏，公追戎于濟西。【注】以兵逐之曰追。【疏】大事表云：「杜注：『公逐戎于濟水之西。』濟在魯界爲魯濟，蓋魯地。宣元年『齊人取濟西田』，杜注：『故曹地。僖三十一年，晉文以分魯。』濟西，約在今曹州府曹縣、鄆城、鉅野三縣之地。」○注「以兵逐之曰追」。○廣雅釋詁：「追，逐也。」周禮小司徒職「以比追胥」，注：「追，逐寇也。春秋莊十八年『夏，公追戎于濟西』。」又士師職「以比追胥之事」，注：「追〔一〕，追寇也。」凡逐即謂追。此追戎以兵，故曰以兵逐之曰追，何氏望文生義也。

此未有言伐者，【疏】經義述聞云：「謹案，『此未有言伐者』，『言』字後人所加。傳意謂此時未有伐魯者，而經言追，則大其非爲己追；而爲中國追也。僖二十六年：『齊人侵我西鄙。公追齊師至巂，弗及。』

〔一〕「追」字原脱，叢書本同，據周禮注疏校補。

彼云『齊人侵我西鄙』，則有伐者矣。有伐者而言追，是爲己追；此未有伐者而言追，是爲中國追也。下文『此未有伐中國者，則其言爲中國追何』，與此未有伐者文義正同。又十九年傳：『此未有伐者，其言梁亡何？』三十一年傳：『此未有伐曹者，則其言取之曹何？』與此文義亦同。乃謂此時未有伐之事，非謂經文未有言伐者也。伐上不當有言字，唐石經無。僖二十六年疏引此有言字，蓋後人据誤本加之。」

其言追何？【注】据公追齊師至鄺，舉齊侵也。【疏】注「据公」至「侵也」。○即僖二十六年，「齊人侵我西鄙。公追齊師，至鄺，弗及」，是舉齊侵也。「鄺」，閩本、監本、毛本同。鄂本「鄺」作「巂」。按：十行本疏中凡鄺字皆作巂，當据正。

大其爲中國追也。【注】以其不限所至，知爲中國追也。【疏】注「以其」至「追也」。○舊疏云：「『公追齊師至鄺』，限其所至，乃是自爲己追，故知如此。」

此未有伐中國者，則其言爲中國追何？大其未至，而豫禦之也。【疏】繁露滅國下云：「魯大國，幽之會，莊公不往，戎人乃窺兵于濟西，由見魯孤弱而莫之救也。」通義云：「追，逐也。蓋濟西之國逼近戎患，公緣是興師逐之，故善其未至，而豫爲中國追也。其後曹君卒死於戎難。董仲舒曰：巂，傳無大之之辭。兵已加焉，乃從救之，則弗美；未至，豫備之，則美之，善其救害之先也。夫救患而先之，則害無由起，而天下無害矣。然則觀物之動，而先覺其萌，絕亂塞害於將然而未行之時，春秋之志也。故救害而先知之明也。公之所恤遠而春秋美之，詳其美恤遠之意，則天地之閒然後快其仁矣。是以知明先而仁厚遠，遠而愈賢，近而愈不肖者，愛也。故王者愛及四夷，伯者愛及諸侯，安者愛及封内，危者愛及旁側，亡者愛及獨身。」漢書辛慶忌傳云「加以兵革久寢，春秋大災未至而豫禦之」是也。穀梁傳：「其不言戎之伐我，何也？以公之追之，不使戎邇於我也。」

其言于濟西何？【注】据公追齊師至巂，弗及，不言于也。【疏】注「据公」至「于也」。○莊元年注：「于，遠辭也。」

大之也。【注】大公除害，恩及濟西也。言大者，當有功賞也。追例時。【疏】注「大公」至「西也」。○通義云：「自濟以西，不限所至之辭，故爲大也。此與『天王狩于河陽』，穀梁傳謂『以河陽言之，大天子也』者同意。」穀梁傳：「於濟西者，大之也。何大焉？爲公之追之也。」春秋以尊王攘夷爲主，莊公追戎除害，故爲大辭。○注「言大」至「賞也」。○舊疏云：「『公追齊師至巂，弗及』，不言于；今言于者，謂公有大功，於王法當褒矣。」○注「追例時」。○此書夏是也。舊疏云：「僖二十六年『公追齊師』，雖在正月己未下，不蒙日月。」

○秋，有蜮。

何以書？記異也。【注】蜮之猶言惑也。其毒害傷人，形體不可見，象魯爲鄭瞻所惑，其毒害傷人，將以大亂而不能見也。言有者，以有爲異也。【疏】注「蜮之」至「惑也」。○漢書五行志：「劉向以爲，蜮猶惑也。」舊疏引五行傳：「蜮猶惑也。」又云：「不書來者，亂氣所生，不從外來故也。」漢書引經文作「蜮」，亦「蜮」之變體。釋文：「蜮，本又作蜮。」馬氏宗槤左傳補注云：「吕覽『螟蜮』，高誘注：『兖州謂蜮爲螣，音相近也。』淮南子：『沇州謂之螣。』高誘注：『螣，讀音近殆，緩氣。』釋文：『蜮，本又作蜮。』玉篇：蟘、貣、蜮，皆徒得切。是蜮字本作螣，因方言讀爲蜮耳。後漢書明帝紀：『永平三年詔曰：去其螟、蜮。』章懷注：『蜮，一名短狐。』説文繫傳虫部蜮，亦解爲短狐，皆因元凱注誤。」案：馬説非是。蟘自有蜮音，螣、蜮同部，叚借也。此經之蜮，自爲短狐，何、杜義同。杜云：「蜮，短狐〔一〕，蓋以含沙射人爲災。」是也。○注「其毒」至「可見」。○詩小雅何人斯云：「爲鬼爲蜮。」傳：「蜮，短狐也。」釋文引沈重云：「蜮音域，狀如鼈，三足，一名射工。俗呼之水弩，在水中含沙射人。一云射人影。」疏引陸璣疏云：「一名射影。江淮水中有，云人在岸上，影見水中，投人影則殺之，故曰射影。南人之將入水，先以瓦石投水中，令水濁，然後入。或曰含沙射人皮肌，其狀瘡如疥。」是也。是其毒害傷人，形體不可見也。段云：「弧誤狐。」是也。釋文、正義並云短狐，今説文本蜮字下皆誤。漢五行志注作「弧」，不誤。按：山海經大荒南經：「有蜮山者，有蜮民之國，桑姓，食黍，射蜮是食。」郭注：「蜮，短狐也，似鼈，含沙射人，中之則病死。」楚辭大招云：「鰅鱅短狐。」王逸注：「鰅鱅，短狐類也。短狐，鬼蜮也。」大招又云：「魂虖無南，蜮傷躬只。」王逸注：「蜮，短狐也。」引詩『爲鬼爲蜮』。」廣韻引元中記云：「長三四寸，蟾蜍、鸑鷟、鴛鴦悉食之。」似作狐亦通。○注「象魯」至「見也」。○感精符文，見漢書五行志，云：「嚴公十八年，有蜮。劉向以爲，蜮生南越，越地多婦

〔一〕「狐」，原訛作「弧」，叢書本同，據左傳正義校改。

人，男女同川，淫女爲主，亂氣所生，故聖人名之曰蜮。蜮猶惑也，在水旁，能射人，射人有處，甚者至死。南方謂之短狐，近射妖，死亡之象也。時嚴將娶齊之淫女，故蜮至。天戒若曰，勿娶齊女，將生淫惑篡弑之禍。嚴不寤，遂取之。入後淫於二叔，二叔以死，兩子見弑，夫人亦誅。劉歆以爲，蜮，盛暑所生，非自越來也。京房易傳曰：『忠臣進善君不試，厥咎國生蜮。』」何氏言象魯爲鄭瞻所惑，正以莊信鄭瞻取齊女，故至大亂而不能見也，義自相足。又引洪範五行傳曰：「皇之不極，是謂不建，厥咎眊，厥罰恒陰，厥極弱。時則有射妖。」即此是也。公羊問答云：「問：蜮之猶言惑也，其義何所〔一〕取？曰：人臣蠱惑其君，則蜮生。周禮蟈氏疏引：『服虔云：蜮，短狐，南方盛暑所生，其狀如鱉，古無今有。含沙射入人皮肉中，其瘡如疥，徧身中濩濩蜮蜮，故曰災。禮曰：惑君則有。』」左疏引五行傳曰：「蜮如鱉，三足，生於南越。南越婦人多淫，故其地多蜮，淫女惑亂之氣所生也。」○注「言有」至「異也」。○經義雜記云：「穀梁傳云：『一有一亡曰有。蜮，射人者也。』故劉以爲，在水旁能射人。又以齊女淫惑爲説，取義嚴切。范解祇引京房易傳説，亦不了。又『君不試』，師古曰：『試，用也。』范注作『君不識』，字誤。何注及左疏所引五行傳與五行志所載劉説同陸璣毛詩義疏。服虔注與劉子政『射人甚者至死』、何邵公『毒害傷人形體』義合。劉子駿以爲『盛暑所生』，未詳所本。」按：昭二十五年經〔二〕「有鸜鵒來巢」，傳云：「非中國之禽

〔一〕「所」字原脱，叢書本同，據公羊問答校補。

〔二〕「經」，原誤記爲「傳」，叢書本同，據公羊注疏改。

也。」凡未有而有者書有，穀梁疏引舊解，「一有，南越所生是也；一無，魯國無是也。」「今以爲或有有時，或有無時，言不常也，故書曰有。」蓋書多者，魯所常有，今歲特多，故以多爲異。書有者，本無此物，今而忽有，故以有爲異也。舊疏云：「昭二十五年經書『有鸜鵒來巢』，今此不書來者，亂氣所生，不從外來故也。」

○冬，十月。

○十有九年，春，王正月。

○夏，四月。

○秋，公子結媵陳人之婦于鄄，遂及齊侯、宋公盟。【疏】孔氏廣森音義云：「婦絶句，于鄄絶句。結不書卒，則未命爲卿，本不當氏；氏公子者，蓋善其遂事，褒録之。」

媵者何？諸侯娶一國，則二國往媵之，以姪娣從。【注】言往媵之者，禮，君不求媵，二國自往媵夫人，所以一夫人之尊。【疏】釋名釋親屬云：「姪娣曰媵，媵承事嫡也。」國語周語云：「王御不參一族。」韋注：「御，婦官也。參，三也。一族，父子也。故娶異姓以備三，不參一〔一〕族也。」説文人部：「俟，送也。呂不韋曰：有侁氏以伊尹俟女。」段注：「俟，今之媵字。釋言：『媵，送也。』周易：『媵口説也。』虞注：『媵，送也。』燕禮鄭注、九歌王注：『媵，送也。』送爲媵之本義。以姪娣從。」謂之媵者。媵有二種：若諸侯有二媵外別有姪娣，是以莊公十九年經書「公子結媵陳人之婦于鄄」，公羊傳曰：「諸侯娶一國，則二國往媵之，以姪娣從。」諸侯夫人自有姪娣，并二媵各有姪娣，則九女。是媵與姪娣別也。若大夫、士無二媵，即以姪娣爲媵，大夫、士卑故也。○注「言往」至「之尊」。○白虎通嫁娶篇：「所以不聘妾何？人有子孫，欲尊之，義不可求人爲賤也。春秋傳曰：『二國來媵。』可求人爲士，不可求人爲妾何？士即尊之，漸賢，不止于士，妾雖賢不得爲嫡。」即一夫人之尊義也。

姪者何？兄之子也。【疏】禮士昏禮云「媵御餕」，注：「姪，兄之子。」襄十九年左傳「其姪鬷聲姬生光」，注：「姪，兄之子。」説文女部：「姪，兄之女也。」其實弟之子女亦稱姪。爾雅釋親云：「女子謂晜弟之子爲姪。」禮喪服傳：「謂吾姑者，吾謂之姪。」左傳僖十五年「姪其從姑」是也。釋名釋親屬云：「姑，謂兄弟之女，爲姪姪迭也。共行事夫，更迭進御也。」專指媵之姪言。依喪服經，則男女通稱姪，故彼云姪丈夫婦人同也。

〔一〕「一」字原脱，叢書本同，據國語韋昭注校補。

娣者何？弟也。【疏】經義述聞云：「家大人曰：弟也，本作女弟也。女弟也者，別乎弟而言之也。左傳隱元年、成八年、十一年、昭二十八年正義引此皆作『弟也』，則唐初本已有脱女字者，不始於唐石經矣。然白虎通義嫁娶篇及召南鵲巢、江有汜、齊南山、大雅韓奕正義、士昏禮疏引此皆作『女弟也』。又説文及士昏禮注並云『娣，女弟也』，即本於此傳。則傳文原有女字明矣。」説文女部：「娣〔一〕，同夫之女弟也。」段注：「按，女子謂女兄弟曰姊妹，與男子同。而惟媵己之妹則謂之娣，蓋別於在母家之稱，以明同心事一君之義也。禮喪服經皆言妹無言娣者，今大徐本作女弟也，非是。」按：爾雅釋親云：「女子同出，謂先生爲姒，後生爲娣。」郭注：「同出，謂俱事一夫。」可證段氏之説。釋名釋親屬云：「妻之姊妹曰娣。娣，弟也。言與妻相長弟也。」以娣兼姊言，非是。錢氏大昕養新録云：「姪、娣本雙聲字。釋文：『姪，大結反。』『娣，大計反。』此古音也。廣韻，姪有徒結、直一兩切。今南北方音皆讀直一切，無有作徒結切者。古今音有變易。字母家乃謂舌頭、舌上交互出切，此昧其根源〔二〕而强爲之詞也。」

諸侯壹聘九女，諸侯不再娶。【注】必以姪娣從之者，欲使一人有子，二人喜也。所以防嫉妬，令重繼嗣也。因以備尊尊、親親也。九者，極陽數也。不再娶者，所以節人情，開媵路。【疏】注「必以」至「親也」。○白虎通嫁娶云：「備姪娣從者，爲其必不相嫉妬也。一人有子，三人共之，若己生之也。」通義

〔一〕「娣」，原訛作「弟」，叢書本同，據小徐本説文及段注説文校改。

〔二〕「源」，原訛作「原」，叢書本同，據十駕齋養新録校改。

云：「媵，送也，送致其女也。穀梁傳曰：『姪娣者，不孤子之意也。一人有子，三人緩帶。』禮，婦人無子當去。諸侯夫人雖無子，媵有子，嫡得不去，重黜尊也。易曰『得妾以其子』，此之謂也。」按：後漢劉瑜傳云：「古者，天子一娶九女，姪娣有序。河圖授嗣，正在九房。」章懷注引：「公羊傳曰：『諸侯一聘三女，天子一娶九女。』此夏殷制也。」與此傳異。或公羊先師有如此説者。尊尊、親親，舊疏云：「備姪所以尊尊，備娣所以親親。其上尊下親，皆指嫡也。」○注「九者」至「數也」。○白虎通嫁娶篇：「天子一娶九女者何？重國廣繼嗣也。九者何？法地有九州，承天之施，無所不生也。一娶九女亦足以承君之施。九而無子，百亦無益也。王度記曰：『天子、諸侯，一娶九女。』或曰：『天子娶十二女，法天有十二月，百物必生也。』」又五行篇：「君一娶九女何法？法九州，象天之施也。」御覽引異義云：「地有九州，足以承天，故天子娶九女，法之也。」獨斷云：「春秋天子娶十二女，夏制也。」又云：「天子娶十二女，象十有二月，三夫人九嬪。諸侯一娶九女，象九州，一妻八妾。」按：此即白虎通所引，或説公羊義也。漢書杜欽傳：「禮，嘗娶九女，所以極陽數，廣嗣重祖也。」張晏曰：「陽數一三五七九。九，數之極也。」臣瓚曰：「天子一娶九女，殷之禮也。」○注「不再」至「媵路」。○白虎通嫁娶云：「必一娶何？防淫泆也。爲其棄德嗜色，故一娶而已。人君無再娶之義也。」又云：「不娶兩娣何？博異氣也。娶三國女何〔一〕？廣異類也。恐一國血脈相似，俱無子也。姪娣雖年少，猶從適人者，明人君無再娶之義也。」杜欽傳又云：「姪娣雖缺，不得補，

〔一〕「何」字原脱，叢書本同，據白虎通校補。

所以養壽塞爭也。」

媵不書，此何以書？【注】据伯姬歸于紀，不書媵也。【疏】注「据伯」至「媵也」。○見隱二年。按：彼七年「叔姬歸于紀」，注：「叔姬者，伯姬之媵也。」彼有媵歸書事。此云不書者，彼注云：「媵賤，書者，後爲嫡，終有賢行。」重録之，非以媵書也。

爲其有遂事書。【注】爲下有遂事善也，故書所以不當書，以起將有所詳録，猶伯姬書媵也。不媵，則當取。得書者張本文。言公子結如陳，遂及齊侯、宋公盟于鄄。【疏】注「爲下」至「詳録」。○穀梁傳：「媵，淺事也，不志。此其志，何也？辟要盟也。何以見其辟要盟也？媵，禮之輕者也；盟，國之重也。以輕事遂乎國重，無説。」彼以爲要盟，與公羊異；以爲有遂事書，則同也。校勘記云：「按，『以』字衍，當删正。」蓋媵本不當書，爲下有「遂及齊侯、宋公盟」事，欲詳録其專盟之善，故書所不當書也。○注「猶伯姬書媵」。○即成八年「衛人來媵」、九年「晉人來媵」、十年「齊人來媵」，傳皆曰：「媵不書，此何以書？録伯姬也。」十年傳又曰：「三國來媵，非禮也，曷爲皆以録伯姬辭言之？婦人以衆多爲侈也。」則彼以録伯姬賢，詳録三國媵，亦非以媵書，故言猶也。○注「不媵」至「于鄄」。○言若不書媵，則當止取得書者書之，但言公子結如陳，遂及齊侯、宋公盟矣。時實爲媵如陳，故不没其本也。

大夫無遂事，【疏】漢書馮奉世傳：「議者以奉世奉使有指。春秋之義無遂事，漢家之法有矯制，故不得侯。」説苑奉使謂:「國[一]有危而不專救者,不忠;國無危而擅生事者,不臣。」漢律有矯詔害,矯詔不害,害者死,是大夫無遂事者經禮也。周禮條狼氏職:「誓大夫曰:敢不關,鞭五百。」明大臣於大小事皆須關白,不得專也。

此其言遂何? 聘禮,大夫受命不受辭,【注】以外事不素制,不豫設,故云爾。【疏】禮聘禮記云「辭無常,孫而説」,注:「孫,順也。大夫使,受命不受辭,必順且説。」錢氏大昕潛研堂答問云:「三代之世,諸侯以邦交爲重,故使於四方,不辱君命,則稱之;使於四方,不能專對,則譏之。論語之『辭達』,則專對之辭也。『大夫受命不受辭』,聘禮記:『辭多則史,少則不達。辭苟足以達,義之至也。』」通義云:「古之爲大夫者,祭祀能語,喪紀能誄,升高能賦,作器能銘,山川能説,師旅能誓,田能施命,貞能命龜,使能造命。能是九者,可謂有德音矣。是故聘禮『受命不受辭,辭無常,遜而説』。使於四方,不能專對,不可以爲大夫。」○注「以外」至「云[二]爾」。○詩魏風伐檀云:「不素餐兮。」傳:「素,空也。」不素制,謂空爲議制也。玉篇象部:「豫,逆備[三]也。」不可逆爲備設也。

出竟有可以安社稷、利國家者,則專之可也。【注】先是鄄、幽之會,公比不至。公子結出

〔一〕「國」,四庫全書本及四部叢刊本説苑均作「君」。
〔二〕「云」,原譌作「之」,叢書本同,據【注】文改。
〔三〕「備」,原譌作「脩」,叢書本同,據玉篇校改。

竟，遭齊、宋欲深謀伐魯，故專矯君命而與之盟，除國家之難，全百姓之命，故善而詳録之。先書地，後書盟者，明出竟乃得專之也。盟不地者，方使上爲出竟地，即更出地，嫌上地自爲媵出地也。陳稱人者，爲內書，故略以外國辭言之。此陳侯夫人，言婦者，在塗也。加之者，禮未成也。「冬，齊人、宋人、陳人伐我西鄙」，而盟不日者，起國家後背結之約，非結不信也。【疏】漢書馮奉世傳：「丞相、將軍皆曰：春秋之義，大夫出疆，有可以安國家，則顓之可也。」又終軍傳：「御史大夫劾偃矯制大害，法至死。偃以爲春秋之義，大夫出疆，有可以安社稷、存萬民，顓之可也。」後漢書宋均傳：「均曰：夫忠臣出竟，有可以安國家，專之可也。」閻氏若璩釋地又續云：「論語『專對』，專，擅也，即公羊傳『專之可也』。專之，大全辨載：『一説曰：通義理，識時務，不拘君命，不執成規。』正得其解。」漢武帝使吕步舒「持斧鉞治淮南獄，以春秋誼顓斷于外，不請」，康成謂「大夫自受命以出，則其餘事莫不復請」，是皆專之之事也。○注「先是」至「不至」。○「公比」，鄂本、宋本同。十行本「比」誤「此」，閩本、監本、毛本改「皆」，非。按：比猶頻也。上十五年「齊侯、宋公、陳侯、衛侯、鄭伯會于鄄」，又十六年「齊侯、宋公、陳侯、衛侯、鄭伯、許男、曹伯、滑伯、滕子同盟于幽」，皆無公會之文，是公比不至也。今本十六年經誤衍「公會」。此經舊疏云：「正以彼二經皆不言公會。」是舊疏本無「二」字矣。○注「公子」至「録之」。○繁露精華云：「難者曰：『大夫無遂事。又曰：出竟有可以安社稷、利國家者，專之可也。又曰：大夫以君命出，進退在大夫也。又曰：聞喪徐行而不返也。夫既曰無遂事矣，又曰專之可也；既曰進退在大夫矣，又曰徐行不反也。若相悖然，是何謂也？』曰：『四者各有所處，得其處，則皆是也；失其處，則皆非也。春秋固有常義，又有應變。無遂事者，謂生平安寧也；專之可也者，謂救危除患也；進退在大夫者，率用兵也；徐行不反者，謂不以親害尊，不以私妨公也。此之謂將得其禮知其指。故公子結受命往媵陳人之婦于鄄，遂其事，從齊桓盟，春秋弗非，以爲救莊公之危。公子遂受命使京師，遂生事之晉，春秋非之，以爲是時僖公安寧無危而救。有危而不專救，謂之不忠；無危而擅生事，是卑君也。故此二臣俱生事，春秋有是有非，其義然也。」又順命云：「臣子大受命於君，辭而出疆，唯有社稷國家之危，猶得發辭而專安之盟是也。」「盟」上當脱「鄄」字。説苑奉使篇亦云：「春秋之辭有相反者四：既曰大夫無遂事，不得擅生事矣，又曰出境可以安社稷利國家，專之可也；既曰大夫以君命出，進退在大夫矣，又曰以君命出，聞喪徐行而不反。何也？曰：此四者，各止其科，不轉移也。不得擅生事者，謂平生常經也；專之可也者，謂救危除患也；進退在大夫者，謂將帥用兵也；徐行而不反者，謂出使道聞君親之喪也。公子結擅生事，春秋不非，以爲救莊公危也。公子遂擅生事，春秋譏之，以爲僖公無危事也。故君有危而不專救，是不忠也；君無危而擅生事，是不臣也。傳曰：詩無通故，易無通占，春秋無通義，此之謂也。」按：繁露滅國下云：「幽之會，莊公不往，戎人乃窺兵於濟西，由見魯孤獨而莫之救也。此時大夫廢君命，專救危者。」謂此。毛氏奇齡春秋傳云：「此雖專事，然聘禮大夫受命不受辭，出境有可安社稷、利國家者，專之可也，故春秋無譏焉。此與文八年，公子遂盟雍，不近命而即與雒戎盟于暴例同。」義或然與？○注「先書」至「之也」。○舊疏：「謂書鄄是也。正以鄄爲衛地故也。」明至鄄後有所聞，乃得專盟也。○注「盟不」至「地也」。○通義云：「鄄者，盟地，非致媵地也。本送女如陳，行及于鄄，值齊、宋約盟，而結與焉。猶曰『鄫子會盟于邾婁，己酉，邾婁人執鄫子，用之』。

會盟者，會曹南之盟，非盟于邾婁也。于邾婁者，起下事言行及于邾婁而見執也。此二經文同。今皆失其讀。」孔疏：「此鄄是衞之東地，蓋陳取衞女爲婦，魯使公子結送媵向衞，至鄄，聞齊、宋爲會，將謀伐魯，故權事之宜，去其本職，不復送女至衞，遂與二君會盟，故備書之也。送女至鄄，停女會盟，鄄是盟處，故言于鄄，非本期送女于鄄也。」然則鄄即盟地，若更書盟于鄄，則嫌上鄄爲媵出，似專送女于鄄，不見出竟與盟之善也。○注「陳稱」至「言之」。○宜稱陳侯，今略稱人，故注解之。隱十年傳：「春秋録内而略外。」又隱三年「宋公和卒」，注：「貶外言卒，所以褒内也。」又隱十一年注：「内適外言如，外適内言朝聘，所以別外尊内也。」此爲内書，故外陳，略稱人，明此爲結專盟書，非媵事也。○注「此陳」至「塗也」。○隱二年傳云「在塗稱婦」，故知鄄非媵婦地矣。穀梁傳：「其曰陳人之婦，略之也。」注：「但爲遂事，假録媵事爾，故略言『陳人之婦』，不處其主名。」○注「加之」至「成也」。○舊疏云：「此婦未成爲夫人，故加之絶之。若其已配，禮宜言媵陳夫人，不假言之以絶也。」○注「冬齊」至「信也」。○即下「齊人、宋人、陳人伐我西鄙」是也。公羊之例，不信者書日，下即背盟，宜日。而此作大信辭者，盟信自在結也，蓋魯君背約耳，亦注家以意言之。

○夫人姜氏如莒。【疏】上「日有食之」，注云：「夫人如莒，淫泆不制所致。」此無傳，何氏或有所本。杜亦云：「非父母國而往，書姦。」穀梁傳：「婦人既嫁不踰竟。踰竟，非正也。」按：父母殁後，諸侯夫人義不得歸寧兄弟之國，況異國乎？知不僅如穀梁所譏矣。

○冬，齊人、宋人、陳人伐我西鄙。【注】鄙者，邊垂之辭，榮見遠也。【疏】注「鄙者」至「遠也」。○校勘記云：「諸本『榮見遠也』同，句當有誤。」周禮大司徒邦國、都鄙對言，鄭注：「以邦之所居爲國，都之所居爲鄙。」此以鄙爲邊垂之辭，蓋周禮都鄙距國五百里，在王畿之邊，故鄙可釋爲邊垂也。按：穀梁傳：「其曰鄙，遠之也。其遠之〔一〕，何也？不以難邇我國也。」似亦「榮見遠」之義。垂者，説文土部：「垂，遠也。」又𨑒部：「邊，行垂崖也。」垂者，遠也。崖者，高邊。故邊字兼垂、崖兩義也。莊子逍遥遊云：「翼若垂天之雲。」崔云：「垂，猶邊也。其大如天一面雲也。」漢書司馬相如傳：「千金之子坐不垂堂。」謂不坐於堂之邊也。杜亦云：「鄙，遠邑。」

○二十年，春，王二月，夫人姜氏如莒。【注】月者，再出也。不從四年巳月者，異國。【疏】注「月者，再出也」。○舊疏云：「欲對上十九年『秋，夫人姜氏如莒』之文也。」穀梁注：「夫人比年如莒，過而不改，無禮尤甚，故謹而月之。」○注「不從」至「異國」。○上四年「春，王二月，夫人姜氏饗齊侯于祝丘」，彼注云：「月者，再出重也。三出不月者，省文從可知例。」然則此經夫人再出，合從彼省文而書月，爲彼

〔一〕「之」字原脱，叢書本同，據春秋穀梁注疏校補。

如齊，此如莒，異國，不得相因故也。

○夏，齊大災。

大災者何？大瘠也。【注】瘠，病也，齊人語也。以加大，知非火災也。【疏】唐石經、諸本同。釋文：「大瘠，在亦反，病也。本或作𤺓，才細反。一本作漬，才賜反。」鄭注曲禮引此同。」經義雜記云：「按，説文『瘠』作『膌』，云：『瘦也。古文作㿀。』義別。（曲禮正義曰：「此云漬，彼云瘠，字異而意同。」按，漬與瘠不同。陸德明、孔仲遠皆疏於小學，故不能辨其是非。漢書食貨志「國亡捐瘠」，蘇林曰：「瘠音漬。」可見古音漬、瘠、𤺓並同，故漬或作瘠，又作𤺓。陸德明每字爲一音，顔師古云：「瘠不當音漬。」皆不通古音之證也。）釋詁：『𤺓，病也。』鄭注禮記玉藻『親𤺓』同。説文疒部無此字，義亦不合。据釋文，知古本作『大漬』。禮記曲禮下『四足死曰漬』，注：『漬，謂相瀸汙而死也。』春秋傳曰：『大災者何？大漬也。』然則鄭康成所据公羊亦作『大漬』。正義曰：『牛馬之屬，若一箇死，則餘者更相染漬而死。』又公羊莊十七年『夏，齊人瀸于遂』，傳：『瀸者何？瀸積也。衆殺戍者也。』何注：『瀸者，死文。瀸之爲死積，死非一之辭，故曰瀸積，衆多也。』」校勘記云：「按，鄭作漬，何作瘠，當是嚴、顔之異。」又吕氏春秋貴公篇云：「仲父之疾病矣，漬甚。」高誘注：「漬，亦病也。」公羊傳曰：「大災者何？大漬也。」與鄭、陸所据本同。説文骨部：「骴，鳥獸殘〔一〕骨曰骴。」段注：「曲禮『四足曰漬』，注：『漬，謂相瀸汙而死也。』小雅『助我舉柴』，手部引作擘。毛、許皆云：『擘，積也。』鄭箋：『雖不中，必助中者舉積禽。』二經漬、擘字音義皆同。周禮：『蜡氏掌除骴。』故書骴作脊。先鄭云：『脊讀爲殰，謂死人骨也。』月令：『掩骼埋胔。』疏：『胔，骨〔二〕之尚有肉者也，及禽獸之骨皆是。』此先鄭兼人與禽獸言之。而公羊傳云：『大瘠，痢也。』漢食貨志：『骨無捐瘠。』孟康曰：『肉腐爲瘠，捐骨不薶者。』公羊、漢志瘠即骴字，合之鄭注月令：『肉腐曰骴。』蔡氏、高氏云：『有肉曰骴。』又指人言之。其字正作骴，假借作漬、作擘、作瘠，皆同音叚借也。漬又作殰。」○注「瘠病」至「語也」。○襄二十一年左傳「瘠則甚矣」，注：「瘠，瘦也。」説文作「膌」，云：「瘦也。」或作「𤺓，从疒从朿，朿亦聲〔三〕」，故曰病。瘦，其引申義也。按：釋詁：「咎，病也。」説文：「咎，災也。」災即病也，故大瘠爲大病。郝氏懿行爾雅義疏云：「今東齊人謂病爲災。蓋古之遺言也。」○注「以加」至「災也」。○通義云：「謹案，經例，大者曰災，小者曰火。言災則大已見，不煩更有大文，故得起非火災也。」舊疏云：「正以襄三十年『宋災』、昭九年『陳火』之屬，皆不言大故也。又云襄九年傳云『大者曰災，小者曰火』，注云：『大者，謂正寢、社稷、宗廟、朝廷也。下此則小矣。』然彼是兩火自對，故以災、火別之。此則非火，故必更言大耳。」

〔一〕「殘」，原訛作「殊」，叢書本同，據説文校改。
〔二〕「疏胔，骨」，原脱「疏胔」二字，「骨」原訛作「首」，叢書本同，據説文段注及禮記正義校改。
〔三〕「从朿，朿亦聲」，原脱訛爲「得聲」，叢書本同，據説文校改。

大瘠者何？痢也。【注】痢者，民疾疫也。【疏】注「痢者」至「疫也」。○經義雜記云：「痢，亦俗字，當爲癘。集韻云：『痢或作癘。』可證。説文疒部：『癘，疫疾也。从疒蠆省聲。』何義本此。」今本作「惡疾也」，非是，從詩思齊正義引改。公羊問荅云：「説苑：『古者，有災謂之厲。君一時素服，使有司吊死問疾，憂以巫醫。匍匐以救之，湯粥以方之。善者必先乎鰥寡孤獨，及〔一〕病不能相養，死無以葬埋，則葬埋之。有親喪〔二〕者，不呼其門。有齊衰大功，五月不服力役之征。有小功之喪者，未葬，不服力役之征。其有重户多死者急，則有聚重童子，擊鼓苣火，入官宫里用之。各擊鼓苣火，逐官宫里。家之主人，冠，立于阼。事畢，出乎里門，出〔三〕乎邑門，至野外。此匍匐〔四〕救厲之道也。』按，痢與厲通。」惠氏棟云：「痢即癘字，古厲、列通。禮記祭法『古厲山氏之有天下也』，魯語作『列』，可證。」方言三：「凡飲藥傅藥而毒，南楚之外謂之瘌，北燕、朝鮮之間謂之癆，東齊、海岱之間謂之眠，或謂之眩，自關而西謂之毒。痢，痛也。」周禮疾醫職「有癘疾」，惠氏士奇禮説云：「癘疾者，四時之疫氣也。川鬱爲汙，樹鬱爲蠹，草鬱爲蕢，氣鬱爲癘。木鬱發於春，火與土鬱發於夏，金鬱發於秋，水鬱發於冬，是謂〔五〕癘疾。」潛研堂荅問

〔一〕「及」，原訛作「以」，叢書本同，據説苑校改。
〔二〕「喪」，原訛作「長」，叢書本同，據公羊問答校改。
〔三〕「出」，原訛作「入」，叢書本同，據説苑校改。
〔四〕「匍匐」二字原脱，叢書本同，據説苑校補。
〔五〕「謂」，原訛作「爲」，叢書本同，據禮説校改。

云：「説文無痢字，未審當何從。」曰：説文：『癘，惡疾也。』左氏傳：『癘病不作。』杜以癘爲惡氣。古文厲與列通，痢即癘之異文也。瘠字説文亦無之，鄭注曲禮引公羊作『大瘠』，此古本也。説文羊部别出羵字，則因記文〔一〕『四足曰瘠』而〔二〕益之。」月令：「仲冬行春，令民多疥癘。」注：「疥癘之病，孚甲之象。」

何以書？記災也。外災不書，此何以書？及我也。【注】與宋大水同義。痢者，邪亂之氣所生。是時魯任鄭瞻，夫人如莒淫泆，齊侯亦淫諸姑姊妹，不嫁者七人。【疏】注「與宋」至「同義」。○即上十一年「宋大水」，傳云：「何以書？記災也。外災不書，此何以書？及我也。」注云：「時魯亦有水災。書魯則宋災不見，兩舉則煩文不省，故詭例書外以見内也。」是也。此亦痢災及魯，故書齊以起及我也。通義云：「疫氣自齊漸染及魯，道災所由生，故不舉我爲重。齊災恒不書，今獨見書，則及我之意自見。」○注「是時」至「七人」。○舊疏云：「晏子春秋文。按，彼齊景公問於晏子曰：『吾先君桓公，淫女公子，不嫁者九人，而得爲賢君何？』又此解言七人者，彼此其有誤矣。」按：説苑尊賢云：「將謂桓公清潔乎？閨門之内無可嫁者，非清潔也。」越絶書外傳：「越王勃然曰：孤聞齊威淫泆。」管子小匡篇：「公曰：寡君有汙行，不幸而好色，而姑姊有不嫁者。」新語無爲云：「齊桓公好婦人之色，妻姑姊妹，而國中多淫於骨肉。」是齊侯淫事也。舊疏云：「襄公霸諸侯，唯淫妹而已，齊人猶作南山崔崔以刺之。桓公小白相

〔一〕「文」，原訛作「又」，叢書本同，據潛研堂文集校改。
〔二〕「而」字原脱，叢書本同，據潛研堂文集校補。

淫九人，而齊人不刺之者，蓋以功多足以除惡故也。或者偶爾不作，或采之不得耳。」解詁箋云：「瘠本或作癠，或作漬，當是嚴、顔之異。痾與癘同，癩也。此齊宫女市女閭七百，管仲招來商賈，收夜合資，以充國用之應。」按：漢書五行志：「嚴公二十年『夏，齊大災』。劉向以爲齊桓好色，聽女口，以妾爲妻，嫡庶數更，故致大災。桓公不寤，及死，嫡庶分争，九月不得葬。公羊傳曰：『大災，疫也。』董仲舒以爲魯夫人淫于齊，齊桓姊妹不嫁者七人。國君民之父母，夫婦生化之本，本傷則末夭，故天災所予也。」與何義同。穀梁傳「其志以甚也」，注：「甚，謂災及人也。」與公羊同。

○秋，七月。

○冬，齊人伐戎。【疏】穀梁作「伐我」。趙氏坦異文箋云：「戎、我字相類，穀梁作伐我，或因十九年『冬，齊人、宋人、陳人伐我西鄙』而訛。」

○二十有一年，春，王正月。【疏】校勘記云：「唐石經作『廿有一年』，下二十準此。鄂本作『二十年』，誤字也。」

○夏，五月，辛酉，鄭伯突卒。【疏】包氏愼言云：「夏五月，經有辛酉，鄭厲公之卒日也。葬在十二月，不書日，似與傳『當時而不日，正也』之例不合。于曆五月有辛卯，無辛酉。六月之九日、八月之十日皆辛酉，恐經時月皆誤。卒月不誤，葬當在九月方與例合。」按：辛酉於曆爲四月之二十七日、六月之二十八日。葬在十二月，過時而不日，謂之不能葬也。

○秋，七月，戊戌，夫人姜氏薨。【疏】包氏愼言云：「秋七月，經有戊戌。曆七月無戊戌，八月之六日也。」

○冬，十有二月，葬鄭厲公。【注】春秋篡明者書葬。【疏】注「春秋」至「書葬」。○舊疏云：「言春秋者，欲見通例如此矣。篡明者，謂有立、入之文。」篡明書葬者，此鄭厲公於桓十五年書「鄭伯突入于櫟」，書入則篡明，故此書葬也。隱四年「衛人立晉」，立亦篡辭，故桓十三年書「葬衛宣公」。上九年「齊小白入于齊」，書入，見其篡，故僖十八年書「葬齊桓公」，是其例也。若篡不明者，則去葬以張義。如僖二十四年「晉侯夷吾卒」，不書葬晉惠公，以僖十年惠公之入未見經也。晉文公亦篡，僖二十四年無入文，而僖三十年書「葬晉文公」者，以晉文功足以除惡，春秋爲賢者諱故也。齊桓亦賢而不爲諱者，僖十年傳云：「桓公之享國也長，美見於天下，故不爲之諱本惡也。文公之享國也短，美未見於天下，故爲之諱本惡也。」蓋齊桓功蓋天下，其賢已著，書篡不足掩其功；晉文伯功未顯，故書其葬，若不篡然也。

○二十有二年，春，王正月，肆大省。【疏】唐石經、諸本同。釋文：「肆，本或作佚。省，左氏、穀梁作眚。」書洪範云：「王省惟歲。」史記宋世家作「王眚惟歲」。康誥「人有小罪非眚」，釋文：「本亦作省。」潛夫論引作「人有小罪非省」。盧氏文弨龍城札記一云：「古眚、省通用。周禮大司徒眚禮即省禮也。」舊疏云：「肆讀如字，放肆也。省讀如減省之省也。」舊疏蓋見有作「佚」本，故明之云如字。古肆、佚同部，叚借字。

肆者何？跌也。【注】跌，過度。【疏】注「跌，過度」。○穀梁傳云：「肆，失也。」失、佚、跌通。說文足部：「跌，踢也。一曰越也。」淮南修務訓：「夫墨子跌蹏而超千里。」注：「跌，疾〔一〕行也。」疾行亦有過義。公羊問荅云：「問：跌，過度，何也？曰：此如後漢書律曆志『無有差跌』之跌。」穀梁傳之失即跌之省。國語周語「不失其序」，漢書五行志作「不過其序」，是失有過義也。釋文：「跌，大結反。」

大省者何？災省也。【注】謂子卯日也。夏以卯日亡，殷以子日亡，先王常以此日省吉事，不忍舉，又大自省勑，得無獨有此行乎？常若聞災自省，故曰災省也。【疏】注「謂子」至「省也」。○「勑」，宋本

〔一〕「疾」，原訛作「疚」，叢書本同，據淮南子高誘注校改。

同。閩本、監本、毛本「勑」作「敕」。禮記檀弓云：「子卯不樂。」注：「紂以甲子死，桀以乙卯亡。王者謂之疾日，不以舉樂爲吉事，所以自戒慎。」正義：「按，尚書：『時甲子昧爽，武王朝至于商郊。』又史記云：『兵敗，紂自焚而死。』是紂甲子死也。昭十八年二月乙卯，『周毛得殺毛伯過而代之。萇宏曰：毛得必亡，是昆吾稔〔一〕之日也。』詩云：『韋顧既伐，昆吾夏桀。』同誅昆吾，既乙卯而亡，明桀亦以乙卯被放也。鄭司農注春秋，以爲子卯自刑，非鄭義也。」按：昭九年左傳：「子卯不樂」，禮釋文引賈逵解詁云：「桀以乙卯日死，紂以甲子日亡，故以爲戒。」是與何、鄭説同。漢書翼奉説異是，則鄭司農所本。張晏云：「子刑卯，卯刑子，相刑之日，故以爲忌。而云夏殷亡日，不推湯武以興，此説非也。」翼奉傳云：「北方之情，好也；好行貪狼〔二〕，申子主之。東方之情，怒也；怒行陰賊，亥卯主之。貪狼必待陰賊而後動，陰賊必待貪狼而後用，二陰並行，是以王者忌子卯也。禮經避之，春秋諱焉。」注：「李奇曰：北方陰也，卯又陰賊，故爲二陰。王者忌之，不舉樂。春秋、禮記説皆同。」師古曰：「儒者以爲子卯夏殷亡日，大〔三〕失之矣。何儒亮以爲學者雖駮云，只取夏殷亡日，不論殷周之興，以爲大失，不博考其義。且天人之際，其理相符，有德者昌，無德者亡。以桀紂之暴虐，又遇惡日，其理必亡。以湯武之德，固先天而天不違，所謂德能消殃矣！豈殃能消德也！」孔氏廣森經學卮言云：「舊説紂以甲子喪，桀以乙卯亡，故國君以爲忌日。按，傳

〔一〕「稔」，原訛作「亡」，叢書本同，據禮記正義校改。
〔二〕「狼」，原訛作「狠」，叢書本同，據漢書校改。下同。
〔三〕「大」字原脱，叢書本同，據顔注漢書校補。

云：『乙卯，昆吾亡之日也。』不言桀亡日。呂覽：『殷湯良車七十乘〔一〕，必死六千人，以戊子戰于郕，遂禽推移、大犧。』則桀實以戊子亡，又不聞疾戊子日也。翼奉以爲疾子卯者，爲其相刑，似亦有義。五子五卯皆相刑，獨疾甲乙者，以甲居十幹〔二〕之首，且乙位寄卯，日辰相配，是謂重刑。甲位在子，於日辰無比，唯避五子之先者而已。詩曰『吉日庚午』，王者忌甲子，故喜其所衝，庚制甲午破子者也。穆天子傳有『吉日辛酉』，亦乙卯之衝。」按，翼氏説齊詩，推合天人之道，然春秋假人事爲褒貶，不得參陰陽拘忌之説。子貢猶言「夫子文章可得而聞，性與天道不可得聞」，況其下乎？故説春秋當以何氏推本人事爲正。左傳云：「辰在子卯，謂之疾日。」禮記玉藻云「子卯稷食菜羹」，注：「忌日貶也。」是也。

肆大省何以書？譏。何譏爾？譏始忌省也。【注】時魯有夫人喪，忌省日不哭。省日本以忌吉事，不以忌凶事，故禮哭不辟子卯日，所以專孝子之恩也。不與念母，而譏忌省者，本不事母則已，不當忌省，猶爲商人責不討賊。【疏】注「省日」至「恩也」。○閩本、監本、毛本「恩」作「思」，依鄂本、宋本正。禮士喪禮云：「朝夕哭不避子卯。」注：「既殯之〔三〕後，朝夕及哀至乃哭，不代哭也。子卯，桀、紂亡日，凶事不避，吉事闕焉。」姜氏兆錫云：「王者以爲忌日，世俗相傳皆失其義。蓋湯放桀、武王伐紂者，乃

〔一〕「乘」，原訛作「乖」，叢書本不誤，據改。
〔二〕「十幹」，即「十干」，古籍中二者並存。
〔三〕「之」，原訛作「殯」，叢書本同，據儀禮注疏校改。

聖人救民取殘之大義，而桀、紂〔一〕固君，湯、武固臣也，故其於舊君之死日，不忍即吉而避之。」沈氏彤儀禮小疏云：「按，明陳絳云：子卯不樂，湯武之所以志盡傷也。禮，子於父母，有終身之喪焉，忌日之謂也。忌日不用，非不祥焉。言夫日志有所至，而不敢盡其私也。湯武既以天下誅桀紂，而猶以舊君禮喪焉，故於是日不樂，以明其志之至也。然則凶事不避者，哀親之死，尤重於傷舊君之亡，故無所嫌而不避也。王者既然，士可知。但鄭注檀弓以不舉樂爲所以自戒懼，亦非本義。鄭司農注春秋，以爲五行子卯相刑，翼奉傳、張晏注所云『子與卯相刑』，故以是日爲忌，乃術家傅會之說，不足辨。」按：姜說、沈說是也。惟謂鄭氏說爲非本義，亦非。子卯日愈自戒飭，不更得省字義乎？亦正合聖人恐懼修省之義。○注「不與」至「忌省」。○注「不與念母」，見上元年傳云：「其言孫于齊何？念母也。念母者所善也，則曷爲於其念母也貶？不與念母也。」注云：「念母則忘父，背本之道也。」不與念母，而責其肆省，故注解之。解詁箋云：「經、傳文『省』，當從穀梁作『眚』。跌，佚之誤。忌，讀爲己責之己，譏失罪也。何君失之。穀梁傳曰：『肆，失也。眚，災也。災，紀也。失，故也。爲嫌天子之葬也。』范注：『易稱「赦過宥罪」，書稱「眚災肆赦」，經稱「肆大眚」，皆放赦罪人，蕩滌衆故。有時而用之，非經國之常制。』災，謂罪惡；紀，治理也。有罪當治理之，今失之者，以文姜之故。文姜罪應誅絶，誅絶之罪不葬，若不赦除衆惡而書葬之，嫌天子許之，明須赦而後得葬。於義穀梁爲長。國君無故而赦刑人，亦春秋所譏也。不專以譏爲義者，國君過

〔一〕「紂」字原脱，叢書本有，據補。

市，則刑人赦，以身不正不足以正人也。文姜於王法，當服焚如死如之刑。魯臣子上爲莊公不得誅母，生則絶之，死則棄之。棄如非流宥之刑也，謂棄而不葬，不得入先公兆域也。故必以大眚可肆，而後文姜可葬，明之，天子之葬，即春秋之葬。穀梁無以春秋當新王之義，當以公羊條例隱括之。」按：劉説非是。肆大眚自是當時實事，不與莊公念母乃春秋之義。莊公，非能知有父者也，觀其娶仇女，可見莊公既不知其母爲有罪之人，又安得赦除罪人之事？穀梁家本無以春秋當新王之義，尤不得以公羊師説説穀梁也。左疏引賈逵説，亦以文姜爲有罪，故赦而後葬，以説臣子也。魯大赦國中罪過，欲令文姜之過因是得除，以葬文姜。夫文姜之罪在桓之末，莊公即位二十餘年，魯之臣子，莫不君母視之。桓公之仇久置度外，何忽於其死時罪之者？杜氏説左傳，但以爲赦有罪，不涉文姜，説猶愈於賈氏也。劉氏反取以説公羊，傎矣。○注「猶爲」至「討賊」。○文十四年「齊公子商人弑其君舍」，又十八年「齊人弑其君商人」，不書葬。齊懿公責臣子不討賊，蓋商人本弑君之賊，宜絶。齊之臣子不能致討，復臣事之，故商人見弑，仍不書葬，以責懿公、臣子。明齊之臣子，既臣事懿，則以懿之臣子之道責之矣。猶文姜宜絶，魯之君臣既未知絶，宜盡子道，而反忌省，故責之。故何云「本不事母則已，不當忌省」是也。

○癸丑，葬我小君文姜。【疏】包氏慎言云：「經『春，正月，肆大省』下書『癸丑，葬我小君文姜』，据穀梁，謂肆省者，嫌文姜有罪，不當葬，故先赦罪人，而後葬文姜。是葬不在正月也，曆二月之廿四日爲癸丑。」

文姜者何？莊公之母也。【注】輒發傳者，起仇母，録子恩。凡母在子年，無適庶，皆繫子也。不在子年，適母繫夫，庶母繫子。言小君者，比於君爲小，俱臣子辭也。文者，謚也。夫人以姓配謚，欲使終不忘本也。【疏】注「輒發」至「子恩」。○舊疏云：「隱元年傳云：『仲子者何？桓之母也。』今假令不發，亦是桓之夫人、莊公之母可知，而云『文姜者何？莊公之母』，故言輒矣。今此經云『葬我小君文姜』，傳云『文姜者何？莊公之母也』者，正欲録子之恩，故備禮而葬之。」按：春秋不與莊公念母，今莊公備禮而葬仇母，聖人緣情録子恩也。鄂本「仇」作「讎」。○注「凡母」至「子也」。○此傳「文姜者何？莊公之母」，是適母在子年繫諸子者也。其庶母在子年繫之子者，則宣八年傳云「頃熊者何？宣公之母也」、襄四年傳云「定弋者何？襄公之母」是也。其僖二年傳云：「哀姜者何？莊公之夫人也。」在僖年而繫之夫者，以僖公非其所生故也。○注「不在」至「繫子」。○不在子年，適母繫夫，春秋無文，何氏以理斷之。庶母繫子，則定十五年「姒氏卒」，傳「姒氏者何？哀公之母」是也。舊疏以僖二年「哀姜」證嫡母繫夫，哀姜薨、葬皆在僖世，不得云不在子年也。文五年傳「成風者何？僖公之母也」，在孫年，自從庶母在子年例也。舊疏云：「鄉來所言，傳皆葬上乃言某公之母，而姒氏特於卒上發傳者，正以姒氏之喪，直云葬定姒，不得稱小君，是以傳家亦於葬略之矣。定姒所以葬不得稱小君，公羊之義，母以子貴，哀公爾時未爲君，是以定姒未得全同夫人矣。」○注「言小」至「辭也」。○毛本「於」誤「與」，依宋本正。論語季氏篇：「邦君之妻，稱諸異邦，曰寡小君。」在本國無庸謙言寡，故爲臣子辭也。穀梁傳：「小君非君也，其曰君何也？以其爲公配，可以言小君也。」○注「文者」至「本也」。○白虎通謚篇：「夫人無謚者何？無爵故無謚。或曰夫人有謚，夫人一國之母，修閨門之内〔一〕，羣下亦化之，故設謚以章其善惡。」通典引五經通義同。後一説蓋即公羊家説，以公羊無譏夫人有謚義也。隱元年注云：「婦人以姓配字，不忘本也。」此以姓配謚，理亦宜然。通義云：「春秋之初，下成康未遠，諸侯夫人猶從君之謚。衛有莊姜、宣姜，鄭有武姜，皆是也。非正嫡則無謚，仲子是也。魯自文姜以後，不别適庶，皆各自爲謚。定公之妾姒氏，不當體君，乃反稱定姒，此末世黷亂作之，不應禮法。」

○陳人殺其公子禦寇。【注】書者，殺君之子，重也。【疏】注「書者」至「重也」。○舊疏云：「正以不言大夫而得書殺，則知由其是君之子故也。」按：重者，視專殺大夫爲重也。劉氏逢禄云：「不言大夫者，未爲大夫。本穀梁義。杜云：宣公太子也。」通義云：「陳世家曰：『宣公有嬖妾，生子款，欲立之，乃殺其太子禦寇。』經不言世子者，蓋雖貴宜爲太子，非嫡長，又未誓也。稱人以殺者，歸惡於款也。言款之志，在乎搆殺其兄而代之也。後款卒，不日，亦爲篡未明故，與此事相起。」「禦寇」，左氏作「御寇」。御、禦音義通。上十一年左傳「公子御説之辭也」，釋文：「本或作禦。」下二十四年傳「御孫諫」，釋文：「本一作禦。」是也。蓋皆取止爲義，故得通。

〔一〕「内」，原訛作「則」，叢書本同，據白虎通校改。

○夏，五月。【注】以五月首時者，譏。莊公取仇國女，不可以事先祖，奉四時祭祀，猶五月不宜以首時。

【疏】注「以五」至「首時」。○鄂本「取仇」作「娶讎」，穀梁疏引同。春秋正辭云：「五月首時，其首時何？著其異也。忘父葬母，謀娶仇女，異之大者也。以天時爲于此變矣，著變以存其常焉爾。」按：夏爲盛陽，而以五月首時，著陽失正。

○秋，七月，丙申，及齊高傒盟于防。【注】防，魯地。【疏】包氏慎言云：「秋七月，經書『丙申，及齊高傒盟于防』，曆七月無丙申，八月之十日也。」○注「防，魯地」。○蓋臧氏所食邑，與隱八年取之宋者異。

齊高傒者何？貴大夫也。【疏】通義云：「等諱必没公，言高傒，不貶言公及齊人者，以其貴，須見名氏也。左傳曰：『有天子之二守國、高在。』謂傒及國歸父之父也。言雖貴如高傒，猶不得敵諸侯，然後君臣之分益正。與處父異者，傒大國之卿，命乎天子，本當言高仲，今言高傒，即是抑之。陽處父本當言名氏，故更貶去氏，其爲降一等同也。」杜亦云：「高傒，齊之貴卿。」

曷爲就吾微者而盟？【注】据暨與公盟也。【疏】注「据暨」至「盟也」。○舊疏云：「即上九年『春，公及齊大夫盟于暨』是也。」鄂本「暨」作「既」，誤。

公也。【注】以其日，微者不得日。大夫盟，當出名氏。【疏】注「以其」至「得日」。○隱元年：「九月，及宋人盟于宿。」傳曰：「孰及之？內之微者也。」是微者不日也。微者盟例時，不能專正，故責略之。此月者，隱公賢君，雖使微者，有可采取，故録也。然則，微者且不月，此日，知非微者矣。僖十九年「冬，會陳人、蔡人、楚人、鄭人盟于齊」，是微者時矣。此詳録之，知爲公。○注「大夫」至「名氏」。○成元年「臧孫許及晉侯盟于赤棘」，是大夫盟，出名氏矣。校勘記云：「閩本、監本、毛本同。修改本『出』作『書』，蓋非。」

公，則曷爲不言公？諱與大夫盟也。【疏】通義云：「于暨，言公及齊大夫；于防，没公者。無君而盟大夫，猶可言也；有君而盟大夫，公卑矣，是以諱之也。諸來聘而盟者，皆不言公及，同此意也。」

公羊義疏二十三

南菁書院　句容陳立卓人著

莊二十二年冬盡二十四年

○冬，公如齊納幣。【注】納幣即納徵。納徵，禮曰：「主人受幣，士受儷皮。」是也。禮言納徵，春秋言納幣者，春秋質也。凡婚禮皆用鴈，取其知時候。唯納徵用玄〔一〕纁、束帛、儷皮。玄纁，取其順天地也。儷皮者，鹿皮，所以重古也。【疏】注「納幣」至「是也」。○鄂本「納幣」不重，此衍。毛本「禮」誤「者」。穀梁傳：「納幣，大夫之事也。禮有納采，有問名，有納徵，有告期〔二〕，四者備而後娶，禮也。」禮士〔三〕昏禮記曰：「納徵：執皮，攝之，內文；兼執足，左首；隨入，西上；參分庭一，在南。賓致命，釋外足，

〔一〕「玄」，原作「元」。阮元校十三經注疏凡「玄」均改作「元」，以避康熙皇帝玄燁之名諱。今一律恢復爲「玄」。以下徑改，不出校。
〔二〕「期」，原訛作「朔」，叢書本同，據穀梁注疏校改。
〔三〕「士」字原脱，叢書本同，據儀禮注疏校補。

見文。主人受幣，士受皮者自東出于後，自左受，遂坐攝皮。」注：「士謂若中士、下士不命者。以其〔一〕主人爲官長，据上士而言也〔二〕。」此約記文也。○注「禮言」至「質也」。○禮昏禮「納徵」，鄭注：「徵，成也。使使者納幣以成昏禮。」賈疏：「按，春秋左氏莊公二十二年『冬，公如齊納幣』，不言納徵者，孔子制春秋，變周之文，從殷之質，故指幣禮而言周文，故以義言之。徵，成也，納此則昏禮成，故云徵也。」按：變文從質，皆公羊家説。賈氏所引當是公羊經，淺人習見左氏，逕改疏文也。○注「凡婚」至「時候」。○禮昏禮「納采用雁」，注：「用雁爲摯者，取其順陰陽往來。」又云「賓執雁，請問名」。又云「納吉用雁，如納采禮」。又云「請期用雁」。又「親迎禮」云：「主人揖入，賓執雁從。」是昏禮皆用雁，故彼疏引鉤命決云：「五禮用雁。」是也。詩邶風匏有苦葉云：「雝雝鳴雁。」傳：「納采用雁。」箋云：「雁者，陰隨陽而處，似婦人從夫，故昏禮用焉。」白虎通嫁娶云：「女子十五許嫁。納采、問名、納吉、請期、親迎，以雁爲摯。摯用雁者，取其隨時而南北，不失其節，明不奪女子之時也。又是隨陽之鳥，妻從夫之義也。又取飛成行、止成列也。明嫁娶之禮，長幼有序，不相踰越也。又昏禮，贄不用死雉，故用雁也。」江氏筠讀儀禮私記云：「方氏苞獨指爲舒雁。夫雁不再偶，是以取之，蓋郊特牲所謂『一與之齊，終身不改』之義也。舒雁，則無所取矣。」盛氏世佐儀禮集編云：「士摯當用雉，而雉不可生致，故舍雉而用雁，記云『摯不用死』是也。」○注「唯納」

〔一〕「其」字原脱，叢書本同，據儀禮注疏校補。
〔二〕「据上士而言也」句原脱，據儀禮注疏補入以足句。

至「儷皮」。○釋文：「儷皮本又作麗。」昏禮云：「納徵：玄纁、束帛、儷皮，如納吉禮。」禮記雜記云：「納幣一束，束五兩，兩五尋。」注：「納幣，謂昏禮納徵也。十箇爲束，貴成數。兩兩合其卷，是爲五兩。八尺曰尋，一兩五尋〔一〕，則每卷二丈也，合之則四十尺，今謂之匹，猶〔二〕匹偶之云與？」此士大夫禮也。天子加以穀圭，諸侯則加以大璋。周禮玉人云：「穀圭，天子以聘女。大璋，諸侯以聘女。」是也。庶人則緇帛，周禮媒氏「純帛不過五兩」是也。彼注云：「純，實緇字也。古緇以才爲聲。納幣用緇，婦人陰也，凡取禮，必取其類〔三〕。五兩，十端也。十者，象五行十日相成也。」蓋庶人卑，故直取陰類與？蔡氏德晉云：「納徵最重，故特用皮帛，而不用雁。」○注「玄纁」至「地也」。○昏禮注：「用玄纁者，象陰陽備也。」白虎通嫁娶云：「納徵：玄纁、束帛、儷皮。玄三法天，纁二法地也。陽奇陰偶，明陽道之大也。」隱元年注：「束帛，謂玄三纁二。玄三法天，纁二法地也。」沈氏彤儀禮小疏云：「鄭周禮注云『五兩，十端也』，必言兩者，欲得其配合之名。雜記云『納幣一束，束五兩，兩五尋』，然則每端二丈，彼疏云：『古者二端相向卷之，共爲一兩，五兩故十端也。』又鄭雜記注云：『十箇爲束，兩兩卷，合其卷是謂五兩〔四〕。八尺曰尋，五

〔一〕「一兩五尋」，叢書本同，閩、監、毛本及段玉裁校本均作「五兩五尋」。

〔二〕「猶」，原訛作「由」，皇清經解續編本、叢書本均不誤。十三經注疏本禮記作「由」，阮元校勘當爲「猶」，據校改。

〔三〕「凡取禮」二句，周禮注疏作「凡於娶禮，必用其類」。

〔四〕「兩兩」至「五兩」二句，原脱訛作「兩兩合其卷」，叢書本同，據儀禮小疏校補。

兩五尋，每卷二丈〔一〕，合之四十尺〔二〕。今謂之匹，猶匹偶之云。』彼疏云：『一束謂十箇，兩箇合爲一卷，是束五兩也。』」天之正色蒼而玄，地之正色黄而纁，聖人法天地以制衣裳，而别其色，故禮服之重者，莫不上玄而下纁。記云「皮帛必可制」，納幣以玄纁，重昏禮，使制爲盛服也。又〔三〕：「鄭地官媒氏注：『納幣以緇，婦人陰也，凡取禮，必用其類。』『士大夫乃以玄纁、束帛。』此經、注用玄纁象陰陽，備也。然則玄爲陽，而緇爲陰矣。又鄭注此經『纁裳，緇袘』，云『緇緣』者，象陽氣下施。是緇亦陽也。按，考工記：『畫繢之事，雜五色。東方謂之青，南方謂之赤，西方謂之白，北方謂之黑，天謂之玄，地謂之黄。』凡五，而目有六者，玄與黑同而異也。五方之色單，而天之玄，乃全乎五方之色。玄入黑而爲緇，則諸色潛藏，獨見其方之色而已。故説文但訓緇爲黑，而康成以爲陰類也。然所見者雖獨北方之色，而天之色實含諸其中，故禮服緇與玄恒互用。而康成又以緇爲陽象，不等諸專象北方之黑也，蓋專象北方之黑，不以青赤黄諸色爲裏。或曰，凡昏禮無貴賤，皆陰陽備。鄭乃謂惟士大夫之幣象之，豈庶民獨不當象之乎？謂娶禮必用其類而以緇，則士大夫何爲而不用其類與？彤謂言非一端，各有所當。專用緇，則取象幽陰；兼用玄纁，則取陰陽之備，皆昏禮之義類。庶人取其細，而不取其大，下士也。然不用黑而用緇，則以緇之中仍

〔一〕「丈」，原訛作「尺」，叢書本同，據禮記正義及儀禮小疏校改。
〔二〕「尺」，原訛作「丈」，叢書本同，據禮記正義校改。
〔三〕「又」下依然是徵引儀禮小疏的内容。

備陰陽之色耳。又按，士冠禮所陳三服，玄端、玄裳，乃服之下者，然在庶人爲上服。昏禮攝〔一〕盛，則庶人與其妻皆可服玄。而納幣以緇者，緇又降於玄也。」「昏禮幽陰，故取象北方之色，謂象婦人陰者，非也。」○注「儷皮」至「古也」。○昏禮注云：「儷，兩也。執束帛以致命。兩皮爲庭實。皮，鹿皮。」白虎通嫁娶云：「儷皮者，兩皮也，以爲庭實。庭實，偶也。」士冠禮：「主人酬賓，束帛、儷皮。」注：「儷皮，兩鹿皮也。古文儷爲離。」九經古義：「説文：『麗，旅行也。鹿之性，見食急則必旅行。从鹿丽聲。禮，麗皮納聘，蓋鹿皮也。』譙周古史考云：『伏羲制嫁娶，以儷皮爲禮，古文作離者。』易離彖傳曰：『離者，麗也。』禮記月令曰：『宿離不貸。』注：『離，讀如儷偶之儷。』兩鹿皮〔二〕者，士昏禮注云：『麗，兩也。』春秋傳曰：『鳥獸猶不失儷。』是儷爲兩也。」説文作麗，所引禮，則儀禮也。是許所見本作麗，鄭本作儷，不同。白虎通引昏禮作離，則鄭注所謂古文儷爲離也。重古者，禮記禮運云：「昔者，先王未有火化，食草木之實，鳥獸之肉，飲其血，茹其毛，衣其羽皮。」後聖有作，「治其麻絲，以爲布帛」。即反本修古義也。

納幣不書，此何以書？【注】据桓三年，公子翬如齊逆女，不書納幣。

譏。何譏爾？親納幣，非禮也。【注】時莊公實以淫泆大惡不可言，故因其有事於納幣，以無廉恥爲譏。不譏喪娶者，舉淫爲重也。凡公之齊，所以起淫者，皆以危致也。【疏】白虎通嫁娶篇：「士〔一〕

〔一〕「攝」，原訛作「所」，叢書本同，據儀禮小疏校改。

〔二〕「皮」字原脱，叢書本同，據九經古義校補。

昏禮文云：『納徵辭曰：吾子有嘉命，貺室某也。某有先人之禮，離皮、束帛，使某也請納徵。』上某者，壻名也；下某者，壻父名也；下次某者，使人名也。女之父曰：『吾子順先典，貺某重禮，某不敢辭，敢不承命！』」是納幣皆使人爲之。莊公親納幣，故書示譏也。禮記曲禮云：「非受幣，不交不親。」是則納幣以後始交親矣。穀梁傳曰：「公之親納幣，非禮也，故譏之。」○注「時莊」至「爲譏」。○下二十三年傳云：「公一陳佗也。」注：「公如齊淫，與陳佗相似。」是淫泆大惡也。○注「不譏」至「重也」。○文二年傳：「納幣不書，此何以書？譏。何譏爾？譏喪娶也。娶在三年之外，則何譏乎喪娶？三年之内不圖昏。」此文姜之薨始踰年，喪娶亦在所譏，故解之。正以文與文二年同，而知非譏喪娶者，以彼但遣公子遂，故止譏喪娶。此特書公親納幣，不知遠恥。又下二十三年有公至文，故知舉淫爲重也。穀梁注云：「公母喪，未再朞而圖婚，傳無譏文，但譏親納幣者，喪婚不待貶絶而罪惡見。」○注「凡公」至「致也」。○舊疏云：「即下二十三年，『春，公至自齊』，『夏，公如齊觀社』，『公至自齊』；二十四年，『夏，公如齊逆女』，『秋，公至自齊』之屬是也。凡書至者，臣子喜其君父脱危而至故也。」但納幣無爲有危，故書至爲危辭，以起其淫也。書公至在明年。

○二十有三年，春，公至自齊。【疏】毛本「自」誤「日」。

〔一〕「士」，原訛作「約」，叢書本同，據儀禮注疏校改。

桓之盟不日，其會不致，信之也。【注】据柯之盟不日，柯之會不致。【疏】注「据柯」至「不致」。○即上十三年「冬，公會齊侯于柯」，不書日，不致是也。

此之桓國，何以致？危之也。何危爾？公一陳佗也。【注】公如齊淫，與陳佗相似如一也。【疏】通義云：「僖公再之桓國皆不致，莊公則致，故得起有危義。其他公如齊〔一〕、如晉、如楚悉致〔二〕者，自是常例耳。」穀梁疏引徐邈説云：「不以禮行，故致以見危。」○注「公如」至「一也」。○即桓六年：「蔡人殺陳佗。」傳云：「陳佗者何？陳君也。陳君則曷爲謂之陳佗？絶也。曷爲絶之？賤也。其賤奈何？外淫也。惡乎淫？淫于蔡，蔡人殺之。」是也。公如齊淫，亦是外淫，故與陳佗如一。

○祭叔來聘。【注】不稱使者，公一陳佗，故絶。使若我無君，以起其當絶，因不與天子下聘小人。【疏】釋文：「祭，側界反。」毛本作蔡。通義云：「祭叔即祭公也。爲三公則稱公，不爲三公則不稱公。」按：當作祭，此周公之後。僖二十四年左傳所謂「凡蔣、邢、茅、胙、祭，周公之胤也」，與管、蔡之蔡别。范云「祭叔，天子寰内諸侯」是也。○注「不稱」至「當絶」。○舊疏云：「如此注者，正欲決隱七年『天王使凡

〔一〕「如齊」二字原脱，叢書本同，據公羊通義校補。
〔二〕「致」上原衍一「不」字，叢書本同，據公羊通義校删。

伯來聘』、九年『天王使南季來聘』等，是王使而皆稱使。今此獨不稱使，故決之。」按：穀梁傳：「其不言使何也？天子内臣也。不正其外交，故不與使也。」范注引：「何休廢疾云：『南季、宰渠伯糾、家父、宰周公來聘，皆稱使，獨於此奪之，何也？』鄭君釋之曰：『諸稱使者，是奉王命，其人無自來之意。今祭叔不一心於王，而欲外交，不得王命來，故去使以見之。』」劉氏逢禄申何云：「如譏祭叔，當如祭伯，并絶去聘。此不稱使，絶莊公淫取仇女于三年喪内，比之我無君之例。穀梁傳高子，以爲『不以齊侯使高子』；傳屈完，以爲『權在屈完』，皆非也。」然則此不稱使，明公如陳佗，宜絶，故不與使。又若我無君也，閔二年「齊高子來盟」，傳云：「何以不稱使？我無君也。」是也。正以君不敵大夫，我無君，故鄰國之君不稱使也。○注「因不」至「小人」。○桓四年注云：「下去二時者，桓公無王而行，天子不能誅，反下聘之，故爲貶，見其罪，明不宜也。」與此「不與天子下聘小人」義同也。舊疏云：「桓公簒逆，經於『宰渠伯糾來聘』、『仍叔之子來聘』猶稱使，而不絶之。莊公特淫，絶之者，桓公惡甚，故去二時以明不宜。莊公罪輕，故不言使以見絶，因不與天子下聘小人而已。」左氏無傳。

○夏，公如齊觀社。【疏】穀梁傳：「常事曰視，非常曰觀。觀，無事之辭也。」

何以書？譏。何譏爾？諸侯越竟觀社，非禮也。【注】觀社者，觀祭社。諱淫言觀社者，與親納幣同義。社者，土地之主；祭者，報德也。生萬物，居人民，德至厚，功至大，故感春秋而祭之。天子用三牲，諸侯用羊豕。【疏】穀梁傳：「無事不出竟。」諸侯非朝聘會盟之事，不得出竟。今無此諸事，而觀齊社，祭雖非淫，亦不得也。○注「觀社」至「同義」。○繁露竹林云：「故言觀魚猶言觀社也，皆諱大惡之辭也。」則諱淫爲大惡也。上二十二年「公如齊納幣」，注：「時莊公實以淫泆大惡不可言，故因其有事於納幣，以無廉恥爲譏。」是與彼同也。九經古義云：「鄭氏六經奥論云：『公如齊觀社，左氏曰非禮也，公羊曰蓋以觀齊女也，穀梁曰非常曰觀。』按，墨子曰：『燕有祖，齊有社稷，宋有桑林，男女之所聚而觀之也。』則觀社之義，公羊爲長。棟案，左傳襄二十四年云：『齊社，蒐軍實，使客觀之。』外傳云：『夫齊，棄太公之法，而觀民於社。』然則觀社非古也，故左氏以爲非禮。」穀梁傳曰：「以是爲尸女也。」惠氏士奇春秋説云：「尸女者，主爲女而往。以社爲名，陳佗淫乎蔡，莊公淫乎齊。讀春秋者疑之，未得其説。及觀墨子而後知其説焉〔一〕。墨子曰：『燕有祖，齊有社稷，宋有桑林，楚有雲夢，此男女所屬而觀也。』蓋燕祖、齊社，國之男女皆聚族而往觀，與楚、宋之雲夢、桑林同爲一時之盛。猶鄭之三月上巳，士與女合會於溱、洧之瀕。觀社者，志不在社也，志在女而已。」是也。按：墨子明鬼又云：「王里國、中里徼二子者，訟三年而獄不斷，乃盟齊之神社。」則齊社固著聞矣。○注「社者」至「至大」。○白虎通社稷云：「不謂之土何？封土爲社，故變名謂之社，利於衆土也。」又云：「王者所以有社稷何？爲天下求福報功。人非土不立，

〔一〕「及觀墨子而後知其説焉」句原脱，叢書本同，據惠士奇春秋説校補。

非穀不食。土地廣博，不可徧敬也；五穀衆多，不可一一祭也。故封土立社，示有土尊〔一〕也。」御覽引援神契云：「社者，五土之總神。」禮記疏引：「異義：今孝經説：社者，土地之主〔二〕。土地廣博，不可徧敬，故封五土以爲社。古左氏説：共工氏有子曰句龍，爲后土，后土爲社。許君亦曰：『春秋稱公社，今人有社神，爲社公，故知社是上公，非地祇。』鄭君駮云：『社祭土而主陰氣。』又云：『社者，神地之道，謂社神，但言上公，失之矣。』」然則鄭氏之説，以社爲五土總神，句龍以有平水土之功，配社祀之，與此注「社者，土地之主」義合。若賈逵、馬融、王肅之徒以社祭句龍、稷祭后稷，皆人鬼也，非地神，見於禮記疏，非何氏所取。禮記疏又引聖證論：「王肅難鄭云：『禮運云：祀帝于郊，所以定天位；祀社于國，所以列地利。社若是地，應言定地位，而言列地利，故知社非地。』爲鄭學者，馬、昭等通之云：『天體無形，故須云定位；地體有形，不須云定位，故云列地利。』肅又難鄭云：『祭天，牛角繭栗，而用特牲；祭社，用牛角尺，而用太牢。又祭天地大裘而冕，祭社稷用希冕。又唯天子祭天地，令庶民祭社。若是地神，豈庶民得祭乎？』爲鄭學者通之云：『以天神至尊，而簡質事之，故牛角繭栗而用特牲，服著大裘。天地至尊，天子至貴，天子祭社，是地之別體，有功於人，報其載養之功，貶降於天，故角尺也。祭用希冕，取其陰類。庶人蒙其社功，故亦祭之，非是方澤、神州之地也。』肅又難鄭云：『召誥用牲于郊，牛二。明后稷配天，故止二牲也。』又

〔一〕「尊」字原脱，叢書本同，據白虎通校補。
〔二〕「主」，原訛作「王」，叢書本同，據禮記注疏校改。

云：『社于新邑，牛一羊一豕一，明知祭句龍，更無配之之人。』爲鄭學者通之云：『是后稷與天，尊卑既別，不敢同天牲。句龍是上公之神，社是地示之別，尊卑不甚懸絶，故配同牲也。』肅又難鄭云：『后稷配天，孝經有配天明文，后稷不稱天也。祭法及昭二十九年左傳云：「句龍能平水土，故祀以爲社。」不云祀以配社，明知社即句龍也。』爲鄭學者通之云：『后稷非能與天同功，唯尊祖配之，故不得稱天。句龍與社同功，故得云祀以爲社，而得配社也。』肅又難鄭云：『春秋説「伐鼓于社」，責上公，不言責地示，明社是上公也。又月令「命民社」，鄭注：「社，后土也。」孝經注云：「社，后土也。」句龍爲后土。」鄭既云「社，后土」，則句龍也。是鄭自相違反。』爲鄭學者通之云：『伐鼓責上公者，以日食臣侵君之象，故以責上公言之。句龍爲后土之官，其地神亦名后土，故左傳云「君履后土」。地稱后土，與句龍稱后土名同實異也。』鄭注云后土者，謂地神也，非謂句龍也。」故中庸云：「郊社之禮。」注：「社，祭地神。」又鼓人云：「以靈鼓鼓社祭。」注云：「社祭，祭地祇也。」是社爲地祇也。又祭法云：「王爲羣姓立社，曰太社；王自爲立社，曰王社。諸侯爲百姓立社，曰國社；諸侯自爲立社，曰侯社。」疏：「大社在庫門内之右。故小宗伯云：右社稷。」王社所在，「或云與太社同處。王社在太社之西。崔氏云：王社在藉田，王所自祭，以供粢盛」。則諸侯亦當然也。○注「故感」至「祭之」。○白虎通社稷云：「又歲再祭之何？春求秋報之義也。故月令：仲春之月，命民社。仲秋之月，擇元日，命民社。援神契曰：仲春祈穀，仲秋獲禾，報社祭稷。」今月令無仲秋之月祭元日命民社之文，而御覽五百三十二引禮記月令仲春仲秋皆有之，並注云：「賽秋成也。元日，秋分前後戊日。」按：社祭一歲有三：仲春命民社一也。仲秋命民社二也。詩大田「以社以方」，謂秋祭也。月令孟冬，大割，祠祭於公社三也。彼上承天子禮年文，知天子亦祭也。○注「天子」至「羊豕」。○白虎通社稷云：「報社祭稷以三牲何？重功故也。尚書曰：『乃社于新邑，牛一、羊一、豕一。』王制曰：『天子社稷皆大牢，諸侯社稷皆少牢。』」禮記疏引援神契云：「報社稷以三牲何？重功故也。」鄭注周禮掌客云：「三牲，牛羊豕，共爲一牢。天子三牲，故稱大牢。諸侯不用牛，故稱少牢也。」續漢志：「郡縣置社稷，用羊豕。」用古諸侯禮也。周禮牧人云：「陰祀用黝牲。」注：「陰祀，祭地〔一〕北郊及社稷。」知天子以牛，諸侯以羊，皆當用黑牲也。白虎通又云：「宗廟俱太牢，社稷獨少牢何？宗廟太牢，所以廣孝道。社稷爲報功，諸侯一國，所報者少故也。」孝經曰：「保其社稷，而和其民人，蓋諸侯之孝也。」

○公至自齊。【疏】通義云：「危致例月。此之桓國而致，危義已見，故不復月。」

○荆人來聘。

荆何以稱人？【注】据上稱州。【疏】注「据上稱州」。○上十年「荆敗蔡師于莘」，十六年「荆伐鄭」，止稱州也。

〔一〕「祭地」，原訛作「地示」，叢書本同，據周禮注疏校改。

始能聘也。【注】春秋王魯，因其始來聘，明夷狄能慕王化、修聘禮、受正朔者，當進之，故使稱人也。稱人當繫國，而繫荆者，許夷狄者不一而足。【疏】注「春秋」至「人也」。○穀梁傳曰：「善累而後進之，其曰人，何也？舉道不待再。」范云：「明聘問之禮、朝宗之道，非夷狄之所能，故一舉而進之。」亦以其能慕王化、修聘禮、受正朔，即進以與之也。繁露觀德云：「吳楚國先聘我者見賢。」○注「稱人」至「而足」。○校勘記云：「六經正誤：『一當作壹。』按，此疏引襄二十九年傳作『不壹而足』，閩本、監本、毛本亦改爲『二』。」漢書陳湯傳：「御史大夫貢禹、博士匡衡以爲春秋之義，『許夷狄者不一而足』。」師古曰：「言制節之，不皆稱其所求也。」上十年傳云：「州不若國，國不若氏，氏不若人〔一〕。」此稱人當繫國，仍稱人繫州，故解之也。「許夷狄者不一而足」，見文九年、襄二十九年傳文。九年：「楚子使椒來聘。」傳：「椒者何？楚大夫也。楚無大夫，此何以書？始有大夫也。始有大夫，則何以不氏？許夷狄者不一而足也。」又襄二十九年：「吳子使札來聘。」傳云：「札者，吳季子之名也。春秋賢者不名，此何以名？許夷狄者不一而足也。」是也。

○**公及齊侯遇于穀。**【疏】穀梁傳曰：「及者，内爲志焉爾。」

〔一〕「人」，原訛作「一」，叢書本不誤，據改。

○**蕭叔朝公。**【疏】杜云：「蕭，附庸國；叔，名。」齊氏召南考證云：「按，十二年傳『蕭叔大心』，似此人字叔名大心也。杜以附庸之君例稱名，故以叔爲名耳。」

其言朝公何？【注】据公在内不言朝公，在外言會。【疏】注「据公」至「朝公」。○即隱十一年「春，滕侯、薛侯來朝」之屬是。○注「在外言會」。○舊疏云：「定十四年『邾婁子來會公』，及公會某侯之屬皆是也。」

公在外也。【注】時公受朝於外，故言朝公，惡公不受於廟。【疏】穀梁傳曰：「其不言來，於外也。朝於廟，正也；於外，非正也。」通義云：「公在穀，而蕭君以朝禮見也。附庸方三十里者字。」○注「時公」至「於廟」。○隱七年注云：「不言聘公者，禮，聘受之於太廟，孝子謙，不敢以己當之，歸美於先君，且重賓也。」又十一年注云：「不言朝公，禮，朝受之於大廟，與聘同義。」此言朝公，故惡之也。顧氏棟高賓禮表云：「禮，朝聘受於太廟。書朝公，志公之侈而蕭叔之簡也。交譏之。」杜云：「就穀朝公，故不言來。凡在外朝，則禮不得具，嘉禮不野合。」正義：「文連『遇于穀』，是就穀朝公。穀是齊地，故不言來也。」

○**秋，丹桓宫楹。**

何以書？譏。何譏爾？丹桓宫楹，非禮也。【注】楹，柱也。丹之者，爲將娶齊女，欲以誇大示之。傳言「丹桓宫」者，欲道天子諸侯各有制也。禮，天子斲而礱之，加密石焉；諸侯斲而礱之，不加密石；大夫斲之；士首本。失禮宗廟例時。【疏】左傳曰「秋，丹桓宮之楹」，二十四年「春，刻其桷，皆非禮也。」繁露王道云：「作南門，丹楹刻桷，作雉門及兩觀，築三臺，新延廄，譏驕溢不恤下也。」左傳：「御孫諫曰：『儉，德之共也；侈，惡之大也。』先君有共德而君納諸大惡，無乃不可乎！」○注「楹，柱也」。○説文木部：「楹，柱也。」釋名釋宮室：「楹，亭也。亭亭然孤立，旁無所依也。」考工記：「輪人爲〔一〕蓋。」松爲桯，桯即楹也。爾雅釋宮：「其上楹謂之棁。」注：「侏儒柱也。」禮疏引李巡曰：「梁上短柱也。」又引孫炎曰：「梁上侏儒柱。」一作棳。釋名又云：「棳儒，梁上短柱也。」則楹有二。楹本柱名，因之梁上短柱亦名楹也。○注「丹之」至「示之」。○穀梁傳云：「丹楹，非禮也。」又下二十四年傳云：「刻桷，非正也。夫人所以崇宗廟也，取非禮與非正而加之於宗廟，以飾夫人，非正也。」注：「非禮，謂取仇女；非正，謂刻桷、丹楹也。本非宗廟之宜，故曰加。言將親迎，欲爲夫人飾，又非正也。」白虎通嫁娶云：「婦入三月，然後祭行。舅姑既歿，亦婦入三月，奠采于廟。」禮昏禮云：「若舅姑既歿，則婦入三月，乃奠菜。席于廟奧，東面，右几。席于北方，南面。」注：「廟，考妣之廟。」詩齊風南山云：「取妻如之何？必告父母。」傳：「告於禰廟。」明三月告廟，亦宜於禰。時哀姜無舅姑，宜行禮桓宮，知丹楹、刻桷，皆爲夫人廟見，所以誇大之也。下二十四年左傳杜注云：「將迎夫人，故爲盛飾。」是也。江氏筠讀儀禮私記云：「賈疏引曾子問『三月廟見』云云，謂即祭于禰，一也。曾子問孔疏：『則謂廟見奠菜、祭禰是一事。』萬氏充宗云：『然則舅姑

〔一〕「爲」，原訛作「以」，叢書本同，據周禮注疏校改。

在者，高曾祖禰之廟可以不見乎？」觀曾子問又云：『女未廟見而死，不遷于祖，不祔於皇姑。』所以不遷、不祔者，以未廟見也。曰祖、曰皇姑，則知廟見及高曾祖矣。今按，曾子問所云廟見，是專指舅姑在者。其所云祭禰，即此經之奠菜，指舅姑殁者，非謂舅姑殁者止行祭禰，而別無廟見，又非即祭禰而廟見，如注疏家之説也。或曰經既著奠菜之禮矣，何以不并著廟見之文？曰：經本詳初昏及夙興事，初不及三月而後，其言奠菜者，特以見舅姑禮及之，非主爲廟見致詳焉。」褚氏寅亮儀禮管見云：「舅殁姑存，則當時見姑，亦三月廟見舅；若姑殁舅存，則婦人無廟可見，斯不行奠菜之禮矣。賈疏極分明。庾氏蔚之謂舅姑偏有殁者，見其存者，不須見亡者，豈禰廟可以不見乎？崔氏靈恩謂盥饋於存者，廟見於亡者。當舅見在，姑未有專廟，又何由而見乎？皆屬一偏之見。疏謂婦人無廟，以舅尚在，則權祔於皇祖姑之廟耳。既入皇祖姑之廟矣，乃竟專見姑乎？事有難處，故姑没舅存，斷以不見爲正。三月祭行，達禮也；三日祭菜，變禮也，不可混而爲一。孔穎達謂奠菜之禮，適婦乃得行之，庶婦則否矣。」按：三月廟見，專爲舅姑既殁，所以代舅姑存時盥饋之禮，故止於禰廟。婦人必舅姑授之室，使代己，然後乃主祭，故舅姑在，則降自阼階，以著代矣。若舅姑殁，則無所受，故先見禰廟，若受之舅姑者，然後可以助行時祭也。非謂婦人不見祖曾以上也。李如圭儀禮集釋云：「凡言廟者，皆禰廟。昏禮行事於廟，記云『受諸禰廟』是也。其非禰廟，則舉廟名以別之。」若祖廟、祧廟是也。故鄭彼注以廟奥爲考妣廟也。莊公所爲飾以誇大之與？○注「傳言」至「制也」。○毛本「宫」作「公」，誤。穀梁傳曰：「天子、諸侯黝堊，大夫倉，士黈。」御覽引作「天子丹，諸侯黝堊」。所謂天子、諸侯各有制也。魯僭用天子禮，故云「丹桓宫楹，非禮也」。穀梁又云：「斥言桓宫以惡莊。」爲不言新宫而言桓宫，以桓見殺于齊，而飾其宗廟，以榮仇國之女，惡莊不子。公羊無此義。○注「禮天」至「首本」。○國語晉語云：「趙文子爲室，斲其椽而礱之。」韋注：「椽，榱也。礱，石磨焉。」又云：「張老夕焉而見之，曰：『天子之室，斲其椽而礱之，加密石焉。』」注：「密，細密文理。石，謂砥焉。先粗礱之，加以密砥。」又云：「諸侯礱之。」注：「無密石焉。」又云：「大夫斲之。」注：「不礱。」「士首之」，注：「斲其首也。」詩疏引書大傳云：「天子廟飾，皆云〔一〕：斲其材而礱之，加密石焉。」「大夫達稜，士首本。」鄭注：「礱，礪之也。密石，砥之也。」禮器疏引含文嘉云：「士首本者，士斲去木之首本，令細與尾頭相應。」下二十四年穀梁傳曰：「禮，天子之桷，斲之礱之，加密石焉。諸侯之桷，斲之礱之。大夫斲之。士斲本。」按：何氏所引晉語文止言榱桷之制，與楹無涉，故舊疏謂「此何氏於丹楹下總言之矣」。按：説文石部礱下作「天子之桷，椓而礱之」，段注：「椓，當依類篇所引作斲。穀梁傳、尚書大傳、晉語、公羊注皆作斲，可證。稜者，謂斲其通體成稜，故曰達稜。首本者，斲其首也。」鹽鐵論散不足云：「及其後世，采椽不斲，茅茨不翦。無斲削之事，磨礱之功。大夫達稜，士本首，庶人斧成木構而已。」是也。○注「失禮」至「例時」。○舊疏云：「正謂此文是也。下二十四年『三月，刻桓宫桷』，書月者，以其功重故也。此謂失禮修營之例也。若其祭祀失禮者，則書日，是以隱五年『初獻六羽』下注云：『失禮鬼神例日。』是也。若始造宗廟而失禮者，亦書日，即成六年『春，王二月，辛巳，立武宫』是也。而定元年『九月，立煬宫』

〔一〕「天子廟飾，皆云」句，原訛作「天子之堂其桷天子」，不辭，叢書本同，據毛詩正義校改。

亦非禮，而不日者，所見之世，其恩尤厚，故不爲書日，使若得禮然。」義或然也。

○冬，十有一月，曹伯射姑卒。【注】曹達春秋，常卒月葬時也。始卒日葬月，嫌與大國同；後卒而不日，入所聞世，可日不復日。【疏】注「曹達」至「時也」。○文九年「秋，八月，曹伯襄卒。冬，葬曹共公」，昭十八年「春，王三月，曹伯須卒。秋，葬曹平公」是也。其宣十四年「夏，五月，庚申，曹伯壽卒」，書日者，彼注云：「日者，公子喜時父也，緣臣子尊榮，莫不欲與君父共之，故加録之。所以養孝子之志，許人子者，必使人父也。」其有卒葬在日月下者，不蒙日月矣，當文各自有解。○注「始卒」至「不日」。○即桓十年「春，王正月，庚申，曹伯終生卒。夏，五月，葬曹桓公」是也。彼注云：「卒日葬月者，曹伯年老，使世子射姑來朝。春秋敬老重恩，故爲恩録之。」嫌與大國同者，隱四年注：「卒日葬月，達于春秋〔一〕大國例。」是也。通義云：「曹、鄭皆同姓之伯，然〔二〕唯終生始見，得〔三〕録卒葬，與鄭同。射姑以後，遂月卒時葬，達於春秋，蓋貶之也。春秋雖亡國數十，率以弱小不能自存，唯曹列於成國，而當春秋之中，先見覆滅。傳曰：『國於天地，有與立焉。不數世淫，弗能斃焉。』曹其是矣。莊有不子之惡，其嗣僖公不用忠臣

〔一〕「春秋」下原衍一「爲」字，叢書本同，據公羊注疏校删。

〔二〕「然」下原衍一「曹」字，叢書本同，據公羊通義校删。

〔三〕「始見得」三字原脱，叢書本同，據公羊通義校補。

之諫，死於戎寇。昭公繼之，好奢而任小人，蜉蝣之刺〔一〕始作。共公繼之，數侵取地，乘軒者三百人，其後負芻又最著有惡行，故春秋一切略其卒葬。言乎曹之君，世濟其無道，以至於亡也。所以深惡曹，而爲有國者戒也。」○注「入所」至「復日」。○舊疏云：「即文九年『秋，八月，曹伯襄卒』是。曹爲小國，入所聞之世，正合卒月，而言可日者，正以傳聞之世已得録之，故所聞世可以書日，但以嫌同大國，故不日矣。」通義云：「俗儒輒以爲舊史無日，春秋因之。春秋采列國之史，豈僅見魯史？且魯史亦何憾於曹，而獨世世闕其卒日哉？終生遠而日存，午、露近而日闕，抑又理所不然。」

○十有二月，甲寅，公會齊侯，盟于扈。【疏】經書十二月甲寅，月之六日。扈，大事表云：「杜注：『鄭地，在滎陽卷縣西北。』後漢志：『卷縣有扈城亭。』今原武縣西北有扈亭是也。原武屬開封府，今改屬懷慶府。」按：齊、魯俱在東，遠會鄭地，未知何事，或别有扈與？

桓之盟不日，此何以日？危之也。何危爾？我貳也。【注】莊公有淫泆汚貳之行。【疏】注「莊公」至「之行」。○諸本同。鄂本「汚」作「汙」。校勘記云：「按，『淫泆』二字當衍。釋文出『有汙』二字。疏標注『汙貳之行』四字。解云：莊公之行既不清絜，又不專壹，故謂之『汙貳』矣，是本無『淫

〔一〕「刺」，原訛作「詩」，叢書本同，據公羊通義校改。

泆』可知。」通義云：「貳義，如傳瑕貳之貳。言我事齊有貳[一]心，後齊人降鄣，師次于成，是其驗也。不從下幽之盟日者，時有他國，嫌非獨我貳，故於公專盟，爲不信辭。不言及言會者，著我貳，無汲汲之意。」按：汙貳，不詞。汙貳，疑汙貣之譌，貣與忒通。書洪範「二，衍忒」，史記注引鄭注云「卦象不變，故言衍貳也」，是鄭本作「貳」。易象傳曰「四時不忒」，京房「忒」作「貣」。禮月令「無或差貸」，貸即忒也，吕覽正作「忒」。張參五經文字：「貸，相承或借爲貳字。」是也。詩大雅瞻卬「鞫人忮忒」，毛傳：「忒，變也。」爾雅釋言：「爽，忒也。」孫炎注：「忒，變雜不一。」傳意謂莊公之行，卑汙變雜也。作貣者，叚借字。説文貝部：「貣，从人求物也。」貣之本義。俞氏樾云：「傳文止言貳，不言汙。而何解以爲汙貳，蓋以汙釋貳也。若如疏義，分汙貳爲二，則汙字增出矣。今案，貳當讀爲膩。玉篇肉部[二]：『膩，垢膩也。』垢膩則有汚義，古字即以貳爲之。廣雅釋言：『貳，汚也。』王氏念孫疏證：『貳，當作膩。』然與下『魯子曰』不貫。」

魯子曰：「我貳者，非彼然，我然也。」【注】嫌上説以齊惡我貳，相疑而盟，故日也。解言非齊惡我也，我行汚貳，動作有危，故日之也。【疏】通義云：「我貳則不信在我，非在彼也，故日之，於桓無損也。」○注「嫌上」至「之也」。○校勘記云：「鄂本『説』作『託』，此誤。『言』，鄂本以下同，毛本『言』誤『云』。」注意嫌魯託以齊惡我貳，相疑而盟，故日，故魯子解之曰「非彼然，我然也」，言非齊惡我，實我動作

〔一〕「貳」，原訛作「惑」，叢書本同，據公羊通義校改。

〔二〕「部」，原訛作「篇」，叢書本不誤，據改。

有危，故日之也。

○二十有四年，春，王三月，刻桓宫桷。【疏】説文木部：「桷，榱也。椽方曰桷。」引春秋傳：「刻桓宫桷。」又：「榱，椽也。秦名屋椽也，周謂之椽，齊、魯謂之桷。」〔一〕爾雅釋文引字林云：「周人名椽曰榱，齊、魯名榱曰桷。」爾雅釋宫：「桷謂之榱。」注：「屋椽。」釋名釋宫室云：「桷，确也，其形細而疏确也。或謂之椽。椽，傳也，相傳次而布列也。或謂之榱，在檼旁下列衰衰然垂也。」易漸：「或得其桷。」虞注：「桷，椽也。方者謂之桷。」續方言〔二〕：「周謂之榱，齊、魯謂之桷。」詩商頌：「松桷有梴。」刻者，爾雅釋器：「金謂之鏤，木謂之刻。」

何以書？譏。何譏爾？刻桓宫桷，非禮也。【注】與丹楹同義。月者，功重於丹楹。【疏】漢書劉向傳：「及魯嚴公刻飾宗廟，多築臺囿，後嗣再絶，春秋刺焉。」通義云：「此傳不直言丹楹刻桷非禮，必全舉經句者，本不當丹刻，既丹刻，尤不當加侈禰廟。推經譏含兩義，故特連桓宫言也。」○注「與丹楹同義」。○上二十三年「丹桓宫楹」，注云：「丹之者，爲將娶齊女，欲以誇大示之。」是也。○注「月者」至「丹楹」。○舊疏云：「正以失禮宗廟例時，故如此解。」通義云：「春秋之法，同事而再失禮，則後

〔一〕「榱，椽也」句與説文有出入。説文原文作「椽，榱也」；「榱，秦名爲屋椽，周謂之榱，齊、魯謂之桷」。

〔二〕「續方言」，原誤記爲「方言」，叢書本同，其下引文實出自清杭世駿續方言，據改。

事重録之。」蓋丹者，髹塗之；刻，則加雕鏤焉。

○**葬曹莊公。**【疏】舊疏云：「雖在月下，不蒙上月也。」

○**夏，公如齊逆女。何以書？親迎，禮也。**【注】譏淫，故使若以得禮書也。禮，諸侯既娶三月，然後夫人見宗廟；見宗廟，然後成婦禮。【疏】穀梁傳：「親迎，恒事也，不志。此其志何也？不正其親迎於齊也。」按：穀梁舉其實，此舉其文，諱之深，即貶之甚。公羊以爲禮，正春秋重貶之義也。説苑修文云：「『公如齊逆女，何以書？親迎，禮也。』其禮奈何？曰：諸侯以屨二兩加琮。大夫、庶人以屨二兩加束修二。曰：『某國寡小君，使寡君奉不珍之琮、不珍之屨，禮夫人貞女。』夫人曰：『有幽室數辱之産，未諭於傅母之教，得承執衣裳之事，敢不敬拜祝。』祝答拜。夫人受琮，取一兩屨以履女，正笄，衣裳，而命之曰：『往矣，善事爾舅姑，以順爲宫室，無二爾心，無敢回也。』女拜，乃親引其手，授夫于户。夫迎手出户。夫行，女從，拜辭父于堂，拜諸母於大門。夫先升輿執轡，女乃升輿。轂三轉，然後夫下，先行。大夫、士、庶人，稱其父，曰：『某之父，某之師友，使某執不珍之屨，不珍之束修，敢不敬禮某氏貞女。』母曰：『有草茅之産，未習於織紝紡績之事，得奉箕帚之事，敢不敬拜。』」彼敘親迎常儀，於此經義未及也。○注「譏淫」至「書也」。○舊疏云：「魯侯如齊，本實淫通，非謂親迎而往。但春秋之意，以其大惡不可言之，要以言其逆女，使若得禮而書矣。」公羊禮説云：「問者曰：莊二十四年『公如齊逆女』，傳：『何以書？親迎，禮也。』此非諸侯越國親迎之明文乎？曰：此變例也。公淫於齊女，内大惡不可言。然諸侯之禮，非朝時不踰竟，然則公何爲至齊乎？故變例書如齊者，逆女故耳。傳從經，爲諱辭，故曰禮也。而即於二十七年正之，『莒慶來逆叔姬』，傳：『何譏爾？大夫越竟逆女，非禮也。』言大夫越竟非禮，則公之如齊非禮可知。何注：『大夫位重，逆女於政事有所損曠，故竟内乃得親迎，所以屈私赴公也。』則諸侯任重於大夫，更無越竟之事。」按：大夫不外娶，故譏莒慶。以隱二年譏紀侯不親迎例之，則公之親迎自爲得禮，其實淫齊女爾，故春秋深諱之。諱之所以貶之也。通義云：「白虎通義云：『外屬小功已上不得娶，故春秋傳曰：譏娶母黨也。』今傳無此文，似亦嚴、顔二家之異。春秋書娶者五，桓、宣皆娶于姜。桓母子氏，宣母熊氏。文公娶於大夫，則非僖夫人之黨。得譏母黨者，莊、成二公而已。未知傳文本在何篇。内逆女例月，而此及僑如逆女不月，容即以娶母黨失正略之與？律禁舅之子、姑之子相爲昏姻，實春秋之義也。」通典引袁準正論云：「今之人外内相婚，禮與？曰：中外之親近于同姓，同姓且猶不可，而況中外之親！古人以爲無疑，故不制也。今以古之不言，因謂之可婚，是不知禮者也。」按：白虎通謂「小功已上不得娶」句，疑外親不過緦麻，唯從母與外祖父母以名加至小功，小功已上，無外屬也。若謂緦麻已上通不得娶，則但云外屬不得娶明矣，何爲贅緦麻已上之文乎？亦斷無娶從母之理。豈春秋時諸侯容有失禮而娶者？故春秋先師有譏娶母黨之文，誠如孔氏所斥莊、成二君者，故白虎通采之與？○注「禮諸」至「婦禮」。○禮昏禮載婦入三月，奠菜。禮云：「祝告，稱婦之姓曰：某氏來婦，敢奠嘉菜于皇舅某子。又曰：某氏來婦，敢告于皇姑某氏。婦出，老醴婦于房中，南面，如舅姑醴婦之禮。壻饗婦送者丈夫、婦人，如舅姑饗禮。」又記云「婦入三月，然後祭行」，注：「入夫之室三月之後，於祭乃行，謂助祭也。」是三月廟見之後，乃得與祭。禮記曾子問所謂「三月而廟見，稱來婦也。擇日而祭于禰，成婦之義也」。若未廟見，則曾子問云：「女未廟見而死，歸葬于女氏之黨，示未成婦也。」是也。彼注云：「必祭，成婦義者，婦有共養之禮，猶舅姑存時，盥饋特豚於室。」昏義云：「質明，贊見婦於舅姑，婦執笲、棗、栗、腶修以見。贊醴婦，婦祭脯醢，祭禮，成婦禮也。」韋氏協夢儀禮集解云：「祭，謂四時常祭。祭行，謂至是遇有祭祀，婦乃行也。則三月之前，雖有祭事，婦亦不行。不行者，未成婦也。」程氏瑶田通〔一〕藝録云：「助祭，自兼適婦庶婦言。賈疏惟指適婦，未備。若三月廟見，則惟適婦以廟見奠菜，象盥饋。庶婦不饋，則亦不奠菜也。」按：主祭自止適婦，若廟見所以成婦，豈庶婦遂不令成婦乎？其異於適者，使人醮之，不饋耳。程氏謂庶婦不饋，亦不奠菜，非。舊疏云：「注言此者，欲道莊公夫人未至于國而行婦事，疑非正禮明矣。」按：莊公先淫後取，未婦而婦，故注据禮正之。

○秋，公至自齊。【疏】穀梁傳：「迎者，行見諸，舍見諸。先至，非正也。」

〔一〕「通」，原訛作「趙」，叢書本不誤，據改。

○**八月，丁丑，夫人姜氏入。**【疏】包氏慎言云：「經『八月，丁丑，夫人姜氏入』，『戊寅，大夫宗婦覿，用幣』。曆八月無丁丑、戊寅，七月之三日、四日也。魯、齊地密邇，公以夏迎夫人，以秋入，疑當在七月。經於月上先書『秋，公至自齊』，下書夫人之入，別其月與日者，公羊所謂『夫人不僂，不可使入，與公有所約，然後入』，蓋著公之見要也，非公迎夫人先以七月至，夫人於八月方入。傳寫誤七月爲八月耳。」按：於曆如七月丁丑當二日，戊寅當三日。

其言入何？【注】据夫人姜氏言至不言入。【疏】注「据夫」至「言入」。○即桓三年書「夫人姜氏至自齊」是也。

難也。其言日何？【注】据夫人姜氏至，不日。【疏】注「据夫」至「不日」。○即桓三年書「九月，夫人姜氏至自齊」，不日是也。

難也。其難奈何？夫人不僂，不可使入，與公有所約，然後入。【注】僂，疾也，齊人語。約，約遠媵妾也。夫人稽留，不肯疾順公，不可使即入，公至後，與公約定八月丁丑乃入，故爲難辭也。夫人要公，不爲大惡者，妻事夫有四義：雞鳴縰笄而朝，君臣之禮也；三年惻隱，父子之恩也；圖安危可否，兄弟之義也；樞機之內，寢席之上，朋友之道，不可純以君臣之義責之。【疏】注「僂，疾也，齊人語」。○校勘記云：「段云：僂，即婁。婁即今屢字，訓數，亦訓爲疾。」荀子儒效云：「雖有聖人之知，未能僂指也。」又云：「賣之不可僂售也。」楊注並云：「僂，疾也。」通義云：「僂，俯也。不僂者，蓋不伏順於公之謂。」未免迂迴。爾雅釋詁：「屢，疾也。」屢即婁之俗體。釋言云：「婁〔一〕，亟也。」説文：「婁，務也。」「務，趣也。」趣、亟皆有疾義。詩小雅角弓云：「式居婁驕。」釋文：「婁，力住反，數也。」又賓之初筵傳、正月、巧言箋皆云：「屢，數也。」禮記祭義云：「趨以數。」注：「趨，讀如促。數之言速也。」速亦訓疾也。俞氏樾云：「按夫人不肯疾順公，則當云夫人不順，不可使入；不當云夫人不疾，不可使入。然則，何解僂字非也。僂當讀爲摟。説文手部：『摟，曳、聚也。』古或以婁爲之。詩山有樞篇『弗曳弗婁』，毛傳：『婁，猶曳也。』釋文引馬注曰：『婁，牽也。』是摟有牽曳之義。公入而夫人亦入，是相牽曳而入也。不摟者，言不可牽曳也。摟、僂同聲，故得通用。相牽曳謂之僂，猶絲相牽曳謂之縷也。説文辵部：『遱，連遱也。』言部：『謱，謰謱也。』行步相連謂之遱，言語相連謂之謱，其義並通矣。」按：訓疾亦無不可通，不必改作摟解。

○注「約約」至「辭也」。○杜注左傳引此文，説之云：「蓋以孟任故。」疏引：「釋例曰：『莊公顧〔二〕割臂之盟，崇寵孟任，故即位二十三年乃娶元妃。』雖丹楹刻桷，身自納幣，而有孟任之嫌，故與姜氏俱反而異入。經所以不以至禮書也。」按：公羊無孟任割臂事，故注以爲約遠媵妾。然國君十五而生子，明宜及早迎娶。莊公至此年已三十餘，無爲而不娶，則左傳所載孟任爲夫人事必其實有。子般爲莊公嫡子，季友所以以死奉之。惟割臂要盟，六禮不備，又内娶國中，皆大惡，春秋諱而不書。嗣鄭瞻自齊逃來，信其計策，

〔一〕「婁」，叢書本同，爾雅釋言作「屢」。

〔二〕「顧」，原訛作「願」，叢書本同，據左傳正義校改。

外淫齊女，復又貪戀哀姜，背棄孟任，故此稽留不肯疾順，必約定然後入也。○注「夫人」至「責之」。○各本「雞」作「鷄」，依毛本。白虎通嫁娶云：「婦事夫有四禮焉：雞初鳴，咸盥漱，櫛縰笄總而朝，君臣之道也；惻隱之恩，父子之道也；會計有無，兄弟之道也；閨閫之内，衽席之上，朋友之道也。」詩齊風雞鳴傳云：「東方明，則夫人纚笄而朝。」正義引列女傳：「魯師氏之女齊姜戒其女云：『平旦纚笄而朝，則有君臣之嚴。』」蓋本之列女傳矣。御覽引列女傳：「齊姜戒其女而荅之曰：夫婦人以順從爲務，貞慤爲首，故婦事夫有五義焉：平旦纚笄而朝，則有君臣之嚴；沃盥饋食，則有父子之敬；報反而行，則有兄弟之道；必期必誠，則有朋友之信；寢席之交，然後有夫婦之際。」與此微異。詩疏又云：「或以爲夫人纚笄而朝，謂聽治内政。按，列女傳稱『纚笄而朝，有君臣之嚴』，謂朝於夫，非自聽朝也。」特牲、饋食及士昏禮皆云「纚笄綃衣」，則首服纚笄，衣當綃衣矣。李氏黼平毛詩紬義云：「古者，雞初鳴，盥漱櫛縰，以纚縚髮，以笄固髻，纚笄畢，尚須加總，若有祭祀等事，又須加被首之服，如周禮所謂『副、編、次』，葛覃傳所謂『婦人有副褘盛飾，以朝事舅姑，接見於宗廟，進見於君子』是也。毛進見之服，雖不必與鄭同服被褖，然纚笄後亦必有加飾可知。毛傳言『纚笄而朝』，謂纚笄後即須朝，見其致敬耳。諸言纚笄而朝者，其義皆當如此。」三年惻隱，未知何指，或妻之於夫，如子之於父，皆服三年，尊親之恩同與？樞機者，詩邶風谷風云：「不遠伊邇，薄送我畿。」傳：「畿，門内也。」畿即機，故惠氏棟毛詩古義云：「吕覽曰：『招蹶之機。』高注：『招，至也。蹶，機門内之位也。乘〔一〕輦於宫中，遊翔至于蹶機，故云務以自佚。詩曰「薄送我畿」，此不過蹶之謂。』」然則樞機之内即謂門内也。注意書入，起夫人要公，故爲難辭。不爲諱，明不爲大惡，以有四義故也。舊疏云：「所傳聞之世，内大惡皆諱而不書，今而書之，故知然也。」

○戊寅，大夫宗婦覿用幣。

宗婦者何？大夫之妻也。【疏】通義云：「宗婦猶言主婦。杜、范等以爲同宗之婦，非也。左傳『哀姜至，公使宗婦覿』，明非大夫亦覿。大夫宗婦者，言大夫之宗婦耳。穀梁傳曰：『禮，大夫不見夫人。不言及，不正其行婦道，故列數之也。』則以大夫宗婦爲二。尋下傳止舉婦贄，更不言大夫曷用，是傳意與左氏同，與穀梁異。古人訓詁最精，如喪服『爲大夫命婦者』，傳曰：『大夫者，其男子之爲大夫者也。命婦者，其婦人之爲大夫妻者也。』大夫本無庸釋，恐讀者惑於大夫命婦爲一，故兼釋之。引彼證此，即知此不兼釋者，是以大夫宗婦爲一矣。」公羊禮説云：「春秋之例，公與夫人不直書，而必言及，所以别尊卑也。今大夫宗婦不言及，何也？曰：此大夫之婦，本一人，無庸及也。何以知爲一人？曰：傳言宗婦者，大夫之妻也。又言：『棗栗云乎？腶脩云乎？』此婦人之禮，不通於男子者也。士昏禮『婦執笲、棗、栗』，

〔一〕「乘」字原脱，叢書本同，據高誘注吕氏春秋校補。

又云『受笄腶脩』，曲禮『婦人之贄，椇、榛、脯、脩、棗、栗』是也。如是則書宗婦足矣。曰：有宗婦之夫而不爲大夫者，有庶子爲大夫而其妻不得謂宗婦者。言大夫宗婦，指宗子爲大夫，而其妻爲宗婦者也。古有此文法乎？曰：公羊、喪服皆子夏所傳，文法相同，故喪服傳曰：『大夫者，男子爲大夫者也；命婦者，婦人爲大夫妻者也。』文法與此一例。小君至大夫宗婦，有贄見小君之禮乎？曰：經無明文，以記推之，似有也。雜記婦見舅姑兄弟姑姊妹，皆『立於堂下』，据此有贄見之禮矣。必言宗婦者，書傳云：『宗子燕族人於堂，宗婦燕族人〔一〕於房。』皆統理族人，故古人重大宗也。」沈氏欽韓左傳補注云：「禮，有内宗、外宗。鄭云：王同姓之女謂之内宗，王諸姑姊妹之女謂之外宗。外宗又得兼母之黨。雜記：『外宗爲君夫人，猶内宗也。』鄭云：『謂姑、姊妹、舅之女及從母皆是。』又有同姓大夫之妻，喪大記所云『外命婦』也。又有『外親之婦』，亦謂之外宗。服問注：『外宗，君外親之婦也。』經言『大夫宗婦覿』，則外内宗之嫁大夫者，及同姓大夫之妻覿耳，非謂大夫與宗婦雙雙而至也。尋傳文，並不言大夫見小君，其言男女同贄，直謂婦人而用幣，是無别於男子，故志其非禮。杜既憒憒，疏强扶其説，又無證据，徒謂小君與君同體，義亦當見，空疏無術，豈能撰禮記正義者，此真孔氏手筆矣。列女傳孽嬖亦載此事，云：『婦贄無别，是男女無别也。』較諸傳語尤明，則杜之謬灼然矣。」按：白虎通瑞贄篇引公羊傳曰「宗婦覿用幣」，是亦以無大夫也。

覿者何？見也。【疏】穀梁傳：「覿，見也。」説文人部：「儥，見也。」段注云：「儥訓見，即今之覿字也。

〔一〕「族人」下原衍一「婦」字，叢書本同，據尚書大傳校删。

釋詁曰：『覿，見也。』公羊、穀梁傳、士昏禮、聘禮、論語鄭注、國語韋注皆同。按：經、傳今皆作覿，覿行而儥廢矣。許書無覿字。以他字例之，蓋禮經古文作儥，今文作覿。許從古文，不從今文。大徐改見爲賣，非。」按：漢書五行志：「宗婦見用幣。」以見代覿，非有別本也。左傳昭四年云：「西陸朝覿而出之。」亦謂朝見也。

用者何？用者不宜用也。【注】不宜用幣爲贄也。【疏】注「不宜」至「贄也」。○穀梁傳曰：「男子之贄，羔、鴈、雉、腒。婦人之贄，棗、栗、鍛、脩。用幣，非禮也。用者，不宜用者也。」左傳云：「男女同贄，是無别也。」謂不宜用幣也。惟穀梁以大夫亦見爲異，彼云：「大夫，國體也，而行婦道，惡之也。」公羊所不取。

見用幣，非禮也。【注】以文在覿下，不使齎見，知非禮也。【疏】注「以文」至「禮也」。○通義云：「見，禮也；用幣，非禮也。不言用幣覿，言覿用幣者，舉常事於上，著失禮於下。」舊疏云：「若其是禮，宜言大夫宗婦用幣覿也。」

然則曷用？棗栗云乎？腶脩云乎？【注】腶脩者，脯也。禮，婦人見舅姑，以棗栗爲贄；見女姑，以腶脩爲贄；見夫人，至尊，兼而用之。云乎，辭也。棗栗，取其早自謹敬；腶脩，取其斷斷自脩正。執此者，若其辭云爾，所以敘情配志也。凡贄，天子用鬯，諸侯用玉，卿用羔，大夫用鴈，士用雉。雉，取其耿介；鴈，取其在人上，有先後行列；羔，取其執之不鳴，殺之不號，乳必跪而受之，類死義知禮者也；玉，取其至清而不自蔽其惡，潔白而不受汙，内堅剛而外温潤，有似乎備德之君子；鬯，取其芬芳在上，臭達於天，而醇粹無擇，有似乎聖人，故視其所執而知其所任矣。日者，禮，夫人至，大夫皆郊迎，明日大夫宗婦皆見，故著其日也。大夫妻言宗婦者，大夫爲宗子者也。族所以有宗者，爲調族理親疏，令昭穆親疏各得其序也，故始統世世繼重者爲大宗，旁統者爲小宗，小宗無子則絶，大宗無子則不絶，重本也。天子諸侯世以三牲養，禮有代宗之義，大夫不世，不得專宗。著言宗婦者，重教化自本始也。【疏】唐石經、諸本同。釋文作「斷脩，丁亂反。注同。本又作腵，音同」。十行本「腵」誤「服」，今訂正。儀禮石經作「股」，釋文作「段」。瞿氏中溶云：「石本原作段，朱梁重刻，譌作股。陸氏作段，與石本原刻同。」白虎通瑞贄云：「婦人之贄，以棗栗腵脩者，婦人無專制之義、御衆之任、交接辭讓之禮，職在供養饋食之間，其義一也。故后夫人以棗栗腵脩者，凡内脩陰也；又取其朝早起；栗，戰慄自正也。故春秋傳曰：『宗婦覿用幣，非禮也。然則曷用？棗栗云乎？腵脩云乎？』」左傳：「女贄不過榛栗棗脩，以告虔也。」國語魯語云：「婦贄不過棗栗。」禮記曲禮云：「婦人之摯，椇榛脯脩棗栗。」注：「婦人無外事，見以羞物也。」正義：「婦人無外事，唯初嫁用摯以見舅姑，故用此六物爲贄也。」○注「腵脩者，脯也」。○白虎通瑞贄云：「腵脩者，脯也。」通義云：「肉切而乾之曰脯，加薑桂鍛曰腵脩。」周禮内饔：「凡掌共羞、脩、腵、脯也。」有司徹云：「入于房，取糗與腵脩。」注：「腵脩，擣肉之脯。」曲禮疏：「脯，搏肉無骨而曝之。脩，取肉鍛治而加薑桂，乾之如脯。」周禮腊人鄭注云：「薄析曰脯，捶之而施薑桂曰鍛脩。」鍛脩與脯大同，故以腵脩爲脯矣。釋文云：「腵脯加薑桂曰脩。」其實脯與腵脩大同而微異。舊疏云：「正以穀梁傳云『束脩之肉，不行竟内[一]』，以肉言之，故知脩爲脯矣。又下曲禮『婦人之贄，脯脩棗栗』，謂之脯脩，其義益顯。」蓋不鍛者曰脯，鍛者曰

[一]「内」，原訛作「外」，叢書本同，據公羊注疏校改。穀梁傳原文作「中」。

脩，皆乾肉而薄切者也。周官腊人：「凡田〔一〕獸之脯腊膴胖之事。」蓋兼有之矣。○注「禮婦人」至「用之」。○禮昏禮疏引此注云：「禮，婦人見舅，以棗栗爲贄；見姑，以腶脩爲贄。」此上衍「姑」字，下衍「女」字，當据正。按：昏禮云：「質明，贊見婦于舅姑。席于阼，舅即席。席于房外，南面，姑即席。婦執笲棗栗，自門入，升自西階，進拜，奠于席。舅坐撫之，興，答拜。婦還，又拜。」是見舅以棗栗事也。又云：「降階，受笲段脩，升，進，北面拜，奠于席。姑坐舉以興，拜，授人。」是見姑以腶脩事也。見夫人至尊，故兼用之。敖繼公儀禮集說謂：「婦〔二〕於舅並用棗栗。見姑惟用腶脩。」則是以見夫人之禮見舅，其說非也。○注「云乎，辭也」。○大戴禮曾子天圓篇：「而聞之云乎？」論語陽貨篇：「玉帛云乎哉？」是皆語辭也。○注「棗栗」至「謹敬」。通義云：「不質言之者，或棗栗也可，或腶脩也可，科取其一，非必兼用。」亦通。○穀梁注：「棗，取其早自矜莊；栗，取其敬栗。」按：何氏以早詁棗，謹敬詁栗也。魯語韋注：「棗，取其早起；栗，取敬栗。」左傳疏引先儒說，以爲「栗取其戰栗也，棗取其早起也」。鄂本「自」誤「目」，下同。○注「腶脩」至「脩正」。○穀梁傳作「鍛脩」，注：「鍛脩，取斷斷自脩整。」禮記昏義云「棗、栗、段脩」，作段，同。○注左疏引先儒亦以爲「脩取其自脩也」。鄂本「正」作「止」，誤。○注「執此」至「志也」。○杜注「以告虔也」，云虔敬也，皆取其名以示敬。白虎通瑞贄篇：「贄者，質也，質己之誠，致己之悃愊也。」○注「凡贄」至「用

〔一〕「田」，原訛作「四」，叢書本同，據周禮校改。
〔二〕「婦」字原脱，叢書本同，據儀禮集説校補。

雉」。○舊疏云：「皆下曲禮文。彼言諸侯用圭，此言玉者，蓋所見異也。」繁露執贄〔一〕七十二云：「凡執贄：天子用暢，公侯用玉，卿用羔，大夫用雁。」御覽引異義：「許氏謹案：周禮説：五玉摯，自公卿以下執禽，尊卑之差也。」按：「玉」字衍。周禮大宗伯職：「以禽作六摯，以等諸臣〔二〕：孤執皮帛，卿執羔，大夫執雁，士執雉，庶人執鶩，工商執雞。」禮記曲禮云：「凡贄，天子鬯，諸侯圭，卿羔，大夫雁，士雉，庶人之摯匹。」此不及庶人以下，蓋亦以摯有五也。故御覽引異義又云：「禮不下庶人，工商又無朝儀，五經無説工商有贄也。」白虎通又云：「王者緣臣子之心，以爲之制。」明亦不及庶人以下。校勘記云：「此本雉誤雞，依諸本訂正。」○注「雉，取其耿介」。○大宗伯注：「雉，取其守介而死，不失其節。」白虎通云：「士以雉爲贄，取其不可誘之以食，懾之以威，必死不可生畜。士行耿介守節死義，不當移轉也。」説苑修文云：「雉者，不可指食籠狎而服之，故士以雉爲贄禮。」士相見禮「冬用雉」，注：「取其耿介，交有時，別有倫也。」○注「雁取」至「行列」。○白虎通瑞贄云：「大夫以雁爲贄者，取其飛成行、止成列也。」大夫職：「在奉命適四方，動作當能自正以事君也。」繁露云：「雁乃有類於長者，長者在民上，必施然有先後之隨，必俶然有行列之治，故大夫以爲贄。」大宗伯注：「雁，取其候時而行。」説苑云：「雁者，行列有長幼之禮，故大夫以爲贄。」士相見禮：「大夫相見以雁。」注：「雁，取其知時，飛翔有行列也。」經義述聞云：「士昏禮記曰：『摯

〔一〕「執贄」二字原脱，叢書本同，此爲春秋繁露篇名，依全書體例補入。
〔二〕「臣」，原訛作「侯」，叢書本同，據周禮校改。

不用死。』鄭注：『摯，雁也。』是雁乃生者。鴻雁野鳥不可生服，得之則死，若以鴻雁爲摯，則是死物也。而記云『摯不用死』，則非鴻雁可知。又士相見：『贄，冬用雉，夏用腒。』是四時皆有執摯之禮。鴻雁孟春北去，仲秋始來，夏月無雁之時，下大夫將何爲摯乎？由是言之，所用必非鴻雁矣。雁，蓋鵝也。鵝乃常畜之物，故四時用之。曲禮：『獻鳥者佛其首，畜鳥者則勿佛也。』鄭注佛其首曰：『爲其喙害人也。』今若執鴻雁，亦當佛其首。而士相見禮但云飾之以布，維之以索〔一〕，而無佛首之文，則其爲畜鳥明矣。李涪刊誤曰：『壻執雁入奠，執摯之義也。雁是野物，非時莫能致，故以鵞替之者亦曰奠雁。』爾雅：『舒雁，鵞。』鵞亦雁之屬也。按，鵞亦謂之雁。古人奠用雁，正謂用鵞，非謂用在野之雁。而後人以鵞代之也。」○注「羔取」至「者也」。○白虎通瑞贄云：「卿以羔爲贄。羔者，取其羣而不黨，卿職在盡忠，率下不阿黨也。」大宗伯注：「羔，取其羣而不失其類。」説苑云：「羔者，羊也。羊，羣而不黨，故卿以爲贄。」士相見禮：「上大夫相見以羔。」注：「羔，取其從率，羣而不黨也。」繁露云：「羔有角而不任，設備而不用，類好仁者；執之不鳴，殺之不嗁，類死義者；羔食其母，必跪而受之，類知禮者；故羊之爲言猶祥與，故卿以爲贄。」○注「玉取」至「君子」。○白虎通瑞贄云：「公、侯以玉爲贄者，玉取其燥不輕，濕不重，明公侯之德全也。」説苑云：「圭者，玉也，薄而不撓，廉而不劌，有瑕於中，必見於外，故諸侯以玉爲贄。」又雜言篇云：「玉有六美，君子貴之：望之温潤，近之栗理，聲近徐而聞遠，折而不撓，闕而不荏，廉而不劌，有瑕必示之於外，

〔一〕「索」，原訛作「素」，叢書本同，據經義述聞校改。

是以貴之。望之温潤者，君子比德焉；近于〔一〕栗理者，君子比智焉；聲近徐而聞遠者，君子比義焉；折而不撓，闕而不荏者，君子比勇焉；廉而不劌者，君子比仁焉；有瑕必見之外者，君子比情焉。」繁露云：「玉有似君子。」「潤而不汙，是仁而至清潔也；廉而不殺，是義而不害也；堅而不硻，過而不濡，視之如庸，展之如石，狀如石，搔而不可從繞，潔白如素而不受汚，玉類備者，故公侯以爲贄。」是也。○注「鬯取」至「聖人」。○白虎通考黜云：「鬯者，以百草之香鬱金而合釀之成爲鬯。」詩大雅江漢云：「秬鬯一卣。」傳：「鬯，香草也。築煑合而鬱之曰鬯。」周禮春官序官注：「鬯，釀秬爲酒，芬香條暢於上下也。」説文鬯部：「鬯，以𩰪釀鬱艸，芬芳攸服〔二〕，以降神也。」説苑云：「鬯者百草之本也，上暢於天，下暢於地，無所不暢，故天子以鬯爲贄。」繁露云：「暢有似於聖人者，純仁淳粹，而有知之貴也。擇於身者，盡〔三〕爲德音；發於事者，盡爲潤澤；積美揚芬香以通之天，暢亦取百香之心獨末之，合之爲一，而達其臭氣暢天子。其淳粹無擇，與聖人一也，故天子以爲贄。而各以事上也。」○注「故視〔四〕」至「任矣」。○繁露云：「觀贄之意，可以見其事。」白虎通云：「差其尊卑，以副其意也。」○注「日者」至「日也」。○毛本「迎」誤「遊」。○注

〔一〕「于」，原訛作「之」，叢書本同，據説苑校改。

〔二〕「芬芳攸服」，原作「芬攸伏」，叢書本同，據説文校改。然段注曰：「『攸服』當作『條暢』，周禮鬯人注、大雅江漢箋皆云『芬香條暢』，可證也。」

〔三〕「盡」，原訛作「發」，叢書本同，據繁露校改。

〔四〕「視」，原訛作「觀」，叢書本同，據【注】文改。

「大夫」至「者也」。○詩常棣疏云：「春秋『大夫宗婦覿，用幣』，謂之宗婦，明是宗族之婦也。故賈、杜皆云：『宗婦，同姓大夫之婦。』襄二年傳曰：『葬齊姜，齊侯使諸姜、宗婦來送〔一〕葬。』諸姜，謂齊同姓之女；宗婦，謂齊同姓之婦。是同姓大夫之婦名爲宗婦也。」按：同宗之婦未免過多，故何氏專指大夫爲宗子之婦言與？○注「族所」至「序也」。○各本「親」下有「疏」字，依鄂本刪。按：各本係涉上「親疏」誤衍也。白虎通宗族篇：「宗者何謂也？宗者，尊也，爲先祖主者，宗人之所尊也。禮曰：『宗人將有事，族人皆侍。』古者所以必有宗何也？所以長和穆也。大宗能率小宗，小宗能率羣弟〔二〕，通其有無，所以紀理族人者也。」禮記大傳云：「親親故尊祖，尊祖故敬宗，敬宗故收族。」禮喪服傳云：「尊者，尊統上；卑者，尊統下。大宗者，尊之統也。大宗者，收族者也。」是也。○注「故始」至「小宗」。○白虎通又云：「宗其爲始祖後者爲大宗，此百世之所宗也。宗其爲高祖後者爲小宗，五世而遷者也。故曰『祖遷於上，宗易於下』。宗其爲曾祖後者爲曾祖宗，宗其爲祖後者爲祖宗，宗其爲父後者爲父宗。以上至高祖宗皆爲小宗，以其轉遷，別於大宗也。別子者，自爲其子孫爲〔三〕祖；繼別者，各自爲宗。所謂小宗有四，大宗有一，凡有五。宗人之親，所以備矣。」故大傳又云：「別子爲祖，繼別爲宗。」注：「別子，謂公子若始來在〔一〕此國

〔一〕「送」，原訛作「會」，叢書本同，據左傳校改。
〔二〕「弟」，原訛作「宗」，叢書本同，據白虎通校改。
〔三〕「爲」字原脱，據白虎通校補。
〔一〕「在」字原脱，叢書本同，據禮記正義校補。

者，後世以爲祖。」「別子之世適，族人尊之，謂之大宗。」此則王制所云：「大夫三廟，一昭一穆，與太祖之廟而三。」繼太祖者也。如魯三家，則以慶父、叔牙、季友之嫡嫡相承者是也。其有功德於國，天子諸侯賜之世，則以受爵者之嫡嗣爲大宗。其外來此國，如公子完之於齊，則以繼完之世嫡爲大宗也。大傳又云：「繼禰者爲小宗。」注：「父之嫡也，兄弟尊之，謂之小宗。」如慶父、叔牙、季友之次子所生諸子，則以其長兄爲宗，所謂小宗也。五世親盡則已，如祧廟然，今人所謂出服者是也。故大傳又云：「有百世不遷之宗，有五世則遷之宗。百世不遷者，別子之後也。宗其繼別子者，百世不遷者也。宗其繼高祖者，五世則遷者也。」注：「遷，猶變易也。繼別子，別子之世適也。繼高祖者，亦小宗也。先言『繼禰』者，据別子子弟之子也。以高祖與禰皆有繼者，則曾祖亦有也。則小宗四，與大宗凡五。」小宗四者，禮記疏云：「一是繼禰，與親兄弟爲宗；二是繼祖，與同堂兄弟爲宗；三是繼曾祖，與再從兄弟爲宗；四是繼高祖，與三從兄弟爲宗。」此皆旁統，對世世繼重之大宗爲小宗也。〇注「小宗」至「本也」。〇白虎通封公侯云：「禮服傳曰：『大宗不可絕，同宗則可以爲後、爲人作子何？明小宗可以絕，大宗不可絕。故舍己之父〔二〕，往爲後於大宗，所以尊祖，重不絕大宗也。』春秋傳曰：『爲人後者，爲之子。』」宣八年「仲遂卒于垂」，注：「貶加字者，起嬰齊所氏，明爲歸父後，大宗不可絕也。」通典引石渠禮議云：「大宗無後，族無庶子，已有一嫡子，當絕父祀以後大宗何？戴聖曰：『大宗不可絕。言嫡子不爲後者，不得先庶耳。族無庶子，則當絕

〔二〕「父」，原訛作「後」，叢書本同，據白虎通校改。

父以後大宗。』聞人通漢云：『大宗有絶，子不絶其父。』宣帝制曰：『聖議是也。』」按：禮記曾子問云：「宗子爲殤而死，庶子弗爲後也。」注：「族人以其倫代之。代之者，主其禮。」是宗子殤死，別立族人爲宗子之父，後若成人，則得立庶子爲其後也，亦以不得絶故也。故喪服傳云：「大宗，收族者也，不可以絶，故族人以支子後大宗也。適子不得後大宗。」按：傳意，有支子者，不得以嫡子後大宗耳。非謂無支子，亦不以適子後大宗也。通典引陳銓云：「大宗爲尊者之正宗，故後之也。」適子不得後大宗，謂適子自當立小宗之事，亦論其常耳。若同宗無支子，則適子亦當後大宗。故通典引范注云：「廢小宗昭穆不亂，廢大宗昭穆亂矣，先王所以重大宗也。豈得不廢小宗以繼大宗乎？」方氏觀承云：「適子不得後大宗。」正以申言支子爲後之義，非謂大宗可絶也。敖氏「大宗有時而絶」之説非矣。通典又載：「劉德問：『同宗無支子，唯有長子，長子不後人則大宗絶，後則違禮，如之何？』田瓊答曰：『以長子後大宗，則成宗子。禮，諸父無後，祭於宗家，後以其庶子還承其父。』」徐氏乾學讀禮通考云：「古禮，大宗無子則立後，未有小宗無子而立後者也。」「小宗無後者，古有從祖祔食之禮，則雖未嘗繼嗣，而其祭祀固未始絶也。」斯二説皆足濟禮之窮，然則喪服經「爲人後者，爲其父母」，專指大宗言。故傳曰：「持重於大宗者，降其小宗也。爲人後者孰後？後大宗也。大宗者，尊之統也。」通典載張湛曰：「禮所稱爲人後，後大宗，所以承正統。若非大宗之主，所繼非正統之重，無相後之義。」是也。○注「天子」至「專宗」。○白虎通宗族云：「諸侯奪宗，明尊者宜之。大夫不得奪宗何？曰：諸侯世世傳子孫，故奪宗；大夫不傳子孫，故不奪宗也。喪服經曰：『大夫爲宗子。』不言諸侯爲宗子也。」漢書梅福傳曰：「諸侯奪宗，聖庶奪適。」如淳曰：「奪宗，始封之君，尊爲諸侯，則奪其舊爲宗子之事。」梅福習穀梁，與公羊説同也。天子諸侯絶旁期，故大夫以下不得與諸侯爲宗。禮記大傳云：「君有合族之道，族人不得以其戚戚君也。」注：「君恩可以下施，而族人皆臣也，不得以父兄子弟之親自戚於君，所以尊君別嫌也。」以三牲養，即合族之道也，故詩大雅公劉篇「君之宗之」，毛傳以宗爲大宗，鄭箋易之，以宗爲尊。明大夫不得以諸侯爲大宗也。其實尊尊之義，嚴於周代。夏、殷以上，諸侯或無奪宗之事也。若大夫則異，故喪服有「大夫爲宗子」之服，傳曰：「何以服齊衰三月也？大夫不敢降其宗也。」明宗子爲士，已爲大夫，不敢以尊降者，重適也。故曾子問曰：「宗子爲士，庶子爲大夫，以上牲祭于宗子之家。」注：「貴禄宗重〔一〕也。」是諸侯可以代宗，大夫不得專宗，即奪宗、不奪宗之義也。大夫士皆臣，不得以一日富貴加乎宗人，亦由不世之故。雖春秋時，列國多世卿，而宗法自不廢也。通典引儀禮馬氏注云：「五屬孫雖爲大夫，不敢降宗子，故服齊衰三月。」尊祖，故不降也。李氏曰：「大夫不奪宗故也。」胡氏培翬儀禮正義云：「前言丈夫婦人爲宗子，此復言大夫爲宗子者，大夫尊降旁親，嫌或降之而不服，故傳以不敢降明之。此亦兼絶屬者言。馬氏專以五屬言之，非也。」○注「著言至『始也』。○舊疏云：「正以宗子者宗族之本故也。」喪服傳云：「尊祖故敬宗。敬宗，尊祖之義也。」通典引雷次宗云：「言尊祖故敬宗，明祖已殁也，無由施於尊者，但敬宗以致尊祖之心。」

〔一〕「貴禄宗重」，原誤倒爲「重禄貴宗」，據禮記正義校乙。

○**大水。**【注】夫人不制，遂淫二叔，陰氣盛，故明年復水也。【疏】注「夫人」至「水也」。○下二十七年傳「公子慶父、公子牙通乎夫人，以脅公」是也。漢書五行志云：「嚴公二十四年大水，董仲舒以爲，夫人哀姜淫亂不婦，陰氣盛也。劉向以爲，哀姜初入，公使大夫宗婦見用幣，又淫於二叔，公弗能禁，臣下賤之，故是歲、明年仍大水。劉歆以爲，先是嚴飾宗廟，刻桷丹楹以夸夫人，簡宗廟之罰也。」通義云：「丹楹刻桷以悦仇女，遂乃頻歲災水，簡宗廟之罰也，信矣。汪克寬曰：莊公取仇女，又奢僭以誇示之，故有陰沴之應。唐高宗立太宗才人武氏爲昭儀，而萬年宫夜大雨，水幾溺其身，天人相感之際，焉可誣也？」明年復水，即二十五年「秋，大水」也。

○**冬，戎侵曹。曹羈出奔陳。**【疏】差繆略云：「羈，公羊作覊。」按：説文有羈無覊，今本及石經公羊皆作「羈」，無作「覊」者矣。

曹羈者何？曹大夫也。【注】以小國，知無氏爲大夫。【疏】注「以小」至「大夫」。○舊疏云：「即襄二十三年『邾婁鼻我來奔』、昭二十七年『邾婁快來奔』之屬是也。若其大國大夫不書名氏者，或有未命，或有罪見貶矣。」通義云：「春秋之義，小國無大夫。無大夫者，稱人不録名氏也。王制曰：『大國三卿，皆命于天子；次國三卿，二卿命于天子，一卿命于其君；小國二卿，皆命于其君。』春秋稟文王之法，假天子之事，小國之卿不命於天子，故亦不得以名通。於春秋，唯來接我者，然後書。羈非接内，而亦書者，乃特見其賢也。穀梁子曰:『曹、莒皆無大夫,其所以無大夫者,其義異也。』是說必有所受,顧未著其所以異也。今謂莒實小國,曹貶從小國,本當與鄭同,故于〔一〕會仍得繫氏,蓋與卒葬同義。」杜以爲羈蓋曹世子也。通義云:「杜預但驗經文,與『突歸于鄭,鄭忽出奔衛』相似,遂以羈爲曹世子,赤爲曹僖公。僖公實名夷不名赤。鄭忽、曹羈雖同號,實貴賤不嫌。惠士奇曰:『鄭伯寤生卒,世子在位未踰年,故稱名。曹伯射姑卒,世子在位已踰年矣,當書曹伯羈出奔陳,不稱伯,則曹羈非君也,安可與鄭忽同例哉!』」

曹無大夫,此何以書?【注】据羈無氏。【疏】注「据羈無氏」。〇何意以小國無大夫,何以書羈?既書羈矣,又無氏,故据以難也。

賢也。【疏】通義云:「韓非子曰:『夷吾束縛,而曹羈奔陳,伯里子道乞,傅說轉鬻。』此羈爲賢大夫之證。或曰即僖負羈也。」按:說苑尊賢云:「曹不用僖負羈之諫,敗死於戎。」据左傳,則僖負羈,僖公末年尚見,相距四十年,未知一人否?

何賢乎曹羈?【注】据國見侵,出奔以辟難。【疏】注「据國」至「辟難」。〇下二十七年傳曰:「君子辟內難,而不辟外難。」曹羈辟戎難奔陳,似非君子不辟外難之義,故据以難。

戎將侵曹,曹羈諫曰:「戎衆以無義,【注】戎師多,又常以無義爲事。【疏】經傳釋詞云:「以,

〔一〕「于」,原訛作「手」,承公羊通義之誤。「手會」不辭,據上下文意當作「于」,徑改。

猶而也。僖二十一年傳：『楚，夷國也，彊而無義。』是其證。」又云：「易泰六四：『不戒以孚。』書牧誓：『以姦宄于商邑。』金縢：『天大雷電以風。』禮樂記：『治世之音安以樂，亂世之音怨以怒，亡國之音哀以思。』大戴禮曾子制言云：『富以苟，不如貧以譽；生以辱，不如死以榮。』閔二年左傳：『親以無災。』昭二十年：『濟其不及，以泄其過。』以字並與而同義。」○注「戎師多」。○毛本「戎」作「我」，誤，依宋本正。

君請勿自敵也。」【注】禮，兵敵則戰，不敵則守。君師少，不如守，且使臣下往。【疏】繁露王道云：「曹羈諫其君曰：『戎衆以無義，君無自適。』君不聽，果死戎寇。」公羊古義云：「按，適讀爲敵，古文也。」禮記雜記注云：「適，讀爲匹敵之敵。」「荀卿子曰：天子四海之内無客禮，告無適也。注云：『適，讀爲敵。』史記范睢傳『政〔一〕適伐國』，田單傳『適人開户』，李斯傳『羣臣百官皆畔，不適』，徐廣皆音『征敵之敵』。董氏所据公羊依古本，以適爲敵〔二〕。」按：今各本公羊皆作「敵」。○注「禮兵」至「下往」。○孫武子謀攻篇：「故用兵之法，十則圍之，五則攻之，倍則分之，敵則能戰之，少則能逃之。」注：「與敵勢力均停，則設伏奇計以勝之。彼衆我少，則逃於險隘之處，堅以待其隙以擊之。彼謂攻人之法，人來攻己，故少則守。」穀梁僖二十二年傳云：「倍則攻，敵則戰，少則守。」今戎衆曹寡，故羈請君勿自敵，以守爲主。

曹伯曰：「不可。」【注】臣下不可獨往。

〔一〕「政」，原訛作「攻」，公羊古義同，據史記及徐廣注「政適音征敵」校改。

〔二〕「適爲敵」，原誤倒爲「敵爲適」，叢書本同，據公羊古義校改。

三諫不從，遂去之。故君子以爲得君臣之義也。【注】孔子曰：「所謂大臣者，以道事君，不可則止。」此之謂也。諫必三者，取月生三日而成魄，臣道就也。不從得去者，仕爲行道，道不行，義不可以素餐，所以申賢者之志，孤惡君也。諫有五：一曰諷諫，孔子曰「家不藏甲，邑無百雉之城」，季氏自墮之是也。二曰順諫，曹羈是也。三曰直諫，子家駒是也。四曰争諫，子反請歸是也。五曰贛諫，百里子、蹇叔子是也。【疏】禮記曲禮云：「爲人臣者不顯諫，三諫而不聽，則逃之。」注：「逃，去也。君臣有義則合，無義則離。」詩鄭風羔裘序云：「大夫以道去其君者，三諫不從，待放于郊，得玦乃去。」説苑正諫云：「見君之過失而不諫，是輕君之危亡也。夫輕君之危亡者，忠臣不忍爲也。三諫而不用則去，不去則身亡，身亡者仁人所不爲也。」白虎通諫諍云：「必三諫者何？以爲得君臣之義也。」禮記表記云：「事君三違不出竟，則利禄也。人雖曰『不要』，吾弗信也。」注：「違，猶去也。利禄，言爲貪禄留也。臣以道事君，至于三而不遂去，是貪禄，必以其〔一〕强與君要也。」孟子萬章下：「君有過則諫，反覆之而不聽則去。」反覆之，蓋亦三義也。○注「孔子」至「謂也」。○見論語先進篇。越絶書敘外傳記曰：「問者曰：『不合，何不死？』曰：『去止，事君之義也。義無死。』」又云：「『臣事君，猶〔二〕妻事夫，何以去？』曰：論語曰：『三日不朝，孔子行。』行者，去也。傳曰：『孔子去魯，燔俎無肉；曾子去妻，蒸梨不

〔一〕「其」，原訛作「利」，叢書本同，據禮記正義校改。
〔二〕「猶」下原衍一「子」字，叢書本不誤，據删。

孰。』微子去、比干死，孔子並稱仁。行雖有異，其義同。」○注「諫必」至「就也」。○禮記鄉飲酒義云：「讓之三也，象月之三日而成魄也。」○注「不從」至「君也」。○説苑正諫云：「夫不諫則危君，固諫則危身，與其危君，甯危身。危身而終不用，則諫亦無功矣。智者度君權時，調其緩急而處其宜，上不危君，下不危身，故在國而國不危，在身而身不殆。昔陳靈公不聽洩冶三諫而殺之；曹羈三諫，曹君不聽，而去。春秋序義雖俱賢，而曹羈合禮。」劉子政習穀梁。下二十六年，彼傳云：「爲曹羈崇也。」是與公羊義合。不從得去也，白虎通五行云：「臣諫君，不從則去，何法？法水潤下，達於上也。」又諫諍篇云：「諸侯之臣諍，不從得去何？以屈尊申卑，孤惡君也。」○注「諫有五」。○説苑正諫云：「是故諫有五：一曰正諫，二曰降諫，三曰忠諫，四曰戇諫，五曰諷諫。孔子曰：『吾其從諷諫。』」白虎通諫諍云：「人懷五常，故知諫有五：一曰諷諫，二曰順諫，三曰闚諫，四曰指諫，五曰陷諫。」後漢書李雲傳：「論曰：禮有五諫，諷爲上。」注：「五諫，謂諷諫、順諫、闚諫、指諫、陷諫也。見大戴禮。」○注「一曰」至「是也」。○李雲傳注云：「諷諫者，知患禍之萌而諷告也。」白虎通云：「諷諫者，智也。知患禍之萌，深睹其事，未彰而諷告焉，此智之情也。」「孔子曰」以下，見定十二年傳，彼云：「孔子行乎季孫，三月不違，曰：『家不藏甲，邑無百雉之城。』於是帥師墮費。」聖人見政在大夫，陪臣執命，希不失者，故陳正禮以諷之，所以消患禍之萌。○注「二曰」至「是也」。○即此文是也。白虎通云：「順諫者，仁也。出辭孫順，不逆君心，此仁之性也。」李雲傳注：「順諫者，出辭遜順，不逆君心也。」説苑臣術云：「從命利君謂之順。」按：順諫，即説苑之正諫也。繁露王道云「正〔一〕諫而不用，卒皆取亡」，謂此。戎衆於曹，本不宜戰，羈但諫君勿自敵，且使臣下往，亦即孫順之義。○注「三曰」至「是也」。○白虎通作「指諫」，云：「指諫者，信也。指者質相其事而諫，此信之性也。」李雲傳注亦作「指諫」，謂「質指其事而諫也」。子家駒事見昭二十五年傳，彼云：「昭公將弑季氏，告子家駒曰：『季氏爲無道，僭於公室久矣，吾欲弑之，何如？』子家駒曰：『諸侯僭於天子，大夫僭於諸侯久矣。』昭公曰：『吾何僭矣哉？』子家駒曰：『設兩觀，乘大路，朱干玉戚以舞大夏，八佾以舞大武，皆天子之禮也。』」彼質陳諸侯僭天子，故爲直諫也。○注「四曰」至「是也」。○白虎通作「闚諫」，云：「闚諫者，禮也。視君顔色不悦，且卻；悦則復前，以禮進退，此禮之性也。」李雲傳注亦作「闚諫」，謂「視君顔色而諫也」。俱與此異。子反請歸事見宣十五年傳，彼云：「莊王圍宋，軍有七日之糧，盡此不勝，將去而歸爾。於是使司馬子反乘堙而闚宋城。宋華元亦乘堙而出見之。子反曰：『子之國何如？』華元曰：『憊矣！』曰：『何如？』曰：『易子而食之，析骸而炊之。』司馬子反曰：『嘻！甚矣憊！是何子之情也。』華元曰：『吾見子之君子也，是以告情於子也。』子反曰：『勉之矣！吾軍亦有七日之糧爾，盡此不勝，將去而歸爾。』揖而去之，反于莊王。莊王曰：『何如？』子反曰：『憊矣！易子而食之，析骸而炊之。』莊王曰：『吾今取此而歸爾。』子反曰：『不可。臣已告之矣，軍有七日之糧爾。』莊王怒曰：『吾使往視之，子曷爲告之？』子反曰：『以區區之宋猶有不欺人之臣，可以楚而無乎？』莊王曰：『諾。雖然，吾猶取此然後歸爾。』子反曰：

〔一〕「正」，原訛作「臣」，叢書本同，據繁露校改。

『然則，君請處乎此，臣請歸爾。』」是子反與莊力爭，故爲爭諫。○注「五曰」至「是也」。○白虎通作「陷諫」，云：「陷諫者，義也。惻隱發於中，直言國之害，勵志忘生，爲君不避喪身，此義之性也。」李雲傳注同，謂「言國之害，忘生爲君也」。國語魯語上〔一〕云：「陷而不振。」注：「陷，猶墜也。」見君之過，明知身之墜，不避斧鉞之誅，而直陳其菑害也。百里、蹇叔事見僖三十三年傳，彼云：「秦伯將襲鄭，百里子與蹇叔子諫曰：『千里而襲人，未有不亡者也。』秦伯怒曰：『爾，宰上之木拱矣！曷知？』師出〔二〕，百里子與蹇叔子送其子，而戒之曰：『爾即死，必於殽之嶔巖。吾將尸爾也。』子揖師而行。百里子與蹇叔子從其子而哭之。秦伯怒曰：『爾曷爲哭吾師？』對曰：『臣非敢哭君師，哭臣之子也。』」直言國之害，故曰『未有不亡者』，是爲戇諫也。

○**赤歸于曹郭公。**【疏】武氏億經讀考異云：「釋文此連爲句，郭音虢，亦如字。左傳正義、公羊、穀梁並以『赤歸于曹郭公』連文爲句，言郭公名赤，失國而歸于曹。是爲説不了，故不采用，如左傳義，則『赤歸于曹』爲句，『郭公』另爲句，與公羊授讀異。此蓋就經爲説，不可强同。」

赤者何？曹無赤者，蓋郭公也。【注】以郭公在赤下。【疏】舊疏云：「謂此郭公實非曹人故也。

〔一〕「上」字原誤排在「云」下，叢書本同，據國語校乙。
〔二〕「出」字原脱，叢書本同，據公羊傳校補。其上秦伯怒曰原文作：「若爾之年者，宰上之木拱矣，爾何知！」

言蓋郭公者，蓋郭之公矣。」穀梁傳：「赤蓋郭公也。」

郭公者何？失地之君也。【注】失地者，出奔也。名言歸，倒郭公置赤下者，欲起曹伯爲戎所殺，故使若曹伯死，謚之爲郭公。而赤微者，自歸曹也。不言赤奔者，從微者例，不得録出奔。【疏】新序雜事云：「齊桓公〔一〕出遊于野，見亡國故城，郭氏之墟。問於野人曰：『是爲何墟？』野人曰：『是爲郭氏之墟。』桓公曰：『郭氏曷爲墟？』野人曰：『郭氏者，善善而惡惡。』桓公曰：『善善而惡惡，人之善行也，其所以爲墟者何也？』野人曰：『善善而不能行，惡惡而不能去，是以爲墟也。』」説文邑部：「郭，齊之郭氏虚，善善不能進，惡惡不能退，是以亡國也。」段注云：「郭本國名。虚、墟古今字。郭國既亡，謂之郭氏虚，如左傳言少昊之虚、昆吾之虚、太昊之虚、祝融之虚也。郭氏虚，在齊境内。」又云：「事見韓詩外傳、新序、風俗通，皆同。亦有取此説春秋者。」按：如以郭公爲郭氏虚之郭公，則當如左氏説另讀，爲有闕誤矣。〇注「失地」至「曹也」。〇劉氏逢禄解詁箋云：「何氏似失傳意。傳以赤即郭公，所謂諸侯失地名也。言郭公，猶虞公、州公之例。奪其正爵，倒在下者，口授爲『赤歸于曹』，著辟例也，削其本稱，而復著臣下之稱於下，起其盜天子之國也。歸者，出入無惡之辭，著其本爲曹君，而復諫亡國之罪不相揜也。」按：劉説亦不了。不可强通，姑闕焉。〇注「不言」至「出奔」。〇舊疏云：「謂不言郭公赤奔曹者，假作微人之文，即從微者例，甯得録其奔，正得言道『赤歸于曹』。」按：穀梁傳曰：「何爲名也？禮，諸侯無外歸之義，外歸非正也。」

〔一〕「公」，原訛作「云」，叢書本、皇清經解續編本均不誤，據改。

公羊義疏二十四

南菁書院　句容陳立卓人著

莊二十五年盡二十七年

○二十有五年，春，陳侯使女叔來聘。【注】稱字者，敬老也。禮，七十，雖庶人，主孝而禮之。

孝經曰：「昔者明王之以孝治天下也，不敢遺小國之臣。」是也。【疏】通義云：「禮，幼名，冠字，五十以伯仲。女叔以氏配字，不稱且字，知年在五十以上，故師說云爾。然傳實無明文。穀梁則曰：『天子之命大夫也。』以單伯例之，近是。」按：公羊先師有子女子，則女其氏，或采也與？○注「稱字」至「禮之」。○「孝」，閩、監、毛本同，誤也。宋本、鄂本「孝」作「字」，當据正。禮記王制云：「凡三王養老，皆引年。」注：「引户校年，當行復除也。」續漢禮儀志：「仲秋之月，縣道皆案户比民。年始七十，授之以玉杖，餔之糜粥。八十九十，禮有加賜。」又月令云：「仲秋之月：養衰老，授几杖，行糜粥飲食。」高注：「今之八月。比户，賜高年鳩杖、粉粢。」是也。是七十雖庶人，禮之事也。幼名，冠字，或士以上禮。故庶人至七十，字之與？○注「孝經」至「是也」。○孝經孝治章文。注：「小國之臣，至卑者耳，王尚接之以禮，況於五等諸侯？是廣敬也。」疏以爲王肅義。阮氏福孝經義疏云：「此何氏説孝經古義也。」大戴禮記朝事篇曰：『率而祀天於南郊，配以先祖，所以教民報德，不忘本也。率而享祀於太廟，所以教孝也。』」舊疏云：「注言此者，欲道春秋假魯以爲明王，謂女叔爲小國之臣矣。」按：陳爲侯爵，注引孝經，極言之耳。

○夏，五月，癸丑，衛侯朔卒。【注】春秋篡明者當書葬，朔不書葬，嫌與篡同例。身絶國不絶，故去葬，明犯天子命重，不得書葬，與盜國同。【疏】包氏慎言云：「經夏五月有癸丑，閏月之十三日也。」按：是年當閏六月，癸丑，六月之十三日也。○注「春秋」至「國同」。○僖二十五年「納頓子于頓」，注：「前出奔當絶，還入爲盜國當誅，楚納之，與之同罪也。」襄二十六年「衛侯衎復歸于衛」，注：「衎，名者，起盜國。盜國明，則復歸爲惡剽出見矣。」白虎通誅伐云：「或盜天子土地，自立爲諸侯，絶之而已。」通義云：「不葬者，本當絶，故奪臣子辭。」按：春秋篡明者書葬，如隱四年「衛人立晉」，書立，已見其篡，故桓十三年書「葬衛宣公」。上九年「齊小白入于齊」，書入，亦見其篡，故僖十七年書「葬齊桓公」之屬是也。此上六年書「衛侯朔入于衛〔一〕」，書入，其篡已明，正合書葬，而經不書，正以若書葬，嫌與僅篡國者同例。明衛朔犯天子之命，罪重於篡，故又去其葬，與盜國同，不但身絶，其國合絶也。犯天子命，見上六年。

〔一〕「衛」，原訛作「齊」，叢書本同，據公羊傳校改。

○六月，辛未，朔，日有食之。鼓，用牲于社。【疏】包氏慎言云：「六月書『辛未，朔，日有食之』，閏分至五月後積二百三十五，六月無中氣，故退閏五月，而六月爲辛未朔也。」元史曆志：「大衍推七月辛未朔，交分入食限。」左傳云：「凡天災，有幣無牲。」禮疏引膏肓云：「何氏引感精符曰：『立推度以正陽，日食，則鼓用牲於社，朱絲營社，鳴鼓脅之。』左氏云：『用牲，非常。』明左氏說非夫子春秋，於義爲短。鄭箴之曰：『用牲者，不宜用春秋之通例，此讖說正陽、朱絲、鳴鼓，豈說用牲之義也？讖：用牲於社者，取經宛〔一〕句耳。』」劉氏逢祿評云：「經不曰『鼓于社，用牲』。鄭引通例，未足以爲公羊難也。且左氏此條，亦出附會。」地官牧人「凡外祭毀事，用尨可也」，注：「尨謂雜色不純，毀謂副辜侯禳毀除殃咎之屬〔二〕。」即此所用牲不用牷也，沈氏欽韓說。

日食，則曷爲鼓用牲于社？【注】据日食在天。【疏】注「据日食在天」。○舊疏云：「謂日食在天上，何由於地而鼓用牲乎？」

求乎陰之道也。【注】求，責求也。【疏】注「求，責求也」。○論語衛靈公篇：「君子求諸己。」集解：「求，責也。」按：禮記中庸「所求乎子」、「所求乎臣」，皆謂責也。

〔一〕「宛」，原訛作「死」，孫詒讓十三經注疏校勘記：「疏：『讖：用牲於社者，取經〔死〕〔宛〕句耳。』『宛』，依閩本正。」據以校改。

〔二〕「屬」，原訛作「事」，叢書本同，據周禮注疏校改。

以朱絲營社，或曰脅之，或曰爲闇。恐人犯之，故營之。【注】或曰者，或人辭，其義各異也。或曰脅之，與責求同義。社者，土地之主也。月者，土地之精也。上繫於天而犯日，故鳴鼓而攻之，脅其本也。朱絲營之，助陽抑陰也。或曰爲闇者，社者，土地之主，尊也，爲日光盡，天闇冥，恐人犯歷之，故營之。然此説非也。記或傳者，示不欲絶異説爾。先言鼓，後言用牲者，明先以尊者命責之，後以臣子禮接之，所以爲順也。不言鼓于社用牲者，與禘于太廟用致夫人同，嫌起用牲爲非禮。書者，善内感懼天災應變得禮也。是後夫人遂不制，通於二叔，殺二嗣子也。【疏】釋文：「營社，本亦作縈，同。」按：續漢禮儀志注引作「縈」。禮記祭法注：「宗皆當爲禜，禜之言營也。雩禜，亦謂水旱壇也。雩之言吁嗟也。春秋傳曰：『日月星辰之神，則雪霜風雨之不時，於是乎禜之。山川之神，則水旱癘疫之不時，於是乎禜之。』」疏引此傳文，「是禜有營〔一〕義，故讀爲禜」。○注「或曰」至「異也」。○孟子梁惠王下：「或曰：世守也。」亦謂其義各異也。或有又義，或曰猶言又曰也。經傳釋詞：「詩小雅賓之初筵云：『既立之監，或佐之史。』言又佐之史也。禮記檀弓云：『父死之謂何？或敢有他志。』晉語『或』作『又』。哀元年左傳：『今吴不如過，而越大於少康，或將豐之。』史記吴世家作『又將寬之』。賈子保傅篇：『鄙諺曰：不習爲吏〔二〕，

〔一〕「營」，原訛作「雩」，叢書本同，據禮記正義校改。
〔二〕「吏」，原訛作「史」，據經傳釋詞及賈誼新書校改。

而視己事。又曰：前車覆，後車戒。』韓詩外傳『又曰』作『或曰』。或，古讀若域；又，讀若有，二〔一〕聲相近，故義相通。」○注「或曰」至「同義」。○此與責求同義，本義也。爲下引「或曰爲闇」異解，故先著或曰。○注「社者」至「陰也」。○鄂本「繫」作「系」。史記天官書注：「月者，陰精之宗。」説文：「月，闕也，太陰之精也。」地爲陰，故爲土地之精。繁露精華云：「大水者，陰滅陽也。日食亦然，皆下犯上，以賤傷貴者，逆節也。故鳴鼓而攻之，朱絲而脅之，爲其不義也。此亦春秋之不畏强禦也。故變天地之位，正陰陽之序，直行其道，而不忘其難，義之至也。是故脅嚴社而不爲不敬靈，出天王而不爲不尊上，辭父之命而不爲不承親，絶母之屬而不爲不孝慈，義矣夫！」説苑辨物篇云：「夫水旱，俱天下陰陽所爲也。大旱則雩祭而請雨，大水則鳴鼓而劫社，何也？曰：陽者，陰之長也。」「故陽貴而陰賤，陽尊而陰卑，天之道也。今大旱者，陽氣太盛，以厭於陰。陰厭陽固，陽其填也。惟填厭之太甚，使陰不能起也，亦雩祭拜請而已，無敢加也。至於大水及日蝕者，皆陰氣太盛，而上滅陽精，以賤乘貴，以卑陵尊，大逆不義，故鳴鼓而懾之，朱絲營而劫之。由此觀之，春秋乃正天下之位，徵陰陽之失。直責逆者不避其難，是亦春秋之不畏强禦也。故劫嚴社而不爲不驚靈，出天王而不爲不尊上，辭蒯聵之命不爲不聽其父，絶文姜之屬不爲不愛其母。其義之盡耶？其義之盡耶？」通義云：「社有田主，各以其土之所宜木。營者，縈其樹也。周禮：『六祈：一曰類，二曰造，三曰禬，四曰禜，五曰攻，六曰説。』後鄭司農曰：『禜，如日食以朱絲縈社，攻如鳴鼓然。』

〔一〕「二」，原訛作「又」，據經傳釋詞校改。

董仲舒救日食，祝曰：『炤炤大明，瀸滅無光，奈何以陰侵陽，以卑侵尊〔一〕？』是之謂說也。造、類、禬、禜皆有牲，攻、說用幣而已。」白虎通災變〔二〕云：「日食必救之何？陰侵陽也。鼓用牲于社。社者，衆陰之主，以朱絲縈之，鳴鼓攻之，以陽責陰也。故春秋傳曰：『日有食之，鼓用牲于社。』」續漢志注引干寶周禮注：「社，太陰。朱，火色。絲，維屬。天子伐鼓于社，責羣陰也；諸侯用幣于社，請上公也；伐鼓于朝，退自攻也。此聖人厭陰之法也。」說文示部：「禜，設綿蕝爲營，以禳風雨、雪霜、水旱、癘疫於日月星辰山川也。一曰禜、衛，使災不生。」蓋古人禳禦之事，皆有禜禮，故鄭注周禮引此朱絲營社釋禜焉。○注「或曰」至「說爾」。○舊疏云：「知其非者，正以日食者，陰氣侵陽，社官〔三〕五土之神，理宜抑之，而反營衛，失抑陰之義也。」其實雖日食，亦未至闇冥犯社也。○注「先言」至「順也」。○續漢志注引作「以尊者命責之」，各本脱「者」字，宜据補。禮記祭法云：「埋少牢於泰昭。」注：「凡此以下，皆祭用少牢。」疏云：「按，小司徒：『凡小祭祀，奉牛牲。』則王者之祭，無不用牛。此用少牢者，明謂祈禱之祭也。必知祈禱者，以有寒暑水旱，非歲時常祀，是祈禱所爲。故讀相近爲禳祈，讀宗爲禜。然案左傳云：『凡天災有幣無牲。』此禱祈得用少牢者，彼天災者，謂日月食之示以戒懼，人君先須修德，不當用牲，故天災有幣無牲。若水旱歷時，禱而不止，則當用牲，故詩雲漢云：『靡愛斯牲。』鄭注太祝云：『類、造、禬、禜皆用牲，攻、說用幣

〔一〕「以陰侵陽，以卑侵尊」，原誤倒爲「以卑侵尊，以陰侵陽」，公羊通義即顛倒，據周禮注疏校乙。

〔二〕白虎通篇名災變原訛作「災異」，叢書本同，據白虎通校改。

〔三〕「官」，原訛作「宮」，叢書本不誤，據改。

而已。攻、説以是日月之災，且不假用牲故也。』」按：如公羊義，用牲謂用於社，非請於天。先言鼓，蓋周禮之攻、説也；後言用牲，周禮之禜也；先責，後以臣子禮接之也。白虎通災變〔一〕云：「所以必用牲者，社，地別神也，尊之，故不敢虚責也。」是以用牲爲得禮，正用今文家説。穀梁與左氏同，亦云「鼓，禮也；用牲，非禮也」。公羊所不取。穀梁又云：「天子救日，置五麾，陳五兵、五鼓；諸侯置三麾，置三鼓、三兵；大夫擊門；士擊柝。言充其陽也。」疏引麋信、徐邈並云：「東方青鼓，南方赤鼓，西方白鼓，北方黑鼓，中央黄鼓。」按：周禮鼓人職云「雷鼓鼓神祀」，又云「靈鼓鼓社祭」，則當用雷鼓或靈鼓矣。○注「不言」至「非禮」。○僖八年「禘于大廟，用致夫人」，注：「以致文在廟下，知非禮也。」然則，此若言鼓于社用牲，嫌與彼文同譏其不宜用牲。如上二十四「用幣」之書，「用」爲譏其不宜用矣。此進「用牲」于「社」上，明與鼓皆得禮，若無「用」字，則「鼓牲」不辭，故此用爲時事，與莊二十四年、僖八年之「用」，文同而義異也。○注「書者」至「禮也」。○白虎通災變云：「天所以有災變者何？所以譴告人君，覺悟其行，欲令悔過修德，深思慮也。」此「鼓用牲于社」故爲善辭，若然，既應變得禮，而仍有夫人之禍者，應天以實不以文，或但知救日虚文，未能改過修德，故其患禍未弭也。○注「是後」至「子也」。○即下二十七年傳云：「公子慶父、公子牙通乎夫人以脅公。」是也。殺二嗣子，謂子般、閔公也。漢書五行志：「嚴公二十五年六月辛未，朔，日有食之。董仲舒以爲，宿在畢，主邊兵夷狄象也。後狄滅邢、衛。劉歆以爲，五月二日，魯、趙分。」

〔一〕白虎通篇名災變原訛作「災異」，叢書本同，據白虎通校改。

按：日食示異，自不止魯，劉歆以爲魯、趙分，邢、衛皆近趙分也。

○**伯姬歸于杞。**【疏】解詁箋云：「二十七年解詁云：『不卒者，蓋不與卒於無服，則書歸、書會、書來者，皆同辭也，公一齊襄也。據彼注，則以其嫁大夫略之爾。」穀梁傳曰：「其不言逆何也？逆之道微，無足道焉爾。」

○**秋，大水，鼓用牲于社、于門。**

其言于社、于門何？【注】据一鼓用牲耳。【疏】注「据一」至「牲耳」。○如下注言略不復鼓用牲，明于社、于門不同牲。社門又非一處，經止一鼓用牲，故据以爲難。

于社，禮也；于門，非禮也。【注】于門非禮，故略不復舉鼓用牲。不舉非禮爲重者，如去于社，嫌于門禮也。大水與日食同禮者，水亦土地所爲，雲實出于地，而施於上乃雨，歸功於天，猶臣歸美於君。【疏】通義云：「時蓋以五祀，秋祀門，故因爲水禳焉，然非禮典。」按：門爲少陰之祭。水，陰類，故鼓用牲于門與？○注「不舉」至「禮也」。○若舉非禮爲重，宜言鼓用牲于門，故嫌于門爲得禮。○注「大水」至

「所爲」。○繁露精華云：「難者曰：『大旱雩祭而請雨，大水鳴鼓而攻社，天〔一〕地之所爲，陰陽之所起也。或請焉，或怒焉者何？』曰〔二〕：『大旱者，陽滅陰也；陽滅陰者，尊厭卑也，固其義也，雖太甚，拜請之而已，無敢有加也。大水者，陰滅陽也；陰滅陽者，卑勝尊也，日食亦然，皆下犯上，以賤傷貴，逆節也。』」説苑辨物云：「大旱者，陽氣太盛，亦雩祭，拜請而已。至於大水及日食者，皆陰氣太盛，而上減陽精，故鳴鼓而懾之，朱絲營而劫之。」○注「雲實」至「於君」。○元命包云：「地者，易也，言養物懷任，交易變化，含吐應節，故其立字，土力於乙者爲地。土無位而道在，故太乙不興化，人主不任部，地出雲起，雨以合縱〔三〕天下，勤〔四〕勞出於地，歸功於天。」繁露五行對〔五〕云：「地出雲爲雨，起氣爲風，風雨者，地之爲，地不敢有其功，必上之於天，若從天氣者，故曰天風天雨也。勤勞在地，名一歸於天，非至有義，其孰能行此？故下事上，如地事天也，可謂忠矣。」注言此者，欲明鼓用牲于社之由，見于門，無禮以言也。

○冬，公子友如陳。【注】如陳者，聘也。內朝聘言如者，尊內也。書者，録內所交接也。朝京師大

〔一〕「天」，原訛作「大」，叢書本同，據春秋繁露校改。
〔二〕「曰」，原訛作「以」，叢書本同，據春秋繁露校改。
〔三〕「合縱」，原脱誤作「從」，叢書本同，據元命包校補。
〔四〕「勤」下原衍一「劬」字，叢書本同，據元命包校删。
〔五〕「五行對」，原誤記爲「深察名號」，以下引文實出自繁露五行對第三十八，據校改。

國，善有加録文，如楚有危文。聘無月者，比於朝輕也。【疏】杜云：「公子友，莊公之母弟，稱公子者，史策之通言。母弟至親，異於他臣，其相殺害，則稱弟以示義。至於嘉好之事，兄弟篤睦，非例所興，或稱弟或稱公子，仍舊史之文。」按：春秋稱弟一見於「齊侯使其弟年來聘」，一見於「鄭伯使其弟語來盟」，蓋示殷質，親親之義。一朝聘，一會盟，可該春秋之全。後此從可知之例也，不必皆仍舊史之文。○注「如陳」至「内也」。○隱十一年注云：「内適外言如，外適内言朝聘，所以別外尊内也。」杜云：「諸魯出朝聘皆書如，不果彼國必成其禮，故不稱朝聘。」春秋内適外皆言如，豈皆不果成禮乎？真郢書燕説也。○注「書者」至「接也」。○僖十年注：「書如者，録内所與外交接也。」是也。○注「朝京」至「録文」。○成十三年三月「公如京師」，注：「月者，善公尊天子。」僖十年「春，王正月，公如齊」，注：「月者，僖公本齊所立。桓公德衰見叛，獨能念恩朝事之，故善録之。」襄二十一年「春，王正月，公如晉」，注：「月者，溴梁之盟後，中國方乖離，善公獨能與大國。」是朝聘例時，爲其朝京師大國，善有加録，則書月也。僖十年注亦云：「故如京師，善則月榮之；如齊、晉，善則月安之。」○注「如楚有危文」。○襄二十八年「冬，十有一月，公如楚」，注：「如楚皆月者，危公朝夷狄也。」僖十年注亦云：「如楚則月，危之。」是也。○注「聘無」至「輕也」。○舊疏云：「即春秋上下内聘京師及大國悉書時是也。」通義云：「内大夫如例時。」如京師、大國等，以月分別善危，謂君也；大夫賤聘輕，故略不別也。舊疏引「楚薳頗來聘」書月，於内無涉。

○二十有六年，公伐戎。【疏】校勘記云：「諸本同。呂祖謙集解云：『公羊無春字。』按，唐石經『公伐戎』之上損缺，然以每行十字計之，無春字。按，盧文弨云：『疏標經文云「春，公伐戎」，是疏本有春字，自石經始脱耳。』」趙氏坦春秋異文箋云：「春爲歲之始，不應於此年獨去春字。唐公羊石經首數字泐，以每行十字計之，似亦無春字。陸淳春秋纂例亦云無春字。然疏引經文作『春，公伐戎』，則此春字爲傳寫者脱去耳，當以左、穀爲正。」按：左氏經有春字，何氏於經文去時皆有説，此無注，知公羊本有春字也。

○夏，公至自伐戎。【疏】上六年傳云：公獨出用兵，「不得意致伐」，是也。

○曹殺其大夫。

何以不名？【注】据莒小於曹，殺公子意恢名。【疏】注「据莒」至「恢名」。○見昭十四年。舊疏云：「知莒小於曹者，正以春秋上下曹伯恒敘於莒上故也。」

衆也。曷爲衆殺之？【注】据殺三郤名。【疏】注「据殺三郤名」。○即成十七年「晉殺其大夫郤錡、郤州、郤至」是也。通義云：「殺其大夫者，駢誅偏戮之詞。晉殺三郤猶名，此以衆不名者，小國大夫本未得以名氏見，今又衆，故略，不足列數之也。」

不死于曹君者也。【注】曹諸大夫與君皆敵戎戰，曹伯爲戎所殺，諸大夫不伏節死義，獨退求生，後嗣子立而誅之。春秋以爲得其罪，故衆略之不名。凡書君殺大夫，大夫有罪，以專殺書，他皆以罪舉。

【疏】注「曹諸」至「不名」。○越絶書外傳枕中云：「父辱則子死，君辱則臣死。」曹君戰死，大夫不能死義，誅之，爲當其罪，故春秋善之也。穀梁傳：「言大夫而不稱名姓，無命大夫也。無命大夫而曰大夫，賢也，爲曹羈崇也。」潛研堂答問云：「問：『范答薄氏義，則此所殺之大夫，即二十四年出奔之曹羈，未識與傳意合否？』曰：『公、穀說此經皆主賢曹羈，而意稍別。公羊又謂諸大夫不死君難，誅之得其罪。經爲曹羈諱，故不言曹伯滅，並不言戰。穀梁之意當亦如此。其云爲曹羈崇者，謂因賢曹羈故。曹無命大夫而書大夫，非謂大夫即羈也。孟子曰：『晏子以其君顯。』又云：『百里奚相秦，而顯其君於天下。』吴，蠻夷之國，其朝聘例不書，唯『吴子使札來聘』，以賢季子故書。曹小國，於傳聞之世不當有大夫，因羈之賢而書，並及殺大夫事，是因臣而顯其君。范氏所言，未得穀梁之旨。」按：錢氏說深得經義。○注「凡書」至「殺書」。○各本「罪」誤「非」，依鄂本正。舊疏云：「若殺有罪大夫，春秋書之，以責君專殺矣。」可證。通義云：「君殺大夫稱國，傳例在僖七年。春秋之義，諸侯不得專殺大夫，雖有罪猶以專殺書。曹無大夫而記殺者，專殺大夫之始，故疾録之。」按：孟子告子下：「桓公葵丘之會四命曰：無專殺大夫。」春秋所本也。○注「他皆以罪舉」。○舊疏云：「無罪，君枉殺而書之者，欲以罪君之故而舉之。其罪君者，即去其君之葬是也。」按：僖九年「晉侯詭諸卒」，注：「不書葬者，殺世子也。」成十年「晉侯獳卒」，注：「不書葬者，殺大夫趙同等。」是皆以罪舉者也。

君死乎位曰滅，曷爲不言其滅？【注】据胡子髡滅。【疏】注「据胡子髡滅」。○昭二十三年「胡子髡、沈子楹滅」是也。彼傳亦云：「君死於位曰滅，生得曰獲。」繁露滅國下云：「不事大而事小。曹伯之所以戰死於位，諸侯莫助。幽之會，齊桓數會諸侯，曹小，未嘗來也。」是宜書滅，故据彼爲難。葉本釋文「髡」作「髨」，下从「兀」。盧本同。从几，非。文元年髡字準此。

爲曹羈諱也。此蓋戰也，何以不言戰？【注】如上語，知爲戰。【疏】注「如上」至「爲戰」。○舊疏云：「即上謂『不死於曹君』是也。」

爲曹羈諱也。【注】諱者，上出奔嫌辟難，欲起其賢，又所諫者戰也，故爲去戰滅之文，所以致其意也。曹無大夫，書殺大夫者，起當誅也。【疏】注「諱者」至「意也」。○上二十四年注云：「据國見侵，出奔以辟難。」爲其嫌故，据以難也。所諫者戰，則上二十四年傳云：「羈諫曰：戎衆以無義，君請勿自敵也。」是也。欲起其賢，則上傳云：「君子以爲得君臣之義者。」是也。劉氏逢禄解詁箋云：「君子辟内難而不辟外難，有師命不可去，義也。爲曹羈張義，故以觕者曰侵言之。」致其意者，舊疏云：「曹羈之意，唯恐其滅，欲其不戰，是故諱其戰滅之文。所以使若諫得其君者然也。」通義云：「戎殺曹君，狄滅邢、衛，經皆無文，明是不與夷狄得滅中國。而傳别言爲曹羈、桓公諱者，春秋聖者之作，一言時管數旨，若此之類，亦爲存中國，亦爲順賢者之意。傳雖舉隅，經自該藴。其不與夷狄之獲中國，傳於獻舞下已有成解，故於此略所易曉，申其隱義。羈者，君子所賢也。羈所爲恥，君子亦恥之；羈所諱，君子亦諱之。」○注「曹無」至「誅也」。○舊疏云：「大夫之義，理合死於君。今不死君，當合誅討，是以經書『殺其大夫』，欲起其合誅矣。」

○**秋，公會宋人、齊人伐徐。**【疏】東萊集解引杜注有「徐國在下邳鄿縣」七字。方輿紀要：「徐城廢縣在泗州西北六十里，古徐子國。」差繆略云：「左氏無公字。」按：今唐石經左氏有公字。通義云：「桓之會不致，其伐猶致，致『伐楚』、『伐鄭』是也。此及二十八年『救鄭』不致者，自從公會大夫不致例。」

○**冬，十有二月，癸亥，朔，日有食之。**【注】異與上日食略同。【疏】包氏慎言云：「經書『十二月，癸亥，朔，日有食之』，曆爲十月之二日。」劉歆同。○注「異與」至「略同」。○二十五年「日有食之」，注云：「是後夫人遂不制，通於二叔，殺二嗣子。」是也。漢書五行志云：「嚴公二十六年『十二月，癸亥，朔，日有食之』。董仲舒以爲，宿在心，心爲明堂，文武之道廢，中國不絶如綫之象也。劉向以爲，時戎侵曹，魯夫人淫於慶父、叔牙，將以弑君，故比年再蝕，以見戒。劉歆以爲，十月二日，楚、鄭分。」子政説與何大同。

○**二十有七年，春，公會杞伯姬于洮。**【注】書者，惡公教内女以非禮也。洮，内地。凡公出，在外致，在内不致。其與婦人會，不别得意，雖在外猶不致。伯姬不卒者，蓋不與卒於無服。女會、來例皆時。【疏】注「書者」至「禮也」。○禮，婦人無外事，諸侯夫人非大故不得反父母，終不得歸甯。今莊公會杞伯姬於魯地，故惡其教内女以非禮也。通義云：「伯姬，即二十五年始嫁者。言會者，敵辭，蓋桓公女，莊公妹也。公會婦人，前後未有比例，良以失禮略不致。」○注「洮，内地」。○杜云：「洮，魯地。」大事表云：「在今曹州府濮州西南五十里。」水經注：「今鄄城西南五十里有姚城，或謂之洮也。」方輿紀要：「洮城在濮州西南五十里。」○注「凡公出，在外致」。○桓二年「秋，公及戎盟于唐。冬，公至自唐」，此公與一國會盟，得意致地者也。哀十三年「夏，公會晉侯及吴子于黄池。秋，公至自會」，是公與二國以上會盟，得意致會者也。○注「在内不致」。○舊疏云：「即隱五年『公觀魚于棠』，不書公至自棠之屬是也。」○注「其與」至「不致」。○舊疏云：「春秋上下，無公會婦人於外之經，而注言雖在外猶不致者，但偶爾無之。」○注「伯姬」至「無服」。○舊疏云：「蓋以其嫁於大夫，故云不與卒於無服矣。」按：禮喪服大功章云：「君爲姑姊妹女子子嫁於國君者。」傳曰：「何以大功也？尊同也。尊同則得服其親服。」通典引馬注云：「君，諸侯也。爲姑姊妹女子子嫁於國君者服也。」又云：「諸侯絶周，姑姊妹在室，無服也。嫁於國君者，尊與己同，故服周親服。」然則，諸侯於在室姑姊妹女子子本無服，特以嫁於諸侯，尊同不降，故得如邦人服姑姊妹等出降一等大功之服。馬氏所謂周親服者，謂其本周親也，非謂爲之期也。若嫁於大夫則無服。春秋於有服者，皆書其卒以録恩，如紀伯姬、宋共姬之屬是也。其無服則略之。舊疏謂諸侯之女嫁於諸侯爲之期，語未分曉其大夫之姑姊妹女子子嫁於大夫者，亦服本服大功。若嫁於士，則降小功矣。○注「女會」至「皆時」。○會時，此經是也。來時，下「冬，杞伯姬來」之屬是也。

○夏，六月，公會齊侯、宋公、陳侯、鄭伯，同盟于幽。

○秋，公子友如陳，葬原仲。

原仲者何？陳大夫也。【疏】通義云：「大夫没，稱字。惠氏士奇春秋説云：『原仲，陳世卿，詩所謂「南方之原」。』」是也。

大夫不書葬，此何以書？【注】据益師等皆不書葬。稱字者，葬從主人也。【疏】注「据益」至「書葬」。○隱元年「公子益師卒」等皆不書葬也。外大夫書葬者，唯定四年書「葬劉文公」，彼注云：「以主我，恩録之。」「稱公者，明本諸侯也。」與此義別。○注「稱字」至「人也」。○舊疏云：「若五等諸侯之卒，例書本爵及其葬時，悉皆稱公，亦是葬從主人之稱。」按：白虎通號〔一〕篇云：「臣子之心，俱欲尊其君父，故皆令臣子得稱其君爲公。」隱十一年〔二〕傳云：「葬，生者之事也。」生者，謂臣若子，故諸侯以上皆稱公，大夫而下宜稱字矣。杜云：「禮，臣既卒不名，故稱字。」禮記玉藻云：「士於君所言大夫没矣，則稱謚若字。」穀梁桓二年傳：「子既死，父不忍稱其名〔三〕；臣既死，君不忍稱其名。」是禮臣卒不名，明陳之君臣皆不名之。

通乎季子之私行也。【注】不以公事行曰私行。私行，不言葬原仲于陳，若告糴者。告糴上有無麥

〔一〕「號」，原誤記爲「爵」，以下引文實出自號篇，據校改。

〔二〕「十一年」，原誤記爲「十年」，以下引文實出自公羊傳隱公十一年，據校改。

〔三〕「名」，原訛作「字」，叢書本同，據穀梁注疏校改。

禾，知以國事起。此上下無起文，而不言如陳，嫌不辟國事，實私行也。不嫌使乎大夫者，有國文也。

【疏】校勘記云：「鄂本以下同。唐石經無乎字。」通義云：「因下文誤衍，從開成石經删。」○注「不以」至「私行」。○惠氏士奇春秋説云：「原仲，陳世卿。而魯季友會其葬，禮與？非禮也。非禮則春秋何以書？古有大夫士私行出疆之禮，此季友之私行也。」原注：「記禮者皆孔子之徒，似本春秋而爲之説，故公羊以爲季友之私行。孟子亦曰『王之臣，有託其妻子於其友而之楚遊者』，則古有大夫士私行之禮明矣。」○注「私行」至「行也」。○下二十八年：「大無麥禾。臧孫辰告糴於齊。」傳：「何以不稱使？以爲臧孫辰之私行。」是也。按：彼實國事，爲國諱，故作私行文。然上有大無麥禾，以國事起可知。此實私行，爲辟國難。若直言葬原仲於陳，則辟國事不見，故書如陳，以起爲國事也。通義云：「直言如陳，則嫌爲國使，故著其事。曲禮曰：『大夫私行出疆必請，反必有獻。』明禮得私行，是以通之也。」○注「不嫌」至「文也」。○成二年傳云：「君不行使乎大夫。此其行使乎大夫何？」又閔二年傳：「高子者何？齊大夫也。何以不稱使？我無君也。」皆不使乎大夫文也。此上言如陳，故不嫌使乎大夫矣。舊疏云：「無國事，言如陳者，文九年注云『大夫繫國』是也。」穀梁傳：「不葬而曰葬，諱出奔也。」注：「言季友辟内難而出，以葬原仲爲辭。」

何通乎季子之私行？【注】据大夫私行不書。

辟内難也。【注】欲起其辟内難。【疏】惠氏士奇春秋説云：「或曰避内難而出，如衛孫林父欲爲難，蘧伯玉遂行，從近關出，懼難作，故其行速。魯有慶父之難，時始萌牙，季友焉得先避之乎？司馬遷謂季友母，陳女，故如陳。並存以待後之學者。」按：此年去子般之弒僅五六年，萌芽自已早見。此時治之不可，聽之不忍，故有如陳之舉。太史公謂伊母陳女，亦因其可避而避之爾。

君子辟内難而不辟外難。【注】禮記曰：「門内之治恩揜義，門外之治義揜恩。」【疏】禮記雜記云：「内亂不與焉，外患弗辟焉。」注：「謂卿大夫也。同僚將爲亂，己力不能討，不與而已。至於鄰國爲寇，則當死之也。」春秋魯『公子友如陳，葬原仲』，傳曰：『君子辟内難而不辟外難。』」盧氏文弨鍾山札記云：「不與，亦正非易事。孔子之許仲由、冉求不從弒父與君，此正是内亂不與之事。鄭子公欲弒靈公，與子家謀，子家始不從，反譖子家，子家懼而從之。君子曰：『仁而不武，無能達也。』此非與焉者乎？季孫友始則力不能討，故姑爲隱忍，及秉國政，而始可以伸大義矣。石碏亦力不能討，迨隙有可乘，而遂圖之，君子以爲純臣。晉欒書、中行偃執厲公，召士匄，韓厥，皆辭，亦但不與而已。至若曹子臧、吴季札，亦得引以爲比。又如白公作亂，欲立子閭，子閭不從而見殺。故吾謂内亂不與亦難事。力能討，則爲季友、石碏；不能討，則爲子臧、季札；而子閭則其不幸者。又如親屬烝報、骨肉相殘，亦爲内亂。臣子既無由得言，且亦不必以身殉，亦唯有不與而已。若晉賈后淫虐，當時有謀廢后者，温羨之言曰：『皇后譖害其子，内難不與，禮非所在〔一〕。』可謂極合禮矣。」○注「禮記」至「揜恩」。○禮記喪服四制文。舊疏云：「彼文

〔一〕「在」，原訛作「任」，叢書本同，晉賈后淫虐事、温羨之言均出自晉書温羨傳，據原文校改。

『事』作『治』字，下『揜』字作『斷』字，蓋以所見異。」經義札記〔一〕云：「釋文：『之治，直吏反，下之治同。』誤同禮記。但不爲斷字作音，知下句亦作揜。若疏本，則二治字皆作事。古治、事聲相近。何据禮記，不與鄭本同。」禮記正義云「門内之治恩揜義」者，門内之親，恩情既揜藏公義，得行私恩，若公羊傳云「有三年之喪，君不呼其門」是也。門外之治義斷恩者，門外謂朝廷之間，既仕公朝，當以公義斷絶私恩，若曾子問「父母之喪，既卒哭，金革之事無辟」是也。

内難者何？公子慶父、公子牙、公子友，皆莊公之母弟也。公子慶父、公子牙通乎夫人，【注】通者，淫通。【疏】注「通者，淫通」。○桓十八年左傳：「齊侯通焉。」詩疏引服曰：「傍淫曰通。」又曰：「凡淫曰通。」國語晉語注、小爾雅廣義並云：「傍淫曰通。」

以脅公。【注】語在三十二年。【疏】通義云：「脅者，交挾制之，使公不得專行。」○注「語在三十二年」。○舊疏云：「即公曰『牙謂我曰：魯一生一及，君已知之矣。慶父也存』是也。」

季子起而治之，則不得與于國政；坐而視之，則親親，【注】親，至親也。【疏】通義云：「時季子未執國政，其位與勢皆不得治之，將坐視其亂，則緣親親之心，所不忍見也。」禮疏云：「時季友不

〔一〕經義札記，疑爲經義雜記之誤記。

討〔一〕慶父，爲不與國政，力不能討。至莊三十二年，季子與國政，故逐慶父而酖叔牙也。若與國政，力能討而不討，則責之〔二〕。故宣二年晉史書趙盾殺君，云『子亡不越竟』是也。」

因不忍見也，【注】因緣己心不忍見親親之亂。

故於是復請至于陳而葬原仲也。【注】書者，惡莊公不能任用，使辟難而出。【疏】舊疏云：「上二十五年『冬，公子友如陳』，今又請往，故言復也。」通義云：「傳著『請至於陳』者，明有君命，解經得言如意也。『公子友如陳葬原仲』、『公子遂如楚乞師』，文同不嫌者，乞師事重，知爲國行。外大夫葬，理無君使，往會足通私行矣。」○注「書者」至「而出」。○繁露精華云：「任賢臣者，國家之興也。夫智不足以知賢，無可奈何矣；知之而不能任，大者以死亡，小者以亂危，其若是何耶？以莊公不知季子賢耶？安知病將死，召而授以國政？以殤公爲不知孔父賢耶？安知孔父死〔三〕己必死，趨而救之？二主知皆足以知賢，而不決，不能任，故魯莊以危，宋殤以弒。使莊公早任季子，而宋殤素任孔父，尚將興鄰國，豈直免弒哉！」說苑尊賢云：「夫智不足以見賢，無可奈何矣！若智能見之，而强不能決，猶豫不用，而大者死亡，小者亂傾，此甚可悲哀也！以宋殤公不知孔父賢乎？安知孔父死己必死，趨而救之？趨而救之

〔一〕「不討」，原本無「不」字，據阮元校勘記校補。
〔二〕「之」字原脱，叢書本同，據禮記正義校補。
〔三〕「死」上原衍一「已」字，皇清經解續編本、叢書本皆不誤，據校删。

者，是知其賢也。以魯莊公不知季子之賢乎？安知疾將死，召季子而授之國政？授之國政者，是知其賢也。此二君知能見賢，而皆不能用，故宋殤以殺死，魯莊以賊嗣。使宋殤早任孔父，魯莊素用季子，乃將靖鄰國，而況自存乎？」大旨同。

○冬，杞伯姬來。

其言來何？【注】据有來歸。【疏】舊疏云：「即上二十五年『夏，伯姬歸于杞』者是也。非謂此年『春，公會杞伯姬于洮』者，杞伯姬自是大夫之妻。然則，此伯姬是其女，洮之伯姬是其姊妹，故今得並稱伯矣。」按：疏以杞伯姬爲二，未知何據。○注「据有來歸」。○宣十六年「郯伯姬來歸」是也。

直來曰來。【注】直來，無事而來也。諸侯夫人尊重，既嫁，非有大故，不得反。唯自大夫妻，雖無事，歲一歸甯。【疏】注「直來」至「來也」。○即此文是也。左傳：「凡諸侯之女歸甯曰來。」○注「諸侯」至「得反」。○舊疏云：「大故者，奔喪之謂。文九年『夫人姜氏如齊』，彼注云『奔父母之喪』，是也。」通義云：「伯姬，桓公之女。桓公、文姜俱已歿，不當歸甯，知主譏直來書也。直來，有事無事例並時。毛詩序曰：『泉水，衛女思歸也。嫁於諸侯，父母終，思歸甯而不得。』鄭司農說：『國君夫人，父母在則歸甯，没則使大夫甯於兄弟也。』何邵公謂諸侯夫人尊重，非有大故不得反。唯自大夫妻，雖無事，歲一歸宗，與詩義違〔一〕。」詩周南葛覃云：「歸甯父母。」傳：「父母在，則有時歸甯耳。」正義：「此謂諸侯夫人及王后之法。春秋莊二十七年『杞伯姬來』，左傳曰『凡諸侯之女歸甯曰來』，是父母在，得歸甯也。父母既没，則使卿甯於兄弟。襄十二年左傳『楚司馬子庚聘於秦，爲夫人甯，禮也』，是父母殁，不得歸甯也。泉水義不得往，載馳許人不嘉，皆爲此也。」按：如何氏之義，「大故」當謂奔喪與大歸，其餘天子諸侯后夫人，雖父母在，亦不歸甯。故舊疏云「詩是后妃之事，而云大夫妻者，何氏不信毛敍故也」。臧氏庸拜經日記云：「何邵公當習魯詩，故不用毛序。毛詩序：『葛覃，后妃之本也。』『則可以歸』，猶言『之子于歸』。『安父母，化天下以婦道』者，言能以婦道化天下，所以安甯父母也。經之『歸甯父母』，亦當作如是解。段氏若膺云：毛傳『父母在，則有時而歸甯耳』，此語當是後人竄入。庸謂是王肅所加。然則，毛詩亦不以諸侯夫人爲可歸也。葛覃爲后妃之本，是追敍文王既王後事，其實文王娶后妃時，猶諸侯之夫人也。毛詩載馳序云：『許穆夫人閔衛之亡，傷許之力小，不能救，思歸唁其父母，又義不得，故賦此詩。』此即何注『諸侯夫人尊重，既嫁，非有大故不得反』之義。然則毛、魯詩旨同。」惠氏士奇春秋説云：「穀梁子曰：『婦人既嫁，不踰竟。踰竟，非禮也。』然則，婦人歸甯，禮與？曰：非禮也。歸甯非禮，曷爲詩有歸甯父母之辭？曰：諸侯夫人，父母在，使卿歸甯；殁則否。左傳襄十二年『秦嬴歸于楚。楚〔二〕司馬子庚聘於秦，爲夫人

〔一〕「違」，原訛作「通」，叢書本同，據公羊通義校改。
〔二〕「楚」字原脱，叢書本同，據左傳正義校補。

甯，禮也』。是時秦嬴母在，身不自歸，而使卿甯，左氏以爲禮，言惟此得禮。凡内女嫁於諸侯，雖父母在，直書來者，皆非禮也。夫人歸甯，使卿攝行，杜預謂『父母殁，則使卿甯兄弟，身不自歸』，此妄説也。聞甯父母，不聞甯兄弟。孔氏謂『父母在，則自歸甯；父殁母存，則使卿甯』，其説支離。如歸甯得禮，常事不書，曷爲書來以譏之？故曰歸甯非禮也。」按：此本其父周惕氏説。宋書謝靈運傳山居賦注：「謝靈運曰：衛女思歸，作竹竿之詩。」又文選注引琴操曰：「思歸引者，衛女之所作也。」蓋即本此詩爲之操，不分别父母在否。知父母在，亦不得歸甯也。○注「唯自」至「歸甯〔一〕」。○昏禮疏：「婦人謂嫁曰歸，明無大故不反於家。」鄭志：「答趙商云：婦人有歸宗，謂自〔二〕其家之爲宗者。大夫稱家，言大夫如此耳，夫人王后則不然也。」天子諸侯位高，恐其專恣淫亂，故父母既殁，禁其歸甯。大夫以下，位卑畏威，故許之耳。周南疏又云：「若卿大夫之妻，父母雖殁，猶得歸甯。喪服傳曰：『爲昆弟之爲父後者，何以亦期也？婦人雖在外，必有歸宗。』言父母雖殁，有時來歸，故不降。爲父後者，謂大夫以下也。」北史崔光傳：「光曰：諸侯夫人父母在，有時歸甯；親殁，使卿大夫聘。衛女思歸，以禮自抑，載馳、竹竿所爲作也。」皆以諸侯夫人父母在亦歸甯，非何氏義。按：喪服齊衰期章「女子子適人者，爲其昆弟之爲父後者」，注：「父雖卒，猶自歸宗。其爲父後持重者，不自絶於其族類也。」類猶主也，每歲一歸甯，宗主於昆弟之爲父後者也。

〔一〕「甯」，原訛作「宗」，叢書本同，據【注】文改。

〔二〕「謂自」，原誤倒作「自謂」，叢書本同，據鄭志校乙。

通典引馬氏彼注云：「歸宗者，歸父母之宗。」是也。吴氏紱云：「歸宗雖或然之事，而必有可歸之宗。此見婦人在夫家恒懔懔有不克終之戒焉。」此説甚善。

大歸曰來歸。【注】大歸者，廢棄來歸也。婦人有七棄、五不娶、三不去：嘗更三年喪不去，不忘恩也；賤取貴不去，不背德也；有所受無所歸不去，不窮窮也。喪婦長女不娶，無教戒也；世有惡疾不娶，棄於天也；世有刑人不娶，棄於人也；亂家女不娶，類不正也；逆家女不娶，廢人倫也。無子棄，絶世也；淫泆棄，亂類也；不事舅姑棄，悖德也；口舌棄，離親也；盜竊棄，反義也；嫉妒棄，亂家也；惡疾棄，不可奉宗廟也。【疏】注「大歸」至「歸也」。○左傳曰：「出曰來歸。」注：「歸者，不反之辭。」言來歸，以别於嫁曰歸也。穀梁隱二年、成五年傳並云：「婦人謂嫁曰歸，反曰來歸也。」禮喪服斬衰三年章云：「子嫁，反在父之室，爲父三年。」注：「謂遭喪後而出者。」通典引馬氏云：「爲犯七出，還在父之家。」又齊衰期章：「出妻之子爲母。」注：「出，猶去也。」國策注云：「去，謂棄之。」漢書注云：「去，謂逐之。」皆廢棄遺逐、歸還母家者也。禮記雜記云：「諸侯出夫人，比至於其國，以夫人之禮行。至，以夫人入。」注：「行道以夫人之禮者，棄妻致命其家，乃義絶，不用此爲始。」又曰：「使者將命，曰：『寡君不敏，不能從而事社稷宗廟，使使臣某敢告於執事。』主人對曰：『寡君固前辭不教矣。寡君敢不敬須以俟命！』有司官陳器皿，主人有司亦官受之。」注：「器皿，其本所齎物也。律，棄妻畀所齎。」此諸侯出夫人禮也。○注「婦人」至「不去」。○大戴禮本命云：「女有五不取。」又云：「婦有七去。」又云：「婦有三不去。」○注「嘗更」至「窮也」。○校勘記云：「按，『取』當作『娶』，上下皆作『娶』。」大戴禮又云：「有所取無所歸，不去；與更三年喪，不去；前貧賤後富貴，不去。」孔氏廣森補注云：「婦人雖應此三事，若淫與不孝，猶當去之。禮故有婦當喪而出者。」○注「喪婦」至「倫也」。○大戴禮又云：「逆家子不取，亂家女不取，世有刑人不取，世有惡疾不取，喪婦長子不取。逆家子者，爲其逆德也；亂家子者，爲其亂人倫也；世有刑人者，爲其棄於人也；世有惡疾者，爲其棄於天也；喪婦長子者，爲其無所受命也。」白虎通嫁娶云：「有五不娶：亂家之子不娶，逆家之子不娶，世有刑人、惡疾，喪婦長子，此不娶也。」按：「喪婦」當爲「喪父」。閻氏若璩潛丘劄記云：「長子蓋女子長成者，而當嫁，適遭父喪，故曰喪父長子，故曰無所受命。此即曾子問、昏禮既納幣有吉日，而女之父母死，壻弗取事耳。」然則，喪父長女不娶者，亦以昏禮有父送子而命之曰「戒之，敬之」，其餘庶母等申之以「父母之命」諸節。今無父，故何氏謂無教戒與？然曾子問所記，特因女有大喪，停而不娶，服除之後，仍許成昏與？此不娶義究勉强。蓋謂無父之女，故曰無教戒耳。○注「無子」至「廟也」。○毛本「悖」誤「背」。大戴禮又云：「不順父母去，無子去，淫去，妬去，有惡疾去，多言去，竊盜去。不順父母去，爲其逆德也；無子，爲其絶世也；淫，爲其亂族也；妬，爲其亂家也；有惡疾，爲其不可與共粢盛也；多言，爲其離親也；盜竊，爲其反義也。」按：后夫人無子不棄，易同人六二云：「同人于宗，吝。」禮記疏引鄭注云：「天子諸侯后夫人無子不出。」是也。其天子之后，雖失禮亦不出，以天子無出道。故禮疏引鼎初六鄭注云：「嫁於天子，雖失禮，無出道，廢遠而已。若其無子，不廢，遠之。后尊，如故其犯六出，則廢之。」是也。禮記雜記云：「妻出，夫使人致之曰：『某不敏，不能從而共粢盛，使某也敢告於侍者。』主人對曰：『某之子不肖，不敢辟誅，敢不敬須以俟命。』使者退，主人拜送之。如舅在，則稱舅；舅没，則稱兄；無兄，則稱夫。

主人之辭曰：『某之子不肖。』如姑姊妹，亦皆稱之。」按：上云「有所取無所歸不去」，是古出妻者，大都使之歸還本宗而已，非出之使適他族也，故禮喪服齊衰期章有出妻之子爲母之服。喪服小記云：「未練而反，則期。」惟其未嫁，故夫可命之反也。出而嫁者則無服，故禮經無爲嫁母杖期之文。其服者爲己從之故耳。通典引：「徐整問：『出母亦當報其子否？』射慈答曰：『母亦報子期也。』」按：小記又曰：「妾從女君而出，則不爲女君之子服。」明妾不服耳，女君自服之也。通典又引：「鄭答趙商云：繼母而爲父所出，不服也。」徐邈答劉閏之問庶子服出適母云：「以經言出妻之子爲母，明非所生則無服也。」許猛答步熊問，爲人後者本生母出及所後母出，云：「爲人後者不應服親母出，以廢所後者之祭也。」爲所後者若子，言若者，明其制如親母，出其情異也。母出亦當異於親子矣。禮疏引雷次宗云：「不直言爲出母，嫌妾子及前妻之子爲之服。」按：適母、繼母、所後母非己所生，其出也無服。本生母出，以爲人後故不服。若妾所生子，於其母之出也，亦宜服期也。錢氏大昕論七出曰：「七出之文，先王所以扶陽抑陰，而家道所以不至於窮而乖也。夫父子兄弟以天合者也，夫婦以人合者也。以天合者，無所逃於天地之間；而以人合者，可制以去就之義。堯舜之道，不外乎孝弟，而孝弟之衰，自各私其妻始。妻之於夫，其初固路人也，以室家之恩聯之，其情易親。至於夫之父母、夫之兄弟姑姊妹、夫之兄弟之妻，皆路人也，非有一日之恩，特推夫之親以親之，其情固已不相屬矣。矧婦人之性，貪而吝，柔而狠，而築里姑姊之倫，亦婦人也。同居而志不相得，往往有之，其真能安於義命者，十不得一也。先王設爲可去之義，義合則留，不合則去。俾能執婦道者，可守從一而貞，否則甯割伉儷之愛，勿傷骨肉之恩。故嫁曰歸，出亦曰歸。以此坊民，恐其孝衰於妻子也。然則聖人於女子，抑之不已甚乎？曰：去婦之義，非徒以全丈夫，亦所以保匹婦。後世閭里之婦失愛於舅姑，讒間於叔妹，抑鬱而死者有之；或其夫淫酗凶悍，寵溺嬖媵，淩迫而死者有之。準之古禮，固有可去之義，亦何必束縛之、禁錮之、置之必死之地以爲快乎？先儒戒寡婦之再嫁，以爲餓死事小，失節事大；予謂全一女子之名，其事小，得罪於父母兄弟，其事大。故父母兄弟不可乖，而妻則可去，去而更嫁不謂之失節。使其過在婦與，不合而嫁，嫁而仍窮，自作之孽，不可逭也。使其過不在婦歟，出而嫁於鄉里，猶不失爲善婦，不必强而留之，使夫婦之道苦也。自七出之法不行，而牝雞之司晨者日熾。夫之制於婦者，隱忍而不能去，甚至破家絶嗣，而有司之斷斯獄者猶欲合之。知女之不可事二夫，而不知失婦道者，雖事一夫，未可以言烈也；知臣之不可事二君，而不知失臣節者，雖事一君，未可以言忠也。此未諭先王制禮之意也。」

○莒慶來逆叔姬。

莒慶者何？莒大夫也。莒無大夫，此何以書？譏。何譏爾？大夫越竟逆女，非禮也。【注】禮，大夫任重，爲越竟逆女，於政事有所損曠，故竟内乃得親迎，所以屈私赴公也。言叔姬者，婦人以字通。言叔姬賤，故略與婦同文，重乖離也。【疏】僖二十五年「公會衛子、莒慶盟于洮」，注：「莒無大夫，書莒慶者，尊敬壻之義也。」謂此。穀梁傳注：「慶，名也，莒大夫也。叔姬，莊公女。」董仲舒曰：「大夫無束脩之餽，無諸侯之交，越竟逆女，紀罪之。」是年左傳曰：「卿非君命不越竟。」禮記檀弓曰：「古之大夫，束脩之問不出竟。」況越竟逆女乎？故爲非禮。○注「大夫」至「公也」。○校勘記云：「宋本同。監、毛本損誤捐，迎誤逆。閩本損字亦誤，迎字不誤。疏中損皆誤捐。」通義云：「大夫位隆任重，不敢外〔一〕交，無與異國爲姻媾之理〔二〕。喪服齊衰三月經：『大夫在外，其妻、長子爲舊國君。』傳曰：『妻，言與民同也。』鄭司農以此傳説之，言大夫不外娶，婦人婦宗、往來猶民也。若其士賤，可得外娶，故士昏禮曰：『異邦則贈丈夫送者以束錦。』假令爲士時先聘異國女，後爲大夫而娶，亦不得復行親迎，爲出竟將於政事有所損曠。」大夫位高任重故也。○注「言叔」至「離也」。○穀梁傳曰：「諸侯之嫁子於大夫，主大夫以與之。來者，接内也。不正其接内，故不與夫婦之稱也。」注：「接内，謂與君爲禮也。夫婦之稱，當言逆女。」正以尊同，當先書某來逆女，下書某姬歸于某。今直稱叔姬，是與歸同文，故爲略辭，爲其嫁於大夫。通義云：「逆叔姬不言逆女，又不月，叔姬不書歸，皆略其文，爲内女行乎大夫之通例，所以下乎適國君者。」重乖離者，舊疏云：「嫁于大夫，賤不合録，而書其逆叔姬者，重其乖離矣。」

○杞伯來朝。【注】杞，夏後，不稱公者，春秋黜杞新周而故宋，以春秋當新王。黜而不稱侯者，方以子

〔一〕「外」，原訛作「妄」，叢書本同，據公羊通義校改。
〔二〕「理」，原訛作「禮」，叢書本同，據公羊通義校改。

貶，起伯爲黜。説在僖二十三年。【疏】注「杞，夏後」。○各本「後」作「后」，誤，依鄂本正。疏標起訖誤同。史記陳杞世家：「杞東樓公者，夏后禹之後裔也。殷時或封或絶。周武王克殷紂，求禹之後，得東樓公，封之于杞，以奉夏后氏祀。」○注「不稱公者」。○禮記郊特牲云：「天子存二王之後，猶尊賢也。」隱五年傳云：「王者之後稱公。」論語八佾篇：「相維辟公。」注〔一〕：「包曰：辟公，謂諸侯及二王之後〔二〕。」詩周頌振鷺序云：「二王之後來助祭也。」鄭箋：「二王，夏、殷也。其後，杞也，宋也。」隱三年注：「王者封二王後地方百里，爵稱公。」宋稱公，杞不稱公，故解之也。○注「春秋」至「新王」。○樂動聲儀云：「先魯後殷新周故宋。」繁露三代改制云：「春秋應天作新王之事，時正黑統，王魯，尚黑，絀夏，親周，故宋。」又曰：「春秋曰『杞伯來朝』，王者之後稱公，杞何以稱伯？春秋上黜夏，下存周，以春秋當新王。春秋當新王奈何？曰：王者之法正號，絀王謂之帝，封其後以小國，使奉祀之。下存二王之後以大國，使服其服、行其禮樂、稱客而朝。故同時稱帝者五，稱王者三，所以昭五端、通三統也。是故周人之王，尚推神農爲九皇，而改號軒轅，謂之黄帝；因存帝顓頊、帝嚳、帝堯之帝號；絀虞，而號舜曰帝舜，録五帝以小國。下存禹之後于杞，存湯之後於宋，以方百里，爵稱公，皆使服其服，行其禮樂，稱先王客而朝。春秋作新王之事，變周之制，當正黑統，而殷、周爲王者之後，絀夏，改號禹謂之帝，録其後以小國。故曰：絀夏、存周、以春秋

〔一〕「注」字原脱，叢書本同，據毛詩正義校補。

〔二〕「辟公」至「之後」句，原訛奪爲「辟謂諸侯公謂二王後」，叢書本同，據毛詩正義校改。

當新王。」宋氏翔鳳釋地辨證云：「春秋具存二王通三統之法，故孔子世家云：『因史記作春秋。據魯、親周、故殷，運之三代。』殷即宋也，而不及杞，故云杞不足徵。蓋王者之後稱公，春秋既黜夏，杞不得爲王者後，故貶稱子；下存周、宋爲二王後，故曰有宋存，吾從周也。」論語爲政云：「其或繼周者，雖百世可知也。」劉氏逢禄論語述何云：「繼周者，新周故宋，以春秋當新王。損周之文，益夏之忠；變周之文，從殷之質。百世以俟聖人而不惑者也，循之則治，不循則亂，故云可知。」其解八佾「夏禮，杞不足徵」章云：「夫子於杞得夏時，以言夏禮；於宋得坤乾，以言殷禮。惜其文獻皆不足徵，故采列國之史文，取夏時之等、坤乾之義，而寓王法於魯。黜杞故宋，因周禮而損益之，以治百世也。」通義云：「春秋不爲杞録災異，與宋比〔一〕者，亦將託新義爲後王法，有王者起，當在所黜也。禮曰：『尊賢不過二代。』」〇注「黜而」至「三年」。〇繁露三代改制又云：「不以杞侯，弗同王者之後也，稱子又稱伯何？見殊之小國也。」僖二十三年「杞子卒」，注云：「始見稱伯，卒獨稱子者，微弱爲徐、莒所脅，不能死位。春秋伯子男一也，辭無所貶，稱子者，春秋黜杞不明，故以其一等貶之，明本非伯，乃公也。又因以見聖人子孫有誅無絶，故貶不失爵也。」公侯俱大國，惟王者之後異之爲公。稱侯，則黜小國之義；不顯，故降稱伯；又以微弱見貶爲子，明本非由伯爲子。又有誅無絶，不令失爵，伯子男一也，若更由伯而貶，則同附庸無爵者矣。各本作「起」，鄂本作「杞」，校勘記以「起」爲誤。按：當作「起」。舊疏亦以「方以子貶」爲句，言僖二十三年方以子起其

〔一〕「比」，原訛作「同」，叢書本同，據公羊通義校改。

貶，故於此稱伯，起其爲黜。

○**公會齊侯于城濮。**【疏】杜云：「城濮，衛地。」方輿紀要云：「臨濮城在濮州南七十里。或曰即古城濮也。亦謂之小濮。」